近代史研究叢書23

幕末維新期の洋学と幕臣

樋 口 雄 彦 著

岩 田 書 院

幕末維新期の洋学と幕臣　目次

第三部 門人録からみた幕末の砲術・洋学

史料の翻刻・引用にあたっては適宜読点を加えた。
ただし、活字本からの引用はこの限りではない。

緒言

一　幕末維新期の洋学とその担い手

蘭学・洋学は近世中期からの発展過程において、天文方通詞や医師によって担われた初期・中期のそれに対し、後期ともいうべき天保から幕末にかけての主要な担い手は武士へと移行するとともに、個人的な趣味・関心の範疇を脱して、幕府・藩といった公権力による制度化が進められ（私科学から公科学へ）、技術・文化のレベルから政治のレベルにまでその地位を上昇させていった。そして、後期すなわち幕末の洋学とは、為政者である武士の全面的参加と制度化をともなった「士族の洋学」にほかならないという。また、内容や担い手の深化・拡大といった側面に注目すると、翻訳書の普及により実地での応用を行う多量の人材が生み出されたことによって、洋書の翻訳家に限られていた初期・中期の洋学とは違い、幕末の洋学は「西洋に起源する知識を習得し、またそれを実際に当てはめる活動」であると拡大的に定義されるに至った(1)。

とはいえ、医師を中心とした初期・中期の蘭学・洋学が完全に武士に取って代わられたというわけではなく、幕末においても地方の町や村における大幅な学習者の増加はみられ、内外の軍事的要請を背景とし洋学に参入する武士の急増とともに二つの流れを形成し、両者が重なりつつ進んでいた(2)。いわゆる「在村の蘭学」、すなわち地域の医師・

庶民層を担い手とする洋学の潮流は、絶えることなく続き、武士の洋学はそれと併存していたのである。

一方、「士族の洋学」がやがて明治の西洋近代的諸制度の導入をもたらしたことは間違いないとされるものの、(3)「士族の洋学」の頂点ともいうべき明六社に結集した啓蒙思想家たちを中心に幕末洋学の系譜を見るという、ステレオタイプ化された通説に対しては、「庶民的洋学断絶説」として疑問符が投げかけられた。(4)

さて、幕臣・旧幕臣について検討する本書では、担い手における二つの潮流のうち、武士(士族)の洋学が対象となるのであるが、維新を挟む前と後とを通して見ることによって、地域や在村レベルに焦点を当てたもう一つの潮流である「庶民の洋学」をも視野の範囲におさめることができると考えた。具体的には、徳川幕府の後身として一地方政権となった静岡藩がとった領内での医療・医学教育に関する検討であり、町村医に対する西洋医学による再教育方針や藩立病院医師への現地採用などへの注目である。それは「士族の洋学」による上からの制度化だった一方、「庶民の洋学」との交差であり、二つの潮流の接近でもあった。

封建制・身分制が崩れたことにより、士族たちの中には身につけた洋学の知識を為政者として使用するのではなく、自身の職業そのものや私的な経済活動に活用するに至った。すなわち本書の中でも取り上げたように、市井の私塾教師として洋算や英語を教え、あるいは西洋の学問に依拠して自家の農業経営を行った例などである。これらの事象は、「士族の洋学」が「庶民の洋学」との一体化へと向かっていった姿であるといえよう。

「士族の洋学」は、公的領域においては教育・医療・軍事・司法などあらゆる行政分野で制度化を進めた一方、私的領域、すなわち民間の幅広い諸分野においても、翻訳を専らとする著述業、新聞・雑誌などのジャーナリズム、農業・商業などの実業活動、ひいてはキリスト教などの先駆的な担い手を生み出す役割を果たしたのであり、「士族の洋学」によって「庶民の洋学」が呑み込まれたのか、それとも両者が対等の融合を果たしたのかは別にして、近代化が進展していく中で洋学が行き着いた先であった。生み出されたのは、もはや洋学者ではない、ましてや武士でも百姓・町人でもない、官僚・学者・軍人・教師・技術者・ジャーナリスト・実業家といった職業人であった。

なお、幕臣の洋学者を扱う上で、維新変革における彼らの位置づけについては看過できない。単純化すれば、薩長雄藩の洋学が維新変革の推進に正の作用を及ぼしたのに対し、幕府の洋学派は負の作用を働かせたのではないかという論点である。ただ、倒幕という政局レベルの変動においては確かにそうだったのかもしれないし、そのような点についても詳細に検討を加える必要があることも確かであるが、大局的には洋学者が「逃避的な傍観者」「微温的な改良主義」の位置にとどまり、「封建性の克服者たり得なかった」のは幕府・雄藩ともに指摘できることであり、西周・加藤弘之らに代表される旧幕出身の官僚諸学者が「明治の新国家の忠実な理論家として、また代弁者」(5)として生きたという事実は、国家・社会総体の変革に果たした役割を考える際には、そのような区別が意味を持たないことは明らかである。本書が取り上げた人物たちの維新後の履歴もそのことをよく示している。

そして本書ではもう一つ、幕臣・旧幕臣に注目したことにより、「軽格少禄の下級武士」を主要な担い手としたのが幕末の洋学だったとされる一般論に対し(6)、決して下級とはいえない地位の者であっても積極的にそれを受容した存在を見出すことができた。幕府の開成所に集められた主要な洋学者が陪臣出身者だったのに対し、彼らに師事し新たに洋学に参入した直参には、低からぬ身分の旗本がいたのである。本書で取り上げた人物は、語学・兵学といった洋学の主流ではなく、画学・物産学などに取り組んだ者であり、分野としての広がりも示している。このような存在に着目することで、医師と下級武士以外にも広範に浸透した幕末段階における洋学の実相を例示できると考えた。そのことは、洋学が単なる技術・文化のレベルから政治のレベルにまでその位置を引き上げられていく端緒と可能性とを示す証でもある。

二　洋学史における幕臣・旧幕臣

安政二年（一八五五）に勝海舟が書き残した蕃書調所への採用候補者リストには、三八名の蘭学者の氏名がリストアップされている[7]。そのうち、徳川幕府の直臣である旗本・御家人だった者は、「御馬方隠居　都甲斧太郎」「御家人　銅板々工　安田雷州」の二名にすぎなかった。当初、蘭学・洋学の担い手が、諸藩の士や浪人、百姓・町人身分から輩出した者たちばかりだったことは間違いない。若き勝麟太郎（海舟）が蘭学者箕作阮甫に入門しようとした際、江戸の幕臣は辛抱が足りないので蘭学には向いていないとして断られたとの逸話はよく知られている[8]。辛抱が足りないとは、せっかちな江戸っ子だからというだけでなく、社会的・経済的に満ち足りた環境にいる者は、長期にわたり辛苦をともなう地道な学習に堪えられないということであろう。

ところが、天文台蛮書和解御用掛→洋学所（一八五五年）→蕃書調所（一八五六年）→洋書調所（一八六二年）→開成所（一八六三年）と続く、洋学研究・教育機関の存在は、その発展とともに江戸の幕臣たちにとって洋学の学習機会を格段に広げた。

洋学の一部、というよりも洋学の中の大きな部分を占めた医学についても、文久元年（一八六一）に幕府が西洋医学所（医学所）を設置することで、その全面展開がはかられた。

西洋流の砲術の普及、あるいは海軍の創設といった、西洋式による軍事改革の展開に関しては、洋学一般よりも幕臣層への普及は早く、また広かったといえる[9]。「武」のプロである武士にとって、軍事分野での貢献こそ、自己の存在証明であり、強制をともなう義務でもあったからである。陸海軍という近代的な軍事組織の創生は、身分制との間で深刻な矛盾と桎梏を生んだが、それもギリギリの工夫によって両立が目指された。(10)陸海軍の場合、初期の担い手や士官上層部は洋学者がそのまま移行したといえるが、組織の拡大にともない洋学や洋学者との距離が生まれ、その担い手は単なる兵士となり、「学び」は「訓練」となり、その内容は単なる軍事技術と化していった。

近代的な陸海軍の拡充は、開成所に対しても生徒の急激な増大といった形ではね返り、それに対応すべく、陪臣の取り込みによる教授の増員や等級制によるシステム化、日本語による日講の実施など、学制改革がなされることとなった。(11)また、外交・軍事といった政治からの要請が強化され、開成所そのものの軍事化すら目指されることとなった。(12)

これらの事実は、維新を直前に控えた時期、幕臣あるいは武士一般が、広い意味での洋学に無関係ではいられない事態が生まれつつあったことを意味する。

開成所をはじめとする幕末の幕府教育機関については、原平三『幕末洋学史の研究』といった先駆的研究をはじめ、倉沢剛『幕末教育史の研究』一～三という大著がすでにある。勝海舟・箕作阮甫・中村正直・津田真道・西周・加藤弘之・福沢諭吉・何礼之・赤松則良、あるいは幕府オランダ留学生・明六社といった、幕府に仕えた洋学者やそのグループについての個別の論考を集成した大久保利謙歴史著作集5『幕末維新の洋学』、6『明治の思想と文化』、8『明治維新の人物像』も大きな存在感を持つ先行研究である。(13)幕府海軍については、神谷大介『幕末期軍事技術の基礎形成―砲術・海軍・地域―』、金澤裕之『幕府海軍の興亡』といった成果が新たに生み出され、研究の進展が見られた。(14)

本書は、各章の多くが個別の人物に焦点を当てる方法を採っているので、それら先行研究の中では大久保氏の著作に近いといえるものの、同氏のように頂点の地位を占めた著名な洋学者ばかりを扱っていない点が大きな違いである。その点では、市川兼恭・高畠五郎・東条英庵といった知名度が低い人物を取り上げた原氏の著作に近いといえるし、本書が取り上げた人物はさらに知名度が低い(15)。しかし、一流の洋学者のみならず、その裾野に広がった人材をも見渡すことが洋学研究には必要である。また、単なる人物列伝にとどまることなく、各章を通覧することで、それらが有機的に結び付き、時代とテーマの全体像を提示できると考えている。

三　本書各章の位置づけ

本書の「第一部　開成所の洋学者」では、開成所に勤務した、もしくは開成所で学んだ経験を持つ幕臣三名について取り上げた。「第一章　幕臣博物学者鶴田清次とその資料」では、開成所の物産学出役介をつとめた鶴田清次、「第二章　物産学を学んだ旗本―武田昌次こと塚原昌義について―」では、開成所で物産学を学んだ武田昌次(塚原昌義)、「第三章　開成所画学局の絵師伊藤林洞」では、開成所画学局の画学並出役だった伊藤林洞という人物である。

開成所で研究・教育がなされた諸学には、英語・フランス語・ドイツ語・オランダ語・ロシア語といった語学、化学・数学・器械学・活字方といった理工系の学科があった。三名の人物を通じてここで取り上げた物産学と画学は、産業振興の基礎を成し、製図・測量といった実務面での役割において理工系の学科に含まれるともいえるが、伝統的な本草学(博物学)の系譜を引き、また絵画という芸術としての側面も持つという点から、純粋な理工系の諸学とは一味違う趣を備えていた。鶴田清次にも武田昌次・伊藤林洞にしても、文人・好事家・趣味人といった性質が看取されるのはそのためである。

説明の関係上から順不同となるが、史料紹介としての意味が大きい「第三部　門人録からみた幕末の砲術・洋学」では、洋学者と砲術家による私的な教育活動の展開について、その門人録から判明する事実を紹介する。「第八章　浦賀与力香山永孝と高島流砲術門人安達直右衛門」は、本書の中では時期的にもっとも古い対象となる。浦賀奉行所の与力香山永孝から奉行浅野長祚の家臣安達直右衛門惟煥に伝授され、彼を介して京都在勤の幕臣や諸藩士にも広がった、嘉永から安政期の高島流砲術の展開について、新出の門人名簿から明らかにする。幕臣が起点となった西洋式砲術が、旗本の家臣を媒介として、さらに別の幕臣・藩士層にまで拡大・普及した様相が看取されることになる。

「第九章　西周の門人録」では、幕府派遣のオランダ留学生になった洋学者西周が書き残した門人録を検討する形で、幕末期における彼の門人たちについて通覧した。政局の中心となった慶応期の京都において、洋学を学ぶ者は幕臣以外にも、諸藩の士などに広く散らばっていたことが明らかとなる。開成所・海軍所といった教育機関やその教職員たちは諸藩士を生徒として受け入れており、幕府は決して閉鎖的ではなかった。維新後、静岡藩においても旧幕臣による門人受け入れは行われ、他藩との交流は「第四章」に示すような形で継続されることとなる。

なお、第一部の「第一章　幕臣博物学者鶴田清次とその資料」に含まれる翻刻史料1、すなわち「文久二壬戌年より　物産学入学姓名記」は、開成所物産方の門人帳であり、この第三部と同一の性格を有するものである。あわせて参照していただきたい。

本書の「第二部　静岡藩と洋学」は、徳川幕府の後身たる維新後の静岡藩における洋学、すなわち静岡藩士＝旧幕臣によって駿河の地で展開された新たな様相を四つの章で提示した。

「第四章　弘前藩士が記録した静岡学問所の教育」では、静岡藩（当初は駿河府中藩）の藩校として明治元年（一八六八)一〇月に駿府(翌年静岡と改称)に設立された静岡学問所(当初は府中学問所)に、留学生として来遊した弘前藩士による記録を通じて、洋学先進地としての静岡藩の位置とともに、同学問所の教育の内実が詳らかとなる。静岡学問所の全体像については、既刊の拙著(16)で一応のまとめをしてあるので、本章はそれを補足する位置づけとなる。

「第五章　静岡藩の医療と医学教育」は、学校とともに洋学の実践の場となった病院について述べた章である。静岡藩では、明治二年(一八六九)から翌年にかけ藩立病院として静岡病院・沼津病院・掛川小病院を設置し、藩士のみならず領民に対しても診療活動を行い、さらに医学教育も実施した。本格的な病院建設は、幕末の京都で大規模なそれを企てたものの、幕府瓦解によって断念せざるを得なかった幕府の蘭方医たちの悲願でもあった。加えて地元医師に対する再教育の場ともなった藩立病院の役割など、地域との深い関わりが明らかとなる。

「第六章　旧幕臣洋学系知識人の茶園開拓」は、赤松則良・林洞海ら静岡藩士たちによって進められた遠州での茶園開拓について、彼らの洋学者としての素養や西洋事情に関する知識が背景にあることを示すとともに、藩の学校・病院に勤務した公的立場とは別の、個人としての私的な経済活動の実態に迫った。洋学が研究・教育にとどまることなく、産業・経済面に応用された実例でもある。

「第七章　東京府の私塾・私学にみる静岡藩出身者の教育活動」は、廃藩置県に前後して上京した静岡藩出身者たちが東京で展開した私学・私塾での教育活動を概観した。中村正直の同人社、尺振八の共立学舎といった著名な洋学塾のみならず、無名の旧幕臣たちによって多くの私塾が設立・経営されたことがわかる。明治政府の公職に就いてではなく、民間で展開されたその活動は、旧幕時代・静岡藩時代の職務や学習履歴が直接の前提となっていたわけであり、静岡藩の洋学(一部は漢学を含む)が場所を変えて拡大・再生産された姿でもあった。

註

（1）以上、幕末の洋学についての理解は、中山茂「序章」（中山茂編『幕末の洋学』、一九八四年、ミネルヴァ書房）、二頁、五頁、七頁、一〇頁。
（2）田﨑哲郎「洋学の伝播・普及」（前掲『幕末の洋学』）、五七頁。
（3）前掲中山「序章」、一〇頁。
（4）前掲田﨑哲郎「洋学の伝播・普及」、六四頁。
（5）沼田次郎『幕末洋学史』（一九五一年、刀江書院）、二六〇頁、二六二頁、二七一頁。
（6）前掲沼田『幕末洋学史』、二四六頁。
（7）倉沢剛『幕末教育史の研究』一（一九八三年、吉川弘文館）、一四二頁。
（8）このエピソードは、明治四四年（一九一一）に山路愛山が著書の中で紹介したのが最初のようであり、また同時代人としては清水卯三郎の証言もあった（土屋喬雄「箕作阮甫と勝海舟」蘭学資料研究会編『箕作阮甫の研究』、一九七八年、思文閣出版）。
（9）高島流砲術による天保期以降の、すなわち初期段階での西洋兵学受容に関しては、対象を幕臣に限ったものではないが、仲田正之『韮山代官江川氏の研究』（一九九八年、吉川弘文館）、坂本保富『幕末洋学教育史研究』（二〇〇四年、高知市民図書館）などがあり、諸藩士をも含めた門人層の実態を知るためには欠かせない成果となっている。
（10）陸軍については宮崎ふみ子「幕府の三兵士官学校設立をめぐる一考察」（近代日本研究会編『年報・近代日本研究』三「幕末・維新の日本」、一九八一年、山川出版社）、海軍については水上たかね「幕府海軍における「業前」と身分」（『史学雑誌』一二二―一一、二〇一三年）などを参照のこと。

(11) これらの点については、宮崎ふみ子「蕃書調所＝開成所に於ける陪臣使用問題」(『東京大学史紀要』二、一九七九年)、同「開成所に於ける慶応改革—開成所「学政改革」を中心として—」(『史学雑誌』八九—三、一九八〇年)。

(12) この点については、宮地正人「混沌の中の開成所」(『学問のアルケオロジー』、一九九七年、東京大学)。

(13) 原平三『幕末洋学史の研究』(一九九二年、新人物往来社)、倉沢剛『幕末教育史の研究』一〜三(一九八三〜八六年、吉川弘文館)、大久保利謙歴史著作集5『幕末維新の洋学』、6『明治の思想と文化』、8『明治維新の人物像』(一九八六・八八・八九年、吉川弘文館)。

(14) 神谷大介『幕末期軍事技術の基礎形成—砲術・海軍・地域—』(二〇一三年、岩田書院)、金澤裕之『幕府海軍の興亡』(二〇一七年、慶応義塾大学出版会)。

(15) 拙稿「大築尚志略伝」(『沼津市博物館紀要』一一、一九八七年、宮地正人編『幕末維新論集12　明治維新の人物像』、二〇〇〇年、吉川弘文館、に採録)も、やはり蕃書調所関係の幕臣洋学者を扱った論考であるが、本書には収めなかった。

(16) 拙著『静岡学問所』(二〇一〇年、静岡新聞社)。

第一部　開成所の洋学者

第一章　幕臣博物学者鶴田清次とその資料

はじめに

本章は、国立歴史民俗博物館（以下、「歴博」と略す）が平成二四年度に購入・収蔵した「博物学者鶴田清次《きよつぐ》関係資料」をめぐって、その内容の一部を翻刻し紹介するとともに、この資料群を残した鶴田清次という人物について解説するものである。

「博物学者鶴田清次関係資料」のリストは、表1として掲げた。史料の翻刻は、本章の後半部分にまとめて掲載した。

表1　鶴田清次関係資料目録

番号	表　題（内容）	年代	差出人	宛名	形態	法量	数量
1	（小動物図絵断巻　前欠）	文政4・9・	栗瑞見拙藁		毛色巻	28.0×165.0	1
-1	ハウチン　又云バチン　仙台侯家蔵図　牝				毛色		
-2	（ハウチン　牡か）				毛色		
2	（小動物図絵断巻　前後欠）				毛色巻	28.0×135.0	1
-1	金貂				毛色		

番号	内容	年紀	署名		形態	寸法	数量
-2	(筑前秋月で捕獲されたテンの一種)	(癸未・臘・念)(文政6)	栗丹洲誌		毛色		
3	(小動物図絵断巻　前欠)				毛色巻	28.0×200.0	1
-1	貂一種(御前にて拝観の朝鮮から貢献された山猫毛皮)				毛色		
-2	(堅田侯より贈示された山猫毛皮)	丁亥・3・晦(文政10)	丹洲手摸		毛色		
-3	銀鼠(文政4年2月薩州侍医立花静庵写真)	文政4・正・29			毛色		
-4	薩州竹鼦(福岡侯より拝借したヤマネの一種)	甲申・初夏・14(文政7)			毛色		
-5	銀鼠皮二張　橘宗仙院家蔵云是薩州老侯所賜				毛色		
4	(小動物図絵断巻)				毛色巻	28.0×490.0	1
-1	鼴中ノ一種也(モグラの図2)				毛色		
-2	(癸丑春大塚で捕獲されたモグラ)				毛色		
-3	(水戸で捕獲された野鼠の一種)				毛色		
-4	白鼴鼠　薩州産				毛色		
-5	ツーシユニケ　蝦夷シヤチリ　ムントヱリモ				毛色		
-6	鼨				毛色		
-7	(リス)				毛色		
-8	(尾を立てたリス)				毛色		
-9	蕃図栗鼠和蘭インキホールン				毛		
-10	(木の実をかじるリス)				毛色		
-11	(横向きのリス)				毛色		
-12	(斜め前向きのリス)				毛色		

-13	(横向きの笹熊)				毛色		
-14	笹熊　木鼬(寛政己未5月9日下総小金郷上本郷村で捕獲)				毛色		
-15	(横向きで寝る笹熊)				毛色		
-16	(笹熊の顔・足・足の裏)				毛色		
-17	(横向きの笹熊　備前備中土州ではクロンボウ・和州ではキテンと称す)				毛色		
-18	田鼠　又ハハタ子ツミ(寛政6年11月池袋村にて捕獲)				毛色		
-19	(寝ている田鼠)				毛色		
-20	鼠(御城内にて親視し写す)	丁巳・10・(寛政9)			毛色		
-21	地鼠　俗名ナリ又ヒミズ				毛色		
5	(小動物図絵断巻)				毛色巻	30.0×760.0	1
-1	日光山産山根図(5方向より)	寛政3・霜・17			毛色		
-2	唐栗鼠				毛色		
-3	鼺(薩州鹿児島産純白色者)				毛色		
-4	モ、ドリ　二疋之図	寛政2・極・17			毛色		
-5	ヤマ子　日光産(2図)				毛色		
-6	山童子				毛色		
-7	モ、ドリ				毛色		
-8	鸓鼠(ムササビの一種、前向き・背面)				毛色		
-9	(山童子　腹を向けたムササビ)				毛色		
-10	(モモンガ)				毛色		

-11	(横向きのモモンガ)				毛色		
-12	ムサ、ビノ子(辛亥春水府金砂山にて捕獲・中山氏写真巻中より手写、背中側・腹側)				毛色		
-13	蝟(ハリネズミ背面と前後足、文化崎陽鎮台土屋紀伊守もたらす)				毛色		
-14	八重山島のかわほり　大サ如図(枝につかまるコウモリ)				毛色		
-15	(モミジの枝に顔を隠して下がるコウモリ)				毛色		
-16	(コウモリの小図3態)				毛色		
-17	(果実を食べるコウモリ)				毛色		
-18	(枝にぶら下がるコウモリ)				毛色		
-19	灰鼠(蝦夷アクケシノ産、背面・腹面)				毛色		
-20	鼬鼠イタチ				毛色		
-21	蝙蝠(野州宇津宮産、2図)				毛色		
-22	伏翼(カラフト産コウモリ・背面、寛政中御道朋頭仙阿弥所蔵医学館薬品会ニ出ス)				毛色		
-23	(伏翼　腹面)				毛色		
6	文久二壬戌年より物産学入学姓名記	(文久2・2・18〜慶応3・11・3)	物産方		竪毛	24.5×16.5	1
7	楓糖説(足立栄建訳「マガゼインアホルン樹の條抜訳」を含む)	文久2	物産方(伊藤圭介訳、「蕃書調所」罫紙使用)		竪毛	26.5×19.5	1
8	嘉女里輿武(文久2年医官高島祐啓インドにて捕獲のカメレオンのこと)	文久3・5・			毛罫綴	25.0×17.0	1
9	独逸文人造牧場の為にせる種子の処置	文久3・9・	物産局(市川斎宮訳、「蕃書調所」罫紙使用)		竪毛	27.0×19.5	1

10	デ・シーホルト著述日本草木図説目録(慶応2年物産方「英国ニ遣ニ相成種物目録」などを含む)	文久3・9・	物産局(「蕃書調所」罫紙使用)		竪毛	27.5×19.5	1
11	雑司ヶ谷御鷹部屋跡地絵図面(御役屋敷絵図面朱引之通家作住居)	元治元・6・上旬改			毛状袋	64.0×38.0	1
12-1	本草図譜目録		(「蕃書調所」罫紙使用)		毛罫綴	24.5×16.5	1
12-2	覚(本草図譜原書御役所に預置)	丑・5・12	庄十郎改		毛状	24.5×16.5	1
13	菊芋考并植法	慶応元・霜・	信濃田芳男記		竪毛	24.0×17.0	1
14	雑司ヶ谷御地所存寄書	寅・8・15	物産方		毛綴	24.5×17.0	1
15	(開成所へ預替雑司ヶ谷御鷹部屋明地云々につき)	寅・11・25	鶴田清次郎・長田庄十郎		毛綴	24.0×16.0	1
16	御鷹部屋跡開発地之絵図				状毛	53.0×75.0	1
17	豆相駿廻村動物写生図	慶応2・3～4・	田中芳男輯・鶴田清次郎画	[印](鶴田蔵書)	毛色竪	27.5×19.5	1
18	豆相駿廻村植物写真			[印](鶴田蔵書)	毛色竪	27.5×20.0	1
19	伊豆誌稿　物産之部抜萃(豆州志稿巻七・秋山章纂輯)	慶応2・3・	於豆州伊東和田村写之　物産取調御用先物産方三名所持	[印](鶴田蔵書)	竪毛	28.0×20.0	1
20	慶応二寅年二月中開成所物産方之者共伊豆相模駿河辺江被差遣候節取扱一件帳写	(慶応2・2～6・)			竪毛	24.5×17.5	1
21	物産取調御用人馬継立帳	慶応2・2・	開成所物産方		横半毛	16.5×12.0	1
22	山辺風雨論(著述豆州加茂郡小川住田夫亭愚作)	慶応2・4・7	物産方三名　於豆州天城山麓湯ケ野村写之		竪毛	24.5×17.5	1
23	礦物学				毛竪	24.5×17.5	1

24	（履歴明細短冊）	辰	鶴田清次郎		毛状	28.0×9.0	1
25	（履歴明細短冊）		鶴田太郎次郎		毛状	27.5×6.5	1
26	（駿遠に物産局開業云々意見）	午・5・3	静岡二等勤番組御薬園附属出役稲富市郎	鶴田両先生江	毛綴	22.5×16.0	1
27	席病院附調役之次役金七拾両被下之		（平右衛門殿申渡）	病院附御薬園掛鶴田清次郎	毛状	15.5×19.0	1
28	日記（末尾に図あり）	（壬申・3・20～7・16）	鶴田尹房		毛綴	18.0×12.5	1
29	博覧会御用日記（駿遠三への出張時・絵入り）	（明治5・3・20～7・21）	鶴田		竪毛	24.5×17.0	1
30	東海道略名所（慶応3年上京時各地の名物・風景などの絵入り）	明治18・12・			竪毛	24.5×16.5	1
31	正一位稲荷大明神安鎮之事	安政7・3・豊	正宮司代正五位伯耆守荷田信成［印］	江府鶴田清次郎殿	状毛	35.0×49.0	1
32	（伊豆下田絵図）				状毛色	54.0×40.0	1
33	（澱粉一覧茶葛布絵著述の件書簡）	6・17	武田昌次（「博覧会事務局」罫紙使用）	鶴田清次様	毛罫封	27.5×40.5	1
34-1	（シーボルト氏記念塔設立賛同依頼）	明治9・1・5	取扱人戸塚静海・伊藤圭介	（鶴田清次様）	活封	13.5×20.0	1
34-2	巴威里亜国貴族ヒリップ、フオン、シーボルト氏記念塔ヲ勧進スル記	明治8・9・	戸塚静海・伊藤圭介		活	28.0×23.0	1
35	経暦日誌　第弐号ノ壱（イロハ順物産事典のような内容）		鶴田清次（「草稿用」「農商務省」罫紙使用）		毛罫綴	25.0×17.5	1

36	経暦日誌　第弐号ノ弐		（「草稿用」「農商務省」罫紙使用）		毛罫綴	24.5×17.5	1
37	経暦日誌　弐号□□	明治11・5・	㊞（鶴田）（「草稿用」「農商務省」罫紙使用）		毛罫綴	25.0×18.0	1
38	三冊之内　経暦日誌　第三号　下書簿		鶴田（「草稿用」「内務省」罫紙使用）		毛罫綴	25.0×17.0	1
39	経歴日誌　完		（「草稿用」「内務省」罫紙使用）		毛罫綴	24.0×16.0×4.0	1
40	経歴雑誌	明治16・	鶴田（「草稿用」「農商務省」罫紙使用）		毛罫綴	25.0×17.5	1
41	博物局植物園目録		（「草稿用」「農商務省」罫紙使用）		毛罫綴	24.5×17.5	1
42	上野公園浅草文庫旧蹟		（「草稿用」「内務省」罫紙使用）		毛罫綴	25.0×17.5	1
43	葛粉製一覧（他「茶説巻之二」「葛布略説」「葛粉」など草稿類）		（「博覧会事務局」罫紙使用）		毛罫綴	28.0×20.0	1
44	□種拵方（他「第五号　雁皮紙製造ノ発端」等草稿）		（「博覧会事務局」罫紙使用）		毛罫綴	28.0×20.0	1
45	（日本紙製法図解説草稿）		（「博覧会事務局」罫紙使用）		毛罫綴	28.0×20.0	1
46	鳥獣類剝製大略		博物局		木綴	24.5×17.0	1
47	蚰蜒ナメクシラ（他草稿）		（「草稿用紙」「農商務省」罫紙使用）		毛罫綴	22.0×14.5	1
48	花の弁（他草稿）		（「志誠堂」罫紙使用）		毛罫綴	24.0×16.5	1
49	種蒔附季考		（「草稿用紙」「農商務省」罫紙使用）		毛罫綴	24.0×16.5	1

50-1	四季之花	明治16・6・	(「草稿用」「農商務省」罫紙使用)		毛罫綴	24.5×17.5	1
50-2	花菖蒲(番付表)		勧進元吉木翁(他)・堀切村武蔵屋瀧蔵		木状	39.5×27.5	1
51	弐号ノ三(ソ之部~キ之部草稿)		(「草稿用」「農商務省」罫紙使用)		毛罫綴	25.0×18.0	1
52	弐号ノ四(ユ之部~ヤ之部草稿、付箋「朝顔便名集」)		(「草稿用」「農商務省」罫紙使用)		毛罫綴	25.0×18.0	1
53	弐号ノ五(ヤ之部~モ之部草稿)		(「草稿用」「農商務省」罫紙使用)		毛罫綴	25.0×17.5	1
54	弐号ノ六(モ之部~ス之部)	明治16・3・	鶴田清次(「草稿用」「農商務省」罫紙使用)		毛罫綴	25.0×17.5	1
55	秋のサフラン		(「草稿用」「内務省」罫紙使用)		毛罫	24.5×33.5	1
56	明治十年内国勧業博覧会出品解説　薬品ノ部二		(「農商務省」罫紙使用)		毛罫	24.5×32.5	1
57	広益秘事大全		(「農商務省」罫紙使用)		毛罫	24.0×32.5	1
58	(夏ノ部・秋ノ部・春ノ部・冬ノ部　食品書上)		(「草稿用紙」「農商務省」罫紙使用)		毛罫	24.0×32.5	1
59	第二　乳汁ノ腐敗ヲ防ク法(他)	明治15・10・8	大日本鳩巣会席上演説　蟹川漁史		鉛	24.5×32.5	1
60	江戸歌仙楽我記(写本)	宝暦8・6・	九皐堂亀山・舞鶴庵林道万興蔵板		毛竪	25.5×17.5	1
61	伝授袋(他「和蘭製薬書」「松前家伝ビルシヤナエン」「秘密伝授記」「万世秘事□」)	(天保5・11・2)	馬場信周		毛横半	14.0×20.0	1

62	金龍山浅草寺大堂棟札写（元禄14年5月）	天保15・7・下旬	鶴田氏		毛横	33.5×12.5	1
63	（江戸古絵図）	天保15・8・	鶴田氏尹房写		毛色	28.0×79.0	1
64	天狗鈔修法	嘉永元・3・25	尹房		毛折	15.5×6.0	1
65	阿吽巻口伝	嘉永元・7・吉	尹房蔵		毛横半	12.5×17.0	1
66	武門天狗鈔阿之巻（小笠原信濃守源貞宗在判）	嘉永2・2・吉	尹房（花押）		毛折	17.5×8.0	1
67	天狗鈔呼之巻				毛折	16.0×5.0	1
68	武門天狗鈔切紙伝（省柳斎）		鶴田尹房		毛竪	27.5×20.5	1
69	天満宮御出現寿宝御社縁起　カセキノ宮　組ヲカモイ山		鶴田		毛横半	12.5×17.0	1
70	四季料理一覧		鶴田		毛横半	17.0×12.0	1
71	鳥養方				毛横半	17.0×13.0	1
72	増補地錦抄		[印]（馬場蔵）・[印]（馬場蔵書）		毛横半	12.0×17.5	1
73	天正年中御由緒之写（武徳編年集成）		甲州御岳衆		毛綴	23.5×16.5	1
74	駮戎慨言序（写本）	（寛政4・12・）	（尾張鈴木朖謹撰他）		毛綴	24.5×17.0	1
75	（時辰儀定刻活測写本）	安政4・仲秋（天保9・初秋）	佐倉鈴木源太蔵梓（序雲藩小川忠友識・後序佐倉鈴木光尚誌・跋雲藩侍医藤山豊識）		毛状	23.0×320.0	1
76	和蘭ノ銀銭（図）				毛状	24.0×18.0	1
77	徳川家五本御道具之内虎皮ナゲ鞘ノ鎗ノ身（図）				毛状	16.0×26.5	1
78	北野山喜見院（衣冠束帯人物画）		[印]（□□湯島）		木状	16.5×11.5	1
79	豆州手石阿弥陀仏窟（画）				木状	17.0×11.5	1

80	一百寿（和歌）	閏申・	七十七翁周保書［印］		毛状	16.0×21.0	1
81	長うた		源尹房		毛状	16.0×48.0	1
82	（一狐皮之弁齎送いたし云々書簡）		元川忠彦	鶴田清次郎様	毛状	15.5×37.0	1
83	おほへ帳	明治10・10・（明治11・11・吉）	つるたうち（大五大区七小区下谷仲徒町四丁目新八番地地主鶴田岳子）		横半毛	16.5×12.5	1
84	莚打学校開業ヲ祝ス	明治10・〇・〇	莚打学校馬場信懐再拝		毛	24.5×34.0	1
85	（学校への寄付金に対する褒状）	明治13・1・	東京府庁［印］	静岡県士族鶴田清次	毛状	19.5×26.0	1
86	下等植物学講本原稿	明治18・4～19・3・	長野県師範学校教諭鶴田信懐控		毛罫綴	22.0×14.5	1
87	西洋素人料理魚類いろは寿煮方附	明治18・12・	九皐堂・［印］（鶴田氏蔵）		横半毛	12.5×16.5	1
88	日記	明治20・9～			横半毛	12.0×16.0	1
89	百合花集	明治26・10・			毛色綴	28.0×20.0	1
90	百合代償記（倫敦相場云々）				毛	12.0×33.0	2
91	垤甘度爾列氏分科（植物分類）		㊞（鶴田）		毛罫綴	23.0×16.0×2.0	1
92	下等植物学				毛稿綴	25.0×16.5	1
93	第一篇植物外貌学　附名称学		（「東京大学」罫紙使用）		毛罫綴	25.0×17.0	1
94	第二目後鯉類（他）		（「東京大学」罫紙使用）		毛罫綴	25.0×18.0	1

95	生物学(植物)汎論		(「東京大学」罫紙使用)		毛罫綴	28.5×20.0	1
96	(植物標本目録か)		(「東京大学医学部」罫紙使用)		毛罫綴	28.5×20.0	1
97	第一門　裸子(付箋「生理学筆記」)				毛綴	25.0×18.0	1
98	第二門　被子(付箋「植物学筆記」)				毛綴	25.5×18.0	1
99	(「第十五　鳳梨科」等13～15丁断簡)				毛綴	25.0×18.0	1
100	郊外遠足野生植物の採集(例言)	明治41・10・	編者識す		ペ稿綴	25.0×17.5	1
101	植物学(写本か)				毛綴	28.0×21.0	1
102	(植物分類表)				毛鉛	160.0×54.0	1
103	(眼科書写本か　前後欠)				毛罫綴	23.0×15.0	1
104	(付箋「横文筆記」)				ペ罫	20.0×13.0	1
105	学校長職務章程(他)		四谷大番町三十六番地酒井方滝田鐘四郎(「新潟県尋常師範学校」罫紙使用)		毛罫綴	28.0×19.5	1
106	(岩崎所有地・軍用停車場・国道・里道予定線等土地図面)				毛色	55.0×75.0	1
107	清和源氏鶴田家譜				竪毛	27.5×19.5	1
108	鶴田系譜				竪毛	24.5×16.5	1
109	(落合家・鶴田家系図)				毛状	14.0×76.0	1
110	(鶴田家系図)				毛状	24.0×125.0	1
111	(落合家・鶴田家系図・戦国文書写)				毛状	15.5×320.0	1
112	定(竹木藁縄御用を命じる古文書写)	乙亥・12・23	跡部美濃守・市川備後守奉之	落合之郷	毛状	16.5×48.0	1

113	（馬場家・鶴田家系図）			ペ鉛	24.0×17.5	1
114	（落合久左衛門重次に関するメモ）			ペ稿綴	25.5×36.0	1
115	（馬場家歴代戒名・俗名没年月日一覧）			ペ罫綴	36.0×25.0	1
116	慶応二寅年二月二十八日町触　仏国博覧会え可差送品書（旧幕引継書写し）			ペ稿綴	25.0×36.0	1
117	博覧会事始め―伊藤圭介のことなど―（朝日新聞文化欄コピー）	昭和43・4・10	馬場信夫（日本医史学会会員）	コ	26.0×15.5	1
118	馬場美濃守信房（刊本写真複写）	（昭和18・10・自序）		綴	21.0×14.5	1
119	伝記鶴田清次郎　武術の部　付水泳書	昭和43・12・11	編著解説馬場信夫	謄冊	21.0×15.0	1
120	伝記鶴田清次郎　学問の部　博覧会御用日記	昭和44・12・15	編著解説馬場信夫	謄冊	21.5×15.0	1
121	伝記鶴田清次郎		馬場信夫編	謄冊	21.0×15.0	1
122	（和服・髯姿鶴田清次額入写真）			写真箱	22.5×17.0	1
123	（和服・髯姿鶴田清次キャビネサイズ写真）			写真	17.5×12.5	1
124	（花菱紋和服・丁髷男性肖像画）			画	49.5×32.0	1

【形態欄の略記】状：一枚ものの近世文書　竪：竪帳　横：横帳　横半：横半帳　冊：冊子　綴：綴られたもの　巻：巻かれた状態のもの　毛：毛筆で墨書されたもの　ペ：ペン書き　鉛：鉛筆書き　謄：謄写版　活：活版　コ：電子複写によるコピー　色：着色があるもの　罫：罫紙　封：封筒入り　箱：箱入り。

ところで、鶴田清次はほとんど無名の人物である。しかし、後述するように、シーボルトの弟子にして日本初の理学博士伊藤圭介、日本の博物館・動物園の父田中芳男という、近世から近代への移行期において物産学・博物学の展開に大きな役割を果たした師弟のすぐ近くに身を置いた。また、本草学や園芸を好んだ江戸の旗本・御家人の系譜に位置し、やがて幕府や明治政府の行政機構の中でそれを自らの仕事とし、あるいは趣味として続けていったという一群の存在の一人である(1)。

新旧時代のかけはしとなった伊藤や田中、あるいは明治の学術研究・産業振興・学校教育・社会教育といった諸分野に寄与したより若い世代の学者・官僚たちとは違い、高い地位に登ったわけでもなく、学界や政策において顕著な功績を残したとはいえないが、彼が学び実践したこと、また集め書き残したものにはそれなりの意義があった。あるいは、彼のような存在そのものが、一八世紀以来の本草学に対する知的関心の高揚と、開国・開港による国策としての殖産興業とが交差した、時代状況を反映したものであったといえる。

一　鶴田清次に関する既刊文献

鶴田清次について紹介された既刊の人名辞典類は、以下のものがある程度である。

まずは、国立公文書館所蔵・江戸城多聞櫓文書として残された履歴明細短冊である（『江戸幕臣人名事典』として公刊）。それから判明する履歴は以下の通り。鶴田清次郎は、卯年（慶応三年〔一八六七〕）時点で五一歳、高は七〇俵五人扶持、うち元高は五〇俵三人扶持、足高が二〇俵二人扶持。天保五年（一八三四）七月、牧野靱負組御徒の養父鶴田権兵衛が病気により暇願いを出し、同月一八日、養父の跡へ御抱入を仰せ付けられた。文久二年（一八六二）閏八月二四日、御徒一同が譜代を仰せ付けられ、席は学問所勤番の上とされた。元治元年（一八六四）一二月二〇日、開成所調役を仰せ付けられ、同日、同所物産学出役介に任じられた(2)。

次は、静岡移住旧幕臣の履歴を集成した前田匡一郎氏の著作『駿遠へ移住した徳川家臣団』である(3)。同書は、『江戸幕臣人名事典』や官員録などを参考にしたと思われるが、鶴田清次（旧名清次郎）は、文化一四年（一八一七）の生まれで、養父権兵衛は御徒、御徒や開成所調役を経て、維新後は駿河に移住、静岡藩士となり、安倍郡北安東村四二に居住、明治二年（一八六九）時点で静岡病院御薬園掛、一〇年時点では内務省博物局御用掛準判任、一八年時点では農商務省博物局御用掛準判任だったと記される。

これらは、いずれも断片的なものにすぎなかったといえよう。

一方、一般には広く出回らなかったものであるが、子孫によってまとめられた独自の印刷物が存在した。馬場信夫編『伝記鶴田清次郎』（謄写版、内題「和歌の部」、一七頁）、同『伝記鶴田清次郎　武術の部　付水泳書』（一九六八年、謄写版・表紙のみ活字、三一頁）、同『伝記鶴田清次郎　学問の部　博覧会御用日記』（一九六九年、謄写版・表紙のみ活字、六六頁）である。いずれも鶴田の略伝を紹介し、年譜を作成しつつも、史料の翻刻に主眼が置かれている。また、手書きの謄写版だった上記三種を活字化したものが、馬場信夫『かくてかくありき　わが半生記　総集編』（一九九〇年、私家版）という書籍に再録されている。ただし、「博覧会御用日記」については、解説のみの掲載で、原文翻刻の収録は略されている。同書には、三種のほか、「御上洛御供道中日記」という史料翻刻が、昭和四九年（一九七四）に記された解説とともに収録されているので、謄写版の冊子には四冊目があったらしい。なお、謄写版による三種の冊子は、歴博が収蔵した本資料群の中に含まれていたことから（資料番号119・120・121）、その存在を知ることができた。馬場信夫氏（故人）は、鶴田清次の娘ひさの孫、つまり清次の曾孫にあたる。

このように、鶴田清次という人物については、関連文献が皆無だったわけではないが、ほとんど無名に近かったといえよう。本章では、歴博が収蔵することになった本資料群にもとづき、鶴田とその事績をより明確にしてみたい。

二　判明した履歴

鶴田家は徳川幕府に仕えた御家人であった。戦国時代の古文書の写しがあるように(資料番号112)、先祖は武田家に仕えていたらしい。甲府に生まれた落合仁左衛門徳英が元文二年(一七三七)江戸へ出て鶴田と改姓し、御徒に召し抱えられ、幕臣としての初代となった。その後、尹清(歓助・直次郎)、重教(権兵衛)と続いた。

清次は、鶴田家の生まれではなく、重教の婿養子として四代目を継いだ立場である。幼名は鉄五郎、諱を信守といったが、鶴田家に入ってからか、通称を清次郎、諱を尹房と改めた。清次郎を清次と改名したのは、明治五年(一八七二)のことである。子孫が作成した年譜では、文政元年、西暦一八一七年生まれと記されているが、文政元年は一八一八年であり、どちらが正しいのだろうか。実父は小十人組として一橋徳川家に仕えた馬場儀右衛門信周(新兵衛・久五郎)といい、その次男であった。実兄は馬場新兵衛信益といい、一橋徳川家の勘定所書物方をつとめたらしい。以上は、資料番号108の「鶴田系譜」、115の馬場家歴代メモなどによった。子孫が書いたメモ類には、信周を清次の兄とするものがあるが、混乱しているようだ。

前掲『伝記鶴田清次郎　武術の部　付水泳書』に付された年譜には、天保一四年(一八四三)四月、松平藤十郎組御徒に替わり、日光山御参詣のお供をつとめたとある。同年には妻於きちが死去した。弘化二年(一八四五)五月、右大将(家定)の橋場御成に際し勢子をつとめ、褒美として白銀一枚を下され、七月には永代橋際での水泳上覧でも帷子を褒美として下賜されている。嘉永二年(一八四九)には小金原鹿狩に勢子として参加、翌年には三代家光二百回忌の日光山参詣のお供をつとめた。これらの動向に関して、本資料群の中には記されているものが見当たらないので、かつては何か別の資料が存在したらしい。

万延元年（一八六〇）一一月一日、和宮様御下向のお供を申し付けられ、翌文久元年（一八六一）九月二一日江戸出立、一〇月一一日京都着、同月二〇日には京都を出立している。同三年には将軍家茂に随行し、再度上洛した。文久三年二月九日江戸出立から三月四日京都着までの「御上洛御供道中日記」（鶴田氏、横半帳、図入り）は電子複写が、また同年三月四日から四月一九日までの「在京中日記」（鶴田、横半帳、図入り）は原本が、年不明の「東海道名所記」（原本、図ばかりの横半帳）とともに、本資料群とは別に子孫の方の手元に所蔵されている。(4) いずれも各地の名所旧跡・風景・名産品など、少なからぬ挿図を盛り込んだものとなっており、鶴田の博物学的関心が表れている。なお、「御上洛御供道中日記」については、前掲『かくてかくありき　わが半生記　総集編』に翻刻・掲載されている。

また、同年譜によれば、柔術は天保一二年（一八四一）起倒流免許、剣術は同一四年柳剛流免許を受けたという。ただし、このことは本資料群に含まれる文書には記されていないので、他に典拠とした別の資料があったのだろう。同じく年譜に安政四年（一八五七）高島流砲術免許とあるが、このことは、伊豆韮山の江川太郎左衛門家に伝来した「砲術門人姓名」(5) の御目見以下・小十人の部の中に、「安政二卯年九月十四日門入　同四巳年正月十九日目録　御徒拾三番組鶴田清次郎」と記された短冊が貼り付けられていることから裏付けられる。ただし、免許ではなく目録である。

三　蕃書調所・開成所時代

そして、蕃書調所に入学し、物産学を学ぶこととなったのが文久二年（一八六二）四月のことであった。なお、蕃書調所は翌月に洋書調所と改称、さらに翌年八月には開成所と改称された。鶴田の物産学への関心は、この時急に生まれたものではなく、若い頃から育まれたものだったと考えたいが、今のところそれを明確に示す資料は見当たらない。

資料番号6「物産学入学姓名記」は本章では翻刻史料1として収録した。以下、それに関して気付いた点を少し述べてみる。

文久二年(一八六二)一一月一五日入門の長田宗之助は、後に成島柳北の養子となった成島謙吉のことである。彼自身の手になる履歴書にも、文久二年「開成所ニ入リテ和蘭陀学及物産学ヲ修ム」(6)とある。成島謙吉の実父長田歓十郎(正美・帰郷)は後に砲兵差図役になった人であるが、「物産学入学姓名記」には、鶴田の次、文久二年五月一八日に物産学に入門したことが記されている。長田は親子で物産学を学んだということになる。帰郷は、維新後、『博物雑誌』第五号(一八七九年)に「菓菜糖蔵法」という論考を掲載している。静岡学問所五等教授を経て内務省・農商務省に勤務した謙吉には、『有益鳥類図譜』(一八九三年)といった著作もあり、ともに博物学的関心を持ち続けたらしい。

成島謙吉の実兄長田銈太郎(銈之助、一八四九～八九)も文久三年(一八六三)正月二三日に物産学に入門している。彼は、その後横浜語学所でもフランス語を学び、幕府陸軍の士官となり、維新後は静岡学問所一等教授を経て、外務省・宮内省官吏となった。谷中霊園にある墓石には、「入開成所専修仏朗西語」と彫られているが、物産学という文字はない。

「物産学入学姓名記」からは、他に名前が知られた人物として、伊藤謙(謙三郎)、中野延吉、足立益之助、塚原次左衛門(昌義・武田昌次、本書第二章参照)、辻新次(鼎吉・理之助)、阿部喜任(櫟斎・将翁・友之進)・春庵父子らをあげられよう。伊藤謙(文久二年〔一八六二〕二月八日入門)は、伊藤圭介の三男。中野延吉(同六月四日入門)は名古屋の人で、本資料では「厄介」となっているが、その後、伊藤圭介の五女小春と結婚し、伊藤家の婿養子となった。足立益之助（七月五日入門）は、宇田川榕庵の実弟足立栄建（足立長雋の養子）の子であり、やはり錚々たる蘭学者の家系に属する人であった。栄建は蕃書調所物産方出役をつとめていた。後に文部次官・男爵となった辻新次（文久三年正月二三日入門）は、蕃書調所・開成所ではむしろ化学を学んだことで知られ、その伝記にも文久三年九月精煉方世話心得を拝命したことなどは記されているが、(7)物産学を学んだとの記述はない。阿部喜任（一八〇五～七〇、同七月一〇日入門）は、文久元年咸臨丸の小笠原諸島派遣にも随行した本草家。春庵は喜任の嗣子阿部為任（友之進・碧海、一八四五～九三）のことである。

辻や阿部もそうであったが、物産学入門者には、幕臣のみならず、松本藩（松平丹波守）、掛川藩（太田総次郎）、福岡藩（松平美濃守）、鹿児島藩（松平修理大夫）、和歌山藩（紀伊殿）、水戸藩（水戸殿）、名古屋藩（尾張殿）など、諸藩の士も少なからずいた。鹿児島藩士種子島絅輔とは、慶応二年（一八六六）アメリカ・ボストンに留学し、後に吉田彦磨と名乗った種子島敬輔（一八四六～？）(8)と同一人物ではないかと思われる。

鶴田の弟太郎次郎も兄と同じく開成所で物産学を学んだ。ただし、系図の書き方からすると、太郎次郎は清次の実弟ではなく、鶴田重教（権兵衛）の実子らしい。「物産学入学姓名記」には、文久三年（一八六三）九月二八日、二九歳の時に稽古願いを提出した旨が記されている。資料番号25の履歴明細短冊（翻刻史料7）では、弘化元年（一八四四）昌平黌の素読吟味を受けた後、文久三年三月一一日からは開成所で仏蘭西学・物産学を学び、九月二五日に物産学稽古人世話心得となったとあり、日付が違う。

東京都立中央図書館が所蔵する「海雲楼博物雑纂」は、川上冬崖・高橋由一・中島仰山（船橋鍬次郎）・吉田修輔・伊藤利見（林洞・陪之助）・遠藤政徳（辰三郎・確山）・近藤正純（清次郎）・曲淵敬太郎ら、蕃書調所・開成所の画学局に

属した人々が描いた植物・動物等の図がまとめて保存された資料群であるが、その中の「安政七年鈴藤氏於米利堅所写　草花写真図」(資料番号5126–4)は、文久三年(一八六三)一二月に開成所物産局にて鶴田が写したものであるとされる[9]。筆者も同図書館でその実物を閲覧した。

表紙には「蕃書調所」の文字が印刷された罫紙が裏返しで使用され、全一七丁からなる。着色された草花が二八図収録され、個々の図には「安政七申年三月五日」「三月十五日」といった日付も記入されており、原図は咸臨丸で渡米した鈴藤勇次郎がアメリカ滞在中に描いたものだったことがわかる。しかし、表紙には表題とは別に「文久三年亥臘月写成　開成所物産局　鶴田清次郎持」と記されているものの、「鶴田清次郎持」の筆跡は他の文字とは異なり、墨の濃さも違う。また、「画」とか「写」ではなく、「持」と記されていることからも、これは鶴田が描いたというよりも、所持していただけにすぎない可能性もある。

また、「海雲楼博物雑纂」の中には、他に「鶴田」の丸い朱印が隅に押されたミカン・ザボン・ダイダイ・ユズなどの図一九点が含まれる(資料番号5126–1–66–4〜17)。これらを鶴田が描いたとみなす文献もあるが[10]、その朱印が押された図の中には「遠藤辰三郎写」「曲筆」(曲淵敬太郎のこと)と記されたものが含まれることから、押印は鶴田が描いたことを意味するのではなく、彼の所蔵だったことを示すと考えられる。同じ朱印は、歴博の鶴田清次関係資料の中にも見られる。

ただし、「海雲楼博物雑纂」の中には、「無菓樹ニ出ルタケ　九月十日頃なり」の文字と「九月十二日写　鶴田」の署名が入ったキノコの図があり(資料番号5126–1–57–2)、間違いなく彼自身も図を描いたことが判明する。他に物産局員の作例には田中仙永のものがある。物産局での鶴田らは、伊藤・田中の下で外国の物産を実物や文献から研究し、国内の物産に関する調査・収集などを行うとともに、画学局とも共同しながら業務を遂行し、描画法をも習得して

表2　「豆相駿廻村動物写生図」の内容

配列	記載名称
1	井ノシリ　房州ニテシリコダマトモ　相州金沢産　慶応二年三月一日
2	ジヒカゼ　即ヒザ、ラガヒ　三月二日
3	シラス　鷲毛魚　相州浦賀産　三月四日
4	ヒトデ　海盤車　三月五日
5	ウミギス　相州浦賀　三月五日
6	ナマコ　一種　三月五日
7	イソシャグマ　相州産　三月五日
8	イソツビ　莵葵葧　相州産　三月五日
9	イソツビ　一種白足緑身者　相州産　慶応二年寅三月七日
10	グミ　相州方言　三月七日
11	ナマコ　一種　三月七日
12	ウツラガイ　伊豆産　三月
13	ドクギヨ　豆州伊東和田村之産
14	サンショウヲ　豆州天城山渓水之産　四月
15	(昆虫)　伊豆産
16	ダニ　牛蝨　天城山産
17	ダニ　駿河産
18	金亀蟲　豆州天城山麓湯ケ島村産
19	ダイコクムシ

いったと考えられる。

しかし、何といっても開成所時代の大きな仕事は、フランスでの万国博覧会への出品物の用意に従事したことである。鶴田がパリ万国博覧会に出品する動植物の標本収集のため、相模・伊豆・駿河へ出張した際の記録は、章末に史料2として「慶応二寅年二月中開成所物産方之者共伊豆相模駿河辺江被差遣候節取扱一件帳写」(資料番号20)を翻刻した。また、採集した動植物を図に描き記録した「豆相駿廻村動物写生図」(資料番号17)、「豆相駿廻村植物写真」(資料番号18)については、表2・表3としてすべての内容を配列順に一覧表にした。動物の写生図のほうには、「田中芳男輯・鶴田清次郎画」と明記されており、鶴田自身が絵を描く能力を持っていたことは明白である。植物のほうも彼の筆になるものであろう。

鶴田が描いた「豆相駿廻村動物写生図」を写し、田中が明治七年(一八七四)八月四日の前書を付した写本が、東京国立博物館に「豆相動物写生図」(資料番号・和980)という表題で所蔵されており、マイクロフィルムでの閲覧が可能

表 3 「豆相駿廻村植物写真」の内容

配列	記載名称
1	ハマナシ　富士方言　　コケモ、　越橘
2	ガクウツギ　一名コンテリギ
3	スギラン　豆州天城山産生於古木朽処
4	トベラ　海桐
5	カラスヤマモ、　伊豆方言　ヤナギイチゴ
6	コメツ、ジ
7	イヌカヤ　粗榧
8	カヤ　榧
9	チドリノキ
10	地衣草
11	ドクウツギ
12	コヾメウツギ
13	クワガタサウ　丙寅四月朔日天城山採薬之一
14	杜衡
15	ムシクサ　蚊母草　豆州産
16	サイカチ　「白の下に七」莢
17	カンアフヒ　杜衡
18	ソクシンラン
19	ヤマクス
20	イヅセンリヤウ　杜茎山
21	馬兜鈴
22	スナヒキグサ
23	ハマドクサ　子コノシタ
24	ハラン　一葉
25	ヒメカウゾ
26	アリドホシ　虎刺
27	椶櫚
28	ツタウルシ　野葛
29	ツリガ子カヅラ　一名ハンシヤウヅル
30	ヤマモ、　楊梅
31	ソゲキ　伊豆方言
32	アスナロノヤドリギ　　羅漢栢寄生　駿州富士山下ノ村上井戸村之産
33	マタ、ビ　木天蓼
34	タウゲシバ
35	スノキ
36	アサクラサンシヤウ　蜀椒　駿州産
37	シラクチカヅラ　獼猴桃　豆州天城山産
38	獼猴桃　相州大山産
39	ヤマシャクヤク　草芍薬
40	サイハイラン　豆州天城山方言イモバックリ
41	ヱコ　斉墩果　豆州天城山産
42	ツルマサキ　扶芳藤
43	ハマハタザホ
44	マキ　羅漢松
45	ミヅキ
46	チリツバキ　晩山茶
47	アブラギリ　罌子桐　ドクヱ
48	イハナンテン　相州箱根産
49	フタツバクサ　豆州天城山　駿州富士山麓 相州箱根山等
50	カヤラン　四月於豆州子ッコ峠採之
51	子バツ、ジ　一名モチツ、ジ　四月於伊豆採之
52	ウバメカシ
53	豆州手石村三島社林之産　慶応二年丙寅四月十二日採之
54	チドリノキ
55	シマサクラ　伊豆方言
56	オホルリサウ
57	フウトウカツラ
58	ナギ　竹栢
59	和実梅　駿州府中産
60	イテウウキクサ　生於水田中　駿河方言ヤリクサ
61	マツツゲ　松寄生
62	キムラタケ　駿州富士山麓深林中之産
63	ハマウツボ　相州糟谷村路傍草中之産
64	バライチゴ
65	シラカ子サウ　駿州富士山麓深林中之産
66	ユヅリハ　交譲木
67	イヌツゲ
68	イヌツゲ　柞木
69	イヨゾメ　莢蒾
70	テイカ、ツラ　絡石　一名クチナシカツラ
71	ヤマムラサキ
72	コバンモチ　豆州子ッコ越産方言モチ
73	イヌモチ　駿河方言　フクラシバ

である。田中の前書には、「此書ハ、慶応三月より五月マデ相豆駿巡廻ノトキ相輯メ鶴田清次ノ画ク処ナリシヲ、今之ヲ写シタルモノナレバ、其真ヲ失スル所マ、アルベシ」とある。書き込まれた説明や日付の記載などにわずかな違いが見られるものの、図も文字もほぼ原本通りである。東京国立博物館の写本では「グミ」の説明箇所に、鶴田による明治一二年七月四日付の補足が追記されているのは比較的大きな違いである。なお、写本のほうは、用紙が版心に「大学南校」と印刷されたものとなっている。

また、明治九年一月一二日に山田清慶が摸写したという東京国立博物館所蔵「豆相植物写生図」（列品番号QA—97）は、収録順が違うものの、もう一方の「豆相駿廻村植物写真」の写本である。(11)

相・豆・駿三国への出張は、田中芳男・鶴田清次・阿部友之進の三名が命じられた。(12)この仕事は「虫捕御用」と言われたが、昆虫採集のため、捕虫網の代わりに魚用の網を使用したとか、ピンがないので木綿針や仕立て用の針で試したとか、虫だけでなく木や石など何でも集め、さらには温泉の水まで瓶詰めにし、すべて長持に入れて持ち帰ったとか、田中芳男が回想録で語っている。(13)パリへ送った標本箱は五〇箱程度になり、博覧会終了後はフランス人に買い取られたというが、たぶん現存はしていないであろう。田中は「物産取調豆相駿巡廻日記」全五冊を記録として残したとされるが、現在は所在不明となっている。また、「採集した虫の目録も無く」と後に述べていることからすると、田中の手元には同様のものはなく、鶴田が保存した「豆相駿廻村動物写生図」と「豆相駿廻村植物写真」はパリ万国博覧会出品に関わる資料として極めて貴重なものといえよう。

翻刻した史料2は、廻村に際しての事務的な書類である。日程や行程、持参した道具類などが詳しく記録されている。ちなみに、彼らを迎えた各地にはその動向が記録されたものが残存する。たとえば、駿河国富士郡大宮町（現富士宮市）を訪問した際の記録は、同地の素封家角田桜岳の日記に書き残されていた。以下に引用しておきたい。(14)

（慶応二年〔一八六六〕四月二九日条）
一今ひる後中宿より役人足にて申来る
信州御持山支配　　同物産学出役　　水戸殿医師
千村平右衛門家来　　田仲芳男　　同物産世話掛り
開成所調役　　阿部友之進
鶴田清次郎
上下六人昨夜由井宿泊、今廿九日大宮町泊りと云先ふれ参り候由申来る、直に町へ可下存候得共種々用向も有之
一夕茶頃酒のむ、少しく眠らんとす、又中宿より使来る、かの御出役最はや中宿桂蔵方へ着被成候と申遣されたれ
は直にわれ参候と申遣ス
（同五月一日条）
一今朝早く起る、朝飯後高セ隠居へ行、今般出役の容子をきくに本艸へ掛り候事のミの容子也、種々の蝶なとをと
らへ来りて水気を去り火にあふりて蝶なとは羽をひろけて銀の針をうちてうすき重ね筥に入持帰るよしなりし、
蝶のミならす種々のむしをもとらへ来りたる由、出役三人の衆に坐敷へ行、逢ふて小野蘭山先生文化度北口不二
の麓にて薬草をしらべさせ候ニ千余種をとられ候事をわれ話シ、何くれ物産に拘りたる事共を咄ス、蝶なと取る
道具は始終持歩行也、五ツ過今日はしら糸の滝より風穴なと見て村山泊りにいたし度とて長持分持等ハ村山へ町
方より直に遣シ、三人は上井出へ廻る、町役人三四人ハ高札より入浅間へ参詣し二の宮下迄送り行帰る
角田は洋学・国学にも造詣が深い地域の知識人であったが、鶴田らは、行く先々でそのような人々と交流すること
で、必要とする情報を手に入れたものと考えられる。本資料群のうち、資料番号19「伊豆誌稿　物産之部抜萃」、22

「山辺風雨論」は、この時の出張先で書き写したものであり、滞在した村の有力者宅で見せてもらったことが記されている。動植物の現物採集のみならず、文献収集に関しても旺盛な意欲で臨んでいたことがわかる。

資料番号21（翻刻史料3）「物産取調御用人馬継立帳」については全文翻刻をしなかったが、右に述べた五月一日の駿河国富士郡大宮町の箇所だけを抜き出せば、下記の通りである。

一人足三人
馬三疋
内弐疋ヲ人足四人ニ代ル
右者大宮町より村山迄御継立仕候以上
寅五月朔日
大宮町
年寄
平左衛門㊞

巡回の記録はまだまだ各地の地方文書に残されているであろう。武蔵国については、多摩郡新町村の名主が、鶴田・阿部の人馬継立や休泊について宿村の役人あてに出された開成所布達について書き写したものなどが知られる(15)。その後の鶴田の仕事ぶりを示すものとして、資料番号14・15にある通り、慶応二年（一八六六）一一月二五日、長田庄十郎との連名で、雑司ヶ谷の御鷹部屋空き地の利用について意見を具申している事実がある（翻刻史料4・5）。また、関連する図面としては、資料番号11・16が相当する。

なお、長田庄十郎は、資料番号6（翻刻史料1）によれば、文久二年（一八六二）一一月九日に洋書調所物産学に入門し、一二月七日に世話心得に就いた人だった。明治八年一一月一五日没、戒名は長元院殿義光日勇居士。息子の長田清蔵（正言、一八四六～一九〇四）も元治元年（一八六四）二月一六日に物産学に入門しているが、彼は維新後には海軍兵学寮・兵学校の数学教官になった。[16] やはり父子で入門した長田歓十郎・銈太郎とは、菩提寺を同じくする一族であった。

四　静岡病院附御薬園掛

さて、資料番号24の履歴明細短冊からは、鶴田の維新後の動向が判明する。彼は、慶応四年（一八六八）七月一六日に鎮台府附物産掛りとなっており、つまり最初は新政府に仕え、朝臣になったようである。八月二二日には川島宗瑞（宗端）に附属する御製薬掛りに任じられ、鎮将府附となった。しかし、同月二六日には病気を理由に早くも辞任し、旧主である徳川家に帰属し、駿河府中藩（翌年静岡藩と改称）の藩士となったのである。駿府（静岡）移住後、「製薬薬園掛」に任命されたとあるが、年月日は明記されていない。ちなみに川島宗端は明治元年（一八六八）一一月、陸軍医師から御製薬掛となり、国益振興のために駿河田中（現藤枝市）に御薬園を設置することを命じられ、田中城下の空き地、四番長屋が引き渡されることが藩内に布達されているので、[17] やはり鶴田同様、朝臣を辞したことがわかる。

資料番号27（翻刻史料8）は、駿河府中藩（静岡藩）に出仕した際の辞令であるが、役名は「病院附御薬園掛」であり、役金は七〇両だった。辞令を交付した「平右衛門殿」とは中老戸川平右衛門（明治二年六月、平太と改名）のことなので、この辞令はそれ以前のものであることが明らかである。

明治二年（一八六九）九月に木版で刷られた『静岡藩御役人附』（上中下三枚組）には、静岡病院のスタッフ中の末尾の

ほうに「御薬園掛　鶴田清次郎」とある。(18)

明治三年三月頃刊行の静岡藩職員名簿『静岡御役人附』（横型冊子）には、「御薬園掛　鶴田清次郎　鶴田太郎次郎」と記され、弟の太郎次郎が加わっている。なお、「島田太郎次郎」とする『静岡県史　資料編16近現代一』（一九八九年、静岡県、一一二九頁）は、翻刻ミスである。

そもそも駿府（正確には隣接する安東村）の御薬園は、徳川家康時代に「御持木林」と呼ばれていた場所を起源とし、創始されたものであるが、その後廃絶し、享保一一年（一七二六）に再興され、駿府武具奉行の管轄とされ、人参などが栽培された。(19)その面積は四二〇〇坪余だった。現在は、静岡市葵区に、昭和六年（一九三一）静岡市建立の「駿府薬園阯」の石碑が立つのみである。

御薬園は静岡市街からは離れた久能にもあったようで、藩内では以下のような文書のやりとりがなされ、病院の管轄から勤番組へ移管されたことがわかる。鶴田太郎次郎の名前も登場する。(20)

（九月十一日、一翁殿より御右筆遠山鉦太郎を以竹次郎江御渡、御薬園之儀は手遠にて難行届候に付、返上地に相成候旨、且御取締筋之儀とも委細政事庁懸松平勘太郎より竹次郎江談有之）

久能御取締懸江

病院頭江

久能御薬園之儀中立之趣、も有之候に付、静岡勤番組之頭江可被引渡候事

静岡

勤番組之頭江

久能御薬園地其方支配勤番組居住地に被下候筈に付、病院頭より可被請取候。尤、久能御山朱引内に付。取締筋之儀は、同所御取締懸申談可被取計候事

右之通相達候間可被得其意候事

（巳九月十三日、病院頭支配御薬園掛手伝鶴田太郎次郎持参。竹次郎立会之上、静岡勤番組肝煎久保大八江引渡御取締向之儀は大八より竹次郎江談有之）

久能御取締方　　病院方

久能御薬園之儀に付。別紙之通、一翁殿被申渡候間今十三日静岡勤番組之頭江引渡申候。此段及御達候

巳九月十三日

病院頭江

久能御薬園之儀中立之趣も有之候に付静岡勤番組之頭江可被引渡候事

静岡藩の静岡御薬園時代に鶴田が具体的に何を行ったのか、詳細は不明であるが、唯一、資料番号26、本章翻刻史料9、すなわち部下である御薬園附属出役稲富市郎（喜一郎・直）から鶴田兄弟に宛てた明治三年（一八七〇）五月三日付意見書が参考になる。駿河の鶴田を尾張の田中芳男と並び立つ物産学の泰斗であると持ち上げつつ、前年に発足した静岡御薬園の実態は、附属の者が八名、修行人が一五名にすぎず、五〇〇〇坪の園を有効利用するには人員不足である、せめて二〇名に増員し、それを五名ずつの四班に分け持ち場を定め、規則にのっとり運営してはどうか、といった内容である。稲富は、大番や奥詰銃隊をつめた旧幕臣で、静岡宮ケ崎の報土寺に寄留していたことがわかって

いるが、[21] なぜか藩の職員録に名前はない。

なお、後に人類学者・理学博士となった坪井正五郎は、静岡病院頭並（副院長）に就任した父坪井信良とともに静岡で幼少時代を送ったが、「静岡に御菜園とて少なる植物園有りて鶴岡某氏管理し居れり。余屢々此所に至り植物培養の状を見、面白き事に思し、家に在りても小草を植ゑ、種子を蒔き、花実を画き、名の知れぬ草には何草と勝手なる名を命じ楽みとせり[22]」との思い出を自叙伝に残しており、「鶴岡」（鶴田の誤りであろう）の名も登場する。鶴田が担当した御薬園は、少年の博物趣味養成に多大な影響を与えたのである。

五　明治新政府への出仕

稲富の意見書は、「皇国」のためであり、外国と対等な立場になるためであると高尚な理想をうたっていたが、一地方政権としての静岡藩の物産振興策とその中での御薬園の役割は、きわめて限定的なものであり、幕府時代のやりがいとは比べるべくもなかった。その頃、田中芳男は大学南校物産局や文部省博物局などに奉職し、中央での活躍を続けていた。

やがて鶴田も、それまでの経験と知識・技能を活かした新たな一歩を踏み出すことになる。廃藩後、明治五年（一八七二）三月四日には博覧会事務局十三等出仕を拝命し、静岡から上京したのである。同六年には「澳国博覧会品物取扱」の御用のため駿遠三の三国を巡回し、一〇月四日に帰京した。以後、七年三月三一日に「御人減」によって罷免されるまで、博覧会事務局に勤務した。その後、内務省・農商務省に御用掛として再び奉職し、博物局での仕事を続けた。静岡時代の中断をはさみ、再び中央政府で活躍の場を見出したことになる。

資料番号29「博覧会御用日記」（明治五年三月二〇日～七月二一日）は、東京出立から静岡滞在中までの期間の日記で、鶴田清次がウィーン万国博覧会のための調査目的で派遣された駿河・遠江・三河における、出張先でのようすが記されている。静岡から上京し、またすぐに古巣静岡での業務に派遣されたのである。この日記は、子孫である馬場信夫氏によって翻刻・印刷されたことがあり、それが資料番号120『伝記鶴田清次郎　学問の部　博覧会御用日記』（一九六九年）である。『かくてかくありき　わが半生記　総集編』のほうには、分量が多いとのことで、本文の掲載は省かれている。本章でも翻刻・掲載はしないこととした。

本日記から彼の行程を抜粋すると、三月二〇日東京発、二二日沼津着、二四日静岡着、四月一二日藤枝着、一三日掛川着、一四日浜松着、一六日岡崎着、一九日豊橋泊、二〇日浜松着、二五日静岡着、五月三日清水港泊、九日島田泊、一四日静岡着、一六日蒲原泊、一七日沼津泊、二〇日静岡着、二九日藤枝泊、六月一日浜松泊、三日豊橋泊、四日岡崎着、七日浜松着、一一日静岡着、二〇日見付泊、二二日岡崎着、二五日袋井泊、二七日静岡着、といった具合であり、静岡を基地としながら浜松（浜松県）や岡崎（額田県）へも足を延ばし、各地をめまぐるしく行き来して調査を行ったことがわかる。記された内容には、茶、焼物、石材、鉱物資源、葛布、寄木細工、籠細工、絞り木綿、紙漉き、油桐、砂糖、わらび粉、タバコといった産物とその製法・職人などに関する情報、さらに鳥・魚・貝・海藻・へビ・蝶・山蛭・ミミズといった生物、名木、奇石、化石、薬泉、寺社、古物、祭礼、葬送方法など、ありとあらゆる事柄が筆記されている。幕末の調査旅行との違いは、人力車・陸運会社や写真撮影を利用している点であろう。

なお、「佐々井」「中島」と同道している旨が記されるが、佐々井半十郎と中島仰山のことであろう。立ち寄った沼津や原では、「榊氏江田中先生より御伝言、鮫之一条申通し」（三月二二日）、「原宿なる植松与右衛門方ニ立寄て博覧会之事ニ付頼ミ申事も多かるへしと惣談」（三月二三日）、「植松与右衛門江申談し置、沼津新井屋ニ泊ル、榊氏江立寄候処、東京江参り家内計也、伴氏江参ル、産業方江中藤新蔵案内ニ而織殿并陶器場参り石橋半平焼物取建地所見分、中藤新蔵石橋半平小島東一郎夜ニ入旅宿新井屋江来ル、陶器申付レンカ石出し可申談し置」（五月一七日）といった記述が残された。

「田中先生」とは、鶴田にとっては一九歳も年下であったものの、蕃書調所で物産学の指導を受けた恩師であり上司でもある田中芳男のことである。榊氏とは、元開成所活字御用で沼津兵学校教授の榊綽（令輔・令一）のことであろう。植松与右衛門は、東海道原宿の素封家で、帯笑園と名付けられた自宅庭園で知られた。いずれも博物学的関心を持っていた人々である。沼津の織殿、陶器場とは、士族授産のため四年九月に設立された産業所会所の事業のひとつで、織殿は沼津町方町の元小人長屋に置かれ、機織りの講習を行った。陶器製造は沼津在の上香貫村八重坂で行われた[23]。鶴田はレンガ製造などについて助言をしたらしい。

静岡学問所の御雇いアメリカ人教師エドワード・ワーレン・クラークの名前も登場する。越後島村（現焼津市）で産出する石油を調べてもらったという件（四月一二日）、さらに「教師米利監クラークより頼ミに付種物受取、附属之者ニ申付置」（五月一日）とあることから、植物の種について依頼されたことがわかる。静岡病院でフランスの本草書を借用したことなども記され（五月二三日、七月六日）、旧幕府・静岡藩の人脈や備品を新政府での仕事に役立てようとしている。

鶴田の調査がどれだけ活用されたのかはわからないが、翌明治六年（一八七三）開催のウィーン万国博覧会では、静岡県から出品された賤機織、竹網代細工、寄木細工などが賞を受賞している[24]。

東京での仕事と生活は新たな刺激をもたらしたであろう。開成所でともに仕事をした伊藤圭介とは、静岡から上京後、交際が再開されたようで、伊藤の日記には、「雀田ハ十日過キカリニ可遣、草木図モノ也、八字過引取候由、一六休日ニて尋人モ此日ヨカラン、タツ木静岡辺崔田此度探索ノ紀行カリ出シ持来」(明治六年二月二日)、「崔田へ行、本草写并此度駿遠三之紀行かり」(同年二月一六日)、「ヤウカン、海苔、崔田へ、(到)イモガラ、膃肭セイ、崔田ゟ」(同年二月二四日)、「崔田へ此頃借用之図返し、又かり」(同年三月一一日)、「鶴田清次郎来」(同年四月二八日)、「鶴田へも寄、重複之分図有之候ハ、放逐頼」(同年五月九日)、「鶴田へ此頃之西洋書残り候分余り居候ハ、御渡越可被下候」(同年一一月二二日)、「鶴田清次来」(九年一月二日)といった記述が散見する。(25)

六　著作

鶴田清次には著作といえるほどの業績はないものの、幾つかの刊行物にその名を残している。博物局が、日本の産物について図解すべく編集・発行した「教草」という色刷・一枚物のシリーズ全三〇点のうち、鶴田は、第九『草綿一覧』(明治五年秋、鶴田・佐々井半十郎撰、中島仰山画)、第七『葛布一覧』(明治五年冬、鶴田・佐々井半十郎撰、中島仰山画、八年一二月、鶴田校訂)、第二十七『澱粉一覧』上・下(明治六年三月、鶴田撰、七年六月、武田昌次誌、服部雪斎画)という三種に、「鶴田清次撰」として解説文を付している。(26) 草綿に関しては、説明文の中に「遠江にて一ケ年産出高　七万八千四百五十六貫目」「右ハ遠州上池川村池川平一郎外三人の説によりて記すものなり」とあり、鶴田・佐々井らの現地調査に依拠したものであることがわかる。葛布については、説明文の中に「葛苧製造人ハ掛川駅鈴木源平を第一とし」云々とあり、やはり静岡藩時代以来の地の利を活かした現地調査にもとづいたものであった。問屋の建物が市指定文化財となるなど、葛布は現在も掛川市の伝統工芸品として位置づけられている。

『葛布一覧』『澱粉一覧』に関しては、本資料群の中に同僚武田昌次からの鶴田宛書簡が一通あった(翻刻史料10)。

「博覧会事務局」と印刷された罫紙に書かれたもので、現地調査に協力した小川太七(静岡上桶屋町の商人)・尾崎伊兵衛(静岡安西三丁目の商人)・鈴木陸平(掛川町年寄)・小川東一郎・池川平一郎といった人々に対して配布すべき印刷物の部数についての問い合わせである。なお、小川・尾崎・鈴木らの名前は、先述の「博覧会御用日記」にも登場し、鶴田が協力を仰いでいたことがわかる。他にも「博覧会事務局」罫紙を使用した資料番号43・44・45など、「教草」シリーズの草稿らしいものがある。

ここで鶴田と名前を並べた佐々井半十郎と中島仰山について言及しておきたい。二人とも旧幕臣、元静岡藩士である。

佐々井半十郎(一八一四～九四)は、幕府代官を歴任した人で、維新後駿府に移住した。また、息子久和(栄太郎)は静岡藩開業方物産掛の任にあった。半十郎自身も、伊豆韮山の江川家から雁皮苗木を送ってもらい、酒井録四郎(御側御用人・家令)を通じて奥向へ申し立て、「御城内栄園」に植え付け、知事(徳川家達)もたびたびそれを視察したといった事実から(江川文庫所蔵、年不明三月二五日付 江川太郎左衛門宛 佐々井書簡)、静岡藩で勧業関係の仕事に従事した形跡がある。半十郎は茶斎と号し、静岡から上京後は浅草須賀町で静岡園と称する茶商店を営んだほか、東京茶業組合の役員をつとめるなど、業界に貢献した。『製茶余話』(明治六年)という著作もある。息子久和も東京製茶会社を経営し、東京市会議員にも選出された(27)。

中島仰山(鍬次郎)は、開成所画学局で洋画の技法を身に付け、明治五年に博覧会御用掛になって静岡を離れるまで、徳川慶喜に油絵を指導した旧幕臣である(28)。鶴田との関係も開成所時代にさかのぼるものだったろう。

鶴田は、明治一七年には旧師の故岩崎灌園(常正)の著作『本草図譜 山草部』を「補正」し、さらに小野職愨に校閲を担当してもらい、自身が出版人となって刊行している。植物の図版を多数掲載した同書は、活版・四六ページからなる。「九皐堂蔵版」となっているが、九皐堂とは鶴田の書斎号である。奥付に記された当時の住所は「東京下谷御徒町三丁目四十九番地」となっている。この本については、図が転写であるため「原本の趣が失われ」、灌園の肖像が石版画で掲載されたことだけが「この本の功績」であるとされるが(29)、それは鶴田に対して少し酷な評価であろう。

さらに鶴田は、『博物雑誌』第四号(一八七九年、博物局)に八ページにわたる「岩崎灌園伝」を投稿している。ただし、自身との関わりについては全く言及がなく、この小文からは二人が師弟関係にあったのか否かはわからない。

本資料群の中には、植物関係の草稿類が多数含まれるが、それらは『本草図譜　山草部』、あるいはそれ以外の彼による研究の痕跡ではないかと考えられる。

なお、『東都花暦名所案内』(30)(作者は仲田惟善、刊行は天保二年以降と推定)の版元「九皐堂蔵」も鶴田のことであると推測されており、それが確かだとすれば、彼はかなり若い頃から植物・園芸に関心を抱いていたことになる。

おわりに

鶴田清次は、明治二五年(一八九二)一一月五日、七六歳にて死去した。戒名は、清澄院浄誉徹心居士。墓石は東京都杉並区梅里の西方寺にあったというが、現在は整理されてしまい存在しない。

鶴田家の実子だった先妻が亡くなった後、再婚したようで、後妻とめは明治一一年に亡くなっている。とめとの間には実子完太郎(安政元年(一八五四)生まれ)が誕生したが、早世した。そこで養子に迎えたのが、馬場信懐(一八五九〜一九二七)であった。信懐は清次の甥ではないかと思われるが、その職歴は、以下の履歴書(31)から判明する。養父清次と同様、博物学に関心を抱いていたようだ。残された資料に清次没後の年代の植物学関係の草稿類が含まれているのはそのためである。また、この履歴書記載の後は、長野県師範学校教諭などをつとめたことが判明する。

履歴

静岡県士族

鶴田信懐

安政六年三月廿二日生

明治十四年十二月廿八日

東京大学雇申付日給金弐拾銭給与候事

但医学部博物学教場へ出勤申付候事

東京大学

同十六年五月二日

自今日給金弐拾五銭給与候事

同

同十七年十一月十日

自今月俸金八円給与候事　同

明治十七年十一月廿四日

器品課附属申付候事　東京大学

同年九月十二日

器品課兼勤ヲ解キ候事　同

同十九年三月十二日
理科大学雇申付月給金八円給与
理科大学
同年十一月三十日
第一高等中学校雇

清次の義弟太郎次郎（容道）は、系図（資料番号111）に「嘉永二酉八月八日、伴経三郎病気ニ付御暇相願、跡養子幼年ニ付有之御達、看抱御譜代御抱入被仰付候」と記されていることから、一時、伴家の養子となったらしい。しかし、開成所には鶴田姓で入門しているので、実家に戻ったようである。清次とともに静岡病院御薬園に勤務したことは前述の通りであるが、その後の消息は不明である。

ところで、鶴田が残した本資料群の中には、近世後期の幕府医官にして本草学者である栗本丹洲（昌蔵・瑞見、一七五六〜一八三四）が小動物ばかりを描いた図（資料番号1〜5）が多数含まれている。含まれているというよりも、本資料群の内で大きな比重を占める。鶴田と栗本とが直接面識があったのかどうかはわからない。しかし、ともにパリ万国博覧会出品のため昆虫・植物採集にあたった阿部喜任が、栗本丹洲と友人関係にあったことは確かである。丹洲の孫にあたる外国奉行栗本鋤雲がパリ万国博覧会に派遣され、駐仏公使になったといういきさつもある。いずれにせよ、蕃書調所・開成所の物産方での業務を遂行する上で参考にすべく、先輩である栗本の作品を入手し、手元に置いたのかもしれない。あるいは明治後、博物局で参照にした可能性も低くない。

栗本が描いた博物図は、写本も含め、植物・昆虫・鳥類・魚介類等々、少なからぬ種類のものが現存する。(32) ところが、小動物の図を集めた本資料は、転写で流布した一部の図を除けば、(33) 多くは従来知られていた中にはなかったようである。つまり、新発見のオリジナル資料ということになる。とりわけ、転写による複数系統の写本が多く存在することが指摘されている栗本の博物図ではあるが[34]、本資料は文字の筆跡から判断して栗本自筆であると認められ、第三者による写本ではない点も重要である。全体の画像紹介は別の機会・方法によりたいと思う。また、描かれた動物図の内容的検討・考察は、今後、各専門分野からの研究に委ねなければならない。とにかく、栗本丹洲という江戸時代を代表する博物学者の作品をまとまった形で現代の我々に遺してくれたことは、鶴田清次の隠れた功績といえるだろう。

末筆ながら、鶴田家に関し情報・資料の提供をいただいた馬場信義様、福岡和子様、坂本清子様には心よりの御礼を申し上げる次第である。

註

（1）これらの人としては、後述する長田帰郷・成島謙吉・中島仰山ら以外にも、明治四年大学南校博物館が開催した博覧会（物産会）の出品者となった竹本要斎・内田正雄・森川眉山・田中仙永、博物学的関心を「茶農漫録」という膨大な雑記帳に書き残した林洞海、明治二一年（一八八八）結成の博物知識交換の集まり多識会に参加した栗本鋤雲・木村二梅・浅田宗伯・宮内広、太政官地誌課を退職した後に骨格標本作製に携わった榊綽、内務省山林局に勤務しつつ『日本竹譜』といった著作を刊行した片山直人、陸海軍奉行をつとめた旗本で維新後は開拓使や帝室博物館で天産物研究に従事した織田賢司（信愛）、その子で剝製技術の導入者となった織田信徳、開拓使の画工として鳥類標本摸写を担当した牧野数江、官吏として北海道や鹿児島で勧業関係に携わり『麑海魚譜』を著した白野夏雲、地質を専門とし博物局天産課に勤務したその子白野己巳郎、『四季の花園』『梅譜』などの園芸書を著した小川安村、農学社を経営し西洋の農作物の普及に貢献した津田仙、開成所調役から内務省・農商務省の農政官僚となり著書『訓蒙博物問答』を持つ後藤達三、明治一二年創立の日本園芸会の幹事となった平山成信、探検先の南洋の風物を描き残した鈴木経勲ら、多くの旧幕臣たちをあげることができる。文科系の博物学を志向した人々や好事家たちを加えればさらに多彩な顔ぶれとなろう。

（2）熊井保他編『江戸幕臣人名事典』第三巻（一九九〇年、新人物往来社）、九二～九三頁。

（3）前田匡一郎『駿遠へ移住した徳川家臣団』（一九九一年、私家版）、一二二頁、同『駿遠へ移住した徳川家臣団』第四編（二〇〇〇年、私家版）、二四八～二四九頁。

（4）福岡和子氏所蔵。

（5）江川文庫所蔵・資料番号27-2-1～3。

（6）松本和男『石上露子研究』第二輯（一九九七年、私家版）、二三〇頁。

（7）『信松先生錫爵録』（一九一二年）。

（8）種子島敬輔については、石附実『近代日本の海外留学史』（一九九二年、中公文庫）、塩崎智『アメリカ「知日派」の起源』（二〇〇一年、平凡社）。

（9）平野満「幕末の本草学者阿部喜任（櫟斎）の年譜」（『参考書誌研究』五六、二〇〇二年）、四三頁。

（10）古田亮「油絵以前＝高橋由一試論（上）―博物図譜と風景スケッチを中心に―」（『MUSEUM　東京国立博物館研究誌』五二六、一九九五年）、一一頁。

（11）前掲平野「幕末の本草学者阿部喜任（櫟斎）の年譜」、四三頁。同資料は東京国立博物館のホームページ上のデジタルライブラリーで画像を閲覧することができる。他に同館ホームページのデジタルライブラリーと博物図譜ライブラリーからは、鶴田清次編「経歴日誌」（明治一三年写、列品番号QA―1646）、「博物館虫譜」（列品番号QA―968）に含まれる蜂や虫の脱け殻の図（明治一二年二月鶴田清次解説、後者は幕末パリ万国博覧会に際しての記録）なども閲覧できる。

(12) なお、田中・鶴田とともに廻村を命じられた「阿部友之進」については、将翁（喜任）本人であるとする説と、その子為任（友之進・春庵）であるとする説、父子ともに参加したとする説がある。第一説は「幕末の本草学者阿部喜任（櫟斎）の年譜」、第二説は宮地正人「混沌の中の開成所」（『学問のアルケオロジー』、一九九七年、東京大学、四一頁）、第三説は田中義信『田中芳男十話・田中芳男経歴談』（二〇〇〇年、田中芳男を知る会、一二四頁）である。第三説によれば、一行は供も含め全六名であり、供三名のうち一人が為任だったという。翻刻史料2には、「水戸殿医師将翁倅　同物産学世話心得阿部友之進」とあり、父喜任ではなく息子為任のことであろう。為任は当時物産学世話心得に就任していたことになる。このことは、東京大学史料編纂所蔵「開成調所伺等留　乾」に、「水戸殿医師将翁倅阿部春庵　右之者平日学業出精仕候ニ付物産学稽古人世話心得可申渡奉存候依之此段申上置候以上　子三月　林式部少輔・開成所頭取」という記載があるので裏付けられる。「友之進」は阿部家の襲名であるため、判別が厄介である。

(13) 前掲田中『田中芳男十話・田中芳男経歴談』、一二四～一二五頁。

(14) 富士宮市教育委員会編『駿州富士郡大宮町角田桜岳日記』五（二〇〇九年、同市）、一三四頁。

(15) 東京都教育庁社会教育部文化課編『東京都古文書集』第四巻（一九八六年）、一一四頁。

(16) 長田庄十郎・清蔵父子については、前掲松本『石上露子研究』第二輯、第三輯（一九九七年、私家版）。

(17) 東京大学史料編纂所蔵「静岡藩御達留　一」。

(18)『鹿児島県史料　玉里島津家史料　十』（二〇〇一年、鹿児島県）、四五八頁。

(19)『静岡県史　通史編3　近世一』（一九九六年、静岡県）、三一七頁。

(20)『久能山叢書』第五編（一九八一年、久能山東照宮社務所）、六〇五～六〇六頁。

(21)　前田匡一郎『駿遠へ移住した徳川家臣団』第五編(二〇〇七年、羽衣出版)。

(22)　吉川芳秋『尾張郷土文化医科学史攷』(一九五五年、尾張郷土文化医科史攷刊行会)、五〇六～五〇七頁。原文は『中学世界』一六―八(一九一三年六月)掲載。なお、静岡の御薬園が少年時代の坪井正五郎に影響を与えた点については、川村伸秀『坪井正五郎―日本で最初の人類学者』(二〇一三年、弘文堂、二〇～二一頁)でも言及されている。

(23)　『沼津市誌』中巻(一九六一年、沼津市)、二四一～二四二頁、『山中庄治日記』(一九七四年、沼津市立駿河図書館)、九三～九四頁。

(24)　角山幸洋『ウィーン万国博の研究』(二〇〇〇年、関西大学出版部)。

(25)　圭介文書研究会編『伊藤圭介日記』第五集、第六集、第十一集(一九九九年、二〇〇〇年、二〇〇五年、名古屋市東山植物園)。

(26)　『澱粉一覧』について述べたものに、藤本滋生「『葛粉(くづこ)一覧』および『澱粉(くずこ)一覧』について」(『鹿児島大学農学部学術報告』三四、一九八四年)がある。

(27)　佐々井半十郎については、あさくらゆう「代官佐々井半十郎について」(『足立史談』四八二・四九三・四九五・四九九・五〇一、二〇〇八～二〇〇九年年)、同「代官・佐々井半十郎について―調査の経緯とその重要性―」(『茨城史林』三三、二〇〇九年)。

(28)　斎藤洋一「徳川慶喜とお抱え写真師中島鍬次郎―幕府開成所との関係を巡って―」(『日本写真芸術学会誌』四―一、一九九六年)。

(29)　上野益三『日本博物学史　補訂』(一九八六年、平凡社)、六二五頁。

(30)　平野恵『十九世紀日本の園芸文化―江戸と東京、植木屋の周辺―』(二〇〇六年、思文閣出版)、四五頁、三一九頁。

（31）　東京大学総合図書館所蔵・東京帝国大学五十年史史料№169「履歴書綴」所収。

（32）　栗本丹洲については、『江戸科学古典叢書41　千蟲譜』（一九八二年、恒和出版）、『彩色江戸博物学集成』（一九九四年、平凡社）、磯野直秀監修『描かれた動物・植物─江戸時代の博物誌─』（二〇〇五年、国立国会図書館）など。

（33）　既刊文献の管見の範囲では、資料番号4-17の「笹熊」は、西尾市立図書館岩瀬文庫所蔵の「本草図説」にほぼ同じ図が収録されている。ただし、寛政一一年（一七九九）五月、下総国小金郷上本郷村で捕獲された「鼬鼠」であるとの栗本の説明文（写）は違っている（荒俣宏監修『江戸博物図鑑三　高木春山　本草図説　動物』、一九八九年、リブロポート、一五頁）。さらに、同じ獣のそっくりな図は、明治一一年（一八七八）に製本された東京国立博物館所蔵「博物館獣譜」（資料番号・和956）にも収録されているが、文字部分の筆跡は丹洲自筆ではなく、図も含め写本であることがわかる。この「博物館獣譜」は、複数の画者による三九九点（うち丹洲画は八点）が複写・スクラップにされ、二冊本にまとめられたものであるが、中には丹洲自筆のものも含まれるが、少なくともこの「笹熊」「鼬鼠」は写しである。資料番号5-17の果実を食べるコウモリは、似た図が「千蟲譜」に含まれており（国立国会図書館所蔵・曲直瀬愛写本、前掲『江戸科学古典叢書41　千蟲譜』、四二八〜四二九頁）、やはり同様の転写例である。

（34）　磯野直秀「江戸時代動物図譜における転写」（山田慶兒編『東アジアの本草と博物学の世界』上、一九九五年、思文閣出版）。

史料　鶴田清次関係資料

【史料1】

（表紙）

文久二壬戌年より
物産学入学姓名記
物産方

戌二月十八日　是迄画学
（付箋）「物産学入学姓名記」
松山想十郎

尾張殿家来
伊藤圭介惣領倅
伊藤謙三郎

戌四月十五日
御徒頭

本多準之助組御徒
（朱書）「戌十月十五日世話心得被申渡」
鶴田清次郎

新御番
岡部日向守組
五月十八日
長田歓十郎
（朱書）「戌ノ十月十五日世話心得被申渡」
（朱書）「死除キ」
秋山鎊之丞

大御番
本庄宮内少輔組
新兵衛惣領
五月廿三日
小林直三郎

御徒頭

梶田五郎兵衛組御徒
生田源兵衛
除キ　五月廿三日
（朱書）「戊十月十五日世話心得被申渡」
尾張殿家来
伊藤圭介厄介
中野延吉
六月四日
大久保百人組
森川肥後守組同心
平次右衛門養子仮御抱入
除キ　六月七日
（朱書）「戊十二月七日世話心得被申渡」
山田平次郎
青山因幡守家来
栄建二男
足立益之助
戊十四歳
七月五日

御徒頭
塚原次左衛門
八月五日
御持筒頭
伊奈熊蔵組同心
大西亀太郎
戊歳十七
八月卅日
御小姓組
松平式部少輔組
求馬惣領
木下権之丞
戊歳三十三
閏八月四日
尾張殿家来
伊藤圭介厄介
鈴木容庵
閏八月五日

小普請組
松浦弾正支配
九月十五日　鉄五郎大叔父
佐野季三郎

小普請組
九月十七日　能勢熊之助支配
松居左馬助

御徒頭
梶田五郎兵衛組御徒
十月廿四日　関半三郎

御留守居
松平出雲守与力
伝之丞倅無足見習勤
一　物産学　岩崎鉄太郎
宿所駒込鰻縄手御先手小倉　戌二十歳

新左衛門組和田小右衛門地面之内借地
右洋書調所江罷出修行仕度奉願候
十月廿九日

(朱書)「戌十二月七日世話心得被申渡」　新御番
十一月九日　物産　三好山城守組
精錬　長田庄十郎
宿所牛込天神丁

新御番
十一月十五日　蘭学　岡部日向守組
物産　長田歓十郎次男
宿所父一所　長田宗之助

十二月九日　英学　新御番
物産　村上肥後守組
宿所神保小路　町田孫四郎

除キ
十二月十四日　画学　西丸切手御門番之頭
物産　鳥山儀右衛門組同心
宿所大日向水道町服部坂下　加藤政司
大御番
十二月二十日　精煉　本庄宮内少輔組
物産　小林新兵衛

文久三年癸亥正月ゟ入学

小普請組
初鹿野備後守支配
正月廿三日　伴国次郎
新御番
岡部日向守組
同日　仏蘭西学　歓十郎惣領
物産　長田銈之助

五月　松平丹波守藩
辻鼎吉
太田総次郎藩
製煉方世話心得
六月八日　宮崎尚温
御先手
小野治郎右衛門組
八月十七日　三宅三郎介
宿所駒込竹町組屋敷
水戸殿医師
将翁倅
八月廿九日　阿部春庵
宿所本石町壱町目　亥十八才
九月朔日　仙石播磨守組御徒

宿所牛込南御徒町　　今村米蔵

奥御医師
玄叔惣領
物産学　　　　　　　　　小川助右衛門
宿所裏弐番町南法眼坂父一所　　亥弐拾五歳
右開成所江罷出稽古仕度奉願上候
亥九月廿四日

御徒頭
本多隼之助組
鶴田清次郎厄介弟
物産学　　　　　　　　　鶴田太郎次郎
宿所駒込徒町　　亥弐拾九歳
右開成所江罷出稽古仕度奉願候
亥九月廿八日

御徒頭

本多隼之助組御徒
物産学
宿所下谷和泉橋通三枚橋　　市川安太郎
右者画学所江只今迄稽古罷出候、処物産学茂修行
仕度奉願候、以上
十月十日

騎兵頭
長井筑前守組
物産学　宿所　　土肥千之助
四ツ谷内藤新宿弐拾五騎組
十一月八日

大御番
神保山城守組
蘭学　　遠山安之丞
物産学
宿所市ヶ谷加賀屋敷土取場

十月廿七日
中奥御小姓
開成所句読教授出役
力之助惣領
物産学
伊沢劼《カツ》之助
宿所赤坂三河台
御番医師
同
仁庵倅
宿所麻布長坂
岡哲之丞
正月廿一日
正月廿八日
新御番
新庄美作守組
物産学
大熊勝左衛門
宿所麻布狸穴奥
（袋綴内紙片）
「新御番新庄美作守組　大熊勝左衛門」

二月十六日
新御番
三好山城守組
庄十郎三男
物産学
長田清蔵
宿所牛込天神町
十月十六日
小普請組
曲渕安芸守支配
同
萩野柳次郎
宿所下谷和泉橋通
元治二乙丑年
富士見御宝蔵番
二月廿八日
佐山与一郎組
半之丞倅
物産学　青山五十人町
白幡新太郎
宿所芝森本丁

器械学稽古人
松平美濃守家来
酒井五左衛門
丑五十四才

一物産学
宿所谷中日暮
右兼学仕度奉願候
丑五月十九日

（袋綴内紙片）
「器械学稽古人
松平美濃守家来
酒井五左衛門㊞
丑五十四歳

物産学
宿所谷中日暮
右兼学仕度奉願候
丑五月十九日」

松平修理大夫家来
種子島絅輔
丑弐拾弐歳

一物産学
上屋敷内

丑六月七日

一閏五月廿一日

紀伊殿家来
赤城貞庵

御賄頭支配
裏御台所小間遣組頭
中山八十郎
丑三十六

一物産学
宿所青山御手大工町山岸
御小人伊藤銀三郎地面借地
右者開成所江罷出修行仕度奉願候、以上
丑八月六日

丑八月九日

新御番
岡部備後守組
粂次郎弟
山本栄之助

一 物産
化学
宿所白銀大縄地黒鍬組屋敷内

一　麻生弼

丑ノ十月廿八日　紅葉山
御霊屋附
一物産学　田中仙永
宿所隼町壱丁目

寅六月十二日　二丸御留守居深尾善十郎支配
二丸御小人
一物産学　鈴木玄之進
寅三十二才
宿所八丁堀岡崎町池田播磨守組田中源十郎
地面内当分住居仕候

卯六月四日　陸軍奉行並支配
次郎右衛門養子惣領
一物産学　小野雄三郎

宿所浜町蠣売町養父次郎右衛門一所　卯二十歳

同七月十日　水戸殿医師
一物産学　阿部将翁
宿所本石町弐丁目

卯八月四日　陸軍奉行並支配
一物産学　原良平
宿所大久保尾張殿上ケ地大竹屋敷陸軍　卯三十二歳
奉行並支配松山惣十郎地面借地住居

同年十一月三日　尾張殿医師
一物産学　菊地立伯
　英学
宿所尾張殿市ヶ谷長屋内

三月十一日
御城御引渡ニ相成

六月八日御書付出、十日迄ニ身分取極書付可出御達シ
六月十七日開成所岡野文蔵江引渡
同十八日田中芳男鶴田清次江御引渡ト成

【史料2】

（表紙）

慶応二寅年二月中
開成所物産方之者共
伊豆相模駿河辺江被差遣候
節取扱一件帳写

（付箋）「開成所一覧」

（朱書）「寅正月廿八日上ル、二月三日相下り承附之上、同七日
返上」

和泉守殿

開成所物産方出役之者為御用、伊豆相模駿河辺江
廻村仕候ニ付御手当等之義申上候書付

海軍奉行
浅野美作守
開成所頭取

信州御榑木山支配
千村平右衛門家来
開成所物産学出役
田中芳男

御手当
拾五人扶持
金十両

開成所調役
同物産学出役当分介
鶴田清次郎

高七拾俵五人扶持
内五十俵三人扶持　本高
弐十俵弐人扶持　御足高

水戸殿医師
将翁倅
同物産学世話心得
阿部友之進

右者仏国都府ニおひて博覧会之節被差遣候虫類取集為御用、物産方出役之者、伊豆相模駿河辺江被差遣候旨、去ル十八日玄蕃頭殿被仰渡候ニ付、書面之者共差遣可申と

奉存候間、右御用中相当之御手当并人馬等被下候様仕度、就而者虫類捕押諸器械并相貯候器類集品等も多分持参仕候ニ付、長持壱棹被下置候様仕度奉存候、依之此段奉願候、以上

寅二月

（朱書）
覚

書面鶴田清次郎江御暇代金七両、御手当金弐拾七両、御扶持方四人扶持壱俵、人足壱人、馬壱疋、田中芳男阿部友之進江支度金七両、御手当三十両、人足壱人、馬壱疋宛被下、いつれも御手当金六ケ月以上、右月割を以被下候積、長持之儀者難被及御沙汰候間、諸器械等銘々被下人馬之内を以差繰持参致し候様可被申渡候事

（朱書）
「丑十二月廿八日周防守殿斎藤錠三郎ヲ以御下ケ」

丑十二月廿八日大関肥後守承之

「海軍奉行

浅野美作守承之

浅野美作守
開成所頭取

丑十二月廿八日

覚

於仏国都府博覧会之節、虫類可被差遣間、物産方ニ而来三四月頃迄ニ右品取集候様被取計、委細之儀者小栗上野介菊地伊予守小俣稲太郎可被談候事

（朱書）
「寅二月九日竹村譲之助ヲ以上ル」

和泉守殿

成所物産方出役之者、伊豆相模駿河国辺江被差遣候ニ付、暇代金并御手当金請取方之儀申上候書付

御勘定奉行江御断

海軍奉行
浅野美作守
開成所頭取

信州御榑木山支配
千村平右衛門家来

開成所物産学出役
　田中芳男
開成所調役
同物産学出役当分介
　鶴田清次郎
水戸殿医師
　将翁伜
同物産学世話心得
　阿部友之進

御書面野之者共、此度物産取調為御用、伊豆相模駿河国
辺江被差遣候ニ付、清次郎江者御暇代金七両、御手当金
弐拾七両、芳男友之進江者支度金七両、御手当金三拾両
宛、右御用中被下、何も六ケ月以上者右月割を以被下候
旨、御書取を以被仰渡候ニ付、陸軍奉行同並之奥印手形
を以為請取申度奉存候間、其段御勘定奉行江被仰渡可被
下候、依之此段申上候、以上

寅二月

（朱書）「寅二月九日、竹村讓之助ヲ以上ル」
和泉守殿
開成所物産方出役之者、伊豆相模駿河国辺江被
差遣候ニ付、御扶持方請取之儀申上候書付
御勘定奉行江御断　海軍奉行
　浅野美作守
　開成所頭取

開成所調役
同物産学出役当分介
　鶴田清次郎

書面之者、此度物産取調為御用、伊豆相模駿河国辺江被
差遣候ニ付、右御用中御扶持方四人扶持一俵被下候旨被
仰渡候ニ付、陸軍奉行同並之裏判手形を以為請取申度奉
存候間、其段書替奉行江相達候様、御勘定奉行江被仰渡
可被下候、依之此段申上候、以上

寅二月

（朱書）
「正月晦日御勘定所郡司才助江請取答下ケ札之上、二月二日調役山口判平ヲ以御返達」

開成所物産学出役
田中芳男
同
鶴田清次郎
同
阿部友之進

右為御用、伊豆相模駿河国江被差遣候旨御断下り候得共、先々何村迄と申義、且人馬遣高巨細御認入御差出し可成事

正月

御書面之儀承知候、此度為御用相越候物産方出役之者共儀者平地者不及申、都而山林川沢等迄探索いたし、虫類取集候事故、何村迄相越候と申儀者前以難差極候間、御書面三ケ国一円御達有之候様致度、且人馬遣高之儀者壱人ニ付、馬壱疋、人足壱人ツヽ、被下候様いたし度、此段及御答候

二月

（朱書）
「寅二月八日哲輔殿御申渡」

田中芳男
鶴田清次郎
阿部友之進

物産取調為御用、伊豆相模駿河辺江罷越可申旨、和泉守殿被仰渡候間、早々支度可致候、依之申渡候

（朱書）
「寅二月十日鍗之助殿江申出」

御勘定奉行衆

海軍奉行
浅野美作守
開成所頭取

信州御榑木山支配

千村平右衛門家来
開成所物産学出役
　田中芳男
開成所調役
同物産学出役当分介
　鶴田清次郎
水戸殿医師
　将翁倅
同物産学世話心得
　阿部友之進

書面之者共、此度物産取調為御用、伊豆相模駿河国辺江被差遣候旨、和泉守殿被仰渡候ニ付而者、右国々廻村先々に於て、夫々案内之者差出、并人馬継立等差支無之様、御料者御代官、私領之儀者最寄御代官より夫々通達致し候様御取計有之候様致度、且又右国々にて取集候品類、時宜ニ寄廻村先より江戸表江相廻し候儀も可有之候間、是又御達置候様致度、此段及御達候

寅二月

(朱書)「寅二月十五日調役中神鉄之進ヲ以さし出御勘定所丹内伝助江渡ス」

御勘定奉行衆　　開成所頭取

開成所調役

一人足壱人　　同物産学出役当分介
一馬壱疋　　　　鶴田清次郎

信州御榑山支配
千村平右衛門家来
一同断　　開成所物産学出役
一同断　　　田中芳男

水戸殿医師
　将翁倅
一同断　　同物産学世話心得
一同断　　　阿部友之進

右之者共此度物産取調為御用、伊豆相模駿河辺江差遣候ニ付、書面之通人馬被下候旨、和泉守殿被仰渡候、依之

此段御達およひ候、以上

寅二月

（朱書）「寅二月廿一日、御殿番伊藤整作ヲ以差出、松野三平次江相渡」

道中奉行衆

開成所頭取

被下
一人足壱人
馬壱疋

開成所調役
同物産学出役当分介
鶴田清次郎

被下
一人足壱人
馬壱疋

信州御榑木山支配
千村平右衛門家来
同物産学出役
田中芳男

被下
一人足壱人
馬壱疋

水戸殿医師
将翁倅
同物産学世話心得
阿部友之進

書面之者共物産取調御用として伊豆相模駿河国辺江被差遣候旨、和泉守殿被仰渡候ニ付、来廿六日江戸出立廻村致し候間、此段御達およひ候

寅二月

（朱書）「寅二月廿一日御殿番伊藤整作ヲ以差出、御目付和田伝右衛門落手之旨申聞」

御目付衆

開成所頭取

開成所調役
同物産学出役当分介
鶴田清次郎

信州御榑木山支配
千村平右衛門家来
同物産学出役
田中芳男

水戸殿医師
　将翁倅
同物産学世話心得
　阿部友之進
右之者共物産取調御用として伊豆相模駿河国辺江被差遣
候旨、和泉守殿被仰渡候ニ付、来廿六日江戸出立致し
候、依之印鑑五枚御廻し申候間、関門江御達有之候様致
度、此段御達しおよひ候
　寅二月
(朱書)「寅二月廿四日御殿番伊藤整作ヲ以差出、亀田三郎兵衛
相渡」
　御勘定奉行衆　　開成所頭取
被下　　開成所調役
一人足壱人　　同物産学出役当分介
馬壱疋　　鶴田清次郎

被下　　信州御榑木山支配
一人足壱人　　千村平右衛門家来
馬壱疋　　同物産学出役
　田中芳男
被下　　水戸殿医師
一人足壱人　　将翁倅
馬壱疋　　同物産学セ話心得
　阿部友之進
右之者共此度物産取調御用として伊豆相模駿河国辺江被
差遣候旨、和泉守殿被仰渡候ニ付、右国々海道筋并横街
道をも廻村致し候間、人馬継立方等都而差支無之様、其
筋へ御達相成候様致度、此段及御達候
　寅二月廿四日
(朱書)「寅二月廿五日使を以差出、小宮善右衛門方江差遣請取
書写来江移置」
　御用　　開成所

先触

品川宿より
廻村先々
問屋年寄
名主
中江

覚

押切印

被下
一人足壱人
馬壱疋
開成所調役
鶴田清次郎

被下
一人足壱人
馬壱疋
開成所物産学出役
田中芳男

被下
一人足壱人
馬壱疋
同物産学セ話心得
阿部友之進

右者物産取調御用として伊豆相模駿河国辺江廻村致し候ニ付、明後廿七日江戸出立いたし候、依之書面被下候人馬差出し、渡船場等都而差支無之様可被取計候、此先触廻村先々江無遅滞継送、留ケ各宿より開成所江可被相返候、以上

寅二月
開成所㊞

品川
川崎
神奈川
程ケ谷
金沢
浦賀
三崎
豆子
雪の下
片瀬
藤沢
平塚
大磯
小田原
根府川

熱海
網代
和田
浜
湯ケ野
下田
手石
妻良
松崎
湯ケ島
北條
沼津
原
吉原
蒲原
由井
興津
江尻

府中
帰路
江尻
由井
興津
蒲原
岩渕
大宮
村山
原
沼津
三島
箱根
気賀
湯本
小田原
金子
蓑毛

子安
伊勢原
糟谷
愛甲
アツギ
鶴間
溝口
セ田ケ谷
右寄村
問屋年寄
中
名主

於御休泊之義者御用都合も有之候ニ付、其場所ニ於テ申付候間、可被得其意候、尤休泊之節、木銭米代者当人より御定之通り相渡候筈ニ付、其段も可心得候事

（朱書）「寅二月廿五日小宮善右衛門方より差越候請書写」

覚

一御先触　壱通

鶴田清次郎様
田中芳男様
阿部友之進様

右者明後廿七日為御用江戸御出立ニ付慥ニ請取、則品川宿へ差越可申候、以上

寅二月廿五日　御伝馬役
小宮善右衛門代
清八印

（朱書）「六月二日別紙添御勘定所杉山金太郎へ相渡ス」

道中奉行衆　開成所頭取

被下
一人足壱人　開成所調役
一人足壱人　同物産学出役当分助
馬壱疋　鶴田清次郎
被下
一人足壱人　信州御榑木山支配
千村平右衛門家来

馬壱疋　　開成所物産方出役
　　　　　　田中芳男
被下　　　水戸殿医師
一人足壱人　　将翁伜
馬壱疋　　同物産学セ話心得
　　　　　　阿部友之進
書面之者共伊豆相模駿河国物産取調御用相済、一先帰府
致候処、尚又近郷筋へ相越可申旨、玄蕃頭殿被仰渡候ニ
付、来る四日江戸出立、別紙之通廻村致し候間、此段御
達およひ候
　月
(朱書)「六月二日別紙弐通并印鑑五枚添、御月番小俣稲太郎へ
相渡ス」

御目附衆　　開成所頭取

鶴田清次郎
田中芳男
阿部友之進
書面之者共、伊豆相模駿河国物産取調御用相済、一先帰
府致候処、尚又近郷筋へ相越可申旨、玄蕃頭殿被仰渡候
ニ付、来四日江戸出立、別紙之通り廻村致候、依之印鑑
五枚御廻し申候間、関門江御達有之候様致度、此段及御
達候
(朱書)「別紙」
物産取調御用
武蔵下総廻村道順

千住　新宿　松戸
　但○――　近村廻り
流山
　但○――　近村廻り
小金ヶ原辺　国分台　八幡
　船橋　行徳
右之通り
　寅六月
(朱書)「別紙」
　武蔵国廻村道順
新宿　高井戸　府中
日野　羽邑　新町
飯能　扇町谷　川越
　　　　　但近村廻り
　扇河岸
右之通り
　寅五月

(朱書)「寅六月七日馬込勘ヶ由江達ス、但し組頭取扱ひ」

印
　別紙入
　　開成所
　　伝馬町
　　年寄町

被下　宿所市ヶ谷火之番町□坂上奥田平左衛門方
一人足壱人　　開成所物産学出役
馬壱疋　　　　田中芳男
被下　宿所本石町一丁目阿部将翁方
一人足壱人　　同物産学世話心得
馬壱疋　　　　阿部友之進
右合人足弐人
此人足弐人と書面宿附之通、銘々宅江壱人ツヽ、差越可
申候事
　但遣払両掛壱荷ツヽ、
馬弐疋
右者人足四人ニ替

此人足四人者開成所江差越し可申候事
但し遣払御用物壱荷
右物就御用明　日暁正七ツ時江戸表出立、武蔵下総辺江差遣し候ニ付、書面之人馬刻限不遅様、夫々江差越、別紙先触者千住宿江可差継もの也

六月　開成所印

伝馬町
年寄中

(朱書)「同断」

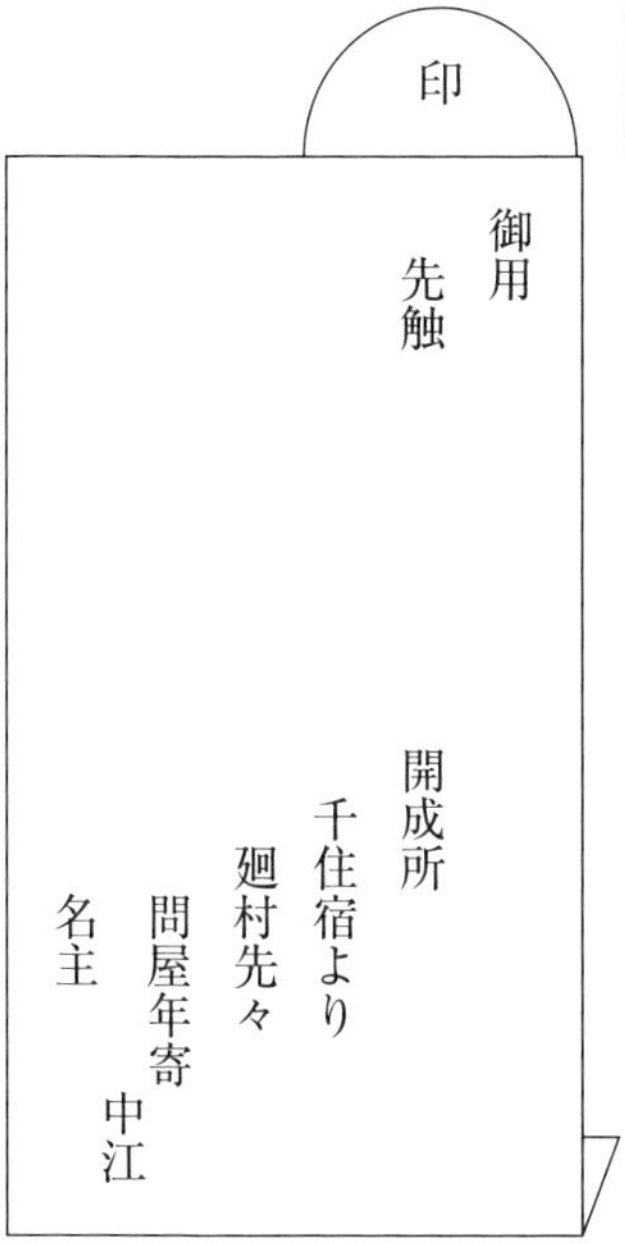

覚

被下
一人足壱人　開成所物産学出役
馬壱疋　田中芳男
被下
一人足壱人　阿部友之進
馬壱疋

右者物産取調御用として左之宿村廻村致し候ニ付、明日江戸出立致し候、依之書面被下人馬差遣し、渡船場等都而差支無之様可被取計候、此先触廻村先々て無遅滞継送り、行徳江留置、着之砌可被相返候、以上

寅六月　開成所◯

千住
新宿
松戸
但し近村廻り
流山
但し同断
小金ケ原辺

国分台
八幡
船橋
行徳
　右宿村
　　問屋
　　年寄中
　　名主

猶御休泊之儀者御用都合も有之候ニ付、其所ニおゐて申付候間、可得其意候、尤休泊之節、木銭米代は当人より御定之通相渡候筈ニ付、其段も可心得候事

物産取調御用
　武蔵下総廻村道順
六月朔「八」日　江戸出立　千住　新宿昼休　松戸泊
二「九」日　松戸出立　近村廻り　流山泊
三「十」日　流山逗留　近村廻り
四「十一」日　流山出立　小金ケ原廻り　小金泊
五「十二」日　小金出立　国分台　八幡泊
六「十三」日　八幡出立　船橋昼休　行徳泊
七「十四」日　行徳逗留　日夕船に乗り未明江戸着
尤大風雨之節ハ日送りニ仕候、以上
　五月廿四日　　　　物産方

　武蔵国廻村物産取調御用道順
五月九日　江戸出立　新宿　高井戸昼休　府中泊
十日　府中出立　日野昼休　羽邑廻り　新町泊
十一日　新町出立　飯能泊り
十二日　飯能出立　扇町谷泊
十三日　扇町谷出立　川越泊
十四日　川越逗留　近村廻り
十五日　川越出立　扇河岸より舟にて帰る
尤大雨大風之日ハ日送りニ仕候、以上

　武蔵廻村入用道具　　一渋帋状二枚
一組重　大三　五組　一ブリキ箱　ヌカ入　一ツ

小二　　一瓶　八寸四本
　　　　　　　七寸三本
　　　　　　　六寸一本
　　　　　　　五寸二本
　　　　　　〆十本

一焼酎　三升　一フラスコ　二本　一網タマ　四本
一継竿　一本　一ブリキ茶入　大一　三本
　　　　　　　　　　　　　小二　一小鎌　一挺
一小手　一本　一花鋏　一挺　一錨細引　壱揃
一心切　二本　一箸　三膳　一帽頭針　五遺
一硝子箱　四ツ　一虫籠　三ツ　一土鍋　壱ツ
一網袋　弐ツ　一篩　壱ツ　一小篩　一ツ
一かな盥　壱ツ　一張金　少々　一麻糸　一包
一鞴壺　一ツ　一びく　弐ツ　一ざる　壱ツ
一張箱　一ツ　一羽箒　一ツ　一提灯　壱ツ
一小田原挑灯　一ツ　一腊葉道具一揃　一樟脳　一袋
一地図　一折　一半紙筆反故ドウサ帋帳面類
一竹筒　弐本　一小袋　一桐油帋同袋

一肉壺　一ツ　一字書　一　一三有図説　一冊

物産取調御用

武州廻村持参道具

一組金　大小　五ツ　一ブリキ箱　糠入　一ツ
　一硝子壜　八寸四本
　　　　　　七寸一本
　　　　　　五寸三本
　　　　　　四寸二本
　　　　　〆十本
一焼酎入フラソコ　三本　一網　三本　一紙サテ　一本
一ブリキ茶入　三本　一小鎌　一挺　一小手　一本
一花鋏　一挺　一錨細引　一揃　一心切　二本
一箸　二膳　一帽子針　五連　一硝子箱　二ツ
一虫籠　四ツ　一土鍋　一ツ　一網袋　二ツ
一かな盥　一ツ　一張金　少々　一麻糸　一包
一び久　弐ツ　一張箱　一ツ　一羽箒　一ツ
一挑灯　一ツ　一小田原　一ツ　一腊葉道具一揃

一竹筒　弐本　　一小袋　　一地図　一折
一桐油袋　二ツ　一肉壺　一ツ　一桐油紙　一枚
一三有図説　一冊　一渋紙　大小　二枚
一ブリキ入樟脳　一本
一継竿　一本　一半紙筆反故ドウサ紙　帳面類
一ザル　一ツ　一ノリ壺　一ツ　一ボク　少々
一ヌノ袋　二ツ　一スイノヲ　大小　二ツ
一モチ壺　一ツ　一種類　一袋

【史料3】

（表紙）

慶応二年 物産取調 御用 人馬継立帳 二月　開成所 物産方

水野和泉守殿御渡御書付写
開成所頭取江
壱人ニ付
人足壱人宛
馬　壱疋宛
物産方
鶴田清次郎
田中芳男
阿部友之進
右之通被した候
覚
物産方三人
一人足三人
内訳
両掛三荷　三人
同
一馬三疋
内訳

壱疋　荷本馬
弐疋　人足ニ替
但此分
御用物壱荷
右之通無遅滞継建可請候、以上
寅二月　　物産方
鶴田清次郎内
小泉小太郎㊞
従品川宿夫
右宿々問屋中
（以下翻刻略）

【史料4】
（表紙）
「寅八月十五日」（朱書）
雑司ヶ谷御地所「之儀ニ付」存寄「申上候」書「付」

雑司ヶ谷御地所壱万五千坪之処、外囲道筋樹林等有之、且人家も相建可申事故、畑之坪数大抵一万坪位之事ニ御座候「扱」右地所作物之儀者、カシルン、亜麻、サルヒヤ、ヂギタリス、ヒヨス等、地味に応して植附可申候、亜麻は八九月種を下し来五月仁を収む、直ニ二度蒔して再ひ仁を取る、カミルン八九月床に蒔附け、来春二三月苗を分ちて畑に植附け、五月花を摘取り、其明たる地所は直に大根等之野菜を蒔附可申候、此野菜は大根に限らず、何にても五六月より来正月迄に相済候品を植付可申候、サルヒヤ、ヂキタリス、ヒヨス、何れも葉を摘取候事ニ御座候、右様種ニ植附候事故、一万坪之上り高一様に申上兼候得共、先カシルン之上り高を以て算当仕候得者、地面三坪にて大抵一斤之花を摘取候事故、一万坪之地面にて、カシルン花三千斤を収可申候、此払代一斤銀十匁を相定候得者、三千斤にて三十〆目之御益相立可申候、尤も右上り高者、荒地開墾後直様産出可仕算定ニ付、其後追々御地所肥沃仕候「御地所段々相開候」に従ひ、御益次第ニ相増可申候、且苹菓アップルも植附候

事故、是亦両三年之後御益ニ相成可申候
右「様」御地所手入仕候には、物産方之者三人各一軒之御役宅に住居致し、各二人之小使を召遣ひ、御地所之三方に住ミ候而、万事世話仕候様仕度、尤「地面広大にて」此人数計にて者世話行届兼候間、兼て「事故此外」植木や人足又ハ百姓様之者召抱置き御地所之「兼而」、隅々に住居為致平常者、銘々「之」自分之田畑「者自分ニ」為作置候而、入用之節日々雇入「可申候」候様可仕候、左候ハ者、人夫入用之節者何時ニても間ニ合可申、又右様御地所之隅々ニ住居為致候ハ者、第一御取締向も碇と相立、彼是御都合宜敷哉と奉存候、扨右人夫ハ、雇入之賃銭ハ六月より来正月迄明たる、カミルン畑何坪拝借仕候地代として、一ケ年之中幾日之一日雇入候積ニ御座候、「左候得者一ケ年之入用と申候者」間、御入費ニ相成候分者、小使給金食料、一人ニ付一ケ年金三十「十五」両之積にて、六人分合金「九十」百八十両、此外鋤鍬鎌篩桶并に外囲入用之「肥」糞土等、「一ケ年」合て金三十両、総計一ケ年金「百弐十」二百十両之御入用「にて」相「済」懸り可申候ニ付、「尤」最前申上候三十〆目之内ニて、右之二百十両相減し、残り二百九十両全く御益ニ相成可申候、将小使并召抱百姓之数者、都合に因り増減勝手次第ニ可「致」仕候

右之通り「勘考致候ニ付」預メ相定メ置候様仕度候ニ付、図面相添奉入御覧候、以上

寅八月　　　　物産方

※「　」は朱書によって抹消された文字。

【史料5】

「祖父奉職履歴」(付箋)

先達而開成所江御預替相成居候雑司ヶ谷御鷹部屋明地所江物産所出役之者差遣し為取調候処、右御地所者壱万五千坪余御座候得者、外囲道筋樹林等も御座候ニ付、田畑ニ為致可申地面者、大抵壱万坪位之事ニ御座候、扨右御地所江者、カミルン、亜麻、サルヒヤ、ヂキタリス、ヒヨス等、地味に応して為植付可申候ニ付、壱万坪之上り

高一様に者申上兼候得共、先ツ、カシルン之上高を以て算定仕候得者、地面三坪にて、大抵一斤之花を摘取候様相成可申候に付、壱万坪之地面にて者、カシルン花三千斤を収メ可申候、此の払代、金壱斤に付銀十匁と相定メ候得者、三千斤にて三拾貫ノ御益相立可申候、尤も右者上高者、荒地開墾後直様産出可仕算定に御座候間、其後追々御地所肥沃仕候ニ従ひて、御益金次第ニ相増可申候、又苹菓アツプルも為植付可申候ニ付、是又両三年之後御益ニ相成可申候、又右御地所手入為致候ニ者、物産方之者三人各々一軒之御役宅に住居為致、銘々二人之小使を為召遣、御地所之三方に分ち住居為仕候て、万事世話為致候様可為致、尤も此人数而已にて者、世話行届兼可申候ニ付、兼て植木屋人足又ハ百姓様之者召抱へ置き、是又御地所之隅々に住居為致、平常者銘々自分之田畑為作、人足入用之節而已、右之者雇入候様可為仕候、左候得者、何時にても人足入用之節者間ニ合可申、又右様御地所之隅々に住居為致候得者、第一御取締向も聢と相立、彼是御都合宜敷義ニ御座候、扨右人足雇入之賃銭者、カミルン等正月植付、六月迄に花摘取可申候ニ付、右田畑之明居候間、何坪貸渡し候地代として一ケ年之中幾日之間夕雇入候積ニ御座候間、別段御費用相懸り不申候ニ付、其外年々御費用相懸り候分者、物産方之者ニ附ケ置候小使給金、食料共一人ニ付、一ケ年金弐十両之積にて、六人分合して金百弐十両、此外、鋤鍬鎌篩桶並に外囲ひ入用之糞土等、合して金三十両、総計一ケ年金百五十両御入用相懸り候得共、是も一時に出候義にて者無御座候、将前申上候御益金三拾貫目之内にて、右之百五十両引余候へ者、残金三百五十両者全く御益ニ相成可申候、又最前申上候右御地所内江、物産方之者差置可申御役宅普請等之雑費者、開成所御用「聞」達之者より為立替置、御地所にて出来候御益金之内を以仕埋メ致し候様可仕候ニ付、是又只今聊も御費へ相懸り不申候間、早々右様為致度候ニ付、御地所植物之割付絵図面奉入御覧候、就而、先達而より度々願上候右御地所内ニ住居仕候者、早々引払方夫々江厳重御「達し被仰付被下候様奉願上候」下知御座候様仕度、左様無之候得者、折角右御地所御「預ケ被仰付」渡相成候甲斐も無之、且只今より右御地所開墾為致候へば、明年より直様前文之如き御益相立可申候ニ付、眼前右之御益金御損失ニ相成可申、旁以御不都合之義と奉存候、依之此段「奉願候」申上候、以上

寅八月

雑司ヶ谷御地所之義ニ付存寄申上候書付、去ル八月中建白仕置候所、今以御引渡無之候処、存寄書に申上候、カミルン当時益々払底にて直段も益々引上ケ——迄ニ相成候付、片時も早く御場所開発致し御益相立候様仕度候、今般田中芳男義、仏国博覧会御用被　仰付、彼地へ被差遣候得共、兼々私共申合見込治定仕置候事柄ニ付、芳男留守中迚も私共御引請仕、兼々建白之通御国益相立申度候義ニ付、早々厳重之御達を以て右御場所住居候者共為引払、当年内御引渡ニ相成候様仕度候、左無之候而者、明春より之仕付方等も差支候義ニ付、右之段御堅察被下、早々御地所御引渡被下候様仕度候、尤芳男出立仕候而人数相減し候得共、幸ひ世話心得——儀培養方工者にて至而出精之者故右之——相加へ三人にて相勤候得共、聊御差支無之候と奉存候間、存寄書相添奉入御覧候間、早速御引渡相成候様奉願候、以上

寅十一月廿五日

鶴田清次郎
長田庄十郎

【史料6】

養祖父鶴田歓助死御徒与頭
養父鶴田権兵衛死御徒
祖父馬場市左衛門死一橋屋敷奉行
父馬場儀右衛門死同断

第五大区小七区　静岡県貫属士族
下谷仲御徒丁二丁目二十四番地寄留　鶴田清次郎
辰五拾弐

天保五午年七月十八日御徒御抱入被仰付、文久元酉年八月十四日御譜代被仰付、同三亥年十二月廿日開成所調役物産掛り被仰付、慶応二寅年二月物産取調御用ニ付廻

村、明治元辰年七月十二日勤仕並、同月十六日当分鎮台府附物産掛り被仰付「拝命」、同年八月廿二日川島宗瑞附属御製薬掛り被命、鎮将府附、八月廿六日病気ニ付御免相願候、駿河国静岡江居移仕被仰付製薬薬園掛被命「被申付」、明治五申年三月四日博覧会事務局十三等出仕拝命、同六酉年澳国博覧会品物取扱為御用駿遠三巡回仕、同申十月四日帰京仕、同戌年三月三十一日御人減ニ付出仕被免候

【史料7】

開成所調役　物産学出役助
高七拾俵五人扶持　鶴田清次郎
内　御足扶持弐人扶持　清次郎厄介弟
開成所物産学世話心得
鶴田太郎次郎

弘化元辰年養兄手前ニ罷在候節、十一月八日於学問所素読御吟味ニ罷出、同十二月廿五日素読出精ニ付、為御褒美白銀三枚被下置候旨、遠藤但馬守殿御書付ヲ以被仰渡候旨、於学問所御目付桜井庄兵衛中川勘三郎申渡、頂戴仕、文久三亥年三月十一日開成所江罷出、仏蘭西学并物産学修行仕、同九月廿五日物産学稽古人世話心得、頭取井上弥三郎被申渡、元治元子年十二月廿九日物産学稽古人世話心得出精相勤候ニ付、為御褒美白銀弐枚被下置候旨、頭取申渡、頂戴仕、同二丑年十二月廿八日右同断出精ニ付、白銀弐枚被下置候旨、頭取申渡、頂戴仕候、物産学世話心得当寅年迄四ケ年

【史料8】

病院附御薬園掛
鶴田清次郎

席病院附調役之次、役金七拾両被下之
右平右衛門殿被申渡候ニ付、申渡之

【史料9】

其形ヲ取テ其情ヲ不尽ハ非天下之公平、抑物産局駿遠ニ開業之基本ハ全ラ鶴田氏之功ニ寄ル処也、当今　天朝ニ物産局有テ其実ナシト、今駿州ニ鶴田氏、尾州ニ田中氏有事、是　皇国之大幸也、倩考ニ、世界之学問漸ク一ト成ントスル時物産学無クンハ不可有、第一西洋之薬品生育製薬相成候儀ハ、彼ノ長ヲ採テ我短ヲ補シ専務、第二ハ御藩中之内追而物産学開業可相成、是　皇国之御為ニ〆外国与並立スル之一助ナレハ、聊之御入費ニ者難替儀与奉存候、今時病院大ニ開ケ　皇国之人民病苦ヲ免レ死亡ヲ遁ル、此上之大幸仁慈有ンヤ、天下之為ニ盛大ヲ仰望スル処也、然ルニ御薬園未タ盛大ニ不至悲哉、其基礎ヲ失フト云ヘシ、近来幸薬品之種舶来スト雖全其実ヲ行フニ不至、是外国ヲ目的ニ人命ヲ預ル道理ニ〆無替短才又危キ之大ナル処也、若此末異動有之歟、左ナクトモ薬価弥益ニ沸騰スルトモ薬種無ンハ、人命ヲ救フ事ふ能ふ得止、高価ヲ費シ其価　皇国之病者ニ押移軽輩之者ハ、死ニ至共薬用スル事不能愍然悲痛、国之疲弊ニ陥入可申、又病院有テ之薬園也、薬園有テ之病院ニ〆、雌雄不可欠乏要業両全盛大無ンハ不可有、小僕元来無学短才、其上当春已来之修行ニ〆其情ヲ雖不能、述広ク言路ヲ被為開候御時ニ基キ、井蛙賤見之過言不憚忌諱聊愚意ヲ申述候、抑物産局昨年より開ケ十一月ニ至附属僅ニ四名、当正月ニ至修行人始リ、三月ニ至附属八名当今修行人共十五名ニ至レリ、雖然御園中五千坪之内三千坪程ハ麦作之地ニ成レリ、是人員未タ足ラサルカ故也、諺ニ云、草木生育一名百坪ニ限ルト、左スレハ十五名ニ〆僅千五百坪可成、加之多石焦土之悪地ニ〆生育不至半善地ニ比スレハ、其成功霄壌之違ニ〆一際勉強人力ヲ尽サスンハ善地トスル事難カルヘシ、然ヲ況ヤ御人費之為ニ日々更番〆四五人之開業何ソ盛大之期可有ンヤ、土地ヲ肥スハ人員之多少ニ寄レリ、土地肥スレハ生育盛ン可成、盛ンナレハ御国益可成、左スレハ自然御失費ヲ補ヒ其上ニモ御益可有之ハ不待論ト奉存候、初発より御失費ヲ厭ヒ往々之御国益ヲ不知、眼前之小利ニ泥ムハ小人之業ニ〆遺憾至極ニ御座候、何卒此上猶附属相増、責テハ二十名ニ至ラハ、内四人新古ヲ不論撰挙〆肝煎ヲ置キ、一頬五名ニ〆四頬ニ分、御園中ヲ四ツニ分テ、一頬何百坪持与極、又其内ヲ五ツニ割、一名宛之持場ヲ定、協力同心勉励候ハヽ、忽開業之功不費日〆目前ニ顕レ可申、是一名之持場定リ候得者、精不精速ニ其持場ニ顕レ候間、譬如何成ものニ候共、人気奮動互ニ劣ルマジト、実地ニ盛業ニ可相成ハ自然之道理ニ御座候、然ル上ハ一人二名ニモ勝リ候間、日々月々善地ニ相成十分之生育ハ申迄も無之候、又加之御園中廻り三方へ生育物之障り不成様、桑茶之苗ヲ植付候ハヽ、格別人力ヲ不費〆三ケ年目より者年々歳々御益可相成、是亦御失費ヲ補ふ一助ト奉存候、唯今之姿ニ而者、精不精も目前ニハ顕レ不申、又出役ニ而者未タ進退二ツニ〆一定ニ不至、自然奮発も薄キ形ニ陥入可申歟、何卒出役ヲ去リ俸金ヲ給リ、一名之俸二十金ニ極、肝煎四人ハ廿五金ニ定、且揃刻退刻ヲ始規則ヲ確定シ器械ヲ充備シ、肝煎已下ニテ一頬ニ一名宛器械掛ヲ設、総テ厳正ニ法則ヲ定、若万一肝煎始不勉強不都合之仁有之節ハ、仲ケ間一同ニテ及説得改心候ハヽ、無論若其上ニも用ヒザル節者、其頬ハ不分及、一同書面ヲ以可申立、左スレハ放逐スルトモ恨無カルベク、亦規則モ明諒ニ相立可申候、且肝煎之儀、万事ハ勿論持場迚も平士よりハ一層難地ヲ引受候程ニ無之而ハ不平ヲ生シ可申、肝煎之不都合ハ平士之不都合よりハ一倍重く致、第一行跡ヲ慎ミ、若局中不都合生スル時ハ静謐真実ニ取計、局中熟和ヲ専一ニ心懸候儀、一致開業之基本ト奉存候、将又病院御薬園局之儀ハ、西洋機会ニ候間、尤因循弊習小事ヲ去り軽便実践ヲ志シ、両局役々合體上等下等ヲ不論、水魚之一致ニ候上ハ首尾両全ニ〆　皇国第一等之盛業ト成ン事、愉快此上ヤ候べキ、皇国之御為ニ深ク仰望奉伏願候、乍然御両局御英断之中江、前件至愚倉卒之妄言極而御採用相成間敷畏縮仕候得共、愚書之情実不被為捨、偏御熟覧奉冀候、恐惶謹言

午

五月三日

静岡二等勤番組
御薬園附属出役

稲富市郎

鶴田両先生江

二白二十名俸金之儀難叶候ハヽ、附属出役廿五名被
命、内五名ハ順廻ニ採薬并外用ニ当日者二十名出業、
五類ニ分肝煎五名ヲ置キ、御園中ヲ五ツニ割、余ハ前
顕ニ准シ可申歟、且二十名之俸金一ケ年四百廿両ニ
至、出役日当一日二十名一両壱分、一ケ年四百五十両
ニ至候間、却而俸金之方少ク、殊ニ人心之一致成業ニ
至テハ黒白之相違与奉存候間可相成者、本文之趣御熟
考御詳解奉願候、此段毛頭も私情ヲ以虚飾吐露仕候儀
ニ無之、全盛大ヲ仰望スル処ニ御座候、只管御雅量奉
希候、以上

【史料10】

（封筒）「鶴田清次殿　　博覧会事務局」

御差出候澱粉一覧弐枚并ニ茶葛草綿著述元調之者之書付
共、当局ニ有之候間、正ニ落手仕候也

一名前書五人

茶　小川太七
尾崎伊兵衛
葛布　鈴木陸平
小川東一郎
草綿　池川平一郎

摺立申候御品被下方者、一等江三枚、弐等江弐枚、三等
江一枚と之振合ニ有之、右五人之ものいつれも一等之部
江入れ可申哉、又者段階有之差等相立候哉、御見込之処
名前上江何枚何枚と申事御認入可被下

六月十七日　武田昌次

鶴田清次様

本文乍御面倒奉願候

第二章　物産学を学んだ旗本
―武田昌次こと塚原昌義について―

はじめに

本章は、これまで同一人物であることが明確にされていなかった江戸幕府の旗本塚原昌義《まさよし》と明治政府の農政官僚武田昌次という、維新の前後で二つの名前を持つ人物の、一風変わった足跡を紹介するものである(1)。既刊の人名事典類では塚原のその後の消息は不明とされ、改名し明治を生きたことは全く記されていない(2)。別々の存在として認識されてきた人物像を統一することにより、幕末における物産学の素養(塚原)が明治以降の博物学や殖産興業政策(武田)へとつながったことを証明することとなるはずである。

一　幕府外交事務官としての塚原昌義

幕臣時代の塚原の経歴は、既刊文献(3)に菩提寺過去帳などからの多少の新情報を加えつつ要約すれば、以下のようになる。

塚原昌義は、通称を藤助・重五郎・次左衛門・三左衛門といい、但馬守を名乗った。塚原家は代々、書院番・小姓組などに属した家禄四五〇石の旗本である。父は昌常(忠次郎・采女・不濁)、長兄は昌綏(寛十郎・安兵衛)、次兄英之助、三兄は昌良(錦三郎)といった。昌常は西丸御書院番、昌綏は別手組出役頭取取締役などをつとめている。弟の昌明(銀八郎・練黙)は長崎海軍伝習所に学び、軍艦組出役・軍艦組勤方となっており、後述するような昌義の西洋志向が影響したのかもしれない。

昌義は、昌平黌教授方出役(安政三年〔一八五六〕一〇月)、外国貿易取調掛(同年同月)、外国奉行支配調役(同六年六月)、御徒頭(文久元年〔一八六一〕八月)、目付(同二年九月)、講武所頭取(同年一二月)、大砲組之頭(同三年三月)、目付(元治元年〔一八六四〕八月)、諸大夫・但馬守(同年同月)、大目付(同二年二月)、外国奉行兼勘定奉行(慶応二年〔一八六六〕一〇月)、外国総奉行並(同三年六月)、外国総奉行(同年一〇月)、若年寄並兼外国総奉行(同年一二月)といった具合に幕府内で立身を続けた。万延元年(一八六〇)の遣米使節に参加したのが端緒で、その後も元治元年(一八六四)パリ約定破棄のための使節随員や、慶応二年(一八六六)英国駐劄公使に選ばれるなど(いずれも実現せず)、長く外交関係の業務に従事したといえる。なお、史料に「寛十郎倅」と記された時期もあるので、兄の養子になっていたと考えられる。

万延元年(一八六〇)渡米時における塚原の印象を記したアメリカの新聞記事に、元気のよい二五歳の青年で、絵画にとても興味があるようにみえ、文芸を愛する性向があるほか、英語の習得にも熱心であるなどと記されているの(4)は、彼が嘉永六年(一八五三)の昌平黌学問吟味乙科に及第した秀才だったことを示すだけでなく、後に海外への広い関心を素地に物産学への道に進む片鱗を見せたといえようか。また、渡米前のことであろうか、巫女の憑依能力を疑い、山口直毅・伊沢謹吾・田辺太一・塚本明毅・荒井郁之助ら仲間たちとともにそれを確かめようとした逸話、同じ仲間と伊沢邸に集まりパンやワインなどの洋食を楽しんだという逸話などが残されていることから、後に幕府内で外交・洋学関連の仕事に就く者たちと、若き日から開明的・進歩的な人脈を形成していたことがうかがえる。文久二年

（一八六二）、生麦事件賠償金の全額負担やイギリス艦隊の鹿児島行き阻止を訴えたほか、翌年には老中格小笠原長行率兵上京に関与するなどの行動からも、開国・開港派、反攘夷派としての立場が鮮明である(7)。

二　アメリカ亡命と帰国・服罪

塚原昌義は、鳥羽・伏見の戦争の際は旧幕府軍の副将の地位にあったため、江戸帰還後に免職・差控、さらに逼塞となった。新政府による処罰対象となり、慶応四年（一八六八）四月には死罪は免れたものの「永預格　揚坐敷入」という処罰が下された。同じ時に処罰された九名の旧幕臣の中には、素直に服罪した者がいる反面、永井尚志・榎本道章のように脱走して箱館戦争に加わった者もいた。しかし塚原はただ一人、海外へ逃亡するという思いもかけない行動に出た。後に自身が記した書類上は、新政府から厳罰が下されるかもしれないことに「恐懼ノアマリ」、前後をわきまえず出奔したと記しているが、鳥羽・伏見から敗走時、紀州加太浦で江戸へ向かう旧幕府の艦船に乗ろうとしたところ、会津・桑名藩士や新選組などの負傷者たちから「敗軍の大将何の面目ありて乗船するや(8)」と罵られ、諦めたという一件が響いていた可能性もある。味方からも非難される立場に追い込まれ、国内に身の置き所がなくなったのである(9)。

懇意にしていたアメリカ商人「ユージンヘンイ」に横浜で会い、「医師ボーム」を紹介してもらい、彼が帰国するのに同行し四月六日頃に横浜を出帆した。この時には同時に、幕府軍艦の購入代金を着服したとされ旧幕臣たちから弾劾されていた元大坂町奉行並松本寿太夫も、いっしょに逃亡したといわれる(10)。到着したサンフランシスコでは、ボームの世話で同地の「農業家ヘンリーステンセル」「大学校教頭ウイービードル」「鑽鑛器械製造方ウパーマ」らのもとに三〇か月の間滞在することとなった。

二年以上にわたったアメリカ潜伏期の動向は詳らかでないが、一八六九年六月一七日付『サンフランシスコ・モーニング・クロニカル』紙では、彼がアラメダ・コロニーと名乗る日本人入植者の中にいると報じられた。また、渡米した日本人による以下のような目撃談もある。塚原はサンフランシスコでは伝兵衛と名乗り、ウェンリーという人物に雇われ、日本の凧を販売するための広告の仕事などに携わり、時々郊外で子ども相手に凧をあげていたという。たまたま同地で顔を見かけた旧知の元会津藩士が「貴方は外国奉行をして居た塚原さんではないか」と声をかけると、びっくりして顔色を変え、「私も此方へ来て人に遇ふことも好まぬ」、「誰にも分らないから秘密にして呉れ」と頼んだとのこと(11)。

しかし、異郷で何の展望も見出せなかったのであろうか、塚原はやがて帰国を決意したようで、明治三年(一八七〇)一二月横浜港に帰港、アメリカ領事に匿われた後、翌年四月二九日には旧主である徳川家・静岡藩の東京藩邸に自首した。藩では塚原を藩邸で謹慎させる一方、五月三日、政府に対し寛典を願い出たところ、藩への御預処分となった。四年七月九日には、「但馬儀、此程持病之脚気差発、其上中暑ニテ腹瀉等モ有之、何分手当行届兼難渋仕候」との理由、すなわち塚原が持病の脚気や腹瀉で苦しんでいるが手当が十分にできないため、東京府の下戸塚村に帰農した父(実は兄か)寛十郎改め安兵衛方で療養させたいとの願いが、静岡藩から政府に対し提出されている。「塚原重五郎儀、其県へ御預被　仰付置候処、以特命被免候条、此旨相達候事」と、太政官から静岡藩に対し特命による赦免が申し渡されたのは、五年二月一二日のことだった(12)。

三　農政官僚武田昌次の足跡

晴れて免罪となった塚原は、まもなく武田昌次と改名したと思われる。武田を姓に選んだのは、戦国時代に先祖が甲斐の武田氏に仕えていたという由緒を持っていたからかもしれない。改名の理由は想像するしかないが、戊辰時の行動を恥じ、過去の自分を消し去り、全くの別人として生まれ変わりたかったのであろうか。

彼が改名したことは、内務省勧農局などでともに仕事をしたと思われる元旗本村山鎮（摂津守）が鳥羽・伏見戦争について語った中で、「若年寄格で塚原但馬守、後ち武田昌次と成た人」[13]と述べていることから裏付けられた。さらにもう一人、塚原昌義が武田昌次と改名したことを明記した史料があった。以下に初めて活字化し掲載する旧幕臣・医師林洞海の記述がそれである（読点筆者）。

新見豊前守、名正興、初曰伊勢守、大将軍家慶公之御用御側伊賀守正路之子也
村垣淡路守、名範正、初曰左大夫、御庭番出身之人也
小栗豊後守、名　順、後為勘定奉行、維新之際住上州某地、為所官軍之疑被殺
成瀬善四郎者矢田堀鴻之兄而荒井郁之助之叔父也、維新後病死于沼津
塚原重五郎、後登用外国奉行慶喜公之代遂為若年寄、維新後改姓武田名昌治、今居小笠原島
村山伯元者塩田順庵子、自伯之養子、今外務少輔塩田　兄也
木村摂津守、名喜毅両番出身、父曰又助、世為浜殿奉行
佐々倉桐太郎、維新後為海軍佐官

小野友五郎、元笠間侯卒也、幕政之末世遂為勘定奉行、曰近江守、維新後為内務省之官吏
肥田浜五郎、父曰仙安江川太郎左衛門之医也、幕政之世為軍艦役今
小杉雅之助者幕臣而今官司法判事右藤治　之弟也
中浜万次郎、土州中浜漁夫之子、漂流久在米合衆国、帰朝之時当米艦初来本邦今日因擢為江川付属之卒、後登為
与力士
其他宮崎立元、村上伯元、名村五八郎、立石得十郎、小永井五八郎、牧山修卿等皆知人也、故読此文旧懐之情胸
ニ満ツ、亦是老人ノ常套ナリト云ト雖[14]

これは、村山徳淳「米船記事」（『学芸叢談』初篇掲載）という雑誌記事を雑記帳に書き写した林が、欄外に加筆した部分である。万延元年（一八六〇）遣米使節や咸臨丸乗組員の中の知人について言及したものであり、「昌次」ではなく「昌治」と記しているが、彼も武田昌次が塚原昌義の後身であることを知っていたようだ。

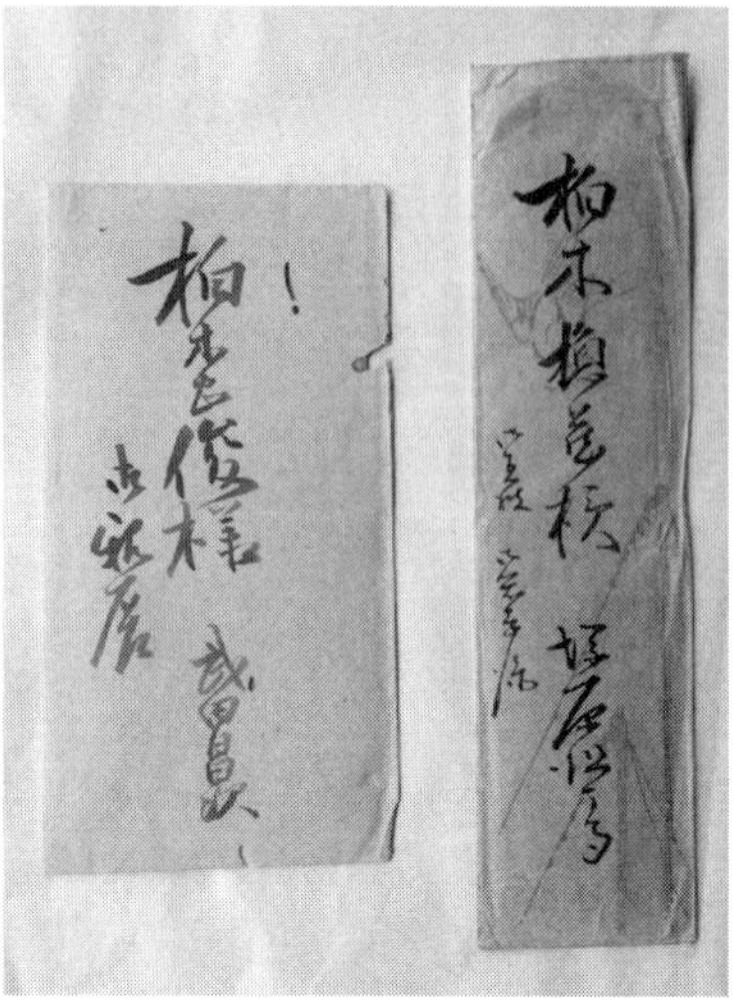

柏木忠俊宛塚原昌義・武田昌次書簡
（柏木俊秀氏所蔵）　筆跡が同じであることがわかる。

そして、塚原と武田が同一人物であることは、直筆の書簡の筆跡からも明らかとなった。韮山代官江川太郎左衛門配下の手代や足柄県令などをつとめた柏木忠俊（総蔵）に宛てた書簡が、塚原名・武田名で二通ずつ残されていたのである[15]（写真）。

一通目は、但馬守（包紙には「築土下塚原」）から宗三様（包紙では「柏木宗三様」）宛ての八月一八日付で、慶応年間の

ものと推定され、銃隊教師二人の推薦依頼である。二通目は、但馬守(封筒では「塚原但馬守」)から総蔵様(封筒では「柏木総蔵様」)宛ての一〇月一一日付で、慶応二年(一八六六)のものと推定され、不在のため訪ねてくれた江川太郎左衛門(英武)や柏木に会えなかったことを残念がり、来月中旬にはイギリスへ出帆予定であることを伝える。

三通目は、武田昌次(封筒には「東京麻布本村町百廿番地」という住所も記載)より柏木忠俊様(封筒には「足柄御県庁ニ而」と記載)宛ての五月九日付で、明治八年(一八七五)のものと推定され、山茶実に関する依頼に言及しているほか、近く清国へ出張するので何か用事があれば遠慮なく申し付けてほしいという内容である。四通目は、武田昌次より柏木忠俊様宛て、封書入りで一月一一日付、明治九年のものと推定され、一一月に帰朝したこと、「支那地」よりの土産物送付、山茶実や油に関する高配への礼、上京時には訪ねてほしいとの希望などを伝える。陸軍のこと、物産のことなど仕事上の共通の話題を通じ、維新をはさみながらも二人は親しい交際を続けたことがわかり、当然ながらいつの時点かで柏木は塚原が武田と改名したことを打ち明けられたはずである。

以上、村山・林という複数の証言者を見つけたこと、同じ筆跡の書簡が現存することから、塚原の改名について確信を得ることができた。なお、明治五年二月時点の「博覧会御用掛人名」には「博覧会御用中御雇　麻布本村農　武田昌義」と記されていることから(16)、これが誤記でなければ、武田改姓後も「昌義」を名乗っていた時期も少しあったのかもしれない。

こうして塚原昌義改め武田昌次は、赦免後まもなく政府に出仕した。明治五年一〇月二八日には博覧会事務官に任命され、翌年一月二二日には澳国博覧会二級事務官兼勤となり、ウィーン万国博覧会と同時期に開催される英国経常博覧会の担当としてイギリスへ派遣された。一一月には帰国のためヴェニスを出港、翌七年一月二七日帰朝した。同七年には内務省勧業寮八等出仕、翌年には七等出仕に進んでいる。前述の柏木忠俊宛書簡にも記されていたが、八年五月には産業関係の調査のため清国に派遣され、[17]一一月七日内務卿大久保利通のもとを訪れ、直接帰朝を報告しており、[18]彼が省内で低からぬ立場にあったことがわかる。大久保によって強力に推進された勧業政策の重要な担い手の一人になっていたのである。[19]

また武田は同じ頃、博覧会事務局・博物局が発行した「苧麻一覧」（苧麻製法一覧）、「製絲草木一覧」、「繊緯草木一覧」、「漆一覧」（漆製法一覧）、「蠟一覧」（蠟製法一覧）、「油一覧」、「べに一覧」、「澱粉一覧」、「褐腐一覧」、「豆腐一覧」といった、物産製造法を図示した『教草』という一連のシリーズの解説執筆や校正等を分担した。[20]植物系のみならず、ウサギウマ（ロバ）、ヒツジ（揚州種）、ヒツジ（蒙古産）といった外国産の動物を紹介した同じく博物局発行の一枚刷りシリーズでも解説を担当している。[21]明治七年三月から六月に開催された東京山下門内博物館博覧会には「土耳其国大烟管」、「児童ノ遊ガテラニ有毒草木ヲ覚ヘシムル絵合セ　澳国製」などを出品した。[22]八年、内務省第六局時代には勧業寮七等出仕のまま博物科の下の植物掛に属し、九年（一八七六）、同局が博物館を経て博物局となると農業樹林掛長に就任している。[23]

内務省勧農局一等属となっていた明治一一年には、小笠原諸島での農産物研究を命じられ、コーヒーを移植するための準備としてインド・ジャワへ出張した後、[24]同年一一月には同島に渡った。長男重吉も同行していた。翌年七月に一旦帰京し、一二月、今度は妻ヨネ、長男重吉、次男要吉、長女きふを連れ、家族そろって再び小笠原に渡った。勧農局の職員や雇いの農夫らも引率していた。一三年一一月時点の官員録では、会計局兼勤となっている。[25]勧農局が内務省からなくなった一四年には東京府の小笠原出張所長代理に一時就任したが、当初目論んだコーヒー栽培は適さないという結論を出すに至った。

明治一五年一〇月一六日には兼官の判事補を辞し、一一月一五日には本官の東京府一等属を辞した。家督を譲られた息子重吉は、一五年から小笠原諸島でサトウキビ栽培を始め、製糖事業に取り組んだほか、[26]翌年には養蜂・牧牛・繊維植物などの事業を始めようとした。[27]養蜂については、「明治十三年六月武田昌次氏が渡航の節以太利産蜜蜂五箱を携来りし」[28]と記された文献もあり、イタリア産の蜂を導入したのは昌次とされる。

武田昌次のその後の消息は、勝海舟の日記から少しだけうかがい知ることができる。

明治一六年一〇月九日「溝口勝如、竹田昌司云々」、同一二日「武田昌司、村田へ面会、都合宜しき旨なり」、同一一三日「村田氏寿より、過日、武田へ附し候手紙返書来る。直に同人方へ郵送」、一一月一一日「武田昌司」、同二九日「武田昌次、無人島地所抵当、拝借金、東京府へ願い出で候につき、農商務卿へ内願の事頼み申し聞く」[29]などとあるのがそれで、武田の依頼により元福井藩士村田氏寿に手紙を送ったこと、無人島の土地に関する件で農商務卿への口利きを頼まれたことなどがわかる。小笠原から東京にもどり、勝の援助を求めつつ、何らかの事業を推進しようとしていたのであろう。溝口勝如・村田氏寿はそれぞれ、徳川家達・松平慶永家の家令・家政相談人をつとめた人物なので、両家に対し資金援助を求めていた可能性もある。

そして、勝の日記、明治二一年九月二六日条に「武田昌二病死」、二七日条に「武田へ香奠持たせ遣わす」、二八日条に「武田へ助力、十円渡す」[30]との記述を見出すことができる。武田は明治二一年九月に死去したらしい。二六日が死亡日なのか、それともその前に亡くなり、二六日に訃報が伝わったということなのかまでは断定できない。

ただし、現在、塚原家の菩提寺にあるのは兄昌綏（寛十郎）系統の人々の墓のみであり、彼の墓は見当たらない。過去帳には、「貞鏡院殿心月智照大姉」「塚原重五郎奥」と記された安政五年（一八五八）八月一五日没の先妻、「幻容院秀芳淳智童子」「武田重吉弟」と記された明治六年四月九日没の息子の記載はあるが、昌次本人や息子重吉らの名前はない。[31]

おわりに

武田が明治政府から登用された理由は、単に旧幕以来の外国通だったからではない。反攘夷主義の開国・開港派として幕末外交を担った昌平黌のエリートは、維新後は一転してその存在と役割が忘却されていったとされるが[32]、こと武田の場合は例外だったといえる。明治期に携わった仕事が一貫して勧業・勧農という領域だったことからもわかるように、彼には明らかに専門分野があった。説明を後回しにしてしまったが、実は彼は幕末の蕃書調所において物産学を学んだ経験を持っていたのである。

文久二年(一八六二)二月から慶応三年(一八六七)にいたるまでの時期、蕃書調所・開成所で伊藤圭介らに師事した門人たち五二名の氏名と入門年月日を記した「物産学入学姓名記」という史料がある。筆者は以前それを翻刻・紹介したのであるが、その中に武田昌次こと塚原昌義の名が含まれていることに気付かなかった。それを見直したところ、文久二年八月五日の入門者として「御徒頭　塚原次左衛門」と記されていることがわかった[33]。彼が御徒頭に在職したのは文久元年八月二〇日から翌年九月一一日までの期間であり[34]、間違いない。伊藤圭介は文久二年四月八日、出勤の帰りに「東城下塚原治左衛門へ話シニ行」ったことを日記に書き留めており[35]、入門前から交際があったらしい。

御徒頭から目付に転じた後は昇進が続き、役人生活は多忙を極めたであろうから、物産学の学習に専念できる期間は短かったと思われるが、この事実は、彼が単なる吏僚ではなく、学問への指向を有した人だったことを示している。アメリカ亡命中、頼ったアメリカ人が農業家だったことや、日本からの入植者グループに加わったことなどは、彼がもともと農業分野に強い関心を抱いていたことを意味しているのかもしれない。また、田中芳男(蕃書調所物産方手伝出役から内務省勧業寮五等出仕など）らとの関係も、蕃書調所での物産学修学時代に築かれていたと思われ、それが維新後に内務省勧業寮・勧農局に奉職する前提となっていたのである。ひょっとすると明治政府に彼を誘ったのは田中あたりだったのかもしれない。

田中以外にも、博覧会や勧業関係の部局に属した官吏には、大鳥圭介・富田冬三・山高信離・杉山一成・人見寧・織田賢司・村山徳淳（伯元）・鶴田清次等々、旧幕臣が多かった。遣米使節以来の村山をはじめ、旧知も少なくなく、武田は過去を隠すことなど不可能だったろう。むしろ、政治的責任が軽く政局などからは全く離れたところにおいて、好きな分野の仕事ができることになったことで、幕府時代以上にやり甲斐を感じ、過去をふっ切ることができたのかもしれない。

旧師伊藤圭介の日記からは、たとえば明治一〇年（一八七七）四月六日条に「一昨年歟支那御遊歴ノ時御採之一甲虫、土人食用トナスモノハ方言如何、焼食フ歟、此虫ニ関係詳説有之候ハ、詳悉御教示奉伏乞候也、甚御面倒恐入候也、武田昌次へ郵便出候[36]」、すなわち中国の甲虫に関する問い合わせの書状を送ったとの記述が拾い出せ、改名した維新後も学問上の情報を交換するなど、交流が続いたことが裏付けられる。武田は外交に携わった有司だったのみならず、間違いなく幕末以来の物産学・博物学者のネットワーク中にも位置していたのである。

註

（1）この点については、すでに拙稿「戊辰の戦乱が生んだ亡命者たち」（『別冊歴史REAL 敗者たちの幕末維新』二〇一四年、洋泉社）で触れたが、その後に判明した事実も加え、さらに詳しく記しておきたいというのが本章の主旨である。

（2）なお、本章の元論考が発表された後は、圭介文書研究会編『伊藤圭介日記』第二十一集（二〇一五年、名古屋市東山植物園、三頁）をはじめとして、拙稿を典拠にして塚原昌義・武田昌次が同一人物であることが紹介されるようになっている。

（3）　橋本昭彦編『昌平坂学問所日記』Ⅲ（二〇〇六年、斯文会、二三八頁）、日本歴史学会編『明治維新人名辞典』（一九八一年、吉川弘文館）、小西四郎監修『江戸幕臣人名事典』第三巻（一九九〇年、新人物往来社）、竹内誠他編『徳川幕臣人名辞典』（二〇一〇年、東京堂出版）、『長龍寺史』（一九九三年、宗教法人長龍寺）など。

（4）　一八六〇年六月一九日付『ニューヨーク・ヘラルド』、原文は日米修好通商百年記念行事運営会編『万延元年遣米使節史料集成』第六巻（一九六一年、風間書房、二七八頁）に掲載、翻訳はレイモンド服部『77人の侍アメリカへ行く』（一九六八年、講談社）、宮永孝『万延元年のアメリカ報告』（一九九〇年、新潮社）などによる。なお、塚原の年齢については、アメリカの新聞が報じた二五歳は誤りで、一八六〇年当時は三六歳だったとされ、文政八年（一八二五）生まれであるとされるが、明治六年（一八七三）時点で三八歳だったとする文献もあり（角山幸洋『ウィーン万国博の研究』、二〇〇〇年、関西大学出版部、四〇頁）、それが事実だとすれば一〇歳の開きが生じ、アメリカの新聞報道が正しいことになる。疑問のままにせざるをえない。

（5）　「昌平学科名録（其三）」（『江戸』四―四、一九一六年、江戸旧事采訪会）。塚原は、新井鈼次郎・山口直毅（泉処）とともに「昌平黌の三人兄弟」と称されたという（塚原渋柿園著・菊池眞一編『幕末の江戸風俗』、二〇一八年、岩波書店、一六一頁）。

（6）　福永恭助『海将荒井郁之助』（一九四三年、森北書店）、一七三頁。

（7）　奈良勝司『明治維新と世界認識体系』（二〇一〇年、有志舎）、一一三頁、一四〇頁。

（8）　「明治元年正月初旬大坂開城前後の情況に関する浅野氏祐氏の談話」（渋沢栄一『徳川慶喜公伝　七　附録三』、一九一八年、龍門社）、二九四頁。

（9）なお、塚原昌義の弟昌明（銀八郎）は、文久三年（一八六三）六月、海軍士官として測量のため出張中の鳥羽において二六歳で病死したが（前掲『長龍寺史』、二一五頁、四三四頁）、なぜか慶応四年（一八六八）七月、旧幕府脱走軍を率い新潟に現れた指揮官たちの中に、古屋佐久左衛門らと並び、「塚原但馬守厄介弟」「同苗銀八郎」がいた（「御賄頭格新潟奉行支配組頭松長長三郎殉職ノ顚末」『江戸』七―三、一九一七年、江戸旧事采訪会、「旧幕府士松長長三郎君来歴」『史談速記録』一七三、一九〇七年、史談会、復刻合本25、一九七三年、原書房、五四六頁）。銀八郎は五年前に死亡していたはずであり、不可解である。昌義には他にも弟がおり、亡兄の名前を名乗ったのであろうか。

（10）松村淳蔵「慶応年間薩摩人士洋航談」（『史談会速記録』一六七、一九〇六年、復刻合本24、一九七三年、原書房）、六〇〇頁。松本寿太夫は旧名を三之丞といい、万延元年遣米使節団の一員だったので、塚原とは懇意だったと思われる。

（11）石沢源四郎「明治二三年頃米国桑港本邦人の有様」（『史談会速記録』二九八、一九一七年、復刻合本39、一九七五年、原書房）、五四五頁。

（12）以上、塚原の亡命・帰国・謹慎・赦免については、原史料としては国立公文書館所蔵「公文録　明治二年　第二百二十五巻　己巳六月～辛未七月　静岡藩伺（六）」、「太政類典　第一編　慶応三年～明治四年　第二百四巻　治罪・赦宥二」、「公文録　明治五年　第三十九巻　壬申一月～二月　兵部省伺（一月・二月）」、「諸官進退　諸官進退状第五巻　明治五年二月～三月」など、文献としては東京帝国大学蔵版『復古記』第三冊（一九二九年、内外書籍、四六二～四六三頁）、原口清『明治前期地方政治史研究』上（一九七二年、塙書房、八二頁）、橋本誠一「元幕臣塚原昌義の米国亡命」（『静岡県近代史研究会会報』三八五、二〇一〇年）などがあり、それらを参考にした。

（13）「村摂記」（三田村鳶魚編『未刊随筆百種』第三巻、一九七六年、中央公論社）、一七六頁。

(14) 林洞海「茶農漫録　巻十三」(沼津市明治史料館所蔵)。

(15) 伊豆の国市・柏木俊秀氏所蔵。

(16) たばこと塩の博物館編『ウィーン万国博覧会　産業の世紀の幕開け』(二〇一八年、同館)、一八頁。

(17) 中野弘喜「武田昌次」(中村義他編『近代日中関係史人名辞典』、二〇一〇年、東京堂出版)。この時の武田の調査結果は、明治八年一二月提出の「清国産業調査復命書」として残されている(早稲田大学図書館所蔵)。

(18) 鹿児島県歴史資料センター黎明館編『鹿児島県史料　大久保利通史料一』(一九八八年、鹿児島県)、五四一頁。

(19) 内務官僚としての武田の位置づけについては、友田清彦「内務省期における農政実務官僚のネットワーク形成」(『農村研究』一〇四、二〇〇七年)が参考になる。

(20) 吉田光邦編・解説『復刻　教草』(一九八〇年、つかさ書房)。

(21) 玉川大学教育博物館編『明治前期教育用絵図展』(二〇〇三年、同館)、二五頁。

(22) 東京文化財研究所美術部編『明治期府県博覧会出品目録』(二〇〇四年、東京文化財研究所)、三一九頁。

(23) 東京国立博物館編『東京国立博物館百年史』(一九七三年、同館)、一七三〜一七五頁。

(24) この出張中に武田が採取した虫や植物は日本に送られ、「博物館虫譜」(東京国立博物館所蔵、同館ホームページ上の博物図譜データベースで閲覧可能)、「植物集説」(同前)といった図譜に収録された。

(25) 『内務省人事総覧』第一巻(一九九〇年、日本図書センター)、二六三頁。なお、各年次の官員録の記載によれば、武田は「東京府平民」であり、明治八年(一八七五)一〇月時点での住所は「第二大区十二小区麻布本村町百二十番地」となっている。

(26) 小笠原島における武田一家の動向については、鈴木高弘「開拓草創期の小笠原「小笠原島要録」の理解に向けて」(小

花作助『小笠原島要録』第二編、二〇〇五年、小笠原諸島史研究会）、同前『小笠原島要録』第三編（二〇〇五年、同前）、東京都公文書館所蔵文書などによる。

（27）辻友衛『小笠原諸島歴史日記』上巻（一九九五年、近代文芸社）、一五六頁。

（28）服部徹『小笠原島物産略誌』（一八八八年、有隣堂）、三〇頁。

（29）勝部真長他編『勝海舟全集』21（一九七三年、勁草書房）、四〇頁、四四頁、四七頁。

（30）同前『勝海舟全集』21、二八五頁。勝が武田昌次の死去について日記に記したことは、本章の元論考では触れていなかったが、その後、拙稿「鳥羽・伏見の戦犯と静岡藩」（『静岡県近代史研究会会報』四八五、二〇一九年）で取り上げた。

（31）東京都杉並区・長龍寺様のご教示による。

（32）前掲奈良『明治維新と世界認識体系』、一七八頁。

（33）拙稿「幕臣博物学者鶴田清次とその資料」（『国立歴史民俗博物館研究報告』一八三、二〇一四年）、三三二頁。本書の第一章として収録。

（34）東京大学史料編纂所編『大日本近世史料　柳営補任』三（一九六四年、東京大学出版会）、二七五頁。

（35）圭介文書研究会編『伊藤圭介日記』第八集（二〇〇一年、名古屋市東山植物園）、四九頁。

（36）圭介文書研究会編『伊藤圭介日記』第十四集（二〇〇八年、名古屋市東山植物園）、八頁。

第三章　開成所画学局の絵師伊藤林洞

はじめに

幕末において公務として、洋画あるいは洋風画・西洋画・油絵などと言ってもよいが、欧米の絵画やその技法を研究し、教えた一群の存在があった。幕府の洋学研究機関である開成所(前名は蕃書調所・洋書調所)に勤務した者たちである。その中には、川上冬崖・高橋由一らのごとく、明治以降にも画壇で活躍し、洋画家として美術史上に名を残した人物もいた。生徒として開成所で画学を学んだ中からも、川村清雄のような著名な洋画家が輩出している。

その一方、同じ開成所画学局に属しながら、維新後の消息が明らかでない人物は少なくない。本章で取り上げる伊藤林洞《りんどう》(利見・陪之助、一八三二〜一九〇三)もこれまでほとんど経歴が知られていなかった人物の一例であるが、新たに判明した事実をできる限り紹介し、その人物像を提示してみたい。そのことはまた、彼一人の履歴を明らかにすることにとどまらず、開成所画学局という組織、ひいては江戸幕府あるいは幕臣という集団が近世・近代移行期において果たした文化的役割の一端を示すことにもなるであろう。

一　その家系と一族

意外なことであるが、伊藤林洞は洋学を背景に持つ人脈に位置したというよりも、むしろ儒学（漢学）の総本山である林家と深いつながりを有する家の人だった。まずは、子孫である伊藤家に伝来した「御親類書」（原本の形態は巻物）という史料を翻刻・掲載してみよう。

御親類書

曾祖父河内守死惣領
一祖父　寄合　中坊兵庫助死
俗名内匠頭
一祖母　津田猶眠死娘死
祖父兵庫助死惣領
一父　寄合之節隠居仕候　中坊駿河守
一母　御儒者御留守居次席　林大内記死娘
父駿河守惣領
一兄　学問所世話心得頭取　中坊陽之助
養父隆之助死

実父駿河守六男
一弟　小普請組奥田主馬支配　依田阡之助
養父南部美濃守一門家来雅楽助
実父駿河守七男
一弟　南部泰治郎
同人娘
一姉　小普請組阿部兵庫支配　万年佐左衛門妻
右同人養女実父厄介
大叔父小笠原大蔵死娘
一姉　溶姫君様御中臈　登井
右同人娘

一姉　山城守惣領　水野主膳妻
一甥　佐左衛門惣領　万年尋三郎
一甥　主膳惣領　水野鋳三郎
一姪　陽之助娘　壱人
一姪　依田隆之助死娘　壱人
一姪　万年佐左衛門娘　壱人
一姪　江原清助娘　壱人
一姪　水野主膳娘　壱人
母方
養父林大学頭死

一祖父　実父四品雁之間詰松平能登守死次男　林大内記死
一祖母　家女死
養父坂井半左衛門死
実父林大内記死三男
一伯父　御先手御弓頭　坂井右近
右同人死四男
一伯父　御儒者御小姓組番頭次席　林大学頭
養父伊丹三郎右衛門
右同人死七男
一叔父　御書院番松平美作守組　伊丹桄之丞
右同人死娘
一伯母　西丸御徒頭相勤申候　設楽市左衛門後家
右同人死娘
一叔母　大目付相勤申候　池田筑後守後家
右同人死娘
一叔母　御小姓組土屋佐渡守組　松波平右衛門妻
故大学頭死倅

一従弟　林鄂太郎
叔父大学頭手前罷在候
右鄂太郎儀病身ニ付弘化三丙午年九月十三日願之通惣
領除被　仰付候
一従弟　御小姓組新見豊前守組　坂井錦之助
右近惣領
一従弟　御小姓組新見豊前守組　曲淵鉄之助
右同人次男
養父惣太郎死
一従弟　坂井鋭之助
右同人三男
一従弟　坂井鐍之助
右同人四男
一従弟　坂井鈔之助
右同人五男
一従弟　御持頭次席　林図書助
大学頭惣領
伯父林大学頭儀嘉永六丑年九月八日故大学頭家相続被
仰付是迄之跡式図書助へ被下置候
一従弟　林民部
右同人次男
右民部儀次男御座候処私伯父林大学頭故大学頭家相続
被　仰付候ニ付嘉永六丑年十一月四日次男惣領願之通
被　仰付候
一従弟　御腰物方　池田弾正
右同人三男
一従弟　林禺之進
右同人四男
一従弟　小倉鈴之進
内蔵助死次男惣領
一従弟　堆橋鑑之進
養父堆橋升五郎
右同人死三男
一従弟　小倉鯉之助
右同人死四男
左衛門死惣領

一従弟　御小姓組番頭　赤松左衛門尉
養父石野八太夫
右同人死次男
一従弟　御書院番大岡豊後守組　石野式部
伊豆守惣領
一従弟　箱館奉行　堀織部正
養父孝之助死
右同人五男
一従弟　山高蘭之助
市左衛門死惣領
一従弟　御小姓組室賀壱岐守組　設楽温之助
之節奉願隠居仕候
養父篠山庄右衛門
右同人死次男
一従弟　御蔵奉行　篠山金次郎
養父市兵衛
右同人死三男

一従弟　御目付　岩瀬伊賀守
養父温之助
右同人死四男
一従弟　御書院番土屋佐渡守組　設楽弾正
市左衛門惣領
一従弟　山下鋼之助
養父筑後守死
実父池田甲斐守
一従弟　御小姓組酒井対馬守組　池田修理
平右衛門惣領
一従弟　松波秀太郎
勘七郎死惣領
一従弟　小普請組小笠原順三郎支配　近藤小六
寛一郎惣領
一従弟　西尾善太郎
右同人次男
一従弟　西尾健次郎
林大学頭死娘

一従弟女　御書院番酒井肥前守組　中川監物妻
鳥居甲斐娘
右近惣領
一従弟女　坂井錦之助妻
右同人娘
一従弟女　御書院番坪内伊豆守組　朝比奈金五郎
相勤申候　後家
右同人娘
美作守惣領
一従弟女　伊沢力之助妻
坂井右近娘
一従弟女　林図書助妻
林大学頭娘
一従弟女　御書院番酒井壱岐守組　河野勘右衛門妻
右同人娘
一従弟女　御小姓組徳永伊予守組　京極啓之助妻
右同人娘
一従弟女　近藤小六妻

右同人娘
一従弟女　壱人
小倉内蔵助死娘
監物惣領
一従弟女　寄合　中野又左衛門妻
右同人死娘
一従弟女　壱人
依田岳之丞死養女
一従弟女　依田隆之助後家
依田焜之助死娘
一従弟女　帝鑑之間席　勝右膳妻
丹羽長門守家来
右同人死娘
近江守惣領
一従弟女　御書院番土屋佐渡守組　大久保万吉妻
右同人死娘
一従弟女　小普請組大島丹波守支配　石谷錬蔵妻
右同人死娘

一従弟女　刑部卿殿御次
とら

右同人死娘
一従弟女　小普請組小笠原弥八郎支配　桜井六郎妻

赤松左衛門死娘
因幡守惣領
一従弟女　勝田鑑次郎妻

堀伊豆守娘
一従弟女　御目付　市橋伝七郎妻

右同人娘
藤十郎養子
一従弟女　松平親之助妻

右同人養女
実父堀美濃守
一従弟女　小出助四郎妻

池田筑後守死娘
一従弟女　妻木民之丞妻

右同人死娘
一従弟女　池田修理妻

右同人死娘
一従弟女　壱人

近藤勘七郎死娘
一従弟女　小倉鈴之進妻

右同人死娘
一従弟女　木村武太夫妻

一従弟女　林民部妻

右同人死娘
一従弟女　三人

西尾寛一郎娘
一従弟女　壱人

右之通御座候以上
五月(1)

右の文書には筆記者の名がないが、そこに記された人間関係から考えて、それが伊藤林洞であることは間違いない。ただし、つながりが不自然な箇所もあり、途中に欠落部分があるのかもしれない。その他の文献等も参考にして作成した伊藤林洞をめぐる系図を別に掲げた。

伊藤林洞をめぐる諸家系図

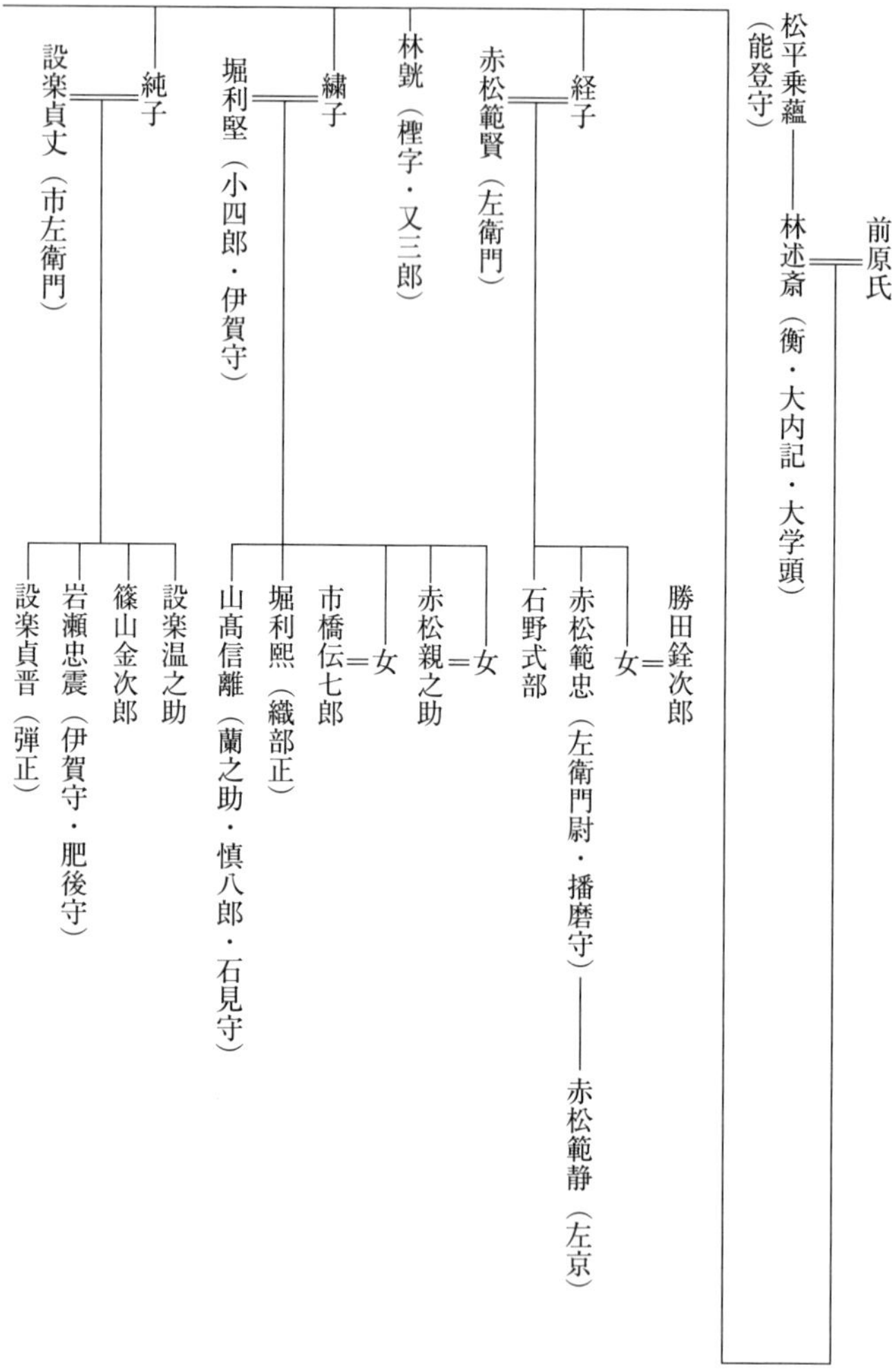

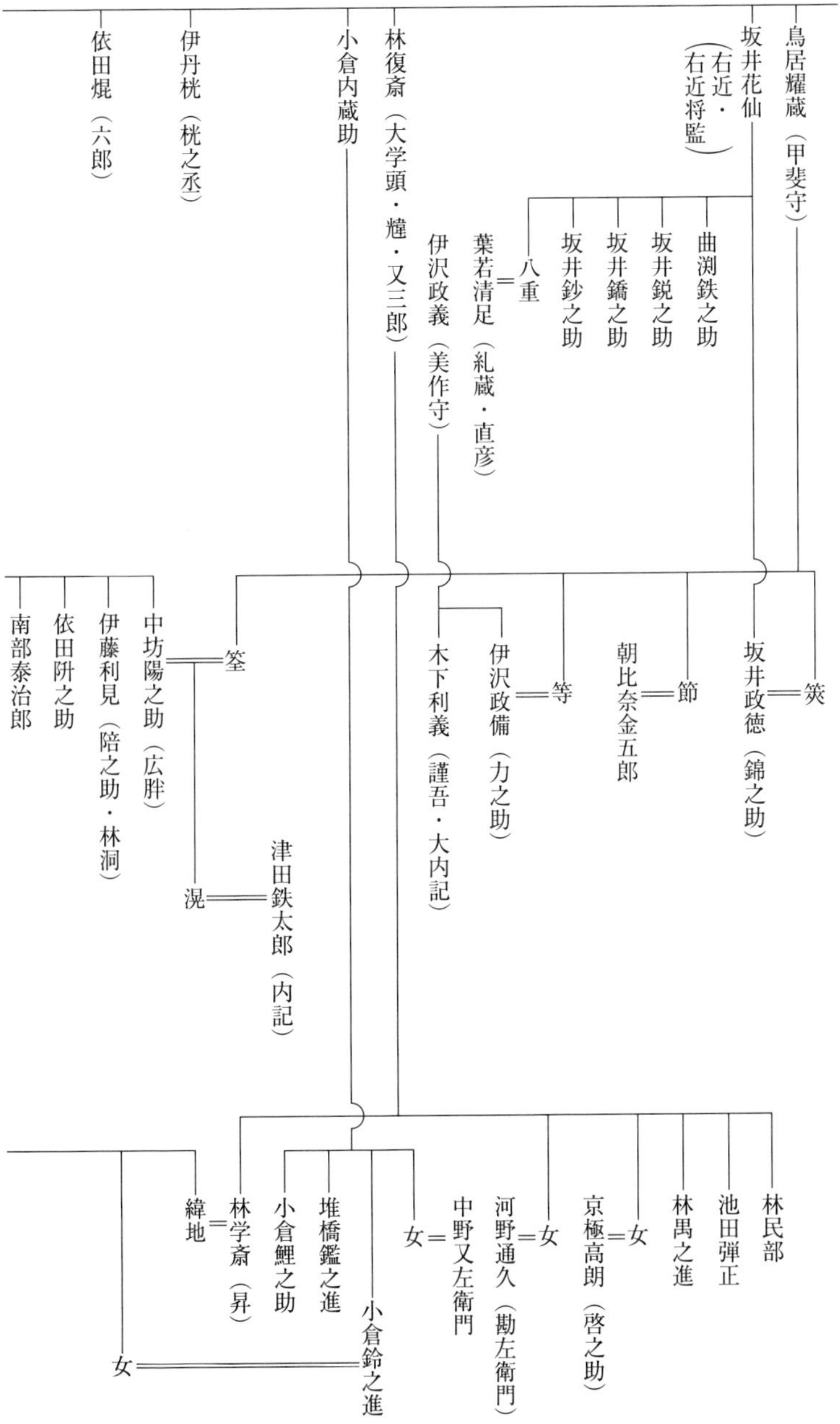

鳥居耀蔵（甲斐守）
坂井花仙（右近・右近将監）
林復斎（大学頭・韑・又三郎）
小倉内蔵助
伊丹杙（杙之丞）
依田焜（六郎）
曲渕鉄之助
坂井鋭之助
坂井鐍之助
坂井鈔之助
八重＝葉若清足（紀蔵・直彦）
伊沢政義（美作守）
筬＝坂井政徳（錦之助）
節＝朝比奈金五郎
等＝伊沢政備（力之助）
木下利義（謹吾・大内記）
荃＝中坊陽之助（広胖）
伊藤利見（陪之助・林洞）
依田阠之助
南部泰治郎
涀＝津田鉄太郎（内記）
林民部
池田弾正
林禺之進
女＝京極高朗（啓之助）
女＝河野通久（勘左衛門）
女＝中野又左衛門
堆橋鑑之進
小倉鯉之助
小倉鈴之進
林学斎（昇）＝緯地
女＝小倉鈴之進

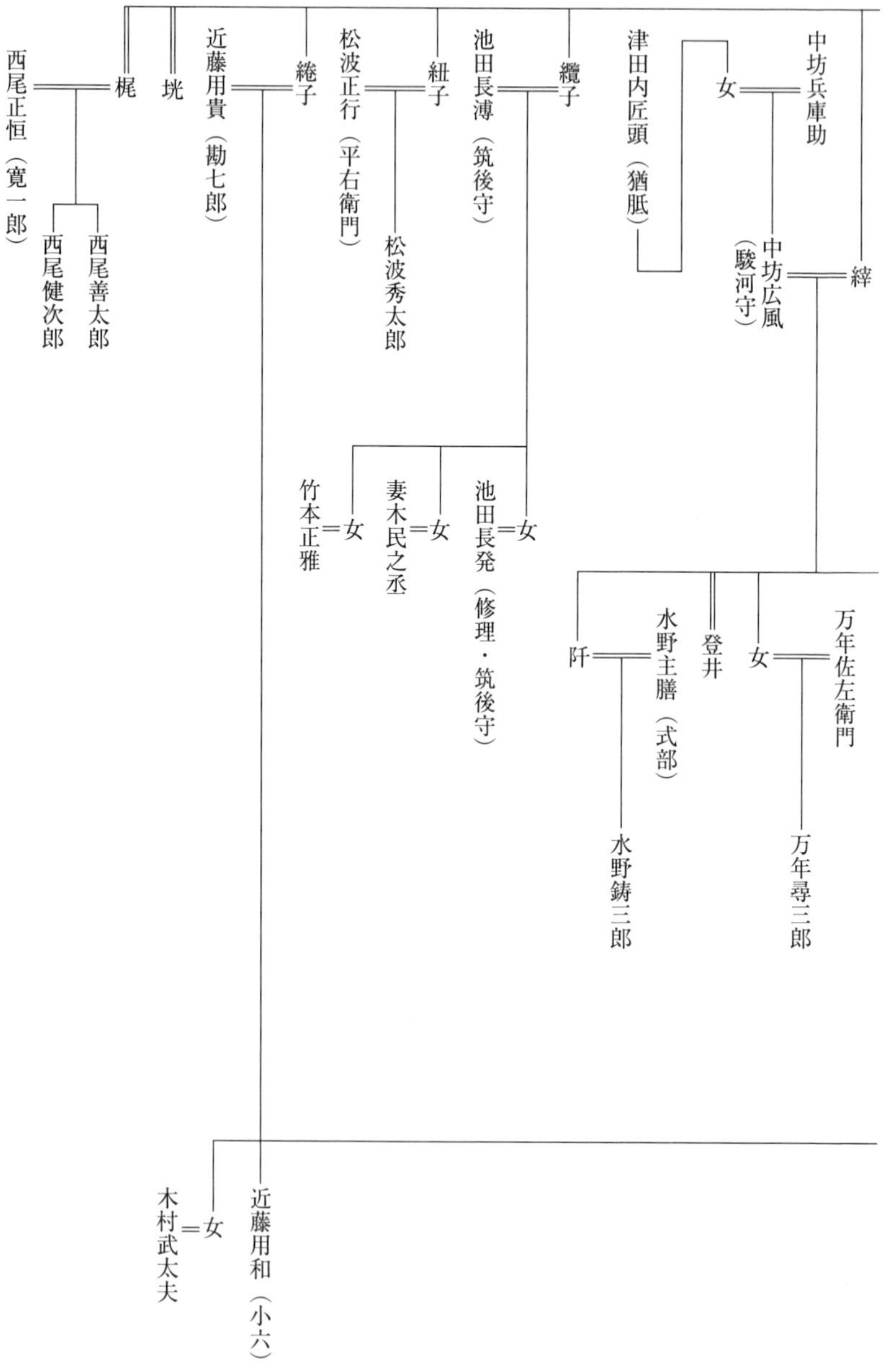
中坊兵庫助
女
津田内匠頭（猶胝）
中坊広風（駿河守）
綍
纜子
池田長溥（筑後守）
紐子
松波正行（平右衛門）
松波秀太郎
緌子
近藤用貴（勘七郎）
垗
梶
西尾正恒（寛一郎）
西尾善太郎
西尾健次郎
女
池田長発（修理・筑後守）
女
妻木民之丞
女
竹本正雅
万年佐左衛門
女
万年尋三郎
登井
水野主膳（式部）
阡
水野鋳三郎
近藤用和（小六）
女
木村武太夫

林洞をめぐる華麗な姻戚関係は、母方の林家を中心としたものである。祖父にあたる林述斎（衡・大内記、一七六八～一八四一）は八世大学頭で、寛政の改革に際して昌平坂学問所を幕府の学校として位置づけさせた人物。同じく伯父林復斎（一八〇〇～五九）は、一一世大学頭で、ペリー応接を担当し日米和親条約締結を行った。同じく従弟林学斎（昇・又三郎、一八三三～一九〇六）は一二世大学頭で、維新後は静岡に移住、後に群馬県師範学校教諭や日光東照宮禰宜をつとめた。伯父鳥居耀蔵（忠耀、一七九六～一八七三）は江戸町奉行や勘定奉行を歴任、洋学嫌いから蛮社の獄を引き起こしたことで知られる。(2)伯父堀利堅（伊賀守）は大坂町奉行・作事奉行・大目付など、同じく伯父坂井花仙（右近将監）は浦賀奉行・田安家家老などを歴任した。叔父にあたる伊丹椛は一〇〇〇石の旗本で、書物御用頭取から和学所頭取となった。

さらに、多くの従兄弟や従姉妹婿たちの中には、三〇〇〇石余の旗本で外国奉行・神奈川奉行・講武所奉行を歴任した赤松範忠（左衛門尉・播磨守）、カラフト調査を行い箱館奉行・外国奉行などを歴任した堀利熙（一八一八～六〇）、御小姓頭取として徳川昭武のフランス留学に随行し維新後は相良奉行・静岡藩権少参事・農商務省大書記官・帝国博物館長になった山高信離（一八四二～一九〇七）、海防掛目付をつとめハリス・プチャーチンらと外交交渉を行った開明派の幕臣岩瀬忠震（一八一八～六一）、目付や洋書調所頭取をつとめた設楽貞晋（弾正）、外国奉行をつとめ横浜鎖港交渉のための遣欧使節正使となった池田長発（一八三七～七九）、三二〇〇石余の旗本で開成所句読教授出役取締頭取をつとめた伊沢力之助、二条城御門番之頭から静岡学問所皇学局四等教授・宮内省御用掛になった葉若清足（乢蔵）、大目付・外国奉行・神奈川奉行などを歴任した竹本正雅（淡路守・甲斐守）ら、錚々たる人々がいた。保守派と開明派が混在し、漢学・国学派から洋学派までが広がっている点も興味深い。

自身の実家である中坊家は戦国時代には大和国で筒井順慶に仕え、後に徳川家に属し四〇〇〇石を領した旗本である。林洞の父中坊広風（金蔵・駿河守・大和守）は、日光奉行・勘定奉行・道中奉行・甲府勤番支配などを歴任、明治一一年（一八七八）に没した。[3] 実兄中坊広胖（陽之助）は、中奥御小姓・学問所世話心得頭取・和学所御用兼勤をつとめ、静岡藩では和学御師範・御住居御雇御事蹟取調となり、明治六年五一歳で没した。[4] 実弟依田阱之助は書物御用出役・御系図調出役・御使番・御目付介などをつとめた。義弟水野主善（式部）は五〇〇〇石の旗本で、御持筒頭として長州征討に従軍している。

中坊家は和歌の家だったらしく、綷子（広風妻）、春子（広風姉）、秀直（隆之助、広風次男）、秀成（陪之助）、広風、広胖、阡子（広風娘）、毛都女（広風姉）という男四名、女四名が一家そろって歌人として人名録に収録されている。そのうち、「中坊秀成　称陪之助、江戸　八十番歌合」[5]と記されているのが林洞のことであることは間違いない。伊藤家の養子になる前の諱は秀直であり、父母兄弟たちとともに和歌を学んでいたのであろう。

中坊家側に残された文書、すなわち弘化二年（一八四五）一二月に父中坊駿河守が記した「先祖書」には以下のように記されている。

伊藤　利見
、、五男　中坊陪之助　某
私手前罷在候
年号月日頭相知不中新御番伊藤五郎助養子罷越候[6]

林洞は五男だったことがわかる。枠で囲んで訂正した部分、つまり「伊藤」「利見」「年号月日」云々の一文は後年追記されたものである。

沼津市岡宮の光長寺にある伊藤家墓地に昭和五十年代に建立されたと思われる戒名碑には、歴代の名前と没年月日が彫られている。当主のみを抜き出して列挙すると以下の通りである。なお、最近の一〇代以降については省略する。

初代	宝永6年7月3日	五郎兵衛利恒	73歳
2代	享保5年5月15日	弥一郎利直	44歳
3代	享保17年5月23日	彦三郎利亮	36歳
4代	安永9年12月25日	百助利節	50歳
5代	文化元年3月8日	百助利恭	58歳
6代	文政2年3月21日	五郎助利和	38歳
7代	明治8年1月4日	五郎助利充	66歳
8代	明治36年1月29日	利見	71歳
9代	昭和12年6月22日	杉一郎	75歳

過去帳の記載にもとづくものであろうが、過去帳には「後紀ト改」(7)と記された五郎助利充の改名後の名前は洩れている。林洞(利見)の戒名は大善院利見日修居士である。

墓地には、明治三年七月一九日、六二歳で没した不染院妙蓮日乗大姉(伊藤紀後妻・松平隼人正娘)の墓、蓮花院妙乗日在大姉(利見妻)の墓、「わか家の霊はこゝにおはしませとほつみおやもよゝのこからも」の和歌や、「中坊広風五男　伊藤利見　行年七十一才」と彫られた昭和八年(一九三三)建立の伊藤家之墓など、明治から昭和戦前期の墓石も残る。

なお、江戸での菩提寺であった牛込の久成寺は現在東京都中野区に移転しているが、墓石は残っていない。ただし寺の過去帳には、嘉永五年（一八五二）没までの伊藤家の人々については記載があるとのことである。[8]

伊藤家の家系については、幕府が編纂した『新訂寛政重修諸家譜』にも収録されている。[9] それによれば、遠い先祖は蘆屋を姓とし、足利家・里見家に仕えた後、善三忠知のとき徳川家康に仕官して上総国で五〇〇石を領した。その次男で分家した八郎右衛門忠元を経て、さらにその四男九郎左衛門重利は姓を伊藤に改め、寛永四年（一六二七）に御徒に召し抱えられ分家を立て、その次男五郎兵衛利恒がさらに分家したのだった。兄の家は後に蘆屋姓にもどり、利恒の子孫は伊藤姓を続けたが、これが林洞の家である。

その初代利恒は家宣の将軍就任にともなって御家人に取り立てられ二〇〇俵を下され、西丸奥御右筆などをつとめた。二代利直は表御右筆をつとめた。鈴木彦八郎正福の次男から伊藤家を継いだ三代利亮も表御右筆をつとめた。没年月日は享保一七年（一七三二）閏五月二三日で、戒名碑に彫られた月は間違いである。四代利節は、表御右筆・奥御右筆をつとめ、将軍家治の日光社参に供奉した。五代利恭は山角市左衛門政因の次男が四代の娘婿になったもので、小十人・奥御右筆・御裏門切手番之頭をつとめた。六代利和は利恭の実子であるが、履歴は記されていない。重利の長男利成、三男重行の子孫もそれぞれ幕臣として続いている。

なお、林洞こと利見は、「としみ」ではなく「よしみ」と読むとご子孫から教示されたが、『新訂寛政重修諸家譜』に掲載された歴代の名前には、「としつね」「としなを」「としふさ」「としよし」「としゆき」「としかず」といった具合にルビが付されており、「利」は普通に「とし」と読んでいる。利見だけが特別だったのだろうか。

林洞が伊藤家の養子になったのがいつなのかは不明であるが、養父伊藤紀（五郎助利充）が新御番岡部土佐守組組頭をつとめていた文久三年（一八六三）、林洞は初お目見の機会を得た。[10] 妻は紀の娘であり、婿に入った形となるが、その妻（戒名蓮華院妙乗日在大姉）は明治六年一月一四日に三五歳で亡くなっている。

伊藤家に現存する資料に、「慶応二丙寅年正月七日御進発御供仕大坂御城ニ而喜御盃拝領仕候」と蓋に墨書された木箱に収納された、「勝」の字が入った朱の盃がある。長州征討に従軍した際に将軍家茂から下賜された盃である。後述するように、陣羽織姿の写真が残されていることもあり、これをもらったのは林洞ではなく、その養父伊藤紥(五郎助利充)であると考えられる。紥は元治元年(一八六四)二月一四日から慶応二年(一八六六)一二月二一日に御役御免となって勤仕並小普請となるまで、西丸新御番組頭の職にあった(11)。

二　開成所での活動

伊藤林洞は岡島林斎に絵を学んだとされる(12)。岡島林斎(素岡・半仙・武左衛門、?〜一八六五)は江戸八代洲河岸御火消屋敷の与力をつとめた幕臣で、狩野素川に学び、浮世絵師安藤広重とも親交がある画人だった(13)。林洞の「林」は師からもらった字であろう。彼は当初は伝統的な日本画を身に付けたということになる。

蕃書調所は安政四年(一八五七)正月開設、文久二年(一八六二)五月に洋書調所と名を改め、さらに翌三年八月には開成所と改称するが、洋学者を結集した幕府の洋学研究・教育機関であり、その中で洋画に関する研究も行われた。その起源は安政三年に新発田収蔵が天文方附属蛮書和解御用の絵図調出役に採用された時点にある。最初、絵図や洋画について担当する者たちは他の部門の補助的な存在であったが、画学局として独立した部門となったのは文久元年六月であった(14)。

蕃書調所における洋画関係のスタッフとして知られるのは、画学教授として川上冬崖(万之丞・寛)・前田又四郎、画学世話心得として早川孫左衛門・曲淵敬太郎(城陰・景芳)・平野九郎左衛門・若林鐘五郎・吉田修輔、絵図調とし

て新発田収蔵・宮崎元道（宮本一平）らである。(15)

慶応二年（一八六六）六月時点の開成所における洋画関係のスタッフは、画学教授出役として川上万之丞（冬崖）・前田又四郎、画学教授並出役として早川孫左衛門・吉田修輔（信孝・蕙崖）、絵図調出役として宮本元道（一平）・若林鐘五郎・船橋鍬次郎（中島仰山）、画学世話心得として伊藤陪之助（林洞）・間宮彦太郎・遠藤辰三郎（政徳・巐山）・高橋怡之助（由一）・平野九郎右衛門・近藤清次郎（正純・若山）、画学世話心得介として石川富太郎・服部新之丞が知られる。(16) 画学生らも含めれば、それ以外にも、島霞谷（寺沢三男三郎、絵図調出役）・森精蔵（樹山）・石渡政之丞・築山謹五郎（菜真）・高木織之助・山上兵衛・寺門三蔵（雲外）・矢部某・狩野春川・橋本林之助・鴨下林平らがいたとされる。

履歴明細短冊によれば、伊藤陪之助が画学並出役になったのは慶応三年（一八六七）八月一九日、三七歳の時である。(17) 原本を掲載しておけば、左の通りである。

（朱書）「御留守居」
陸軍奉行並支配
勤仕並小普請
五郎助養子
開成所画学並出役
伊藤陪之助

一御手当銀十枚
宿所市ヶ谷月桂寺前仲ノ町　卯三拾七歳
慶応三卯年八月十九日開成所画学並出役被仰付候
卯十月(18)

住所の「市ヶ谷月桂寺前仲ノ町」とは、現新宿区市谷仲之町で、当時の江戸切絵図にも「伊藤」と記された区画が見出せる。(19)菩提寺の久成寺も近くだった。

なぜか短冊にそれ以前の職歴は記されていないが、以下に引用する史料により、彼がそれ以前から画学世話心得に就いていたことがわかる。慶応三年（一八六七）八月一六日に発令された人事の前段階でのものである。

（端裏書）
「開成所画学並出役并同所絵図調出役明跡江
取人名前申上候書付

海軍奉行並
陸軍奉行並
開成所頭取」

陸軍奉行並支配
勤仕並
五郎助養子
開成所画学世話心得
伊藤陪之助
撤兵
俔之丞弟
寺沢三男三郎

右陪之助儀者画学出精仕候ニ付、稽古人世話心得申渡置候処、追々業前上達仕、一際御用立候もの二御座候間、開成所画学並出役早川孫左衛門病気ニ付願之通、出役　御免被　仰渡候ニ付、右明跡江被　仰付、三男三郎儀者西洋画宜敷仕候のミならす、絵図其外細微之写物別而巧者ニ仕候間、開成所絵図調出役舟橋鍬次郎歩兵差図役並勤方被　仰付候ニ付、右明跡江被仰付、何とも御手当先格之通被下置候様仕度、当節地図類并物産器械之写真等も相嵩手足り兼候間、何卒願之通早々被　仰付候様仕度奉存候、依之此段申上候、以上
　卯八月(20)

林洞が画学世話心得から画学並出役に昇進したのは、前任の早川孫左衛門が病気のため免職となったからだった。一次史料ではないが、林洞のそれ以前の履歴については、「伊藤陪之助は文久二年十一月廿九日蕃書調所入学同年(翌年か)三月廿五日世話心得介に任じ直ちに世話心得に昇る。慶応元年並出役介に任じ同年八月十九日陸軍所に於て老中稲葉美濃守書付を以て開成所画学並出役命令柴田勇吉申し渡す(21)」と詳しく記した文献があり判明する。右によれば、林洞は文久二年(一八六二)一一月、つまり洋書調所時代に入所したことがわかるのである。ただし、画学並出役に任命された時期については、明細短冊との間で食い違いがある。

画学局での研究・教育のようすについては、絵の具などの材料を苦心しながら自作したこと、輸入品が入手できるようになって大喜びしたこと、実習のみならず原書にもとづく講義も行われたことなどが、高橋由一の回想などに依拠して紹介されているが(22)、史料不足のため詳しい実態はそれほどわかっていない。

林洞が開成所で業務として描いた作品は、東京都立中央図書館が所蔵する「海雲楼博物雑纂」という資料の中に残されている。これは、元治・慶応期頃、林洞のほか、川上冬崖・高橋由一・中島仰山(船橋鍬次郎)・吉田修輔(信孝・蕙崖)・遠藤政徳(辰三郎・曜山)・曲淵敬太郎ら、蕃書調所・開成所の画学局に勤務した者たちが描いた植物・動物等の図をまとめたものである。画者別の内訳では、林洞が三一図、川上冬崖が四図、船橋鍬次郎が二七図、吉田修輔が

三八図、等々となり[23]、林洞の作品は比較的多く含まれている。

特にその中の「第一種　植物図譜稿」というまとまりには、林洞が描いた植物図が二十数図ある。「伊藤陪之助写」といった署名とともに、アンキサ、シャシャンポ（子六月六日写）、オホグルマ（六月廿六日）、フランスギク（四月三日）、メバウキ（八月十八日）、オホガメノキ（子三月十一日）、紅花苦参（子五月十一日）、落花生（七月廿一日）、メリロツト（五月十五日）、ニハムメ（二月廿日）、ヒザクラ（三月十五日）、白梅（子二月廿日）、チリメン洋芹、不二産ヤマシヤクヤク（丑六月十日）、トウロサウ野西瓜苗（五月廿五日）、無題（子五月廿一日写）、ヒサキ（三月二日）、ヤマモ、、フランス種八重キズイモン（三月十六日）、フーケレエノース、無題（五月晦日）、無題（六月十五日写）、モ□□□□、□□□□タバコ（五月九日）といった名称・日付も記されている。

なお、静岡市立美術館で開催された「没後一〇〇年徳川慶喜」展でも林洞描くところの「オホグルマ」の図が出品された[24]。これらの図は、開成所物産局の求めに応じ、動物・植物・鉱物といった博物図を集成するべく、画学局が取り組んだ作業だったらしい[25]。

作品は現存していないものの、林洞は慶応三年（一八六七）に開催されたパリ万国博覧会に「袴着の図」という作品を出品したこともあった。高橋由一ら同僚八名も出品している[26]。開成所物産局からは日本の動植物標本などを出品しており、幕府が日本の物産・芸術品等を持ち込み初参加することになったフランスでの万国博覧会に際し、開成所も総力を上げて協力した。画学局のメンバーも自身の作画を提供することでその役割を果たしたのである。

なお、開成所時代に高橋由一によって描かれた林洞の後ろ姿が残されている。文久二年（一八六二）頃、高橋が画学局の同僚六名（林洞・間宮彦太郎・遠藤辰三郎・服部新之助・山上兵衛・寺門三蔵）が絵筆を持ち作画に取り組む日常の姿を戯れに描き、スケッチブックに残したものの一点である[27]。

開成所画学局について特筆すべきは、洋画研究のみならず写真の研究も行ったことである。川上冬崖は慶応元年(一八六五)から三年にかけ京坂に出張した際、大坂城における将軍家茂の幕府軍調練視察のようすを写真撮影するといった活動を行った。林洞の開成所画学並出役就任と同時に絵図調出役に任命された島霞谷(寺沢三男三郎・島仁三郎)は、慶応三年九月頃に開成所内で写真撮影を行った事実が知られるほか、維新後に仕えた一橋藩(徳川家)でも写真御用をつとめている(28)。

伊藤林洞が残した資料にも慶応年間撮影のガラス板写真がある。うち一点は、林洞の養父伊藤紀(五郎助・利充)の陣羽織着用姿のものであり、たぶん長州征討で大坂滞陣中に撮影されたものではないかと思われる。実はそれ以外の四点が開成所で撮影されたものではないかと推測されるのである。一点目は、障子を背に座る帯刀・羽織袴着用で丁髷姿の林洞で、裏面には「慶応元□二月□□」と墨書された紙が貼られている。二点目は、障子を背にした女児で、裏面には「慶応元年丑二月写」と墨書された紙が貼られている。三点目は、扇子を持つ羽織袴姿の武士と斜め向きの林洞の二人が写ったもので、ガラスにはヒビが入り、裏面に貼り紙はない。四点目は、垣根を背に立つ羽織袴姿の武士で、裏面には「慶応二丙寅年七月写之」と墨書された紙が貼られている。四点目は画像全体が暗く判然としないが、ひょっとすると林洞自身が写っているのかもしれない。紀と林洞単独の写真については、複写された紙焼拡大プリントも額入りで残されており、伊藤家では先祖の肖像として伝えられてきた。

これだけでは、林洞は単に被写体になっただけということであるが、伊藤家の言い伝えによれば、彼自身が写真技術を研究したらしいのである。フランスから取り寄せたカメラや外国の書籍を翻訳して研究し、自ら卵を塗って印画紙を作成したとのこと。また、昌平黌(開成所?)に通う際には、暗殺を恐れていつも三人組で歩行していたとの伝承もある(29)。ガラス板写真の女児は、林洞が自分の娘をモデルにしたのであれば、明治三二年(一八九九)に四〇歳で亡くなった長女五百（イホ）かもしれない。

なお、伊藤家伝来の写真には、他に紙焼のものもあるが、多くは明治中期以降のものである。唯一、縦三分の一ほどだけが残った鶏卵紙名刺判写真の断片がある。和服の女性がうっすらと写っており、裏面に「Ito」と記されている。古さからすると明治初年のものと思われるが、幕末にまでさかのぼるかどうかは不明で、まして林洞自身が撮影したものか否かはまったく見当がつかない。

三　美術史上の静岡藩と沼津兵学校

維新後、徳川家の駿河移封にともない旧幕臣の多くが主家に従い同地に移住した。伊藤林洞は沼津の近郊、駿河国駿東郡竹原村（現長泉町）に家族とともに移住したらしい。「竹原村七拾壱番屋敷居住　士族伊藤功父伊藤紀」が明治八年（一八七五）一月五日に死亡した旨について、同月一三日に提出された「病死御届書」が残されている。死亡日は一日違っているが、先に紹介した墓石や過去帳の記載から、紀が林洞の父であることは間違いない。そうなると「功」とは、林洞が当時名乗っていた名前であると考えられる。また、一一年に伊藤功は小車の許可を得ており、農業か商業かに使用したらしい。ところが一七年時点では、すでに伊藤家は竹原村を転出していたようだ。以上の記録は、長泉町の竹原区有文書の中に残されたものであるが(30)、明治初年の静岡藩時代のものではないものの、たぶん移住以来、引き続き同地に住んでいたものと推測される。

江戸から移住した旧幕臣は、それまで沼津藩士たちが居住していた沼津城下の武家屋敷・長屋に収容しきれなかった場合、近隣の農家や寺社などに仮寓することになったので、伊藤家も竹原村の農民の家に間借りをしたものと考えられる。伊藤家は後に沼津に転居したものの、竹原村(後に長泉村竹原)には農地を所有し続け、戦後の農地改革で手離すまで小作人に耕作させていたという[31]。

徳川家の移封によって成立した静岡藩では、藩士の教育のため静岡学問所や沼津兵学校が設立され、昌平黌・開成所・横浜語学所などで教鞭をとっていた学者たちがその教授陣を構成することとなった。開成所画学局に属した者としては、沼津兵学校絵図方に就任した川上冬崖、静岡藩軍事掛附出役に就任した吉田文次郎(修輔・蕙崖・信孝)がいる[32]。

沼津兵学校資業生の科目には「図画」があり、それを担当したのが絵図方たる川上冬崖・小野金蔵(昌升)・江原要人(齢多郎)らであった。小野は幕府陸軍の出身、江原の前歴は不明である。また、開成所活字方から沼津兵学校三等教授並になった榊綽(篁邨)も兵学校で図画を担当したことがわかっている[33]。

沼津兵学校では、教科名としては「図画」であるが、それを担当するのは「絵図方」だった。また、規則書である「徳川家兵学校掟書」の第二五条には、員外諸司のひとつとして「画図方」という名称も見られ、統一がとれていない。

伊藤林洞は川上・吉田らと同様の前歴を有していながら、沼津兵学校には採用されなかったようである[34]。母の実家の当主林学斎(又三郎)は大学頭すなわち幕府では文教政策の最高責任者だった地位を奪われ、小島奉行という単なる行政職に追いやられたが[35]、林洞には洋画という新時代の知識・技能があったのに職を失ったのである。領地を大幅に減らされ、家臣の多くを切り捨てて成立した静岡藩では、たとえ有能な人材であっても全員を職に就かせることができなかったのであり、林洞も職にあぶれた一人だったのかもしれない。

開成所絵図調出役だった中島仰山は、紺屋町御住居二等家従として隠退した徳川慶喜の側近くに仕え、洋画の手ほどきを行ったので、何とか前歴を活かす幸運に恵まれた。一方、開成所画学局出身の遠藤政徳（辰三郎）は新居三等勤番組に配属され、(36)無役のまま過ごした。開成所画学教授出役だった前田又四郎は、慶応四年（一八六八）七月段階での移住予定者名簿「駿河表召連候家来姓名」に洋学教師として掲載されたものの、実際には移住しなかったようで、静岡藩に属した形跡がない。沼津兵学校以外に静岡学問所にも絵図方が置かれたが、それに採用されたのは箱館戦争から帰還した海軍出身の岩橋教章だった。(37)画学局と関係が深かった開成所物産局に相当するものは、静岡藩では静岡病院管下の御薬園掛のみだった。静岡藩では洋画の技術を活用できる職場は少なかったのである。

また、沼津兵学校頭取西周が、沼津の規則をアレンジして郷里津和野藩への参考用に供した「文武学校基本并規則書」（明治三年二月）には、国学の文学四科（政律・史道・医科・利用）のうち利用科資業生に「図画　授業　直線曲線形圜染影マテ　一週二次」、武学資業生に「図画　授業　直線曲線外圜染影銃砲諸図ヨリ見取図マテニ終ル　一週二時間」というプランが示されている。(38)「武学資業生」は沼津兵学校資業生に相当するものであるが、兵器の製図用に考えられた科目であったことがわかる。また、幕府で軍艦操練所絵図認方出役をつとめ、静岡学問所の絵図方になった岩橋教章は、明治政府に採用される際の書類に、「地図製式・港泊海岸測量算術　右得業之岩橋新吾、最早謹慎被免候者出仕被　仰付候様仕度奉願候、此者地図ニ於テハ無比類者ニ御坐候」(39)と記されており、地図の製作技術を高く評価されていた。以上のことから、当時、静岡藩で必要とされた図画とは、美術というよりも軍事用の技術とみなされたものであり、沼津兵学校・静岡学問所の絵図方には、開成所画学局の出身者にはライバルともいえる幕府陸海軍の出身者が少なからず参入することになったのである。

ところで、沼津兵学校時代、洋画関係の人物たちは公務のかたわら、趣味の世界でも絵を楽しんだようである。(40)たとえば、沼津宿本町の旅館元問屋で開催された書画会の案内チラシの草案には、「菱湾」（沼津郡方並有坂銈吉）、「篁郎」（榊綽）、「蕙崖」（吉田信孝）、「藍泉」（高畠藍泉）らが「補助」として名を連ねている。菱湾は書家であるが、篁邨と蕙崖は画人としての参加だったであろう。三世柳亭種彦を名乗った戯作者である高畠は、沼津兵学校三等教授間宮信行と姻戚関係にあり、明治三年閏一〇月から五年三月頃まで沼津に住み、茶道・発句の宗匠をしながら暮らしたというので[41]、この書画会もその間に開催されたと推測される。また、たぶん同じ頃、年不明ながら二月六日に三島宿世古家で開催された「書画俳煎茶発会」の案内用刷物には、会主が沼津富士本林隣・高畠藍泉、補助が篁邨・翠涛・蕙崖・香塢ら一五名となっており[42]、やはり洋画家である榊綽（篁邨）・吉田信孝（蕙崖）の二人が顔をそろえていた。ただし、それらの中にも伊藤林洞の名は見当たらない。

沼津兵学校で英学を担当した教授渡部温が沼津時代に編纂し、刊行した『英文伊蘇普物語』（一八七二年）、『通俗伊蘇普物語』（一八七三〜七四年）には洋風の挿画が掲載されたが、それらの絵を描いたのは榊綽・藤沢次謙（梅南）・河鍋暁斎の三名だった。榊は兵学校教授、藤沢も少参事・軍事掛として兵学校の管理部門の幹部だった。榊・藤沢はいずれも幕末に趣味として洋画を身に付けた人物であるが、静岡藩時代にその腕前を発揮する機会に恵まれたわけである。

廃藩・廃校後、沼津兵学校の主要な出身者たちは東京で活動の場を広げた。洋画に関係する人物の場合も、川上は陸軍省で測量課長などをつとめ、また私塾聴香読画館を開き門人たちに洋画を教えた。吉田信孝も陸軍省勤務を経て中等教育に携わり、『学校用本西洋画手本』という教科書を編纂・刊行した。中島仰山は静岡から上京して内務省博物局に入り、教育・啓蒙用に多数の博物図を描いた。開成所画学局の人材の一部は、静岡藩を経由して明治政府へと引き継がれ、再び中央を活躍の舞台とするに至ったのである。

四　廃藩後のあしあと

沼津兵学校には勤務しなかった林洞であるが、兵学校の後身ともいえる沼津中学校には奉職した。正確には、明治九年（一八七六）に設立された沼津中学校は、沼津兵学校附属小学校が廃藩後に地元に引き継がれ、通常の小学校として生まれ変わった小学集成舎（現在の沼津市立第一小学校へつながる）の変則科が独立したものであり、系譜上も、教職員の継続性などからも兵学校附属小学校の流れを汲むものだった。一七年刊行の『静岡県職員録』には、校長名和謙次らとともに、三等助教諭として「伊藤利見」の名が掲載されており[43]、彼が同校に在職したことは間違いない。名和は元沼津兵学校附属小学校教授であり、同僚にも岡田正・倉林五郎・中島静ら沼津兵学校生徒出身者がいた。同校の生徒の一人だった米山梅吉は、「図画の如きも岡島林斉の門人であつたといふ伊藤林洞を教師とした。我国中学校の図画を教科とせるは本校を魁とすると云ふ」[44]と自著に書き残している。

また、「中学校教員一同　外龍城校教員一名」が、明治一二年、アメリカ留学から帰国した江川英武歓迎会に招待されたことに対する返礼を述べた一一月一八日付の書簡の封筒に、「吉原呼我　吉村幹　幕内椿三郎　平井優　伊藤利見　□□□□」[45]と列記されていることから、当時、韮山中学校に在籍していたことは間違いない。さらに、沼津中学校より前に韮山中学校に勤務したことは、後述する内国絵画共進会の出品人の略歴紹介に記載された経歴からも明らかである。

明治一六年の「静岡県立中学校教則」によれば、図画は「簡易ノ図書範本ニ就キ諸器体及草木花実等ヲ摸写セシメ進ンテハ器械ヲ用ヒ諸器形体物体等ニ及シ其実用ニ適セシメ意匠ヲ緻密ニシ注意力ヲ養成セシム」[46]とある。林洞もそのような指導方針で生徒たちを教えたのであろう。

静岡藩では職を得なかったものの、廃藩後に静岡県内で図画教育に携わったという、林洞と似た存在に遠藤政徳（辰三郎）がいる。開成所画学世話心得から静岡藩新居三等勤番組となった彼のその後の履歴は、以下の通りである。「明治十一年静岡師範学校画学教員として初めて洋画を教授すること丶なつた。次で十三年本県勧業課に転勤したが十一年には掛川中学校助教諭に奉職し、爾来専念図画教育に尽した。是より先明治十五年小学図画瀘を出版した。明治三十九年三月本市西草深町に於て歿す。享年七十五」[47]。林洞や遠藤は、川上冬崖・高橋由一らのように中央での大きな名声を得ることはなかったが、開成所で獲得した洋画の技術を活かし、地域において小さからぬ役割を果たしたといえよう。

地域に残った林洞の場合、川上冬崖はもとより、沼津兵学校の教授・生徒の多くのように、上京して中央省庁などに奉職した旧幕臣たちとは違い、静岡県・駿東郡・田方郡という地域をその後の人生の活動の場とした。教員をつとめたこと以外でも、その足跡は地域社会の中に残されている。教育現場で絵を教えたのみならず、趣味として絵筆をふるう機会が当然ながらあったのである。

地元の文人たちとの交流のようすは、残された書画会の案内刷物などから判明する。たとえば、明治一一年一〇月五日・六日、伊豆三島宿の旧本陣世古家邸宅で催された書画展観囲碁会は、富士郡吉原宿の画人鈴木香峰の古希祝賀会として開かれたものだったが、参加者を一覧にした刷物に「タケハラ　伊藤林洞先生」とある[48]。他に同会には、江原素六・吉村幹・山田大夢ら沼津兵学校に関与した旧幕臣・静岡藩士が招待されており、士族・平民の垣根を超えた文化的集まりであったことを示している。後述するように林洞は明治二〇年代にも沼津近郊の俳人たちの刷物に絵を提供している。

江戸在住当時から洋画家といえども、歌人・俳人・詩人・儒者・書家などと同様、文人社会の一員であったことは、たとえば安政七年(一八六〇)刊『安政文雅人名録』に「画　城陰　号景芳　下谷新屋敷　曲淵敬太郎」、文久三年(一八六三)刊『文久文雅人名録』に「画　冬崖　号寛字子栗号読画堂　元鳥越片町　川上龠之丞」などと、開成所画学局のメンバーが収録されていることが示している。(49)

沼津町の医師で歌人でもあった槇豊作(不言舎)が書き残した日記にも、

明治二六年(一八九三)一〇月

卅一日　晴　午前往診アリシ午後市中廻診ノ序久シブリニテ伊藤林洞氏ヲ訪フ室広カラズト雖トモ装飾度ニ適シ自ラ趣味アリ図画セル所ノ二三ヲ示サル云フ先キニ博覧会ヘ出セル所ノモノト予一葉ヲ画セラレシコトヲ約シテ帰ル(50)

明治二七年二月

廿六日　曇　東風寒シ、午後二三患家ヲ見舞途次伊藤林洞氏ヲ訪ヒ過般依頼セシ画ノ出来セシヤ否ヲ問フニ既ニ試ニ画セシトテ側ニ貼セル一葉ヲ指示ス且ツ曰ク意ニ適セバ持去レ取捨貴意ノ欲スル所ト之ヲ一見スルニ白波岩頭ニ躍リ燕子十数留マラントシテ舞ヒ満月漸ク上ラントスルノ状概シテ予ヲシテ評セシメバ誠ニ淡白ト謂フノ外ナシ幸ニ他ニ向ケ口アリトノコト故予カ欲スル所ヲ談リ頼ム更ニ暫時談話シ去ル同氏方ニテ「松ノ化石」ヲ見ルニ其色沢恰モ瑪瑙ノ如キ部アリ余程重量有リキ土戸翼忠氏松島ヨリ持帰リ贈ルト又ヤガ隧道工事ノ節出テシ石ナリトテ示メサル石ヲ見ル恰モ砂石ヲ硫黄ノ如キモノニテ団メ塊トナセシ如クニシテ一分部ニ帆立貝ノ一片ヲ固着セルヲ見レバ蓋シ往古彼ノ辺亦海ナリシカ桑田変シテ海トナル海変シテ山ト成リシカ更ニ帰途小松氏ヲ訪ヒ話次此化石ニ及ヘハ(51)

云々などと登場する。右の記述からは、槇が林洞に絵を描いてもらうことを頼んでいたこと、博物趣味があったのであろう、林洞が自宅に化石を所蔵していたことなどがわかる。松島から持ち帰った化石を林洞に贈った土戸翼忠は、沼津中学校などで教鞭をとった旧幕臣である。

槇の日記にも林洞が博覧会に自作を出品したことが記されていたが、明治二三年四月一日から七月三一日まで開催された第三回内国勧業博覧会に彼が出品したことは、出品目録から判明する。すなわち、静岡県の第二部第一類に「着色雪中飛禽（一）　駿河国駿東郡沼津町　伊藤利見号林洞」[52]との記載がある。明治期にも製作意欲を持ち続け、その作品に対して評価を得ようとしたのである。目録では、林洞の隣には開成所時代の同僚遠藤政徳（曜山）の名とその作品が並ぶ。同じ博覧会の出品者には飯高渓雪（勝彦）、鵜殿霞舟ら旧幕臣もいたが、遠藤・飯田・鵜殿はみな静岡県の絵画愛好家団体たる静岡県丹青社の社員になっていた[53]。ただし林洞は同社には入らなかったようである。

さらにそれよりも以前、明治一五年に開催された第二回内国絵画共進会に、林洞は「鶏　雨中蓮花」を出品した。出品リストには「狩野派　伊藤利見　号林洞」と記されたほか[54]、出品人の履歴紹介には、

伊藤利見林洞ト号ス駿河国駿東郡沼津西ノ條後ニ住ス中坊広風ノ男ニシテ天保三年五月生ナリ出テ伊藤紀ノ家ヲ継ク嘗テ画ヲ岡島武左衛門（号林斎）ニ学ヒ幕府開成所画学出役ヲ勤メ明治十一年十一月十八日伊豆国韮山中学校画学訓導拝命同十三年五月廿日職ヲ辞シ同十六年三月八日沼津中学校三等助教諭ヲ拝命ス[55]

と掲載された。彼が自ら狩野派を称したのであれば、幕末に洋画を学んだからといって純粋な洋画家になってしまったというわけではなく、和洋兼ね備えた画人としての立場を貫いたのではないだろうか。吉田信孝（修輔・蕙崖）の場合も、明治後に入門した弟子の経歴に「吉田蕙崖ニ就テ南派ヲ学フ」[56]と記されていることから、決して洋画家になりきってしまったわけではないことがわかる。川上冬崖の場合も、その私塾聴香読画館に学んだ塾生の内訳は、洋画六

分、南画二分、折衷画二分という割合だったという。[57] 実際に明治期に描かれた林洞の作品は洋画に限られるものではなかった。幕末の洋画学習者は、日本画の伝統を捨て去ってしまったわけではないのである。

林洞は、中央画壇で華々しく活躍するようなことはなかったが、地域に生きた画人として後世に名をとどめた。名鑑には、「林洞〔画〕 伊藤林洞、名は利見、天保三年駿河に生る、画を岡崎林斎に学ぶ、明治年間」[58] と掲載され、駿河生まれなどと一部誤りはあるものの紹介がなされている。

林洞の晩年、中央における美術界の著しい発展を見た時、自身が体験した幕末・明治初年の草創期とは隔世の感があったはずである。日本の洋画発達史を回顧する際、蕃書調所・開成所時代の記憶は貴重な証言としての価値を持ったらしく、林洞が高橋由一に送った書簡に記した古い思い出が歴史の材料として尊重されるようなこともあったらしい。[59] 身近な教育界でも、明治三四年には静岡県立沼津中学校（かつて林洞が勤務した同名の学校とは別）が開校し、その図画教師には千葉真弓という、川上冬崖の弟子印藤真楯の門人だった人物が就任しており、[60] 明らかに世代交代が進んでいた。そのような動向を果たして林洞が知っていたかどうか。洋画も写真も珍しいものではなくなってから久しく、彼はどのような感慨を持ちながら、明治三六年（一九〇三）にこの世を去ったのであろうか。

おわりに

筆者が伊藤林洞という人物の存在を認識したのは、一九九八年に沼津市明治史料館で開催した企画展「近世・近代ぬまづの画人たち」においてである。同展では、伊藤林洞の作品として、蓮根・蟹などを描いた扇面画（望月宏充氏所蔵）、同人が描いた花の絵を添えて駿東郡金岡村・大岡村（現沼津市）周辺の俳人たちが木版で発行した俳句刷物（明治二五年、望月宏充氏所蔵）を展示するとともに、写真を図録に掲載し、その時点で判明していた限りでの履歴を記述した。[61] しかし、その時にはご子孫である伊藤家の皆様との連絡はなく、墓が沼津にあることすらわかっていなかった。

その後わかったことであるが、伊藤家には、以前、林洞が描いた富士山の油絵・お多福の絵、千本浜などを描いた絵を含む沼津での小型スケッチブック数冊、フランス語辞書などが残っていたというが、戦災や戦後の混乱などを経る中で、多くが散逸してしまったという。

林洞の子杉一郎の妻たけは、昭和一四年（一九三九）に開催された沼津兵学校創立七十年記念会に賛助会員七六名の一人として協力したほか、[62] 同じ頃、沼津在住の旧幕臣の子孫たちが結成した沼津葵会の会員になっていた。[63] 伊藤家に大野虎雄『沼津兵学校と其人材』（一九三九年）が現存するのはそのためであろう。伊藤家では、少なくとも戦前までは、自分の家が旧幕臣の家であり、洋画を先駆的に学んだ人物を先祖に持つことを意識していたようである。戦争と戦後の変化は記憶とともに資料そのものをも消失させてしまった。

しかし、今回このような形で伊藤林洞の事績の一端を紹介できたことは幸いであった。ただし、本章には一九九八年以降に判明した限りの情報を盛り込んだが、あらゆる点において不足していることは否めない。今後も新たな資料・史実が見つかることを期待したい。

末筆ながら、貴重な資料や情報をご提供いただいた伊藤紀代司様、伊藤秀紀様、井口亘生様、明治大学博物館、東京都立中央図書館特別文庫室の皆様には心より御礼申し上げる次第である。

註

（1）伊藤秀紀氏所蔵。

（2）鳥居耀蔵は失脚後、長い配流生活を経て、明治維新後に赦免され静岡藩に帰参し、駿河国庵原郡（現静岡市清水区）に居住した。その際に記録した日記には、林家の人々をはじめ駿河に移住した親類たちと頻繁に往来したようすが記されているが、居住地が遠かったためであろうか、伊藤林洞の名は登場しない（鳥居正博編『鳥居甲斐晩年日録』、一九八三年、桜楓社）。鳥居とその親類たちの駿河での足跡を考察した論考には、松浦元治「鳥居耀蔵の草ケ谷村・小島村居住の日々「鳥居甲斐晩年日録」より」（『清見潟』第六号、一九九六年、清水郷土史研究会）がある。

（3）竹内誠他編『徳川幕臣人名辞典』（二〇一〇年、東京堂出版）、四八六頁、『和学者総覧』（一九九〇年、汲古書院）、四九五頁。なお、現千代田区神田駿河台にあった中坊家の発掘調査報告書は、『明治大学記念館前遺跡』（二〇〇〇年、明治大学考古博物館）としてまとめられている。

（4）飯塚伝太郎編『静岡の人びと』（一九七四年、静岡市教育委員会）、一五四頁、前田匡一郎『駿遠へ移住した徳川家臣団』（一九九一年、私家版）、二三六〜二三七頁。

（5）森繁夫編『名家伝記資料集成』第三巻（一九八四年、思文閣出版）、八三頁。

（6）「先祖書」（明治大学博物館所蔵・中坊家文書2−6−17）。

（7）過去帳は伊藤紀代司氏所蔵。

（8）二〇〇七年九月、久成寺様よりのご教示による。

（9）『新訂寛政重修諸家譜』第二十一（一九七六年、続群書類従完成会）、三一六〜三二〇頁。

（10）国立公文書館所蔵・江戸城多聞櫓文書。「初而一同之御目見」と最初に記された書付で、全一四名の名前が記されており、その二人目に「初而　新御番岡部土佐守組与頭五郎助惣領伊藤陪之助　三十三」とある。一四名の中には後に沼津兵学校第三期資業生となる山下宣彪（泉之丞）の名も並ぶ。

(11) 東京大学史料編纂所編『大日本近世史料　柳営補任』二(一九六三年、東京大学出版会)、一七〇頁。番方として武官に属した彼は征討軍の一員に選ばれたのであろう。
(12) 米山梅吉『幕末西洋文化と沼津兵学校』(一九三五年、私家版)、一三二頁。
(13)『新版大日本人名辞書』上巻(一九二六年、大日本人名辞書刊行会)。
(14) 宮地正人「混沌の中の開成所」(『学問のアルケオロジー』、一九九七年、東京大学)、二七頁。
(15) 倉沢剛『幕末教育史の研究』一(一九八三年、吉川弘文館)、一六三頁。
(16) 文部省『日本教育史資料』七(一八九二年、冨山房)、六七二～六七三頁、前掲倉沢『幕末教育史の研究』一、二五三頁、二五五頁。
(17) 文久三年(一八六三)とする前掲倉沢『幕末教育史の研究』一(二五六頁)は誤りであろう。
(18) 国立公文書館所蔵・江戸城多聞櫓文書。翻刻は金子一夫『近代日本美術教育の研究―明治時代―』(一九九二年、中央公論美術出版、七四頁)にも掲載されているが、不正確な部分がある。また、本史料をもとにした記述は、小西四郎監修『江戸幕臣人名事典』第一巻(一九八九年、新人物往来社)、一三五頁。
(19) 児玉幸多監修『復元江戸情報地図』(一九九四年、朝日新聞社)、二二頁。
(20) 国立公文書館所蔵・江戸城多聞櫓文書。慶応三年(一八六七)八月一六日付発令の人事記録については、前掲倉沢『幕末教育史の研究』一の二九七頁にも、東京大学史料編纂所所蔵「開成所伺等留　坤」から、以下のように引用されている。

陸軍奉行並支配勤仕並五郎助養子
御手当　開成所画学世話心得

銀拾枚(朱書)　　伊藤陪之助
開成所画学並出役江

(21)「画伯高橋由一翁伝」(青木茂編『明治洋画史料　懐想篇』、一九八五年、中央公論美術出版)、一二頁。出典は不明であるが、高橋由一の伝記編纂の参考資料として林洞が自身の履歴書を提供した可能性がある。

(22)前掲金子『近代日本美術教育の研究—明治時代—』、八〇～八一頁。

(23)古田亮「油絵以前＝高橋由一試論(上)—博物図譜と風景スケッチを中心に—」(『MUSEUM　東京国立博物館研究誌』五二六、一九九五年)、一一頁。

(24)『没後一〇〇徳川慶喜』(二〇一三年、松戸市戸定歴史館・静岡市美術館)、七八頁。

(25)物産局と画学局との密接な関係については、拙稿「幕臣博物学者鶴田清次とその資料」(『国立歴史民俗博物館研究報告』一八三、二〇一四年、本書第一章)も参照のこと。

(26)古田亮『高橋由一—日本洋画の父』(二〇一二年、中央公論社)、三〇～三一頁。

(27)『没後一〇〇年高橋由一展』(一九九四年、神奈川県立近代美術館)、一五五頁、古田亮他編『近代洋画の開拓者高橋由一』(二〇一二年、NHKプロモーション他)、四六頁。

(28)島霞谷については、『幕末幻の油絵師島霞谷』(一九九六年、松戸市戸定歴史館)を参照。

(29)伊藤紀代司氏談話、母堂からの言い伝え。カメラは、昭和二〇年(一九四五)の沼津空襲で焼失したという。

(30)竹原区誌編纂委員会編『長泉町竹原区誌』(一九七九年、長泉町竹原区)、一三六頁。

(31)伊藤紀代司氏談話。

(32)吉田については、『静岡御役人附』(一八七〇年)には軍事掛附出役として吉田文次郎とある一方、『沼津御役人附』(一八六九年）に有田文次郎とあるのは誤記であろう。また、明治四年（一八七一）正月の沼津兵学校の昇任人事について触れた中根淑の乙骨太郎乙宛書簡には、本多忠直・山口知重・羽山蟓らが三等教授並に進んだことを述べた後に「蕙生も同断なるべし」と記しているが、これが吉田蕙崖（修輔・信孝）のことなのかもしれない。同じ手紙の中で、榊綽のことは「篁生」と記している（東京都立中央図書館所蔵・渡辺刀水旧蔵諸家書簡）。吉田修輔が蕙崖と号したことは前掲「海雲楼博物雑纂」などから明らかであるが、吉田信孝が蕙崖と号したことは、幕末の箱館でフランス人カションからフランス語を、一勇斎国芳・岡島林斎・英国人フイートンに絵画を学び、沼津兵学校附出役・元老院書記生になった松岡正盛（緑堂、一八四一〜?）という旧幕臣の履歴に「吉田信孝（蕙崖）ニ随テ南派ヲ研究シ」と明記されていること（後掲『明治美術基礎資料集　内国勧業博覧会・内国絵画共進会（第一・二回）編』、七七七頁）、緑堂松岡正盛著・蕙崖吉田信孝閲・緑芽松岡鉛吉閲で刊行された『漢画独楽譜　一名うひ学』上・下（一八九六年）の存在などから判明した。従って修輔・信孝・蕙崖は間違いなく同一人物であり、文次郎もその可能性が高い。

(33)　拙稿「生徒のノートからみた沼津兵学校の教育」（『国立歴史民俗博物館研究報告』一三三、二〇〇六年）。

(34)　明治二七年（一八九四）に沼津に建立された沼津兵学校記念碑の拠金者名簿の中にも林洞の名は見当たらず、兵学校とは無関係だったことを示しているようだ。ちなみに拠金者中には、沼津兵学校に学んだか否かは不明ながら、川上冬崖の門人で陸軍士官学校図画学教官になった伊東信秀（一八五五〜?）がいる。

(35)　拙著『静岡学問所』（二〇一〇年、静岡新聞社）、一八〜一九頁。

(36)　拙稿「新居勤番組の名簿から読み取れること」（『静岡県近代史研究』三八、二〇一三年）、六頁、九頁。

(37)　前掲拙著『静岡学問所』、三一頁。

(38)　大久保利謙編『西周全集』第二巻（一九六二年、宗高書房）、四九七頁、五〇四頁。

(39)　国立公文書館所蔵「公文類纂　明治三年　巻五　本省公文黜陟部」所収、明治三年五月三日付兵部省宛海軍操練所依頼文。
(40)　沼津市明治史料館所蔵・中村清二氏寄贈資料「書画小集」(手書きのチラシ草案)。
(41)　柳田泉「高畠藍泉とその作品」(『季刊明治文化研究』一、一九三四年)、柳田泉「高畠藍泉伝」(谷川恵一他校注『随筆明治文学3――人物篇・叢話篇』、二〇〇五年、平凡社、所収)、二八三頁。
(42)　『近世・近代ぬまづの俳人たち』(一九九六年、沼津市明治史料館)、三三頁。
(43)　『静岡県史　資料編17近現代二』(一九九〇年、静岡県)、七四頁。
(44)　米山梅吉『幕末西洋文化と沼津兵学校』(一九三五年、私家版)、一三二頁。
(45)　江川文庫所蔵文書・N88－89。
(46)　四方一瀰『「中学校教則大綱」の基礎的研究』(二〇〇四年、梓出版社)、四五二頁。
(47)　静岡市役所編『静岡市史』第四巻(一九七三年復刊、名著出版)、六六六～六六七頁。
(48)　刷物の写真は、『幕末の問屋役吉原宿の鈴木香峰』(二〇〇一年、富士市立博物館)、四三頁。参加者一覧中の林洞の名は他に、富士市史編纂委員会編『吉原市史』上巻(一九七二年、富士市)、一一三〇頁。
(49)　森銑三・中島理寿編『近世人名録集成』第二巻(一九七六年、勉誠社)、一七七頁、一九五頁。
(50)　『槇日記』一巻の第二分冊(一九八四年、槇日記刊行会)、二三頁。
(51)　同前書、四七頁。
(52)　東京国立文化財研究所美術部編『内国勧業博覧会美術品出品目録』(一九九六年、東京国立文化財研究所)、二二八頁。
(53)　丹青社広告(『函右日報』明治一七年八月二〇日)。

(54) 農商務省博覧会掛『明治十五年内国絵画共進会事務報告書』(一八八四年、國文社、東京国立文化財研究所美術部編『明治美術基礎資料集　内国勧業博覧会・内国絵画共進会(第一・第二回)編』、一九七五年、東京国立文化財研究所、所収)、六〇五頁。

(55) 農商務省博覧会掛『第二回内国絵画共進会出品人略譜』(一八八四年、國文社、前掲『明治美術基礎資料集　内国勧業博覧会・内国絵画共進会(第一・第二回)編』所収)、六六〇頁。

(56) 先述した松岡正盛(緑堂)の息子で、法学士であり、また静岡地方裁判所判事などをつとめるかたわら、挿絵画家として硯友社の文学運動に協力したことでも知られる松岡鉛吉(緑芽・劇雅堂、一八六六〜?)の履歴(前掲『明治美術基礎資料集　内国勧業博覧会・内国絵画共進会(第一・第二回)編』、二六六頁)。松岡鉛吉と硯友社については、尾崎紅葉「硯友社の沿革」(『新小説』第六年第一巻、一九〇一年、『明治の文学　第6巻　尾崎紅葉』、二〇〇一年、筑摩書房、四〇三〜四〇四頁、所収)、鶯亭金升『明治のおもかげ』(二〇〇〇年、岩波文庫、九〇〜九一頁、原本一九五三年、山王書房)などより。

(57) 小山正太郎「先師川上冬崖翁」(前掲『明治洋画史料　懐想篇』)、七四頁。

(58) 荒木矩編『大日本書画名家大鑑　伝記上編』(一九七五年、第一書房)、一一五六頁。駿河生まれという誤りも含め、全く同じ内容は、中野雅宗編『日本書画鑑定大事典』第九巻(二〇一二年、国書刊行会)といった近刊書にも踏襲されている。

(59) 山梨絵美子「徳川慶喜　油絵を描く将軍」(『幕末明治の画家たち　文明開化のはざまに』、一九九二年、ぺりかん社)、一五二頁。東京美術学校長正木直彦がその書簡を書き写していたとのこと。

(60) 沼中東高八十年史編纂会編『沼中東高八十年史　統計資料』(一九八一年、静岡県立沼津東高等学校他)、二〇八頁、前掲金子『近代日本美術教育の研究―明治時代―』、四六三頁。
(61)『近世・近代ぬまづの画人たち』(一九九八年、沼津市明治史料館)、二九頁、三九頁、四八頁。
(62)『沼津兵学校創立七十年記念会誌』(一九三九年、大野虎雄)、四一頁。
(63)「沼津葵会々員名簿」(昭和一五年四月、謄写版)。

第二部　静岡藩と洋学

第四章　弘前藩士が記録した静岡学問所の教育

はじめに

本章の目的は、静岡学問所に関する新史料の翻刻・紹介を行うこと、その史料から旧来知られていなかった学問所の実態を読み取ること、静岡藩の学制が他藩に与えた影響について再確認すること、という三点である。

明治初年に先進的な教育制度を整えた静岡藩であるが、静岡学問所については、姉妹校たる沼津兵学校に比べると、藩庁の布達類、学則、教科書・ノートや、教授・生徒の日記・書簡・回想録など、あらゆる関連資料の数が少なく、その実態がつかみにくい。ここに紹介する史料とそこから浮かび上がる事実が、その研究状況を多少なりとも打破するものとなれば幸いである。

一　藤田潜とその覚書

本章で紹介する史料を書き残したのは、藤田潜《ひそむ》（一八四八～一九二三）という弘前藩士である。彼には、外崎克久『北の防人　藤田潜と攻玉社』（一九七七年、私家版）という伝記もある。また、弟柏原長繁の伝記、外崎克久『北の水

路誌　千島列島と柏原長繁』（一九九〇年、清水弘文堂）にも藤田のことは詳述されている。従って本章では彼自身に関しての詳しい説明は省きたい。

ただし、静岡学問所での学歴を含む履歴書については、後に述べることと関係してくるのでここに掲載しておく。

履歴書

芝区新銭座町拾壱番地
青森県士族
藤田潜
嘉永元年十月十三日生

安政六年十月ヨリ弘前藩学校ニ於テ漢学ヲ修業シ、明治二年二月ヨリ同藩士吉崎豊作ニ就キ英学、同藩医島一之ニ就キ漢学ヲ修業シ、同四年一月ヨリ専ラ英学修業ノ義ヲ旧藩主ヨリ命セラレ、弘前敬応学舎ニ於テ業ヲ静岡藩士島田主善ニ受ク、同年四月更ニ静岡藩学校ニ於テ修業ヲ命セラレ、同年十二月廃藩置県ノ際藩主ヨリ帰国ヲ命セラレ、更ニ弘前東奥義塾ニ於テ和歌山県士族吉川泰次郎ニ就キ同学ヲ修メ、同五年九月出京攻玉社ニ入社シ数学ト英学ヲ修業シ、同六年二月ヨリ英学教授ニ従事シ、同年七月帰国シ、同十一月出京、以後再ビ同科ヲ教授シ、同九年二月ヨリ塾監トナリ、同十七年四月ヨリ校長ノ職ニ従事ス(1)

東京の攻玉社中学校（現攻玉社中学校・高等学校）が提出した公文書に付されたものである。すなわち藤田は同校の校長や副社長となり、長く私学教育に携わった人である。

右の履歴書にも記されていた通り、弘前では静岡藩が派遣した島田豊（徳太郎・主善）に英語を学び、さらに自らも静岡藩に遊学し静岡学問所で修業したことは、すでに外崎氏の二著でも紹介されていた。特に『北の水路誌』では、

「藤田潜覚書」という史料が参考にされ、藤田の静岡遊学時代について叙述がされていた。ただし、同書では、史料の原文をそのまま翻刻・紹介しているわけではなく、部分的な引用や意訳による叙述にとどまっていた。そこで本章では、静岡藩に関係する箇所に限ってではあるが、初めて「藤田潜覚書」を原文のまま紹介することとした次第である。(2)

「藤田潜覚書」(原資料には表題はないので仮題)は、青色の罫紙に墨書され、厚紙の表紙を付け綴られたものである。ご子孫によれば、健康をくずした晩年に記されたものであり、本来の筆跡ではなく、文字は比較的大きな楷書体で記されている部分が多い。内容は、弘前藩津軽家に仕えた初代の履歴から書き始められているが、もちろん四代目である潜の経歴が中心である。

二　弘前藩での静岡藩御貸人

史料の翻刻は本章の末尾に掲載するが、その中から指摘できる事柄を、外崎著書との重複はできるだけ避けながら述べていきたい。まずは、弘前藩に派遣された静岡藩からの御貸人に関する記事である。

明治四年(一八七一)一月五日、藤田は他の一七名とともに、藩校において知藩事津軽承昭から告諭を受け、弘前に招聘された静岡藩士島田徳太郎に就いて英学を修学することを命じられた。ちなみに、藤田はそれまで表右筆格御留守居物書や銃隊・砲隊をつとめたほか、二年からは藩士吉崎豊作に英学を学んでいたので、英語学習の初心者ではなかった。

一月一〇日、藤田は改名を願い出、藩庁から許されている。それまで徳太郎というのが彼の通称であったが、静岡から招いた教師島田徳太郎と同名だったので、潜と改めたのである。個人の自発的な意思だったのか藩当局の意向だったのかはわからないが、いずれにせよ教師に対する敬意の表れといえよう。潜と元という二つの候補を提示し、藩庁から指定されたのは潜のほうだった。

静岡藩から招聘されたのは英学者島田豊（徳太郎・主善）と漢学者宮崎立元（愚・水石）であるが、二人がともに静岡学問所教授であったことまでは記されていない。二人が教育を行ったのは弘前東南隅にある最勝院という寺院で、寄宿寮形式による学校として敬応学舎（敬応書院）と名付けられ開校した。宮崎が書経からとった命名である。藤田が入寮したのは一月一七日、翌一八日には開莚式が行われ、祝いの赤飯などが出された。授業開始は一九日からだった。生徒たちは事前の試験によって学力が見極められ、クラス編成がなされたらしく、藤田は二等とされ、同級生四名とともに「パーリー万国史ヨリ各国史窮理書ノ級」に出席することとなった。藤田は記していないが、生徒の人数は、英学・漢学とも三〇名ほどだったとされる(3)。

その記述箇所に、「静岡藩校ノ規則ニ従ヒ三等ニ定メラレ、外ニ級外ヲ置カル」とあるが、これは四年一月一二日に発布された、三等・二等・一等の「生徒課業」を定めた学則(4)のことと考えたいところである。もちろん、初級→一級→二級→三級と進級するようになっていて、英語は三級から初歩が開始されることになっていた『静岡藩小学校掟書』（明治三年一月制定）とは明らかに違う。しかし、なぜか弘前藩の学則も漢学の書目しか明示されておらず、英学の科目がどうなっていたのかはわからない。むしろ藤田が言うところは、「級」の名称はないものの三段階に分けられ、その二段階目に「万国地理・窮理・天文概略」が位置づけられている沼津兵学校資業生のカリキュラムに近いように思える。大森鐘一は二年一二月一六日に「静岡学校一等生徒」になったといい、また「進級」する際には学校備え付けの教科書を下級生に譲ったなどとも証言しており(5)、等級制が採用されていた形跡がある。単に資料が発見されていないだけで、静岡学問所でも沼津同様の規則が存在した可能性もある。藤田は「総テノ規則ハ日誌ニ詳記ス」と記しているが、それは静岡藩の規則を意味しているのか、それを参照して作成された弘前藩の学則のことを言っているのかわからない。残念なことに、「日誌」は現存しないためそれを確認することはできない(6)。

三月某日には、知藩事の御前においてパーレー万国史の講義・翻訳をする栄誉にも恵まれた。ちなみに付箋に朱書きされた箇所には、ページと節について記されているので、Peter Parley's Universal History の原書を所持していたのだろう。また、その付箋には「日不明」とあるが、知藩事が敬応学舎を参観したのは三月二六日のことであり、教師二名には蒸菓子、生徒四六名には「ウヅラ餅」が下賜されたという記録が別に残されているので(7)、この時のことであろう。

弘前藩では静岡藩からだけでなく、同時に慶応義塾からも英学教師二名を招聘していた。静岡藩の島田と、慶応義塾の二人との間では、英語の教育方針をめぐって対立が生じた。正則(発音重視による基礎教育)を主張した島田と、変則(読解重視による速成教育)を主張した慶応義塾派遣の永島貞次郎(中津藩士)・吉川泰次郎(和歌山藩士)の対立は、弘前の最勝院とは別に青森の蓮心寺に分校を設置する結果をもたらした。そのことは、洋学教育を一元化できず、藩内の保守派につけいる隙を与える羽目になったと指摘される(8)。

藤田は理由がわからず不可解であるとしているが、四年三月、島田・宮崎らが静岡へ帰藩することになったと聞き驚愕した。島田らの離任の背景には、慶応義塾から来た青森勤務の教師との確執があったのかもしれない。藤田ら生徒たちは、わずか三か月で勉学が中断することを危惧し、師を追いかけて静岡へ留学することを希望し、藩の有力者に働きかけた。三月二三日に監正署に留学願を提出し、二八日には許可された。自己負担も覚悟していたが、藩からは扶持米や給金が支給されることとなった。四月七日には旅費と鑑札が渡された。弘前を出立したのは同月一一日、東京の藩邸に着いたのは二八日だった。そして五月三日に東京を発ち、七日には静岡に到着した。

島田・宮崎の二教師が弘前を発ち帰路についたのは少し早く、四月六日のことだった(9)。宮崎が静岡に帰着したのは五月六日である(10)。

もちろん、藤田らのように静岡に遊学できたのは生徒全員ではないので、その後、敬応学舎での教育は、英学を吉崎豊作、漢学を葛西音弥・手塚元瑞が引き継ぐこととなった(11)。

三　垣間見えた静岡学問所の実相

さて、以下は静岡における藤田の動向である。彼の覚書からは、これまで知られていなかった静岡学問所の一端を読み取ることができる。

明治初年、弘前藩から静岡藩に留学したのは、間宮求馬・武藤雄五郎・成田純吾・葛高貞太郎(以上三年一一月)、原純蔵・中田謙蔵・手塚庄蔵・梶鋭八・庵生武員・藤田潜・桜田新太郎・古川蔵之助(以上四年四月)、太田常吉(四年五月)という顔ぶれだったとされている(12)。藤田は記していないが、彼には同行者がいたはずである。

静岡到着の二日後、明治四年(一八七一)五月九日には島田の家塾に寄宿することとなった。島田の仮寓先であろう、快長院という寺院である。外崎氏は「快長院」を島田塾の名前だったかのように解釈しているが、誤りである。快長院は駿府(静岡)の屋形町にあった天台宗、東叡山の末寺で、山号を愛染山といった。稲荷小路という地名の由来となった稲荷社・神明宮の別当でもあった(13)。その後廃寺になったようで、現在はない。

島田塾では、「グードリッチ氏米国史」(静岡学問所の旧蔵書が伝来する静岡県立中央図書館・葵文庫の中にも残るA

pictorial history of the United States のことだろう）を毎日二時間学び、その後、「ニウセリス英国史」の授業を週二時間受けた。九月半ばからは毎日午後一時間ほど、学校教授田沢真彦（四等教授田沢昌永のことか）から数学を教えてもらうこととなった。一一月二四日には静岡藩大学校の許可を得て、日々「クワツケンボス窮理書」の輪講を行った。

ただし、右の記述では、教師の家塾において個人指導を受けたのか、学問所に登校し校内で授業を受けたのかが判然としない。先に掲げた藤田の履歴書には、静岡藩学校で修業したとあるので、静岡学問所の生徒となったことは間違いないと思われるが、実際には学校で学ぶのではなく、教授の自宅において指導を受けることがかなりの比重を占めていたのではないだろうか。

午後に田沢から数学の指導を受けたとある。静岡学問所の授業は午前中（七時から一二時まで）だったとされるので、午後は個人教授にあてたということを意味しているのであれば納得がいく。しかし、では島田による英学の授業はいつどこで受けていたのだろうか。学校の教室で授業を受けようと、教師の自宅で個人指導を受けようと、師である島田が静岡学問所の教授である以上、静岡学問所に学んでいたとみなすべきなのか。同じ教師による授業を学校でも家塾でも受ける場合があったのだろうか、藤田の覚書には明記されていない。

旧幕時代の開成所を参考にすれば、以下のような事例が知られる。開成所教授方並箕作麟祥は、午後三時か四時頃に自宅に戻ると、今度は開成所の生徒でもある塾生たちを黄昏まで教えたという(14)。すなわち、全員ではなかったろうが、学校から塾へと場所を変えながら、箕作は同じ生徒たちを教えたわけである。島田と藤田の場合もそれと同じだったのかもしれない。

なお、藤田が記している「島田師監督ノ寄宿舎」とは、あくまで島田の私塾があった快長院のことであり、三年一二月に学問所構内に設置され、他藩士も受け入れたという寄宿所のことではないだろう。

教科書として登場する「グードリッチ氏米国史」、「ニウセリス英国史」(ニューシリーズ英国史)、「クワッケンボス窮理書」は、いずれも当時よく使われた英語テキストであり、静岡学問所の教育でも違いはなかった。後二書については沼津兵学校でも使用されたことが明らかである。(15) 東奥義塾図書館が所蔵する弘前藩旧蔵書の中には、ロンドンで発行された本を沼津兵学校教授渡部温がリプリントした沼津版の『英国史略』(明治三年)が六冊も現存するが、(16) それは留学生が静岡で使用し持ち帰ったというよりも、静岡藩から取り寄せ弘前で使用されたものと考えるべきか。なお、『英国史略』は見返しにNEW READING SERIES ENGLISH HISTORYという原題が印刷されており、藤田が言う「ニウセリス英国史」がこの沼津版『英国史略』を指している可能性もある。

教科書に関しては、そもそも多数の生徒が同じ書籍を所持し、それを全員が同じ教室で一斉に使用するといった、現在の学校教育では当たり前の形態が実現していたのかどうか疑問である。先にも紹介した開成所で教えた箕作麟祥の例を再び出せば、自宅で開いた私塾では、塾生たちは銘々が持参した様々なテキストを使って個別指導を受けたという。(17) 果たして静岡学問所の教育は開成所時代のそれよりもどれほど進歩していたのだろうか。藤田が記した教科書がどのような使われ方をしたのか、必ずしも明確ではない。

しかし、藤田らの静岡における勉学は長くは続かなかった。なぜなら、まもなく廃藩置県が断行されたからである。一二月一〇日には東京藩邸の書生頭から帰国を命じる指令が届いた。命令に従わない場合は学費が停止されるとされた。すぐに「同学生約八人」は進退を相談し、東京へ戻ることに決し、翌日連名による帰国願書を書生頭に送った。ここに言う八名とは、先に挙げた静岡藩に留学した弘前藩士一三名のうち、当時残っていた人数を意味しているのか、あるいは藤田と同じく島田塾に寄宿していた者だけを指すのかはわからない。

帰国が決した後、一二月一五日、静岡大学校で大吟味が行われ、教師芳賀某(沼津兵学校資業生から静岡学問所に転じた芳賀可伝のことか)が検査する下、藤田は「グードリッチ仏国史」(やはり葵文庫に残るアメリカで刊行されたA pictorial history of France のことだろう)を講じた。同月二〇日には大学校において、少参事・学校掛向山黄村、一等教授中村正直らが居並ぶ中、島田豊から英学成績優良につき褒美の品を下された。賞品は駿河半紙一〇〇帖と鉛筆一ダースであり、「最上ノ栄誉」だった。また、「無等級」から「二級生甲」に進級した。藤田は、「此節二級生ハ首席ナリ」と記すが、これは藤田が生徒の中の首席に選ばれたということではなく、二級生というクラスが生徒の中の最上級生だったという意味ではないかと思われる。つまり、その時点で一級生は一人も存在しなかったということである。

藤田は「大吟味」と記しているが、静岡学問所に「大試験」と呼ばれる試験があったことは他の人物について記した文献からも裏付けられる。[18] 幕府の昌平黌にも「大試業」と呼ばれる校内試験があったが、それは基本的には稽古人たちの修業奨励を目的としたものであり、素読吟味と学問吟味との中間に置かれ、及第することが役職任用・昇任につながる「立身の糸口」としての学問吟味に備えるための予備的試験としての性格も併せ持っていたとされる。[19] 昌平黌の大試業と静岡学問所の大吟味とは、褒美の品を与え学習を勧奨するといった機能の点で共通するものだったように見える。藤田覚書だけでは、大吟味が洋学部門以外の漢学・和学部門にもあったのかどうかについてはわからないが、当然ながら系譜的には昌平黌の直系である漢学部門にはあったと考えるのが自然である。より洋風だったはずの沼津兵学校附属小学校ですら、生徒の品評(評価)の方法は、上中、中上、下上などにランク分けし、寸尺で点を付けたということで、「聖堂の制」すなわち昌平黌のそれに倣ったとされる。[20] 静岡病院の医学生の場合も、「春秋両度学術検査」が実施され、「褒貶進退」が決められたというので、[21] 春秋二回の大試業を行った昌平黌と似ていなくもない。漢学者の勢力が大きかった静岡学問所が昌平黌時代の慣習を継承したことは大いに考えられる。あるいは大吟味とは各部門共通で同時に行われたのだろうか。

しかし、静岡学問所の大吟味は、昌平黌の学問吟味とは基本的に異なり、沼津兵学校で言う「第二試」「第三試」（『徳川家兵学校掟書』第十二条・第十三条）に相当するような、昇級や任官をともなうものでもなかった。つまり、制度上、静岡学問所の大吟味（大試験）は、任用や昇進といった人事には直結していなかったと考えられる。藤田は大吟味によって「無等級」から「二級生甲」に進級したというので、静岡学問所に進級制度があり、大吟味がそれとリンクしていたことは確かであるが、あくまで進級可否の判定や指導の参考にされるにとどまったのであろう。学校を出てからについては制度としては全く整備されていなかったのである。下条幸次郎は、明治元年一〇月に静岡藩洋学校（静岡学問所）に入学し、三年七月に「卒業」したというが、(22)その「卒業」とは、後年記された履歴書上の記載でもあり、当時使われた用語ではないし、ましてや就職につながる資格獲得を意味しているのではなく、単に勉学を終えたというだけのことと解釈される。

褒美の品は、「大吟味」以外の際にも出されたらしく、素読試験、算術甲科試験などでも、サスガ紙一〇帖、半紙一〇〇帖、半紙六〇帖、石筆一二本といった例が知られる。(23)藤田の場合は、大吟味の結果、賞品下賜を申し渡したのは島田豊であったが、それはたまたまなのか、それとも直接の受持ち教員がそのような役目を果たすことになっていたのか、素朴な疑問であるが、今のところ他に比較参照すべき例を知らない。

なお、藤田は「静岡藩大学校」と言っているが、大学校とは小学（小学校）に対する大学であり、言うまでもなく静岡学問所本校のことである。当時における学校の呼称をうかがい知ることができる。

ところで、藤田が静岡に滞在していた期間に静岡学問所は大きな転機を迎えていた。アメリカ人教師クラークを雇用したのである。クラークの静岡到着は一〇月二四日、授業開始は一一月一四日のことである。

クラークは、「私の着任にあたって今ある学校制度を廃止し、すべてが私の計画と提案に基づいて作り直される予定だ」とか、一八七二年一月一三日付手紙では、一八七一年一二月二五日（明治四年一一月一四日）に授業が開始され、科目の指導計画がそのまま日本語版で印刷され、「学校全体の規則が改定され」たと記しており[24]、彼の来校が学校自体に大きな変革をもたらしたことがわかる。しかし、藤田の覚書にはクラークは一切登場しないし、学校の変化についても見出せない。すでに帰郷が決まっていた彼にとって、もう関心を持てなかったのかもしれない。

藤田が静岡を去ったのは明治五年一月六日、一〇日東京着。一九日東京出立、二月一〇日に弘前に帰着した。静岡で中途半端に終った勉学を継続すべく、弘前では四月初旬に東奥義塾に入学、吉川泰次郎に師事することとなった。吉川は、青森英学校が廃止になった後も弘前に留まり、旧藩校を東奥義塾として再出発させるのに協力し、六年八月まで在職した[25]。かつて旧師島田豊と対立した慶応義塾の出身者であり、藤田が吉川に対しどのような感情を抱いていたのかはわからない。

弘前には、四年七月に島田の後任として静岡から招聘された英学教師下条幸次郎がいた。また、宮崎立元も二度目の招きを受け、四年九月、両親や子どもを連れ弘前に赴任していた。下条は五年二月、宮崎は五月に弘前を去ることになったが[26]、帰郷した藤田と顔を合わせる時間はあったはずである。しかし、その事実は確認できない。

藤田は、五年八月には早くも故郷弘前から離れることを決意し、上京した。東京では数学者として名高い近藤真琴が設立した攻玉社に入学し、やがて同校の教師に採用されることとなった。攻玉社の教師には、静岡学問所出身の鈴木長利、浜松学校出身の田中矢徳、沼津兵学校出身の浜田晴高ら、旧幕臣・元静岡藩士が少なくなく、最初からの知り合いではなかったとしても、静岡遊学の経験を持つ藤田にとって馴染みやすかったと推測される。静岡に遊学した前歴を持つ元弘前藩士小山内雄五郎も在職していた[27]。近藤は鳥羽藩士だったものの、幕府海軍に学んだことから、そのまわりには旧幕府系の人脈があふれていた。藤田は旧幕臣・静岡藩士とのコネクションを最大限に活用しその後の人生を生きていったといえよう。

一方、藤田や他の静岡留学生が弘前に何をもたらしたのか、その後の同地の教育・文化に影響を与えることがあったのか、残念ながら明言することはできない。特に藤田は東京で身を立てたため、故郷とは疎遠になったようである。他の静岡留学生の中には弘前に留まった者もいたのかもしれないが、東奥義塾の立ち上げに吉川泰次郎が果たした役割、つまり慶応義塾が残したものと比べると、静岡藩からの影響は見えにくくなってしまったように思える。

おわりに

以上、藤田潜覚書からは、英学で使用されたテキスト名、等級の存在、大吟味が実施されたことなど、静岡学問所の実態に迫る新事実を幾つか拾い出すことができた。

しかし、藤田潜覚書には弱点もある。基本的に彼自身のことしか記されておらず、弘前や静岡でいっしょに学んだ同級生のこと、わずかなりとも交流が生じたであろう静岡藩士の教授・生徒たちのことまでは筆が及んでいないのである。学問所と家塾での授業の区別、試験・進級の制度、教科書の使用法など、いまだ判然としない点については本文中に述べた通りである。そもそも記述全体は極めて簡略であり、細かなことまでは記されていないのである。何か隔靴掻痒の感があるのは、本史料はあくまで彼の人生の概略をまとめた覚書にすぎず、実際に当時記された詳細な日記は別に存在したからなのかもしれない。

静岡学問所研究のためには、まだまだ新史料の発見が求められているといえよう。

註

（1）防衛省防衛研究所所蔵「明治三十九年　公文備考　巻九学事二止」。
（2）所蔵者である本田清夫様をはじめ、外崎文子様には大変お世話になった。記して感謝申し上げる。
（3）森林助『兼松石居先生伝』（一九三一年、神書店）、九〇頁。
（4）青森県編『青森県史』五（一九七一年、歴史図書社）、八五～八七頁。
（5）池田宏編『大森鐘一』（一九三〇年、池田宏発行）、二〇八頁、二五三頁。
（6）本田清夫様の手元に現存する日記は、「明治二十年従一月　日誌　梅薫楼主」、「明治三十一年ヨリ同三十三年ニ至日誌　藤田」の二冊のみである。
（7）弘前市立弘前図書館所蔵「明治四辛未年　御用留書」。
（8）新編青森県叢書刊行会編『新編青森県叢書（九）　青森市沿革史③』（一九〇六年、一九七三年復刻、歴史図書社）、三一二頁。
（9）前掲『青森県史』五、一〇九頁、国文学研究資料館所蔵・陸奥国弘前津軽家文書47「長尾周庸筆記抜書」、前掲「明治四辛未年　御用留書」。
（10）拙稿「史料紹介　矢田堀鴻「公私雑載」—明治四年の静岡藩士日記—」（『沼津市博物館紀要』一五、一九九一年、沼津市歴史民俗資料館・沼津市明治史料館）、八頁。
（11）坂本寿夫編『津軽近世史料5　弘前藩記事　三』（一九九〇年、北方新社）、二二七頁。
（12）坂井達朗「幕末・明治初年の弘前藩と慶応義塾」（『近代日本研究』一〇、一九九四年、慶応義塾福沢研究センター）、二〇六頁。

(13) 桑原藤泰『駿河記』上巻(一九三二年、出版人加藤弘造)、六二一〜六三頁、新庄道雄『修訂駿河国新風土記』上巻(一九七五年、国書刊行会)、一七二頁。

(14) 大槻文彦『箕作麟祥君伝』(一九〇七年、丸善)、二〇〜二一頁、二七〜二八頁、三〇頁、三二頁。

(15) 拙稿「生徒のノートからみた沼津兵学校の教育」(『国立歴史民俗博物館研究報告』一三三、二〇〇六年)、三六〇頁。

(16) 北原かな子『洋学受容と地方の近代―津軽東奥義塾を中心に―』(二〇〇二年、岩田書院)、二五二頁。乾が五冊、坤が一冊の計六冊である。それらとは別に三島市の日本大学図書館国際関係学部分館にも「東奥義塾蔵書之印」が押された『英国史略』が架蔵されている(拙著『沼津兵学校の研究』、二〇〇七年、吉川弘文館、四五七〜四五八頁)。この件については、拙稿「『英国史略』と静岡藩・弘前藩の人的交流」(『東奥義塾高等学校所蔵旧弘前藩古典籍調査集録』五、弘前大学人文社会科学部・弘前大学地域未来創生センター弘前藩藩校資料調査プロジェクトチーム、二〇一九年)も参照のこと。

(17) 前掲『箕作麟祥君伝』、二〇〜二一頁、二八頁、三〇頁、三二頁。なお、元治元年(一八六四)七月の「開成所稽古規則」では、稽古本は銘々が持参すべきであるが、持参しなかった際にはその場所限りで借用することもできるとされていて、貸出し用の教科書が備えられていたらしいので、同一の書籍を多数用意していた可能性がある(倉沢剛『幕末教育史の研究』一、一九八三年、吉川弘文館、二〇〇頁)。

(18) 静岡藩士佐藤巳作は、大騒ぎをして試験準備を行い、向山黄村ほか役人たちが多数出席し威圧を感じる中で「大試験」を受け、美濃紙五〇帖・駿河半紙五〇帖といった褒美をもらったという(拙稿「大原幽学没後門人の旧幕臣家族回想録―『佐藤家の人びと』の翻刻・紹介―」『国立歴史民俗博物館研究報告』一五八、二〇一〇年、三五四〜三五五頁)。

(19) 橋本昭彦『江戸幕府試験制度史の研究』(一九九三年、風間書房)、一〇五〜一〇八頁、二一五頁、同「江戸時代の評価における統制論と開発論の相克—武士階級の試験制度を中心に—」(『国立教育政策研究所紀要』一三四、二〇〇五年)、一七頁。
(20) 金城隠士「沼津時代の回顧(二)」(『静岡民友新聞』一九一三年七月二二日)。
(21) 宮地正人編『幕末維新風雲通信』(一九七八年、東京大学出版会)、三四七頁。
(22) 国立公文書館所蔵「叙位裁可書　明治三十三年　叙位巻三」。
(23) 拙著『静岡学問所』(二〇一〇年、静岡新聞社)、一〇一頁。
(24) 今野喜和人・刀根直樹訳「E・W・クラークの New-York Evangelist 投稿記事(その1)」(『翻訳の文化/文化の翻訳』五、二〇一〇年)、一二六頁、一二九頁。
(25) 前掲北原『洋学受容と地方の近代』、二七頁。
(26) 下条幸次郎の弘前赴任、宮崎立元の再赴任については、前掲「長尾周庸筆記抜書」、小泉雅弘「明治初期東京府の人的基盤—「東京府史料」所載官員「履歴」の紹介をかねて—」(『江東区文化財研究紀要』五、一九九四年、江東区教育委員会)、四五頁。
(27) 攻玉社の在職者については、『都市紀要二十一　東京の中等教育』(一九七二年、東京都公文書館)、九八〜九九頁、『東京教育史資料大系』第一巻(東京都立教育研究所、一九七一年)、八五〜八六頁。

史料　藤田潜覚書

（前略）

明治四辛未年一月五日

津軽四位様学校へ御出座左之通御諭告ノ上、静岡藩ヨリ聘セラレタル英学教師島田徳太郎へ、英学生徒予外十七人ヲ御依嘱相成ル、学生一同麻上下著用ノ事

　今般文明開化之時ニ際シ、益学業ヲ啓発セン為メ、雪天遠路教師ヲ相迎へ、於弘前寄宿寮取開只管教師へ汝輩ヲ嘱托依頼スル上ハ、汝輩他郷勤学ノ心得ニテ聊不顧家事教師教戒ヲ違背スルコト忽レ、且教師在留ノ期限モ有之事故、愈分陰ヲ愛惜シ夙夜燈窓一層奮励精学致スベシ、因テ此旨敢テ告諭スル所也

同正月八日左之通命ゼラル

　其方儀、於弘前寄宿寮英学勤学被申付候事

　　正月八日　　学校

藤田徳太郎殿

此辞令書ハ去ル五日已前ニ渡サルベキノ処、取扱上前後シタル旨、学校ヨリ申添へ有之

同一月十日左ノ通監正署へ出願ス

　　覚

潜《ヒソム》

元《ハジメ》

私儀

此度御頼ノ英学教師島田徳太郎ト同名ニ付、右両名ノ内改名奉願候、以上

　正月十日　　藤田徳太郎

　　監正署御中

同一月十一日

　願之通潜ト相改候様、［藩庁］

右之通御許可相成ル

同一月十六日定級ノ為メ英学教師島田徳太郎師ノ旅宿ニ

於テ試験ヲ受ク
同一月十七日英漢学寄宿寮敬応学舎へ入寮ス
　寮ハ弘前東南隅市外閑静ノ地ニアル最勝院ナリ、寄宿中ハ毎月玄米弐斗金壱両被下置
同一月十八日開筵式ニ付、学生一同麻上下着出筵、漢学教師宮崎龍師、英学教師島田徳太郎師、麻上下著用出座、寄宿寮掛等一同麻上下著用列座、宮崎師孟子ノ一節ヲ講義ス、畢テ一同退席、当日開筵式トシテ一同へ赤飯及御料理弐種下サル
同一月十九日ヨリ起業、予ハ二等ニ定級、パーリー万国史ヨリ各国史窮理書ノ級へ出席ス、同級生ハ予トモ五人ナリ、静岡藩校ノ規則ニ従ヒ三等ニ定メラレ、外ニ級外ヲ置カル
　総テノ規則ハ日誌ニ詳記ス
(付箋・朱書)「同三月(日不明)、藩公ノ御面前ニ於テパーリー万国史第百十二、十三葉ノ三、四、五、六、七節ヲ講義シ、猶其レノ翻訳ヲ命ゼラル」
同三月二十三日当一月十九日ヨリ島田徳太郎師ニ就キ日夜孜々トシテ研鑽ノ処、島田師、宮崎師トモ（宮崎師ハ一ト先帰国、直ニ帰弘スノコトナリ）近々帰国ストノコトヲ伝承シテ甚ダ心外ニ思ヘリ、抑学舎発会以来月ヲ閲スルコト僅々三ケ月ニシテ島田師ノ帰国トハ、其如何ナル理由ナルヤハ知ラザレドモ、甚タ解スベカラザルコトナリ、然レドモ之ヲ事実トセバ、今ヨリ師ヲ失ヒ続テ研鑽ノ途ナク頗ル不本意ニ堪ヘザルコトナリ、依テ島田師ニ尾シテ静岡ニ到リ就テ学バント同級者ト協議一決シ、之ヲ寮長（元ノ師）吉崎豊作氏ニ権リタルニ、氏モ大ニ同意シ、氏モ官辺ニ周旋スベキニ付諸氏モ亦協力シテ周旋セヨト、依テ一同意ヲ決シテ今廿三日参庁前、時ノ権大参事西館孤清殿（上ニ大参事アリト雖モ、西館権大参事ハ最モ権力アリ、且時勢ニ通暁シタルノ人ナルヲ以テ）邸ニ同行シ面会ヲ請ヒタルニ、直ニ引見セラレテ曰ク、諸子ノ用談ハ如何ント、由テ予一同ニ代リテ左ニ諫情ス
当一月十九日以来、静岡藩ヨリ聘セラレタル島田徳太郎師ニ就キ、専心英学ヲ勉励セヨト藩知事公ヨリノ命ヲ拝シテヨリ、爾来日夜孜々トシテ研鑽ノ処、此頃伝

承候ニ、近日同師ハ帰国ストノコトナリ、果シテ然ラバ就学未ダ幾日ナラザルニ師ヲ失ヒ学ブニ途ナク、藩知事公ノ命モ奉ズルコト能ハズ、生等多年ノ素志モ貫徹スルコト能ハズ、洵ニ困却落胆ノ至リニ堪ヘザルナリ、然レドモ同師ニ代ルノ師アレバ、生等引続キ研鑽ノ途アルベシト雖トモ、伝聞スル所ニヨレバ他ノ師ノ来ルヤ否ヤモ不明ナリトノコトナリ、然ラバ今ニシテ同師ニ別ル、トキハ中止スルノ外ナク、不幸之ヨリ大ナルハナク只茫然トシテ歎息ノミ

閣下願クハ、生等ノ哀情御洞察ヲ賜リ、今寄宿寮ニ於テ下シ賜ル学費ヲ賜ラバ、不足ハ生等自費ヲ以テスベキヲ以テ、此際静岡ニ於テ勤学ノ儀御許可ヲ賜ランコトヲ、此儀切ニ懇願シ奉ル、幸ニ御許可ヲ得バ、直ニ同師ニ尾シテ同藩地ニ到リ、引続キ同師ニ就キテ切磋勤勉セント、一同意ヲ決シテ参邸シタル次第ナリ、閣下御垂憐ヲ賜リ願意御聴許アラン事ヲ偏ニ仰キ奉ル

孤清殿曰ク

諸子ノ願意ヨシ、此孤清ハ至極尤ナリト思意シタルヲ以テ、正ニ願意聞届ク、依テ是ヨリ会計掛小参事三橋佐十郎邸ニ至リ、今ノ願意孤静ノ聞キ届タル旨ヲ述ベ、佐十郎ノ許可ヲ得ヨ、参庁ノ上自分ヨリモ佐十郎ニ申スベシ、而シテ直ニ願書ヲ出スベシ

依テ一同深ク感謝ノ意ヲ表シ直ニ同邸ヲ辞シテ、三橋小参事邸ニ到リ面会ヲ請フ、是又直ニ引見セラル、依テ更ニ予一同ニ代リ左ニ陳情ス

西館権大参事ニ述ベタル通リニ諌情シ、直ニ同権大参事ノ聞キ届ケラレタル趣ヲ述ベ、而シテ同権大参事ノ命ニ

閣下ニモ出願セヨ、猶参朝ノ上同権大参事ヨリ閣下ニ御談アルベシトノ事モ仰セラレタリト述べ、閣下生等ノ哀情御洞察被下御聴許アランコトヲ切ニ懇願スト述ベタルニ、三橋少参事曰ク

孤静殿ニシテ聞届ケラレタル上ハ、予モ亦正ニ聞キ届ケタリト

依テ一同厚ク感謝ノ意ヲ表シテ同邸ヲ辞ク

夫ヨリ学舎ニ帰リタルニ、大属ノ許可ヲ得ズシテ随意ニ

権大参事ニ出願ストハ甚不都合ナリ、帰舎ヲ許サズト、
依テ一ト先各自宅ニ帰ル
同一月二十三日左之通出願ス

覚

私儀

去巳年七月、英学勤学被　仰付候以来、日研究罷在候内、教師御雇当正月於敬応学舎寄宿被　仰付、開莚以来日夜苦学勉強罷在候処、近々教師帰藩之趣承リ候、然ル処未三ケ月未満之執行ニテ、此上教授可請見込モ無御座、殆ト廃学之姿ニ相成、何分不堪遺憾当惑仕候、随テ教師帰藩之節、同道登之上於静岡一層勉励仕、追テ一途之御用ニモ相立度宿志御座候、就テハ当節柄恐入奉存候得共、於爰元是迄頂戴罷在候学費丈不残於彼地頂戴被　仰付度、猶私御給分之内ヨリ月々三人扶持御差引之上於彼地御渡被　仰付度、前件之趣何分ニモ深御照察被成下、願之通被　仰付被下置度奉願候、以上

三月二十三日　藤田潜

監正署御中

覚

私儀

別家藤田潜儀、於静岡表勤学仕度義、委細当人ヨリ奉願候通被　仰付被下置度、尤当人家内共之儀ハ、私引請決テ御扱等不申上候間、願之通被　仰付被下置度奉願候、以上

三月廿三日　藤田喜三郎

監正署御中

同三月二十八日願書ヘ付箋之上、左之通許可相成ル

自費勤学扱ニ不相成旨ニ付、願之通爰許寄宿寮ニ於而遣候塾費并外勤学料、一月壱両ツヽ、及、道中路用共遣、尤給録より三人扶持差引之上、東京表ニ而渡方申付候事

右之通命セラレ候ニ付、監正署ヘ出願御礼申上ル
同四月三日左之通更ニ出願ス

覚

私儀

此度自費ヲ以勤学奉願候処、是迄爰許於寄宿寮被下置候玄米弐斗月々壱両ツヽ、於東京表被下置候旨被　仰付、難有仕合奉存候、随テ御給分之内ヨリ三人扶持、於東京表御渡被　仰付度儀、願之通被　仰付候得共、同学之内弐人扶持持越候向モ御座候間、右之御振合ヲ以、弐人扶持於東京表御渡被仰付度奉願候、以上

四月三日　　藤田潜

監正署御中

右願ニ対シ付箋ヲ左之通御指令相成ル

可為願之通事

同四月三日寄宿寮ヲ退ク

同四月五日監正署へ左之通届書進達ス

覚

私儀

於静岡表英学勤学願之通被　仰付候ニ付、来ル十一日爰元出立仕候、此段申上候、以上

四月五日　　藤田潜

監正署御中

同四月七日左之通旅費及藩鑑ヲ下ケ渡サル

一金五両壱分四朱ト弐匁五分　路用

一金四両　旅費

一金八両弐分ト三匁五分　人夫賃

〆金拾八両壱分四朱ト六匁

弘前藩	第百六拾番 弘　前　藩

同四月十一日弘前出発ス、此日天晴朗ナリ

同四月二十八日東京藩邸著、旧御長屋ノ一部ニ遇居

書生頭公用人北原宰六氏ノ許可ヲ得テ左ノ教科用書ヲ与ヘラル

英文原字書　壱冊

同英和字書　壱冊

パーリー万国史　壱冊

グートリッチ米国史　壱冊

モーレー文法書　　　　壱冊

同五月三日東京藩邸出発、東海道筋静岡ニ向フ

同五月七日正午頃、静岡ニ著

同五月九日島田徳太郎師監督ノ家塾快長院ニ寄宿ス

（中略）

島田師監督ノ寄宿舎ニ入舎以来、日々ノ課業ハハ《ママ》グード

リッチ氏米国史ニ毎日約二時間、其後ニ至リニウセリス

英国史一週ニ二時間ノ授業ヲ受ク

同九月半ヨリ学校教授田沢真彦師ニ依頼シテ数学ヲ学

ブ、毎日午後一時間余教授ヲ受ク

同十一月二十四日ヨリ静岡藩大学校ノ許可ヲ得、日々ク

ワツケンボス窮理書ヲ輪講ス

同十二月十日、今般廃藩置県ノ制ニ改メラレタルヲ以

テ、従前ノ如ク藩費或ハ自費ヲ以テ修業ノ学生、此際帰

国スベキ旨、東京書生頭ヨリ命ゼラル、且若シ此際命ニ

従ハザル者ハ一切ノ取扱ヲ停止スベキ旨達セラル、猶帰

国中立ツル者ニハ直ニ旅費相渡スベキ旨トモ命ゼラル、

依テ即夜、同学生約八人会合シテ進退ヲ議ス、一同一ト

先東京迄帰ルコトニ決ス

同十二月十一日帰国ノ願書ヲ連名ヲ以テ東京書生頭へ進

達ス

（中略）

同十二月十五日静岡大学校ニ於テ大吟味有之、予グード

リッチ仏国史ヲ講ズ、教師芳賀某氏検之

同十二月二十日静岡大学校へ出頭ノ処、学校掛小参事向

山黄村氏、左右ニ中村敬宇氏外数氏列席、島田徳太郎師

ヨリ左之通申渡サル

英学出精成績可良ニ付、其賞トシテ

駿河半紙　　百帖

鉛筆　　　　一ダース

之ヲ進ズ

是迄無等級ノ処、二級生甲ニ定級相成ル

此節二級生ハ首席ナリ、此賞品ハ最上ノ賞誉ナリ

明治五壬申年一月六日静岡ヲ発ス

同一月十日東京ニ著ス

静岡ヨリ弘前迄ノ旅費、左ノ通下賜相成ル

一金八両弐朱　　　　　　　静岡ヨリ弘前迄廿七日旅籠
一金六両三分　　　　　　　同旅費
一金五両弐分ト百七十文　　同人夫壱人
一金弐両弐分　　　　　　　発足御手当
一金五両　　　　　　　　　支度金
　　計金弐拾七両三分弐朱ト百七十五文
同一月十九日東京出発
同二月十日弘前著
（後略）

第五章　静岡藩の医療と医学教育

はじめに

林洞海《どうかい》（一八一二～九五）は、幕末から明治にかけての蘭学者・西洋医であり、維新を挟み徳川幕府・静岡藩に仕えた後、明治新政府に出仕した経歴を持つ。本章では、彼が主として静岡藩時代に記した「慶応戊辰駿行日記」（順天堂大学医史学教室所蔵）の一部を翻刻・紹介するとともに、同史料から判明した静岡藩の医療・医学教育の具体相について考察を加えるものである。

「慶応戊辰駿行日記」には、従来知られていなかった林洞海の個人的動向はもちろん、静岡藩の医療政策をめぐる新事実が多く含まれる。旧幕府が縮小・転化した静岡藩は、政治的変革を機に、静岡学問所・沼津兵学校の設置といった文教政策において、幕府時代には実現できなかった新制度を実施に移したが、医療をめぐる問題に関しても同様であった。近代的な藩立病院が設立され、西洋医学を身に付けた医師たちによる医療と医学教育が目指されたのである。静岡藩の先進的な教育制度はやがて人材とともに明治新政府に吸収されていくが、同時期に存在した同藩の医療制度や医師の役割についても、その達成度を計るとともに、旧幕時代との違い、明治新政府への継承、地域への影響といった視点から検討を加える必要がある。学校制度をめぐる問題に関し、筆者はすでに沼津兵学校を中心に検討を試み、病院についても言及したことがあったが、[1]ここではさらにそれを深めたい。

史料の翻刻は後に掲げるが、その史料の中から見て取れる諸事実を、その他の史料・文献とも突き合わせ、静岡藩の医療・医学教育に関する施策全体の中に位置づけていくことにしたい。静岡藩の病院・医師に関する概説としては、土屋重朗『静岡県の医史と医家伝』（一九七三年）があるほか、『静岡県史　通史編5　近現代一』では徳川宗家文書の新出史料などを活用し叙述された。しかし、前書は各病院の沿革と医師の履歴紹介に重点が置かれ、その内実や意義についての言及は乏しい。後書は自治体史としての性格上、極めて簡略すぎるものである。そこで本章では、「慶応戊辰駿行日記」を利用しながら、それらの先行研究を補完していくことを目的とする。

一　沼津陸軍医局・陸軍医学所の設立

第二節で一元化の問題について述べるように、当初、沼津の陸軍医局・医学所（後の沼津病院）と、駿府（静岡）の静岡病院とは、同じ藩立の医療機関でありながら全く別々に立ち上げられたものである。ここでは、まず沼津のほうの動きから見ておきたい。

林洞海は、沼津到着から二か月以上を経た明治元年（一八六八）一二月二六日、陸軍総括服部常純（綾雄）より陸軍医学所御用重立取扱に任命され、御手当金四〇〇両を下すとの辞令が渡された。実際には、杉田玄端を陸軍附医師頭取に、洞海を陸軍医学所御用重立取扱に任命するとの辞令が駿府にて服部に手渡されたのは、同月二三日付であった。[2]洞海の「慶応戊辰駿行日記」には、地元採用の相磯格堂は一二月一七日「陸軍医師となる」とあり、また杉村行三（一〇月二五日）、永井玄栄（同月二八日）、荻生洪道（洪斎、一一月一日）、津田為春（同月八日）ら後に沼津病院医師となる者たちが洞海と往来していることが記されているので、杉田・林以外の医師たちの人選はすでに何らかの形で始まっていたものと思われる。洞海は沼津到着後から発令までの間、阿部潜・塚本明毅・矢田堀鴻・西周・大築尚志・赤松則良・川上冬崖・伴鉄太郎・服部常純ら沼津兵学校関係者とも行き来しており、当然ながら公私にわたる情報交換を行っていたであろう。それにしても、兵学校の教授陣の任命が一〇月半ばから始まっていたのと比較すると、彼の任命は遅い。

そもそも慶応四年（一八六八）七月作成の移住予定者名簿「駿河表召連候家来姓名」（国立公文書館所蔵）には、陸軍以外から集めた人材を「陸軍用取扱」という肩書でまとめた中に、杉田玄端・池田謙斎・壬生玄豊・戸塚文海（静伯）・伊東方成（玄伯）・林紀（研海）・松本銈太郎・竹田玄庵・永田宗郁・津田為春・高島春庭ら医師たちが含まれていた。この点からも阿部潜ら陸軍局の幹部らは、兵学校の沼津設置と併せ、病院もしくは軍医養成機関の設立を目論んでいたことが推察される。旧幕府の陸軍には歩兵所医師取締・歩兵屯所附医師・歩兵大砲附医師出役が採用され、海軍には海軍所養生所が設けられ、軍艦附雇医師が採用されるなど、幕末段階において独自な医官の任用が始められていた(3)。また、鳥羽・伏見敗戦後の混乱を受け、漢方の医学館は自然消滅して洋方の医学所に吸収された上、それも海陸軍附病院へと改組された形となっていた(4)。そういった流れの上で、駿河府中藩の陸軍局が独自な軍医と軍医養成機関を持とうとしたのは当然といえる。

しかし、右に挙げた陸軍用取扱の医師のうち、実際に沼津陸軍医局（後の沼津病院）の医師になったのは、杉田・津田のみであり、他の医師たちは静岡病院に回った林・戸塚・竹内、朝臣となり明治新政府に出仕した池田(5)・伊東・松本らのように、そもそも沼津に移住しなかった者が多かった。九月には杉田と林に対しても新政府からの「御召状」が出ていたが、二人はそれを蹴って移住したらしい(6)。駿府病院医師の発令は一足早く一一月から開始されており、沼津よりも駿府のほうが優先して人選が進められた可能性がある。結果的に林紀・戸塚・竹内らは陸軍局から脱したことになる。そのあたりに杉田・洞海らの発令が遅れた理由の一端があるのかもしれない。

なお、林洞海の名が「駿河表召連候家来姓名」に掲載されていないのは、脱走軍に加わった松本順の後を受け頭取をつとめていた医学所が慶応四年(一八六八)六月一三日新政府軍に接収され、解任となった後(7)、一五日には隠居していたからであろう。

とにかく、沼津には陸軍附の医師団が常駐し、陸軍医学所が設けられ、医療活動と軍医養成が行われることとなったのである。沼津と同様に陸軍生育方の移住先となった田中では、一一月二四日陸軍御医師河島宗瑞が製薬掛を命じられたので城外四番長屋を御薬園として引き渡すようにとの布達が出されるなど(8)、陸軍局独自の動きが見られた。

明治元年一二月時点の役金・席次一覧では、駿府の病院頭・病院一等医師・病院三等医師とは別に、陸軍医師頭取・陸軍一等医師・陸軍二等医師・陸軍医師手伝という役職が設定されていた(9)。なお、同年一二月頃の「駿府御役人附」、二年正月の「御役名鑑」という木版一枚刷の藩役人名簿には、いずれも病院頭林研海と奥医師一六名のみが載っているだけで、陸軍医師のほうは誰も掲載されておらず、印刷に間に合わなかったものと思われる。

ところが、駿府(静岡)と沼津の二元的な病院・医学教育体制、つまり通常の病院・医師と陸軍医局・陸軍医師との別立て方針は、すぐに見直しされるのである。

二　静岡病院による一元化

明治二年(一八六九)正月二日、洞海は杉田玄端・相磯格堂・荻生洪道らとともに駿府に向かい、四日に到着した。

六日、病院頭林紀・同頭並坪井信良と洞海・杉田らが一堂に会し、病院出役医師・同陸軍医師の「ヱキサーメン」（試験・検査）が実施された。つまり、駿府病院と沼津陸軍医局とが合同で出役医師の採用検討会を開いたのである。沼津とその近村の地元医師であった相磯・荻生の二人は、その考査を受けるために同行したわけである。

その後、駿府病院では、明治二年正月から二月にかけ、行政官の布告にもとづく領内の市在医師取り締まり布達、修復成った仮病院の正式な開業（二月二日）と医学就学者の募集の布告、定期的な種痘の実施宣伝、市在医師取り締まりのため各所奉行を通じての明細短冊提出依頼などを、矢継ぎ早に行った。[10]二年四月には解剖所、七月には製薬所が完成した。林紀はオランダ留学から帰国したばかり、また坪井信良・戸塚文海らは、慶応三年（一八六七）に幕府の手で京都に大規模な病院を設立する計画で動いた経験があった。[11]駿府での病院建設は幕府瓦解によって途切れた夢の実現でもあり、意欲満々であったと思われる。

これらの施策が、沼津の陸軍医師たちの同意のもとで実行に移されたのか否かは不明であるが、いずれの布達の文面も、富士川以東の陸軍局管轄地域を例外視していないことからすると、この時点ですでに、駿府病院は全領内の医療・医学教育をカバーしようとしていたように見て取れる。駿河国富士郡中里村（現富士市）の村医であった関家に残された資料に、木版による以下の二枚の刷物がある。[12]駿府病院がカバーしようとする範囲が富士川以東に及んでいた証拠かもしれない。

〔史料1〕

今般医学修業病者救助之為メ厚き思召を以病院御取建ニ相成、来ル廿一日ゟ御開相成候ニ付而者、町方在方之者ニ至る迄有志之者者其所奉行江申出、奉行所添鑑を以致入門、学術研究可致事

御家臣者勿論、町方在方之者男女老少之無差別病苦有之候者願出候ハヽ、御医師立合診察相談之上、療養差加候

事

但御薬代者御場所江上納可致、尤貧窮之者者村役町役ゟ願書差出相違も無之候ハヽ、御施薬可被下候、又御場所江罷出兼候病者者、見舞可申候事

明治二巳年二月　　駿府病院

〔史料2〕

規則書

一毎日講義生徒教導之事

一初而診察願出候者者、御役名宿所姓名相認候手札差出可申事

但市中在方ゟ願出候者者、本人手札之外引受人手札相添差出可申事

一薬種料之儀者、毎月晦日上納之事

一仮病院之儀者、御場所手狭ニ付寄宿病人者預り不申候得共、外療施術後等模様ニ依リ臨時一二泊為致候事

一願出候病人者、掛リ之医師一同立合診察相談之上、配剤致候事

一差向急症之外者、診察調合毎日九ツ時限之事

一他所病人者、一等医師、二等医師見舞候事

一病院掛リ之医師自分病用者一切相断候得共、自然私宅江頼来候分者、診察并見舞可申候事

明治二巳年二月　　駿府病院

史料1の布告に従い、実際に富士川以東からも入門を願い出る者が見られた。駿東郡柴怒田村（現御殿場市）の村医瀬戸尚絅は、同年三月、村役人を通じて神山仮役所（沼津奉行管下の地方役所のひとつ）宛に駿府病院への入門願書を提

出している[13]。

一方、沼津の陸軍医局は同年三月一七日に「御開場」を迎えた。同時に、木版印刷による「徳川家陸軍医学所規則」が陸軍医局の名で発布され、兵学校と一体となった軍医の養成方針が打ち出され、また一枚刷の「医局告示・種痘弁」が配布された。陸軍生育方に所属する元陸軍兵士らに対しては、同規則書にもとづく医学入門希望者や医局製薬方手伝の募集が通達されている[14]。

ところが、医局開業の数日前、三月一一日、陸軍学校（沼津兵学校）や陸軍生育方の名称から「陸軍」の文字を除くことが通達されていた[15]。翌月には兵学校頭取西周が既存の兵学科に文学科を加えた文武学校の体裁を整えるべく「徳川家沼津学校追加掟書」を起草する。「追加掟書」によれば、文学科の中には政律・史道・利用の三科と並び医科があり、「徳川家陸軍医学所規則」や後述の駿府病院「塾則」のものとは違う、独自な医科資業生・医科本業生の授業科目が表の形で明示されていた[16]。

沼津兵学校は静岡藩の武官と文官との両方の養成をめざすべく方針転換をしたのである。それに合わせ、陸軍医局も単に医局と称することになった。開業直前に急遽そうなったものと思われ、現存する「徳川家陸軍医学所規則」には、「陸軍」の二文字の上に貼紙をしたものがあるほか[17]、「医局告示・種痘弁」には「医局」の前二字分、つまり「陸軍」の二文字が削られ空白になったものもある[18]。

沼津兵学校（沼津学校）の脱陸軍化に歩調を合わせたものと考えるべきか、病院の体制についても一元化が図られることとなった。二年五月九日、洞海は服部常純・西周・藤沢次謙・立田彰信・塚本明毅・林紀らとともに沼津を出立、翌日駿府に着いた。その後、静岡・沼津の幹部たちによる評議が行われたものと推測されるが、一四日には「府中沼津両病院条約書」が出来上がり、二冊にそれぞれ押印の上、双方が保管することとされた。この条約とは、今後、沼津病院、すなわちそれまでの陸軍医局は駿府病院の支配下に置くという内容であり、翌日には統一的な医師の階級・役金額が明示された。一等医師・一等医師並・二等医師・二等医師並・三等医師・三等医師並・無級医師という階級であり、陸軍医師は廃止されたのである。

ちょうどこの頃、五月一〇日に出された坪井信良の実家宛書簡には、駿府病院の「塾則」二七か条（含む講堂日課・食堂規則）、「病院規則」一二か条が書き写されているが、[19]果たして沼津のほうでも先の「徳川家陸軍医学所規則」をやめ、それを適用することになったのかどうかはわからない。少なくとも、医学童生・医学資業生という兵学校に連動した生徒の名称は使われなくなったのではないかと推測される。

先の条約書では既に沼津病院という名称が使われていたが、八月、沼津の医局は正式に沼津病院と改称した。[20]名実ともに、陸軍局、すなわち沼津兵学校の附属機関としての位置を改め、あくまで駿府病院管轄下の一病院となったのである。確定した陣容は、木版刷の役人名簿「沼津御役人附」や「静岡御役人附」に掲載されたが、後者で比較してみれば、沼津病院のスタッフは、頭取杉田玄端、重立取扱林洞海以下、二等医師一名、三等医師三名、三等医師並四名、その他（製煉方・馬医・調役など）であり、病院頭林紀、頭並坪井信良・戸塚文海以下、二等医師二名、三等医師二名、三等医師並四名、無級看病頭三名、無級牢屋掛二名、その他（調役・御薬園掛など）という駿府病院に対し、医師の布陣は明らかに劣っていた。[21]

一〇月二六日には病院頭並坪井信良が各所病院俗務取締を命じられ、沼津病院をはじめ各地に配置された医師を巡回し管理することとされた。[22]明治三年一月二六日付書簡の中で「東ハ沼津より、西ハ三州赤坂迄之処ニ、折々往復」、「駿遠三各地医生之取締、総テ御領分中医者之進退・黜陟、悉皆拙生之耳目ニ入候」[23]と記しているように、坪井は領内を東奔西走する活躍を見せた。

後に沼津文庫と呼ばれることになった沼津兵学校・沼津病院の蔵書には、明治三年正月静岡戸塚氏より買い入れた旨や林研海のローマ字サインが記入された医学・自然科学関係の蘭書が数点存在したことからも[24]、静岡・沼津間で書籍の融通などを行い、両病院が連携を密にしたことがうかがえる。

静岡(駿府)病院による一元化施策は、漢方医のあり方にも及んだ。二年一一月一日、漢方医の奥医師半井卜仙は息子の静岡病院での西洋医学修業を願い出た。同年一一月一七日、奥医師石坂宗哲・茂木得鍼は静岡病院の無級医師に任命された。二人は後に医師ではなく無級看病頭という肩書になっている。一二月一一日には奥医師をつとめていた西洋医・漢方医六名に対し、病院での職務があることを理由にこれまで盆暮に支給されてきた手当金を廃止する旨が伝えられた[25]。三年閏一〇月には東京で漢方医学を修業している藩士に対しては浅田宗伯が学力審査を行うこととするが、若年の者は今後西洋医学を学ぶよう申し聞かせよとの藩庁布達が出された[26]。いずれも、奥の仕事よりも病院の業務を優先させるとともに、漢方医を病院に取り込むなど、西洋医主導による藩内医師編成を目指したものといえよう。こうして、「静岡御役人附」に掲載された静岡・沼津病院の頭・頭取から三等医師並まで、「医師」の肩書が付く者に漢方医は一人もいないという結果がもたらされた。

浅田宗伯は、幕府医学館出身の井関温甫・木下守約らとともに明治二年遠州牧之原へ転住、開墾方の藩士たちの治療に従事するなど[27]、藩中央から離れた位置で漢方医の勢力を温存しようと画策した形跡があるが、西洋医の絶対的優位には及ぶべくもなかった。静岡や沼津の病院で生徒として医学を学ぶことを志願した地元医師たちの中には、「漢方医は一向はらやなかった[28]」という風潮の中、「在来の漢法医術に見切りをつけなければならぬと悟」り[29]、「旧来の漢方医を捨て、断然洋方医たらん[30]」とする転向者が多かったと思われる。

三　掛川小病院の新設

一元化されたとはいえ、藩内の医療体制の上で静岡と沼津とが二大拠点である点に変わりはなかった。しかし、東西に長く延びた静岡藩領に散在する藩士たち、さらに各地域の領民に対しても医療要求に応える必要があった。静岡・沼津以外でも病院設置の需要は高かったのである。

明治三年(一八七〇)三月、田中・小島・浜松・中泉・横須賀・新居の各所に一名ずつ医師が置かれ、それぞれの勤番組之頭の附属とされ、手当金五〇両もしくは一〇〇両が給されることとなったとされるが、[31]実際にはもっと早い時期に各勤番組には医師が配属されていたようだ。たとえば、小島勤番組の場合、小島村在住の医師であり、病院生徒になっていた天野篁斎が二年一一月一五日無級医師に任命され、同勤番組之頭附属とされている。無医地帯の勤番組が医師の派遣を求めることは他にもあり、たとえば富士郡吉原宿在の医師石井淡は病院生徒から無級医師に採用され、遠州相良に送り出された。[32]

しかし、そのやり方では不十分であり、特に西の遠江国には独立した病院を新設する必要があった。その設置場所の調査や設立準備の責任者となったのが林洞海であった。「遠州中泉辺」での小病院取り建てを担当すべく、三年二月二一日、静岡において同地への出張を命じられた洞海は、翌日、坪井信良らとともに出発、途中、在地の医師たちの氏名・年齢・学統などを記録しながら、二五日、中泉に着いた。

中泉在勤の無級御雇医師として名がある小川清斎は、もともと駿府の町医者であるが、二年一〇月段階で、中泉の東新町に種痘所を開いていた。[33]中泉最寄の少参事岩田緑堂、同権少参事淵辺徳蔵(游萍)、同郡方山村惣三郎らにも面会し、元旗本の陣屋など、病院の建物としてふさわしいものを調査した。山村は洞海の義弟であり、また佐倉順天堂の創設者佐藤泰然の息子でもあり、病院建設に関する相談相手としては何かと都合がよかったに違いない。二九日には、病院設立を前提に管内の医師に対し明細短冊の提出を求めることとした。洞海のこの指示を受け、中泉郡政役所では三月四日付で管下の村々に医師調査の廻状を発している(34)。

三〇日には浜松着、近隣の「土医」たちに面会している。ちなみにその日に会った医師たちのうち、祝田村の荻原(萩原?)元良は、七月には藩に採用され、三方原開墾にともなう士族居住地の建設にあわせ、同地の専任医師に委嘱された(35)。三月二日掛川に至り、勤番組之頭山田虎次郎、掛川最寄郡政役所の権少参事多田銃三郎に面会したほか、掛川近郷の素封家岡田佐平治・本間栄五郎には病院の永続方法について見込書の作成を依頼している。岡田は二宮尊徳の教えを受け、遠州の報徳社運動を推進した人物である。地域の豪農層の力を借り病院の維持・経営を図ろうとしたのである。

その後洞海は一旦沼津へ帰るが、三月一七日、遠州の病院の設置場所は中泉ではなく掛川に決定したとの通知が静岡から届く。翌日沼津を発ち、二一日掛川着、掛川勤番組之頭山田虎次郎・同頭並内藤七太郎と面談し、病院建設の詳細について検討した。三〇日静岡へ戻り、翌四月一日藩政補翼大久保一翁に会い、掛川の状況を話すが、大久保からは、遠州の病院はすべて藩の支出によって建設・経営するつもりであり、岡田佐平治ら地元豪農層の関与は認めないとの方針が伝えられた。洞海は「悪地」である掛川よりも他に「善地」があると考えていたので、その方針には納得せず、異論を上申したようだが、上からは、知藩事徳川家達の遠州巡見を待って決定するとの返事が下された。

ところが、その後、洞海には明治新政府からの出仕命令が下り、四月二七日沼津出立、五月三日付で大学中博士に任命され、六月には大阪医学校長に赴任する。遠州の病院設立計画からは全く離れてしまったのである。

洞海がいなくなっても掛川への病院設立は進み、三年八月掛川小病院が開業した。開業時には薬品価格などを明示した木版の布告文が出され、遠州全域の医師たちを対象とした「医道御取締」も宣言された[36]。本来であれば洞海が就任するはずだったその頭取には、沼津病院二等医師三浦煥(文卿)が任じられた。三浦の門人でもあった三等医師並田村英斎も掛川に転任したらしい[37]。

掛川に医師を割かざるをえなかった沼津病院では、坪井信良が「沼津欠員以誰償、杉田苦情非無謂[38]」と漢詩に詠んだごとく、人手不足が深刻であった。「同寮多応東京召」と坪井が漢詩に詠み、杉田玄端が「甚人少ニ相成只煩雑ヲ極メ」「夜中モオチオチ安眠出来兼る」と知人宛の書簡の中で嘆いたように、新政府の出仕命令に応じた離任者の続出も原因であった[39]。沼津病院からは三等医師篠原直路(二年九月)、桂川甫策(三年一月)、林洞海(三年五月)といった具合に新政府出仕者が相次いだほか、静岡病院へ転任した製煉方石橋俊勝(八郎、三年一一月時点で静岡勤務)、三河国豊橋に転住した三等医師並田村英斎(三年五月)らその他の理由での離任者もあり、その陣容は大きく崩れていた。そのため、三年以降には「御役人附」には載っていなかった杉村行三・渡辺東洋らが新たに三等医師並に採用、補強されたものと考えられる(杉村の採用は明治三年であることが墓誌から明らかである)。

掛川小病院自体も、医師を揃えるのが容易でなく、開業に先立ち「三人市在医」を雇ったという[40]。頭取三浦に随伴・従学した伊豆国田方郡湯ケ島村の村医井上潔(玄碩)も、「明治三年仕静岡藩始在掛川病院[41]」と墓誌に彫られたように、師の掛川赴任にともない採用されたものと思われる。

三年一〇月一三日、掛川の病院に関する御用は、郡政役所と勤番組の責任者である多田・山田・内藤が藩庁掛・少参事松平勘太郎同様に取り扱うようにとの達しが出されており[42]、掛川小病院は独立させるにはあまりに弱体であり、また地理的にも遠く目が行き届かないという意味で、このような措置が取られたものと推測する。領内の病院・医師に関しては静岡病院が一手に掌握するという理想には、そもそも無理があったのかもしれない。

四　病院生徒の教育

洞海の「慶応戊辰駿行日記」からは、明治三年（一八七〇）二月二七日条に記された遠州周智郡の三名の医師の名前に「静岡入門済」と添え書きされている以外、病院生徒の教育に関しては直接うかがい知ることはできない。彼は席の暖まる暇もなく動き回り、やがて離藩したので、実際に教育に携わることはなかった。しかし日記の記述からは、相磯為（為之助、元年一一月一日条）、中西謙三（一一月四日条）、大川周道（一一月五日条）、石井成斎（二年一月二五日条）など、接近してくる地元医師が少なくなかったことがわかり、洞海への個人的入門や病院生徒となることを希望しているのか否かは別にして、何らかのつながりを持とうとする者の存在が見て取れる。

沼津の陸軍医局（後沼津病院）では、静岡病院への一元化により当初の陸軍医学所構想が頓挫したが、むしろ静岡病院の方針に合わせる形で生徒教育が行われたものと推測される。静岡・沼津の病院での教育の実態に関しては、史料がないため詳細は不明であるが、そこで学んだ生徒の履歴については、一次史料・二次史料に以下のように記されている。病院の生徒になったとも、病院医師の門人になったとも、どちらにも解釈できる記述の仕方があるが、事実上、双方に違いはなかったものと推測される。

宇野朗「日々神戸氏ト沼津病院ニ出頭シ医書化学書等ノ聴講、患者ノ診療補助或ハ外科的手術ノ傍観等ヲナシタリ」(43)

杉田武「翁沼津病院ノ院長ニ挙ケラル先生之ニ入リ専ラ医道ヲ研究ス」(44)

白井直一「明治二年正月旧静岡藩駿河国沼津病院江入門、頭取杉田玄端ニ従事、英学並西洋法医術修業[45]」

山崎塊一「沼津兵学校に入りて兵学の研究に従事せしか当時兵学校附属として医学校の開設せられ杉田玄端氏之か師教たるに遇ふ一日君時世の変遷に感する所あり翻然其方向を転し即時医学校に移り杉田氏に就き医学の研究を事とせり[46]」

槇正覚「明治之初入沼津医院専心攻其術[47]」

栗田懿啻「旧静岡藩沼津病院に入り杉田玄瑞氏等の諸家に従ひ医学を研究し[48]」

多々良梅庵「駿府病院に学ぶこと、なつた。（中略）間もなく沼津に至り沼津病院頭取杉田玄端師に従ひ（中略）英書を研究した[49]」

清野勇「十六歳（明治二年）静岡に出て海軍々医総監戸塚文海先生の塾に寓して藩の蘭学校部に入り学ぶ[50]」

瀬戸宇三郎「明治三巳年四月、沼津病院医三浦煥へ隋《（ママ）》身西洋医学修行、同年八月三浦煥義遠州掛河病院頭取拝命ニ付彼地移転一ケ年修行[51]」

石井成斎「医局修行生也、曽て杉田成卿塾ニ居候[52]」

酒井恭順「明治四年一月沼津病院江入門[53]」

野田洪哉「年十四歳にして静陵の名医戸塚文海氏の塾に入り医道を研鑽し傍ら旧藩校に通学し洋学を修むる[54]」

富沢研道「明治三庚午年五月ヨリ同駅八幡町洋医杉田玄端江随身明治三庚午年五月より明治五壬申年一月迄壱年五ケ月之間洋法指鍼術修行[55]」

虎見洪平「伯父病院頭戸塚文海方へ門入候業仕り罷り在り候ところ、なお一と際勉強仕りたき志願に付、当分の内同人方へ入塾[56]」

青木省三「幼にして医道に志し旧沼津藩医柳下昌達氏に従ひ後ち杉田玄端氏に学ぶ明治六年より大岡村に於て開業し[57]」

望月恵作「再ビ化学及ビ製薬ノ業ヲ修メント欲シ同四年十一月静陵製煉所長化学士石橋八郎ノ門ニ入ル既ニシテ従学隔年翌二月石橋先生朝命ヲ奉シ東京エ転任ス是ニ於テ望ヲ失シ郷里ニ帰ル[58]」

望月が学んだ「静陵製煉所」とは、静岡病院の薬局のことである。

彼らのほとんどが地元の町医・村医である。白井・山崎・虎見だけは藩士であった。白井家については不明だが、山崎・虎見の家は明らかに医家ではない。駿河府中藩では、二年一月二三日付で「向後術業格別御撰之上、家筋ニ不拘御医師可被　命[59]」云々との布達を発しており、医師の採用は従来からの医家であるかに関わらず能力本位で行うという方針を示していた。さらに溯れば、慶応三年（一八六七）一一月、幕府は寄合医師・小普請医師らに対して、実子が医業未熟な場合は身分の尊卑に関係なく優秀な養子を取って跡を継がせるよう指示していた[60]。医師の世界において世襲制の限界は周知のことであり、静岡藩の病院生徒に関しても対象を医師の子弟に限定しないことは当然とされた。

ただし、一般の武家の子弟が率先して医師になることを志望したのかどうかは疑問である。沼津兵学校では、当初元陸軍士官から編入した数百名の暫定生徒をふるいにかけ正式な資業生を採用したが、明治三年三月が最終期限とされ、それまでに資業生に及第できなかった年齢二三歳以上の者に対しては、毎月四両の手当金支給を停止し、医学生か小学校教員への進路変更を強要した。先に引用した文献では自ら進路転換したとされていた山崎塊一も、この時に医学生に転向した一人だったという[61]。その真偽のほどは不明であるが、陸軍士官を目指す兵学校生徒のうち、医師への進路変更希望者は決して多くなかったものと推測される。

それとは別に、明治三年には、すでに資業生に及第していた沼津兵学校生徒からも医学修業者が選抜されることになった。第二期資業生の三田佶・望月二郎・片山直人・滝野盤・加藤寿、第四期の塚原靖・志村貞鋥・根岸定静・諏訪頼永・山内定一、第五期の永井久太郎、第六期の松岡馨・田口卯吉の一三名である。[62] 彼らについては、西洋の軍医は他の将校と同等であり、日本の「御太鼓医師」とは違うのだなどと、兵学校頭取自らが説得にあたり、転科を納得させたという。[63] 身体的に兵科の軍人に適さないという理由もあったかもしれず、また自ら志願した積極的な志望者も含まれたと考えられる。ちなみに医者の子であることが判明しているのは永井のみである。

彼らが静岡での医学修業を命じられたのは三年閏一〇月二五日のことであり、兵学校教授乙骨太郎乙が静岡学問所に転任するのに合わせ、医学生を連れて行くことになったためである。その際、以下のような辞令が出された。兵学校資業生としての月手当四両に加え、一両が支給されることになった。

申渡

志村太郎

医学為修業静岡表江被差遣候、尤来未十二月初度試業と可相心得候事

覚

別紙之通り被命候ニ付、別段為御手当一ケ月金壱両宛被下候事[64]

一一月二日には沼津を発ち静岡へ向かい、同月一五日からは授業が開始された。住居は静岡病院の寄宿寮であった。なお、田口卯吉は発令も少し遅く、静岡到着は一二月二四日だった。[65] 志村貞鋥（太郎）の父親が日記に記したところによれば、病院での学科（担当教員）は、解剖学（名倉）、窮理学（柏原学而）、化学（石橋俊勝）、人身窮理（林紀）、治療書（同前）、西医略論輪講（同前）などであった。[66] 坪井信良が記した「塾則」によれば、生徒には寄宿生・幼童生、教師

には助教・舎長といった区別があったらしい。兵学校資業生出身生徒が手当金四両を毎月支給されたのに対し、その他の一般生徒の場合はどうだったのか。逆に月謝を払ったのか否かなど、わかっていない。なお、学習の実態を示す一次史料としては、田口卯吉が「南寮」入居時代に記したノート数冊が残る(67)。

ところが、翌年彼らの身分には大きな変化があった。志村貞廉日記の四年五月一九日条に「此度塚本桓甫出岡ニ而、医学修業之資業生之分、静岡病院へ引渡ニ相成候由也(68)」と記録されたのがそれである。つまり、先に掲げた辞令では、四年一二月に沼津において試業を実施するとあったように、あくまで沼津兵学校資業生という身分での派遣であったのが、その後彼らを兵学校から切り離し、完全に静岡病院の所属生徒とすることになったのである。兵学校頭取塚本明毅(桓甫)が静岡に赴き、病院との間で調整を行ったのであろう。

田口卯吉の履歴書にも、明治三年「十二月二十日静岡病院に於て医学修業被命」、「同月二十日静岡表移住仕」、さらに「同四未年五月三日静岡病院生徒被命候(69)」とあり、四年五月に所属の変更が行われたことがわかる。田口卯吉の姉で静岡に住んだ木村鐙子の四年六月五日付書簡に「此程沼津よりの資業人不残当所江参られ、しづおかの御人ニ相成候て、卯吉なとも当所の御わり付ニ相成候(70)」とあるのも、所属の変化にともなう割付地変更のことを意味しているのであろう。松岡馨の履歴書に「同四年五月三日　一兵学校附属病院生徒申付候事　但月手当金四円(71)」と記されているのは、不正確な記憶にもとづくものであろう。

この医学生の身分切り替えは、医師養成に関しては静岡病院が一括掌握するという大原則が改めて確認され、兵学校が維持していた医学資業生という存在を吸収・解消することになったからだと考えられる。静岡と沼津の間、すなわち病院と兵学校の間で何らかの話し合いが行われた結果であろう。

とはいえ、医学生の学習が実を結ぶまでもなく、廃藩置県による病院廃止はすぐにやって来た。明治四年八月五日時点で、誕生したばかりの静岡県には、旧藩から引き継いだ「三ケ所病院医師其外生徒等共」一三二名が存在した。(72)病院頭林紀は明治政府の陸軍軍医に出仕することとなり、病院生徒たちも「不残の願ニて」(73)それに随行し東京で修業することを願い出、九月一六日付で「東京在勤」(松岡馨履歴書)を命じられたようである。(74)彼らは一一月上旬に上京するはずであったが、少し延期され一二月五日になったようである。果たして東京の陸軍病院生徒に横滑りしたのが何名だったのか不明であるが、沼津兵学校から静岡病院生徒に転じた一三名のうち五名、その他三名、計八名のみが明治五年時点の東京での医学修業人として記録されている。(75)

一方、静岡病院生徒からは他藩への留学生も送り出されている。四年二月八日、志村貞鍉は塚原靖・小川元次郎とともに鹿児島藩での医学修業を命じられ、三月から一二月沼津に戻るまで同地に留学、高木兼寛(藤四郎)に師事した。なお、この三人の所属は、帰藩するまでは静岡病院ではなく沼津兵学校のままとされた。(76)廃藩前後の混乱の中、やはり彼らも学業を全うすることはできなかった。

ちなみに、東京に松本順が開いた私塾には、明治二年秋から四年五月にかけ一〇名ほどの静岡藩士が入門しているが、(77)あくまで個人としての行動であり、彼らが静岡病院生徒として派遣された可能性は少ないと考える。

おわりに

最後に、静岡藩の病院が行った、あるいは行おうとした医療と医学教育について、その特徴を四点ほど指摘し、まとめておきたい。

まず第一は、静岡病院(駿府病院)による医療・医学教育の一元化である。一元化の意味には、①医師の個人的診療・教育活動よりも病院でのそれを優先する、②陸軍局が独自に設置した陸軍医局・陸軍医学所の吸収、③沼津兵学校の医学資業生の静岡病院生徒化、④支院としての沼津病院・掛川小病院の位置づけ、⑤西洋医による漢方医の統制、⑥領内医師の掌握、などがある。

①は、坪井信良が書簡の中で「一同申合、自家之調合所ハ廃止、日夜院之御用専ラニ取扱」と記したように[78]、個人的に自宅で医療活動を行ったりすることは自粛し、病院での診療活動に専念することが医師たちの間で合意された。ただし、門人の受け入れについては完全になくなったわけではなく、杉田玄端のようにその後も多くの門人を抱えた者もいた[79]。病院生徒と私的門人との区別が明確になされていたのか否かは判然としない。

②と③は関連するものであり、明治二年五月に合意された沼津兵学校での軍医養成廃止であるが、資業生の病院生徒への身分切り替えとして完全に実現されたのは、四年五月までずれ込んだ。

④は、沼津・静岡の並立体制をやめ、静岡を中核とし領内にバランスよく支院を配置するという方針であったが、医師の配置転換により結果として沼津病院の弱体化をもたらした。また、第三の病院が中泉・浜松ではなく遠江東部に位置する掛川に決まったことで、病院の配置は領内全体では東に偏することとなった。いずれも理想的なバランスが取れなかったことになる。

⑤は、奥医師などの漢方医を病院の傘下に置こうとするものであった。明治元年（一八六八）の役人名簿に掲載されていた奥医師とその多くを占めた漢方医が、三年段階の名簿「静岡御役人附」では消えた。江戸の医学館のごとき漢方医専門の教育機関が設置されることもなかった。しかし、東京での漢方医修業生に対する浅田宗伯の監督権を認めたように、決して漢方医の存在そのものが排除されたわけではなかった。知藩事の「御匙」は林紀・半井卜仙の洋漢医がともに勤めているし[80]、漢方医柴田元春は「病院員外医師」に任用されていた[81]。

⑥は、学歴を記した明細短冊を提出させるなどして地元の町医・村医を監督し、彼らを藩医として採用したり、病院で再教育したりすることを意図したといえ、静岡・沼津のみならず、小規模で存続期間も短かった掛川小病院でも地元医師の教育を行った事実が知られるが[82]、果たして完全掌握や徹底した組織化がどこまで実現し、その内どれだけの医師を生徒に呼び込んだのかは疑問である。試験・免許・登録などの制度が実施された形跡もない。沼津藩の荻生洪斎（洪道）、小島藩の遠藤周民・高橋玄策ら[83]、房総へ転出した旧藩に仕えていた医師を静岡藩が新たに取り込み、領主側からする既存の地域医療を部分的に継承した一面もあると思われるが、徳川家の一円支配にもとづく病院体制の一元化が、それまで駿河・遠江に形成されていた、あるいはされていなかった町村医の地域秩序や集団的存立基盤に対し、どれだけの刷新や変容を迫ることになったのかは解明できていない。いずれにせよ、にわかに成立した静岡藩の場合、近世からの継続性の上に維新後の医制革新を進めた山口・鹿児島など他の大藩の領内掌握に及ぶべくもなかった。

次に第二として、病院の設置・経営における地元庶民の関与についてである。静岡病院も沼津陸軍医学所も、当初から医療を藩士のみならず庶民に対しても広く施すことを宣言していた。そして実際にそれは実行された。また、村医・町医を病院生徒として受け入れ教育を行い、場合によってはその中から病院医師や勤番組派遣医師を採用した。静岡学問所が農商の入学を許し、優秀な者については藩の役人へ登用することをうたったのと同じく、医療・医学教育の両分野においても庶民への開放はなされたといえる。

しかし、掛川小病院設置計画に際し大久保一翁が示したように、病院はあくまで「お上」（藩）が費用を負担するものであり、豪農商ら地元庶民の有力者による経営参加は否定されていた。そもそも大久保ら藩幹部と林紀ら病院幹部とが一枚岩だったのかどうか不明であり、この矛盾はそこから出てきた可能性がある。二年五月一四日に竣工した静岡病院寄宿舎には、駿府の商人・大工棟梁らが寄付した五七九両があてられた(84)。沼津病院では、二年八月段階において「寄附姓名帳」を村々に廻し、庶民からも病院の建設資金を募っている(85)。庶民には金は一切出させない方針だったのか、金は出させても口は出させない方針だったのか、判然としないが、もしも庶民の藩政への関与を嫌ったものだとすると、封建領主としての限界が見て取れる部分である。

第三点としては、病院という近代的な医療機関の存在がいかに認知され、活用されたかである。力を入れた種痘が藩士とその家族や領民に対しどれだけの普及度を達成したのかはわからない。また、病院の利用率に関する士庶の比較などもできない。しかし、領外の伊豆国民衆までもが、三浦煥の沼津から掛川への転任を引き止めるべく嘆願書を提出したように(86)、庶民に対しても大きな恩恵を与え、かなりの定着を示したものと推察される。藩士の間ではなおさらであったろう。

旅行の途中立ち寄ったイギリス人の証言によれば、沼津病院には四台ないし五台のベッドが置かれた病室が複数あり、当時、二四人の入院患者がいたという。また、沼津病院に勤務した地元医師佐野寛道の子佐野誉は回想録の中で、叔母と姪が腸チブスに罹ったことを述べ、「今では入院など丶いふことは日常の茶飯事であるが、何しろ此の時代では大ごとで第一、患者を収容して治療を施すといふやうな設備ある医家は、滅多になかつた(87)」などと語っており、当時においては最新の医療施設であったことがうかがわれる。新たに取り入れられた入院(当時の言葉では「寄宿」)という機能は、患者が各家庭ではなく、病院内で死亡するという、新たな現象をも生み出した(88)。

表1は、平野勝禮(雄三郎、沼津勤番組之頭支配世話役)という沼津移住静岡藩士の日記から拾い上げた、病院と医師に関する記事の一覧である。平野は何か病気を抱えていたのであろうが、かなり頻繁に診察を受けている。彼にとって沼津病院医師三浦煥がかかりつけ医ともいうべき存在であり、その門弟田村英斎・井上潔(玄碩)・木村某らも師の

表１　平野勝禮日記にみる沼津病院医師の診療

年月日	記　載
明治２年	
５月６日	三浦弟子来
５月８日	三浦文卿来
５月11日	文卿来
５月18日	三浦来
５月23日	田村と申三浦へ同居之医師来
６月22日	三浦弟子木村来
明治３年	
２月９日	三浦文卿来
２月22日	三浦文卿入来
２月28日	三浦文卿見舞
３月２日	三浦文卿見舞
３月５日	三浦文卿見舞
３月10日	三浦文卿見舞
３月18日	昨夜より鈔吹出もの致ニ付井上玄碩見舞
３月20日	三浦文卿見舞
３月26日	三浦文卿見舞
４月12日	三浦文卿見舞
５月３日	井上玄碩来
５月４日	三浦文卿入来
５月８日	井上玄碩来
５月10日	井上玄碩見舞
５月12日	三浦文卿見舞
５月13日	井上玄碩見舞
５月20日	中西謙三来
５月25日	三浦文卿井上玄碩来
５月28日	井上玄碩来
６月１日	井上玄碩来
６月６日	井上玄碩来
６月９日	井上玄碩見舞
６月10日	三浦文卿見舞
６月12日	井上見舞
６月14日	井上玄碩見舞
６月15日	三浦文卿森岡元龍見廻
６月16日	杉田玄端始而見舞
６月17日	夫より医局へ行、中西謙蔵来
６月20日	杉田見舞
６月22日	昼前病院へ行
６月23日	八字頃より病院へ行、夫より不動尊参詣、杉田玄端見舞
６月24日	七字頃より病院へ行、夫より不動尊参詣
６月25日	八字前より病院へ行、夫より不動尊参詣、杉田玄端見廻夜四ツ半
７月28日	朝病院江行
11月９日	鈔医師へ行
明治４年	
１月11日	佐野寛道見舞
２月２日	佐野見舞
２月９日	佐野寛道見舞

「日記」(平野綏氏所蔵・平野家文書E-9、E-10)より作成。

表２　静岡藩士志村貞廉日記にみる沼津での医療

日　付	記　載　内　容
明治３年	
２月３日	太郎不快ニ付夜杉田江参り玄端へ面会、是迄之病症相話、当節之不快如何哉診察投剤頼入置候ニて、今朝病院へ遣し薬もらい候
２月６日	太郎之薬取野沢金助頼ミ病院へ遣候、但容体書相添　医局へ太郎薬取ニ遣候、三日分
３月18日	病院へ行、杉田先生ニ痔疾之薬もらい候、前方粉薬也
３月27日	病院江行
４月６日	病院江行
４月25日	不快ニ付病院へ行薬もらい候　お金不快ニ付石井成斎呼薬もらい候
４月26日	桃花不快ニ付病院へ行薬もらい候
４月28日	病院へ行
５月７日	力不快ニ付成斎ニ薬もらい候
８月３日	腹痛下痢ニ付病院へ行、薬もらい候、杉田
８月８日	病院へ行
９月10日	病院へ行薬もらい候
９月11日	杉田先生久右衛門方へ被参候ニ付、太郎不快見てもらい候
９月14日	病院へ行薬もらい候
９月19日	お桃花腹痛発し難儀ス、石井成斎伜ニ遣シ薬もらい候、三度斗大吐
９月20日	病院へ行薬もらい且桃花病気ニ付杉田見廻頼候処、承知入来薬もらい候、駕ニ而被参、輿夫二人へ二朱酒代遣ス
９月21日	石井成斎江おとか休薬之事、杉田先生ニ薬もらい候事申談ス
10月14日	金事木瀬川森岡元良へ参る
10月20日	桃花病院へ行、薬もらい候
10月22日	病院へ行、薬もらい候
閏10月２日	病院へ行、杉田ニおとか薬之事頼候処、少々休薬可致旨にて薬くれ不申候ニ付休ム
閏10月３日	杉田先生被見廻候、水薬投剤
閏10月14日	杉田先生被見廻候
閏10月23日	杉田先生来
閏10月26日	風邪ニ付病院にて薬もらい候
11月21日	桃花休薬之事、病院詰藤田良吉へ申断ル　出口町七兵衛ヲ尋る、但薬袋ニ者源八と有之
11月22日	お桃花ヲ駕にて出口町源八江連参候て薬もらい候、寒中ニ付灸ハ寒明ケニ可致旨申聞候　薬代二品七日分銭弐貫文（後略）
12月16日	杉田江ブタイ一尾診察礼ニ遣候
明治４年	
２月３日	桃花・力両人共森岡へ行、九曜灸点おろし頼、礼金壱朱遣候

八王子市郷土資料館編『元八王子千人頭志村貞廉日記』一（2012年、同館）より作成。

代役を果たしたようだ。患者が病院に行くことよりも医師の往診のほうが圧倒的に多いのも特徴である。また、表2は静岡藩士志村貞廉の日記から沼津での医療関連の記事を抜き出したものであり、平野と同様の傾向が見て取れるほか、薬をもらうために病院に行くことが多かったことがわかる。

以下に掲げるのは藩士の隠居願である。医師の診断が前提とされていたことがわかる。静岡・沼津などでは当然、病院の医師たちがその役割を担当したのであろう。

跡式奉願候覚

元高三拾俵弐人扶持　沼津勤番組之頭支配

持扶持五人扶持　三等勤番組

田中鈞吉

未歳二十九

実子　田中才太郎

未歳二

私儀、久々持病之疝積ニ而難渋仕候ニ付、沼津病院御医師杉田玄端松島玄雄療養相請候処、病気次第ニ差重、此上迚も全快仕御奉公可相勤躰無御座候旨、右御医師両人被申聞候、就而者若養生不相叶相果候ハヽ、書面実子才太郎江跡式無相違被下置候様仕度、此段奉願候、以上

明治四未年七月　田中鈞吉

高　晴江殿

天　民七郎殿(89)

病気のため欠勤や退役、隠居を願い出る際など、書類上、医師の診断が必要とされたようであり[90]、病院と医師の存在は公的な場面でも極めて身近なものとなっていた。

第四点目として指摘すべきは、病院での医学学習の有効性である。地元医師の中からは、その後も地域の医療を担い続けた者が多かった一方、石井淡のように上京し宮内省医員となった者も出た。石井は先祖代々の村医から西洋医へと変身し、活躍の場を地域から地域の外へと広げたわけである。彼にとって静岡藩時代の経験は有効であったといえよう。病院生徒や病院医師の子弟からは、清野勇・宇野朗・佐野誉のように大学東校（東京大学医学部）に進学、医学界の最高峰で足跡を残すことになった秀才も輩出した。

一方、もともとの医家出身ではなかった沼津兵学校資業生・静岡病院生徒の場合、一三名中、最終的に医師として身を立てたのは三名のみであり（滝野盤・加藤寿・諏訪頼永、いずれも軍医、ただし諏訪は獣医）、多くの者にとって静岡藩での医学修業は無駄となった。これは変革期・混乱期に勉学した者として責められるべきことではないし、決して静岡藩の医学教育の有効性を否定するものとはいえない。他に、薬業分野に進出した山崎塊一のような存在も評価できる。

静岡藩が能力本位の人材育成システムを先駆的に準備したという意味で、静岡学問所も静岡病院も同じであったが、一般行政分野の藩官僚を目指すよりも医師へのコースのほうが敷居は低かった。そもそも医師は士庶両身分にまたがる存在であったからである。だからといって、医家以外の庶民出身者が藩の病院生徒になった事例はほとんど知られていない。逆に沼津兵学校からの病院生徒採用は、医家以外の武士出身者の医学界への進出を切り開いたといえる。能力主義的な人材配置という点では、旧来医家であった藩士を医業から脱せしめるという逆転現象も生じさせた[91]。

静岡藩の病院では、他藩や新政府のように、西洋人医師を雇い入れたり欧米へ留学生を送るといった、時間的・財政的余裕はなかった(92)。建築や設備・備品も、幕府から引き継いだ蔵書以外は決して恵まれたものではなかった。また、沼津兵学校や静岡学問所が教科書を刊行したのとは違い、教育用の書籍を独自に発刊することはなかった。しかし、数値化はできないものの、身分制を超えて後の医療界への人材供給といった結果面を見ると、時間と空間を限られた静岡藩の医学教育であったが、それなりの存在意義はあったのである。

むしろ、陸軍局（沼津）の独自性をなくし、藩内の医療行政の一元化を目指した林紀や戸塚文海が、廃藩後明治政府に出仕してからは軍医となったのは何とも皮肉である。巨大な政府組織の中では個々の役割は細分化されており、彼らに割り当てられたのはその一部門のみであった。彼らの静岡藩での経験がなにがしかの意味を持ったか否かはわからない。

以上述べた四点にわたる特徴から、静岡藩が病院を通じて推進した医療と医学教育は、近代的医療政策としての先駆的意味を有しながらも、様々な限界を含み込んでいたといえる。一地方政権としては全国的影響力を持ちにくかったこと、廃藩までの短期間では成果を上げられなかったという、基本的な制約も前提条件になっており、正負はともに、幕府の後身である藩自体の生い立ちに由来するものであった。医に関わる全面的な革新は明治新政府に委ねねばならなかったのである。

林洞海「慶応戊辰駿行日記」には、それらを指し示す新事実が多く記録されていた。末筆ながら貴重な史料の利用・紹介をお許しいただいた順天堂大学医史学教室および酒井シヅ先生に対し記して感謝申し上げる次第である。

註

（1）拙著『沼津兵学校の研究』（二〇〇七年、吉川弘文館）、三七九〜三八六頁。
（2）『静岡県史　資料編16近現代一』（一九八九年、静岡県）、一九八頁。
（3）勝部真長他編『勝海舟全集17　陸軍歴史Ⅲ』（一九七七年、勁草書房）、五三五〜五三六頁、『勝海舟全集13　海軍歴史Ⅱ』（一九七四年）、四六一頁、四六九頁。
（4）倉沢剛『幕末教育史の研究』一（一九八三年、吉川弘文館）、三八〇〜三八六頁。
（5）池田文書研究会編『東大医学部初代綜理池田謙斎　池田文書の研究（下）』（二〇〇七年、思文閣出版）、六七六頁。なお、「駿河表召連候家来姓名」掲載の高島春庭が馬島春庭の誤りだとすれば、彼も新政府の東京府大病院に出仕したため移住しなかったことになる（前掲倉沢『幕末教育史の研究』一、三九〇頁）。
（6）勝海舟全集刊行会編『勝海舟全集　別巻　来簡と資料』（一九九四年、講談社）、三〇二〜三〇三頁。
（7）前掲倉沢『幕末教育史の研究』一、三八五〜三八七頁。
（8）「静岡藩御達留　二」（東京大学史料編纂所所蔵）。なお、二年正月発行「御役名鑑」では、「川島宗瑞」は奥医師並御雇として掲載されている。
（9）前掲『静岡県史　資料編16近現代一』、一九八頁。
（10）前掲『静岡県史　資料編16近現代一』、一一八〇〜一一八五頁。
（11）宮地正人編『幕末維新風雲通信』（一九七八年、東京大学出版会）、二七七頁、二八八頁、前掲倉沢『幕末教育史の研究』一、三七三〜三七七頁。
（12）富士山かぐや姫ミュージアム所蔵・旧中里村大坪関家文書。

(13) 渡辺竹雄「ある医家の系譜―瀬戸玄博の人柄と世相を中心にして―」(『御殿場市史研究』五、一九七九年、御殿場市史編さん委員会)、二九頁。
(14) 拙稿「史料紹介　山木鈴木家文書中の静岡藩御用留―沼津兵学校関係史料を中心に―」(『韮山町史の栞』一四、一九九〇年、韮山町)、九頁、一一頁。開業前の二月一三日付廻状でも医局薬園掛として筆算のできる者の募集が行われている(『山中庄治日記』五、一九七四年、沼津市立駿河図書館、一六頁)。
(15) 『静岡県史　資料編16近現代一』、一九九頁。
(16) 大久保利謙編『西周全集』第二巻(一九六二年、宗高書房)、四七二頁、四七四頁。
(17) 静岡県教育研修所編『静岡県教育史　通史篇上』(一九七二年、静岡県教育史刊行会)、二二一六頁。
(18) 土屋重朗「沼津病院、駿東病院についての新知見」(『沼津史談』一五、一九七四年)。
(19) 前掲『幕末維新風雲通信』、三三三～三三八頁。
(20) 沼津市誌編纂委員会編『沼津市誌』中巻(一九六一年、沼津市)、七六二頁。
(21) なお、沼津病院には「御役人附」に掲載されていないが、御薬園掛三名、調剤掛数名もいたとされ、調剤掛は医学生が担当したという(石橋絢彦「沼津兵学校沿革(六)」『同方会誌』四三、一九一六年、復刻合本第七巻、一九七八年、立体社)。他に、製煉掛という担当も置かれていたことがわかっている(拙稿「沼津兵学校関係人物履歴集成　その二」『沼津市博物館紀要』二七、二〇〇三年、沼津市歴史民俗資料館・沼津市明治史料館、一四四頁・渡辺安五郎)。この製煉掛も御薬園掛も、氏名が判明しているのは、ともに「沼津御役人附」では病院附御使之者出役として掲載された二八名に含まれ、同役は医師を補助し様々な業務に携わった人々であると思われる。前掲「沼津兵学校沿革(六)」で厚木某とされた御薬園掛は、病院附御使之者出役をつとめ、廃藩後は富士郡・駿東郡で小学校教師となり、東京で私塾梯道舎を開いた厚木勝久（壮平、？～一八九二）のことであろう。勝久の息子厚木訥平次（一八六〇～一九四二）は、沼津病院時代の父の仕事に触発されたものか、後に陸軍獣医大佐に進み、飼料・有毒植物などを専門とする獣医学博士となった。以上、厚木勝久・訥平次父子については、『東京教育史資料大系』第三巻（一九七三年、東京都立教育研究所）、『日本獣医畜産大学小史』（一九八一年）、『新聞に見る人物大事典』第一巻（一九九四年、大空社）、厚木敏徳氏所蔵過去帳、沼津市・本光寺過去帳などによる。

(22)　『静岡県史　資料編16近現代一』、一一八九頁。
(23)　前掲『幕末維新風雲通信』、三三九頁。
(24)　池田哲郎「沼津文庫の蘭書について」（『蘭学研究会研究報告』一八、一九五七年）。
(25)　『静岡県史　資料編16近現代一』、一一九〇～一一九二頁。
(26)　『久能山叢書』第五編（一九八一年、久能山東照宮社務所）、四三六頁。
(27)　『東京教育史資料大系』第四巻（一九七二年、東京都立教育研究所）、一二一七～一二三三頁。
(28)　『随筆・遺稿』（一九五六年、清野謙次先生記念論文集刊行会）、五六〇頁。清野謙次は町医から沼津病院医師になった清野一学の孫、同病院生徒清野勇の子。
(29)　『佐野誉　回想録』（一九三七年、私家版）、三八頁。佐野誉は町医から沼津病院医師になった佐野寛道の子。
(30)　多々良玄編『多々良梅庵小伝』（一九三〇年、私家版）、六頁。多々良梅庵は静岡と沼津の両病院に学んだ駿河国の村医。
(31)　静岡県史料刊行会編『明治初期静岡県史料』第四巻（一九七〇年、静岡県立中央図書館）、一四六頁。
(32)　『静岡県史　資料編16近現代一』、一一九〇～一一九一頁、一一九四頁。

(33)『静岡県史　資料編16近現代一』、一一八九〜一一九〇頁。
(34)『磐田市史　史料編3　近現代』(一九九四年、磐田市)、五二七〜五二八頁。
(35)浜松市役所編『浜松市史　三』(一九八〇年、浜松市役所)、七七頁。
(36)『静岡県史　資料編16近現代一』、一一九五〜一一九六頁。
(37)拙稿「史料紹介　沼津兵学校人名簿」(『沼津市博物館紀要』二一、一九九七年)、五四頁。
(38)前掲『幕末維新風雲通信』、三五四頁。
(39)前掲「沼津病院、駿東病院についての新知見」、四三頁。
(40)前掲土屋『幕末維新風雲通信』、三五七頁。
(41)藤沢全『若き日の井上靖研究』(一九九三年、三省堂)、五〇頁。
(42)前掲『久能山叢書』第五編、四〇七頁。
(43)拙稿「宇野朗回想録の翻刻と紹介」(『沼津市博物館紀要』三五、二〇一一年、沼津市歴史民俗資料館・沼津市明治史料館)、五三頁。
(44)近藤修之助編『明治医家列伝』第三編(一八九二年、編者刊)、ロノ二二五頁。翁とは武の父杉田玄端のこと。
(45)『沼津市医師会史』(一九六四年、沼津市医師会)、二三三頁。
(46)久保田高吉編『東洋実業家評伝』第弐編(一八九三年、博文館)、八八頁。
(47)拙稿「沼津掃苔録」(『沼津市博物館紀要』二一、一九九七年)、一四頁。
(48)高室梅雪『静岡県現住者人物一覧』(一八九九年、三成社活版部)、九八〜九九頁。
(49)前掲『多々良梅庵小伝』、六頁。

(50)　古屋照治郎『近畿医家列伝　前編』(一九〇二年、大阪史伝会)。
(51)　前掲渡辺「ある医家の系譜―瀬戸玄博の人柄と世相を中心にして―」、三一頁。
(52)　「幕臣志村貞廉日記　二」(東京大学史料編纂所所蔵)二年七月八日条。
(53)　『沼津市史　史料編近代1』(一九九七年、沼津市)、二四三頁。
(54)　高室梅雪『静岡県現住者人物一覧』(一九〇一年、耕文社)。
(55)　「履歴明細書」(獅子浜植松家文書C―51、沼津市明治史料館所蔵)。
(56)　『八王子千人同心史　通史編』(一九九二年、八王子市教育委員会)、七七三頁。
(57)　前掲高室『静岡県現住者人物一覧』(一九〇一年)。
(58)　飯野恭三編『静岡県薬業家列伝』上巻(一八九一年、編者)、一〇四頁。
(59)　『静岡県史　資料編16近現代一』、一一七九頁。
(60)　国史大系編修会編『続徳川実紀』第五篇(一九六七年、吉川弘文館)、二九五～二九六頁。
(61)　前掲「沼津兵学校沿革(六)」。
(62)　石橋絢彦「沼津兵学校沿革(五)」(『同方会誌』四二、一九一六年、復刻合本第七巻、一九七八年、立体社)。なお、他の史料には、「静岡病院寄宿」九名の一人として第四期資業生中川功(惣一)の名前も記されている(拙稿「史料紹介　沼津兵学校人名簿」『沼津市博物館紀要』二一、一九九七年、五九頁)ほか、後述の鹿児島藩派遣医学生手当金支給辞令には、「兵学校資業生塚原直太郎・志村太郎・小川□(元)次郎」とあることから(拙稿「下張から発見された沼津兵学校関係文書」『沼津市博物館紀要』二五、二〇〇一年、一五～一六頁)、小川元次郎なる人物も静岡病院に派遣された資業生だったことになる。四年三月二六日付木村鐙子書簡には「沼津よりの人病院へ十五六人程参り」と記されており(『木村熊二・鐙子往復書簡』、一九九三年、東京女子大学比較文化研究所、四二頁）、一三名よりも少し多かった可能性がある。

(63) 前掲「沼津兵学校沿革(六)」。

(64) 前掲「幕臣志村貞廉日記　三」（東京大学史料編纂所所蔵）。

(65) 前掲『木村熊二・鐙子往復書簡』、二九頁。

(66) 以上、志村貞鋌の動向については、「幕臣志村貞廉日記」のほか、宮地正人『幕末維新期の社会的政治史研究』（一九九九年、岩波書店）、四二二～四二三頁も参照。

(67) 菅野美和氏所蔵。

(68) 「幕臣志村貞廉日記　四」（東京大学史料編纂所所蔵）。

(69) 鼎軒田口卯吉全集刊行会編『鼎軒田口卯吉全集』第四巻（一九二八年、吉川弘文館）、口絵写真。

(70) 前掲『木村熊二・鐙子往復書簡』、五二頁。

(71) 拙稿「沼津兵学校関係人物履歴集成　その三」（『沼津市博物館紀要』三〇、二〇〇六年）、四三頁。

(72) 『静岡県史　資料編16近現代一』、一四一頁。

(73) 前掲『木村熊二・鐙子往復書簡』、六一頁。

(74) 明治四年一一月木村熊二宛田口卯吉書簡、『鼎軒田口卯吉全集』第八巻（一九二九年、吉川弘文館）、五八八頁、田口親『田口卯吉』（二〇〇〇年、吉川弘文館）、四四頁。

(75) 前掲『明治初期静岡県史料』第四巻、一三三～一三四頁、諏訪頼永・滝野盤・加藤寿・三田信・田口卯吉が沼津出身、半井良策・坂循・安香真平がその他。安香は榎本武揚の甥で、後に陸軍薬剤官・熊本薬学専門学校長になった安香堯行のことであろう。坂循は陸軍薬剤官になった坂修の誤りであろう。

(76)　前掲宮地『幕末維新期の社会的政治史研究』、四二四～四二五頁。

(77)　鈴木要吾『蘭学全盛時代と蘭疇の生涯』（一九三三年、東京医事新誌局、一九九四年復刻、大空社）。宮重清・瀧済民・清水英二郎・石川藤四郎・三橋新次郎・桑原国太郎・松本正三・馬場百助・山村鑑太郎・古川銀太郎。

(78)　明治二年五月一〇日付書簡、前掲『幕末維新風雲通信』、三三二頁。

(79)　杉田には自分の息子のほか、小諸藩出身の神戸文哉、弘前藩出身の小山内建（玄洋）ら東京から付き従った書生が同居・従学していた（拙稿「杉田盛の六十年回想記」『静岡県近代史研究』三一、二〇〇六年、静岡県近代史研究会）。小山内は明治三年正月に大学東校少句読師、神戸は閏一〇月に大学少得業生を拝命し新政府に出仕している（東京大学図書館所蔵・東京帝国大学五十年史料「職務進退」）。

(80)　『静岡県史　資料編16近現代一』、一一九一頁。

(81)　拙著『見る読む静岡藩ヒストリー』（二〇一七年、静岡新聞社）、一四四頁。

(82)　明治四年五月から掛川小病院に学んだ遠江国小松村の村尾春洋の例（土屋重朗『静岡県の医史と医家伝』、一九七三年、戸田書店、一四八頁）。

(83)　遠藤周民については佐野小一郎『静岡県家歴鑑　壱』（一八九四年、六二丁）、高室梅雪『静岡県現住者人物一覧』（一八九八年、一九九頁）、高橋玄策については前掲土屋『静岡県の医史と医家伝』（七七、三五七頁）。

(84)　『静岡市史　総目次・年表・索引』（一九八二年、静岡市役所）、五九二頁、『静岡県史　通史編5近現代一』（一九九六年、静岡県）、六六～六七頁。

(85)　拙稿「地域史上の沼津兵学校―その地元への関与と遺産―」（『沼津市博物館紀要』一〇、一九八六年）、五〇頁。病院医師が自らも積極的に寄付を募ったことは、以下に翻刻する、富士郡吉原宿の素封家鈴木香峰に宛てた明治二年一〇月二一日付の林洞海の書簡（富士山かぐや姫ミュージアム保管・鈴木脇本陣家文書）からもうかがえる。

林梅仙

鈴木航浦様研幹右

過日者俄然得拝眉、難有奉存候、就ハ頃日病院ニ於而病人寄宿所取建候ニ付而者、沼津市中者勿□富士駿東両郡之内ニ而有志之人々ゟ寄附金を相募り候ニ付、此度御近辺より大宮町辺まで荻生洪斎を差出候間、貴宅へ罷出御相談も致し度趣ニ付、洪斎江頭ゟ申下候処篤と御聞被下、御同志ニ候ハヽ、何卒御周旋被下度、委細者洪斎ゟ可申上候、如此御座候、早々頓首

十月念一

(86)　前掲『沼津市史　史料編近代1』、六六〜六八頁。

(87)　佐野實『佐野誉回想録』（一九三七年、私家版）、四〇〜四一頁。

(88)　拙稿「新史料からみた静岡藩の沼津病院」（『沼津史談』六九、二〇一八年、沼津史談会）、六七〜七〇頁。

(89)　静岡県士多喜控「従明治二年　公私雑記」（沼津市明治史料館保管・大野寛一関係文書）。

(90)　沼津兵学校附属小学校の教科書として発行された『諸届并文章』（田中明氏所蔵）には、公私にわたる文章の作成例が掲げられているが、その中には公的な文案として医師の診断を仰いだ上での病気引籠届・退役願・隠居願がある。

(91)　静岡学問所の漢学や英学担当教授になった宮崎立元・曽谷言成・名倉納、同学問所の生徒になった坂湛らがその例である。宮崎の前歴は幕府医学館講師・世話役（『江戸』四―一、一九一六年、江戸旧事采訪会）。曽谷家は姓から判断して幕府典医であると推測。また、立元の子宮崎駿児に対し「叔宮崎言成」と記した文献があることや、イギリス留学時の日記「英行日誌」（早稲田大学図書館所蔵・柳田泉文庫）の記載などから、曽谷言成は宮崎立元の実弟らしい。後に宮

崎に復姓し、明治二〇年（一八八七）には函館商業学校教諭となったほか、大正五年（一九一六）には『江戸』第三巻第二綴に昌平黌に関する記録「茗黌紀事」を投稿している。名倉は静岡病院医師名倉弥五郎の子。坂は幕府典医坂春庵の三男で後に工学博士となった。

（92）明治四年（一八七一）三月、静岡病院頭林紀の弟林糾四郎、同医師名倉弥五郎の子名倉納がアメリカ留学に出発しているが、目的は語学修業であった（前掲『明治初期静岡県史料』第四巻、一三〇～一三一頁）。また、五年一月三日付坪井信良の書簡に「医師モ不遠内孛漏生より雇入之積り也」（前掲『幕末維新風雲通信』、三五九頁）とあるほか、それに関連してか、静岡学問所教授吉見義次が四年九月に「藩立学校独逸医学世話心得並に取締」（前掲高室『静岡県現住者人物一覧』、一八九九年、一五七頁）に任命されたといった事実が知られるが、いずれも既に廃藩後のことであった。

史料　林洞海「慶応戊辰駿行日記」抜粋

明治元年

（10月16日）
辰十月十六日朝五ツ時、東京両国薬研堀の旧宅を出て、元柳橋船宿梅花や之河岸より主従七人駕三挺両懸一荷本馬壱疋を、てんまと云船ニのりて、十一字過品川宿ニ着、石泉ニ而午飯を食す、其入用代

（10月21日）
払暁小田原出立、但馬荷大磯より来らさるニ困り、幾次郎を小田原ニ残し置、一字箱根関門通行、石内某之宅ニ而昼飯相済、幾次郎通行之事、□□□□□過箱根出立下山之処、山中より下之方ニ而、勝亦之迎次男馬之助手代駿之助ニ出会、日暮過三島ニ着、三島宿一泊候積処、宿中混雑ニ付、年寄左平次弥右衛門之世話ニ而人足出候而、夜中沼津ニ着、勝亦ニ荷付、夜十二字ニ平臥

（10月22日）
府中研海行書状、江戸洞斎行書状、横浜佐藤行書状、各壱通認む、川村半左衛門ニ右之書状を托す○夜中按摩を頼む、按摩出口町之城寿と云ふ（中略）○夜中幾次郎着、馬荷は三島に預ケ来る、幾云、杉田玄端を山上ニ而ミる

（10月23日）
早朝川上万之丞来訪、駿府ニ伝言す、川上云、明廿四日西周助当地ニ着す

（10月24日）
一昨日廿二日より、リューマチ熱ニ而歯痛を発す、廿二、廿三、共ニ午時頃微悪寒四支痛、夕刻より発熱深交熱減し朝ニ至りて全く解す、昨日より発表分を服す、今日之景況ニよりキナ塩を用ゆへし○紳六、お喜、婢僕と共に主人の案内ニ付而、之朝より伊豆のきせうと云ふ所ニ至る○夜中、邦之助之寓居揚土の阿見やを訪ふ、不在

ニ□てあはす○今日熱発せす、昨夜の微汗ニ而解熱せり
（10月25日）
阿部邦之助、塚本勘甫、矢田堀景蔵ニ面会○午后、川向を散歩○夜中、相磯格堂父子、豆州大仁杉村行三来る
（10月26日）
阿部邦之助、川村半左衛門、鈴木与兵衛を訪、高畠友吉ニ付□阿らひや馬を見、中川飛騨隠居ニ逢而帰る○午后、竹海門人原宿寺町石井数馬ニ托し、書状壱通、風呂敷壱ツを送る○矢田堀の府中行ニ托して研海ニのり壱箱、坪井行の紙包を頼む○夜中、杉村行三、柳下昌達、相磯為之助入門○昼、中川半左衛門来る、西周助を訪ふ
（10月27日）
今朝四ツ時、赤松着、主従六人来る、先勝亦ニ荷着、夕刻宿やよし野やニうつる○大久保四郎太郎之家族一同、昨日江の浦着ニ而上陸、蓮光寺ニ住居之由告ケ来る
（10月28日）
朝、大三郎旅宿を訪ふ、昼前、河岸の楼ニ移る、御馬乗方医師永井玄栄、三島宿大河周道来る、伊豆北条寺家村之村長内田忠五郎ニ逢、忠五郎ハ重三郎之弟なり○夜、大三郎夫婦来る○昼前、阿波屋彦兵衛を往て診す、大久保主膳之寓三枚橋蓮光寺を訪ふ、夕刻、大久保之家来佐藤某、使ニ来り鴨を贈りくれる
（10月29日）
大三郎夫婦母三人来る、今日、同町伊勢や之二階ニ移る○隣家油屋彦八之手代左兵衛来る○阿波や彦兵衛之薬を投す、是沼津人ニ投薬之はしめ也
（10月30日）
今朝、塚本勘甫を訪ふ、西周助、大槻保太郎、大三郎来る、大三郎と香貫ニ散歩す○明朝、重三郎、格堂両人、府中ニ行ニ付、研海ニ過日之返書并ニ品々一包ニ托し頼ミ遣ス、幾次郎も右之供致し行五日之間之いとま遣す
（11月1日）
午后、荻生洪道之宅ニ行、柳下荘兵衛之後家を診し、午后、洪道と同行、海辺ニ行て夕刻帰宅、夜中、長三郎豊蔵同行ニ而、大三郎之寓居ニ行く○紳六、今朝より為之助同行ニ而、木負村格堂之宅ニ泊りかけニ行く

（11月2日）
午后、伊三郎、阿巳彦、西周、大久保、阿部を訪ふ、格堂之事を書付ニ致し渡し置
（11月3日）
大久保樫軒、同四郎太郎、岩田緑堂来る○夜中、武助東帰ニ□、洞斎利助ニ書状を遣ス、荷船の事ニはりてなり○夕刻、紳六郎、木負村よりかへる
（11月4日）
紳六をつれ候而樫軒を訪ひ、中沢善次ニ逢ふ、帰路、阿巳彦ニよる、朝、杉田玄端、川上万之丞来る、夕刻、矢田堀帰六来る、僕幾次郎駿府より帰る○研海陶亭より書状来る○中西謙三より病家之転書来る
（11月5日）
朝、中沢善次来云、鞠子新田名主伝右衛門方同居、明六日朝船ニ而帰る、研海行書状壱通を托す○病家診察後、午后、杉田之宿を訪□不在、北郊□散歩してまりこの宮ニ至り、中野新田々村まて至り帰る○今日すんふ行、醤油二樽を勝亦店より出すニ寄り、牛乳之□松魚節廿本入レ箱壱ツ、一同と研海宅ニ送り方を店ニ頼む○大川周道来る、明六日朝、三島宿綿や松五郎往診を頼む○川上万之丞来る
（11月6日）
朝より駕ニ而三島ワたや松兵衛ニ往診、問屋荘兵衛ニ逢ふ
（11月7日）
赤松荷物着ニ付、研海之洋荷六箇受取、直ニ幸便有之、船ニ而駿府ニ勝亦より送り出す、明八日、大久保の佐藤□□行ニ付、□□□□印鑑壱枚、田安御門印鑑三枚、箱根印鑑一枚を包之、書状壱通并風呂敷包菓子一箱を托し、研海ニ送る
（11月8日）
朝、阿部ニ至る、午後、香貫二瀬川村ニ至り、伴鉄太郎を訪ふ、津田為春来る、詩巻を贈る
（11月9日）
朝、矢田堀を訪ひ、午后、川上赤松来る
（11月10日）
午后、子供并赤松夫婦と同行、海辺を散歩、戸田鍵之助

を診す
（11月11日）
午后、矢田堀川上を訪ふ、両人之客舎鈴木与兵衛ニ飲す、夜帰
（11月12日）
朝、西周ニ魚を贈り、鈴木ニ三便酒を送る○二度目之船荷并ニ近出荷二ツ、越半出之船荷三ツ、皆落手○成瀬善四郎来る
（11月14日）
朝、大三郎方ニ行話を聞、云開陽はしめ五艘之軍艦十月廿八日ニ箱館松前をとる、依之東京より駿府ニ大譴責之云来るニ付、一翁安部邦之助、早打ニ而東京ニ出ると云○夜晴、目下箱根山の嶺白雪を見る
（11月16日）
朝、杉田玄端を訪ふ○午后、西周助、大久保樫軒、矢田堀を訪ふ
（11月17日）
朝、幾次郎、さわ出立、駿府ニ帰る、其便ニ鈐五郎の衣其外品々送り、且書状をも遣す○夕刻、洞斎より返書来る、即時返書認む、川上万之丞宅状来る、即時大久保の某所ニ頼之届く○夕刻、白戸研海家来両人来る
（11月22日）
今朝、石介研海出立帰府す
（11月23日）
明廿四日、渡辺一郎、川上万之丞、東京横浜ニ出るニ付、渡辺横浜の書状を托し、川上ニ横浜行之フラスコ代金壱両弐分を渡し、洞斎行之書状を托す
（11月24日）
明廿五日、成瀬善四郎東京ニ出立ニ付、ひん付と茶とを頼む、但し代金は不相渡○洞斎より書状来る、船荷之事ニ付出せし書状之返書也
（11月26日）
朝、俊之助と同道、畑見ニ行○駿府より書状を楢橋邦之助之妻持来る、蒲公英エキス小一□陶亭より来る○矢田堀行之書状壱通来る、直ニ届ける○川上万之丞の書状、江戸より来る、是も亦矢田堀ニ遣ス○今日町便ニ而駿府

ニ書状壱通出す
（12月1日）
○紳六郎、今朝より西周助之方ニ遣ス、金弐百疋、小紋きぬころ一反、□懸物遣し、且学僕ニ金五十疋を遣ス
（12月2日）
駿府より赤松大三郎之書状来る、又中島桑次郎、川上万之丞行之紙包壱通、□物来る、共ニ受とり、川上之分ハ矢田堀ニ為持遣ス○夜、杉村煉心、横山道庵之病用書状来る、返書認
（12月8日）
早朝、巣鴨之林薬屋長太郎之伜孫八外壱人、竹本要斎之転書を持来る
（12月9日）
正午出宅、東溟同道、桃郷ニ至り岩田緑堂を訪ふ、酒を□夕刻帰る○塚本勘甫来り、兼而頼ミ置候研海之妻矢田堀娘相談之事承知之旨申来る、依之即夜書状認め、研海をよひニ遣ス、明十日朝正六便ニ而、書状壱通出ス、代金壱分、中将様、三日朝当宿御出、服部綾雄着面会

（12月10日）
今朝、洞斎より六日付書状サレトニ壱瓶添来る、但鵜沢直太郎持参
（12月11日）
今朝、主上通輦
（12月15日）
駿府よりおつる来る○雨
（12月16日）
赤松、今朝出立、駿府ニ行
（12月17日）
韮山ニ至る○相磯格堂、今日陸軍医師となる○勝亦重三郎、今日勘定所用達となる
（12月18日）
杉浦兵庫、大久保主膳来る
（12月19日）
おつる同道、矢田堀ニ行○横浜佐藤より書状到来、薬ひん、沃陣ホツトアス、良順、斎藤事中来る○駿府研海より書状来る

(12月21日)
今早朝おつる出立、矢田堀娘同道○午后、横浜佐藤行書状を出ケり
(12月22日)
川上万之丞より書状来る、云東京府ニ於而開成所筆生ニ被召出、成瀬善四郎来着
(12月23日)
成瀬善四郎持越之洞斎より之届物并注文之油類来る、洞斎より之駿行之のりも有之
(12月26日)
今朝、陸軍方より御用之儀ニ而会所ニ出候様達書参候ニ付、罷出候処、服部綾雄殿、左之通被仰渡候

林梅僊

陸軍医学所御用重立取扱候様可被致候、依之為御手当金四百両被下之
綾雄殿ニ為礼廻勤、帰路杉田ニ立寄候処、不在不面会
(12月27日)
今日、研海より書状来り、病院頭ニ相成り席ハ陸軍学校頭取之次、御役金四百五拾両、御手当金弐百両、坪井戸塚同並席は御書院頭之次、御役金三百七十両、御手当金二百五拾両之由、申来る、又矢田堀縁談之儀、早春急ニ引□度ニ付、矢田堀ニ相談早々申越候様申来る
(12月28日)
朝五ツ時頃、佐倉藩井上欽助駿府通行懸、舜海□之書状持来る、云府中之品川やニ泊り正月四五日頃出立と云、即日返書認め勝亦店ニ頼ミ置○矢田堀相談相済、結納も相済候ニ付、其段正六便を以て飛脚やより駿府ニ申遣ス
○東京諸方玄蕃少允より書状来る

明治2年

(1月1日)
朝五ツ時、前殿拝賀御名代服部綾雄、席順は西周助、杉田玄端、梅仙、長太郎、阿部邦之助、矢田堀、江原、立田、前席其次一等二等教授方其次
(1月2日)
朝六時、格堂同行出宅、半里余にして灯を消し原宿を壱

里余過而、杉田来□会シ、十一字三十分頃、吉原より壱里程西の立場ニ而昼休、昼飯代金□百疋、四字前由井宿入口ニ而樫軒梅潭ニ行逢ひ、大久保之書状、岩田之書を渡す、四字由井着本陣郷右衛門方へ玄端格堂洪道一同止宿
（1月4日）
朝五ツ時頃、由比出立、江尻宿之西の□頭ニ而昼飯、七ツ時、駿府四ツ足御門前元学問所、即当時之仮病院研海御役宅ニ着、杉田玄端も御役宅表座敷ニ泊る、洪道格堂両人ハ両替町弐丁目□□□□□宿
（1月6日）
病院頭同頭並玄端梅仙一同集会、病院出役医師、同陸軍医師之ヱキサーメン有之○今朝、前段雇人仕出しニ而矢田堀ニ書状を出たす、坪井書状も此内ニあり、一金六両、此度駿行之御手当之内受取
（1月7日）
午后、杉田坪井と一同宝台院ニ出て前上様之御きケんを伺○夜中、沼津ニ飛脚□□矢田堀之返書来る、坪井江の書状も来る○戸塚春山と一同麩半楼ニ上る○夜中、勝亦来る、袴羽織を与ふ
（1月8日）
研海玄端応安一同登城、中将様ニ拝謁○夜中、研海婚姻□□□済○西洋がく二枚をかつまたニ渡す
（1月9日）
今朝、杉田玄端出立
（1月10日）
払暁、格堂同道駿府出立、倉沢而昼飯、吉原と原之間ニ而日暮、夜四時沼津帰宅
一杉田玄端、林梅仙、当地江罷越候節、拝診をも可被致候事、
一於駿府中老衆より被申付、溝口八十郎殿被仰出候○信良取次
（1月14日）
御殿ニ出勤○今日、柳下章達下総へ出立暇乞ニ参候ニ付、洞斎江返書を頼ミ出たす、其内島村利助ニ納金遅滞之事を尋遣す○丸子新田中沢善司より書状来る○紀四郎ニ二十金送り候様ニ洞斎ニ申遣す

(1月15日)
矢田堀駿府よりかへる、其便ニ書状打紐牛肉来る
(1月17日)
出殿帰路、病院地所見分ニ行、今日矢田堀ニ行○御払米願書差出す、成瀬之船来種物を渡す
(1月23日)
夕刻より服部ニ参集
(1月25日)
駿府より大久保樫軒之書状来る、返書を石場斎宮ニ頼、下石田村之村医石井成斎来る、同村之農茂平之倅也、植松与右衛門より浮島原之蜆を送り来る
(1月26日)
出勤○夕刻より病用ニ而格堂同行、豆州長浜大川四郎左衛門ニ行
(1月27日)
朝□字、長浜出船、十字帰宅○午後出勤○夕刻、山村惣三郎来る、東京ニ行懸也、横浜ニ伝言、洞斎ニ手紙并ニ送り物、平塚煉心書状并ニ諸買物代金五両と当年佐倉□浄圓童女十三回忌之供養料金弐百疋包ニ横浜迄送り、序ニ佐倉ニ送ることを頼む
(1月28日)
昨夜、邦之助府中より帰る、今日於御殿府中書状を受取○夜□横浜行、半折紙并ニ紀四郎江の書状と金弐百疋とし玉ニ□□
(1月29日)
三浦文卿来る、横浜の便書あり、云本年杯は紀四郎もアメリカに送るへしと○
(2月1日)
出勤○晩四字より西周助ニ至る、右者今日紳六郎西ニ入家之心祝ニ付盃有之、赤松矢田堀家より
一金拾両也　大小刀之料
一同五百疋　酒
一同五百疋　肴
一同百疋　下男下女ニ五十疋ツ、、
(2月3日)
今日、原宿ニ行○成瀬善四郎同道、植松与右衛門へナス

ス種物九十品を送る
（2月4日）
肉店や常七、府中より来る、研海書状も添来る
（2月6日）
今日、八まん前本光寺隣元駒留陋斎之宅ニ移る
（2月9日）
西ニ至る、一昨七日、紳六郎養子願済之由、周助申聞候ニ付、即時右之故を認め、府中ニ而も願書出候様申遣ス、但明後十一日、服部府中行便ニ送る○赤松母お貞来る○今日日曜日ニ而は、しめ而新屠之牛肉を送り来る○三島明神祭礼之由ニ而、参詣之人多し
（2月11日）
昨夜槤軒帰宅之由ニ而、蛤持参宅ニ来る、研海より書籍二冊、書状添来る
（2月12日）
明十三日、服部藤沢府中ニ出立ニよりて、藤沢ニ昨日之返書壱通頼む
（2月14日）
今朝、赤松東京ニ出立
（2月22日）
駿府ニ藤沢便ニ書状を出たす○東京洞斎ニも田村英斎便ニ書状をいたす
（2月23日）
今日ソンデなり、西赤松家内一同、千本之浜ニ行き地引網をひかせる
（2月29日）
今夕、佐倉舜海より使人両名来、書状并海老干送り来る○赤松大三郎来る
（3月2日）
洞斎帰る、午后おつる、綏七郎府中より来る○山村東京より帰路立寄り、午后出立
（3月8日）
今日、御殿ニ而、立田政太郎御払米七人扶持分は御払ニ相成候様可被致旨申、長太郎帰六玄端座ニあり、同座之
（3月17日）
沼津病院御開場出勤、十二字退出

（3月18日）
病院当番
（3月27日）
今日当番之処、明日之文卿と相替
（4月2日）
午后、中将様御迎として本陣清水ニ行き、綾雄殿はしめ
上士一同御目見、夫より御供差上申、御馬屋小学生徒躰
御覧済ニ而、大手御橋迄御見送り申候
（4月5日）
今朝五字、おつる、綏七郎出立、亀吉送り供
（4月18日）
玄端今日東京ニ出立□□□□□文卿と隔はんとなる○明
日よりキュンセの□スを始む
（5月2日）
研海きケん聞として来る
（5月7日）
今日、玄端帰沼、廉卿も同道之由
（5月8日）
今日篠原貢堂検査
（5月9日）
朝九字出立、綾雄殿、西、藤沢、立田、塚本外壱人、研
海、拙老と七人同道、府中ニ行蒲原一泊
（5月10日）
朝正六字、蒲原出立、江尻昼食ニ而、昼四字頃府中着
（5月11日）
出殿進達
（5月12日）
戸塚、春山同行遊歩
（5月13日）
出殿進達
（5月14日）
府中城休日○府中、沼津両病院条約書出来、各位押印二
冊を分者蔵書
（5月15日）
沼津病院、府中病院と一所ニ相成候ニ付而者、位階俸金
御手当共、改正御書付出る

学校并生育方取扱
学校頭取　　江
病院頭
沼津病院之儀、已来駿府病院之支配と相心得、当地病院より何レも出張相勤候儀と可被心得候、就而者当地并沼津共、向後御役名階級等、左之通可被心得候
一病院頭、病院頭取、病院頭、並何レも一等医師之事
但席并御役金御手当金は是迄之通りニ候事
御役金三百七十両　　病院一等医師
御手当金百三十両
席沼津一等教授方之次
同三百弐十両　　同並
同百両
同各所奉行之次
（付箋）「二等並之御手当は百五十両とありしは百十五両ニ間違候間□□□□達し置ニ相成候様致し度旨を□院頭ニ申遣し候、間違而□□□も十□両ニせされは不都合なり」
同弐百七十両　　同二等
同百両
同二等教授之次
同弐百三十両　　同並
同八十五両
同奥詰之次
同弐百両　　同三等
同七十両
同御書院組差図役頭取之上
同百七十両　　同並
同五十両
同学校教授方三等之次
御手当金百両　　無級医師
右之通可被心得候事
右之通、於駿府綾雄殿御渡し、梅仙出殿受取之
（6月21日）
昨廿日駿府より申参候之写
大目付
御目付江

去十七日
御参内被遊候処、別紙之通被為蒙　仰候段、東京より申
越候ニ付、乍恐悦今廿日詰合之上士　御目見已上之分謁
有之候間、其段向々江可被達候、尤別紙之趣談合無之向
江も不洩様可被達候、　六月廿日

徳川新三位中将

静岡藩知事被　仰付候事

明治二年己巳六月

徳川新三位中将

今般版籍奉還之儀ニ付、深く時勢を被為　察広く公議
を被為　採、政令帰一之　思召を以て言上之通被　聞
召候事　　六月　　行政官

駿州府中を静岡と御唱替之儀、御伺相成候処、御伺之
通御唱替相成候段御達有之候間、此段向々江可被達
候

六月

明治3年

（2月11日）

御用有之候間、静岡表江罷越候様可被致候、尤差急候
儀ニ者無之候間、家族引纏可被相越候

林梅仙

林梅仙江

右次郎八殿御渡候ニ付而、静岡病院より相達候旨ニ□、
今朝玄端相渡候

（2月12日）

朝六字沼津出立、同夕六字江尻宿泊り、京や源兵衛

（2月13日）

朝六字江尻出立、四時静岡病院着

（2月15日）

政事庁江届ニ出る〇三位様、前様御きケん伺戸塚ニ行

（2月21日）

昨夜、坪井信良帰着

林梅仙江

林梅仙

遠州中泉辺江此度小病院御取建可相成候ニ付、同所之

儀、其方被取扱被　命候間、彼地ニ罷越其場所并ニ取建方見込取調可申聞候、尤林紀坪井信良より談候

（2月22日）

明廿三日、遠州中泉江出立、坪井并ニ調役山下巌同道

（2月23日）

朝六字静岡出立、夕六字金谷着、松や忠兵衛泊

（2月24日）

朝六字金谷出立、正午時懸川着、石原や某泊

町医師　内田泰堂

水野東朔

小原尚賢

針科　辻貞策

川本門　岩崎良庵

北在懸川在くらみ村　岡田左平次

東在サイ同前玉村　本間栄五郎

（2月25日）

朝正六字懸川出立、昼十二字三十分中泉着、百姓宿わしのやニ泊る

無級御雇医師　小川清斎

袋井東くつ部村　足立貫一

見付西の小路　柴田荊斎　三十八才

周知郡粟倉村　北島三託　三十八才

杉田門　豊田郡懸塚村　緒方門　秋本成蹊　三十九才

友雄父　今川宗元　十六才

久野玄卓

鈴木宗仙

堀越　今川友雄

遠州の才子　中泉町　青山忠平　五十余

同　懸川仁藤町　鈴木陸平　宿役人

○三ケの坂より十町程東、菅野谷主税の陣屋明屋

○貝塚長谷川久三郎陣屋明阿屋

右二ケ所は引きて病院ニ致し候事

（2月26日）

岩田緑堂、渕辺徳蔵宅ニ行面会御用談相済、但坪井同道、諸家陣屋の図を借帰り写す

午前、宮崎志津世のかり宅を訪ふ、志津世、松風岐一郎

案内ニ而城山ニ行、同所小亭ニ而午飯、岐一之弟辰巳や八郎岐一の分家松風や平右衛門医師石川愿堂五十一才、岩崎桃渓卅一、江塚検一郎二十六才ニ面会、皆見付駅住の漢医也、江塚省三二十八才ニ面会、鎌田村医也○帰路、堺松庵の鳥居道の北ニ有之畑地林地を見分

（2月27日）

朝、坪井同道、岩田緑堂より行、地面并ニ明陣屋の事を談す、帰路、昨日一見の堺松地所見分、夫より独り忠平方ニ行、面会して地面之事を談す○十字過、忠平来る、中泉役人名前書持来る

組頭喜平　名主孫次郎　同　新平　同　新三

但庸平は忠平之倅なり

篤平　総三郎　五郎平　庸平

一緒方洪庵門人　嘉永子年より開業　午四十九才

周知郡飯田村○静岡入門済

本間玄格

一漢家ニ而横須賀常盤元順門人　午五十才　小野田斎伯

同下山梨村○静岡入門済

右今日面会　同萱間村静岡入門済

一漢家安政寅年より開業未面会　鈴木宗元

一山村惣三郎之事、代り有之候へ共承知之趣、代り之心当有之候ニ付、早速ニ懸合□可申候○其間病院之事、兼勤之人命し呉候様申候処、夫レは惣三郎ニ内談可然、惣三郎より無事を申候へ者、此方ニ而者含ミ居り候旨、緑堂申候、依之今晩惣三郎ニ談し候積り也

中泉久保村　荻野泰庵　三十一

同坂上町　本間泰順　六十五

一夜中山村惣三郎忠平来る、一昼後、見付宿名主古沢五平面会、但忠平同道ニ而来る

（2月28日）

忠平来、志津世、松風平右衛門来る○夜、貫一春海来、山村物三郎忠平来る

（2月29日）

山村、山下と□□大久保村の元鍋島の陣屋之明長屋を見る○坪井、今朝四時横須賀より帰る○明朝出立、坪井と一同浜松ニ行、人足を申遣す○

遠州豊田郡万正寺村

漢法内外科　　藤井東岳

静岡木両広平門人安政三午年開業　　四十才

此度於中泉病院御取建ニ付、御持場内医業之者御取調、別紙雛形之通り為御差出、早々御申越有之候様致し度、此段及御懸合候

二月

右之通相認め渕辺徳蔵、安田十三郎、高力晴江に送る

（2月30日）

朝七字中泉出立、十字浜松着、伝馬町大米屋市郎右衛門泊○築山殿御墓拝見、帰路大庭良三ニ□□□○土医面会

浜松田町　鈴木宗甫　　祝田村　萩原元良四十九才

市野村　市野正庵四十八才　　刑部村　内山玄洲二十八才

刑部村　内山俊良二十三才　　三島村　藤田玄碩四十一才

瓜内村　斎藤留堂二十九才　　笠井村　大須賀鎌二十六才

西村　間宮精三十六才

（3月1日）

朝浜松出立、十字過中泉着○夕刻山村惣三郎来、病院建屋三軒引移し入用積り書持来る、名主庸平来る、夜中忠平来る

（3月2日）

朝中泉出立、見付の江戸やニ立寄る、袋井より東くつ部村足立貫一ニ立寄る、正午懸川ニ着、石原やニ泊る○勤番頭山田虎次郎、郡政多田重三郎宅ニ行面会○夜、岡田左平次、本間栄五郎ニ面会、病院永続見込書頼ミ置

（3月3日）

朝七字懸川出立、島田ニ而昼飯、夕四字前ニ藤枝宿着、朝日楼ニ泊る○島田藤枝の間、青島と云立場より少し東ニ而三間屋と地ニ住する医深沢甫庵ニ面会、甫庵は先年余遊崎中の門人也、崎ニ而別後、はしめ而之面会、即其間三十年也

（3月4日）

朝六字過、藤枝出立、十一字静岡着○沼津より之来状、文卿より同、東京より之来状を受取る

（3月5日）

一夕刻、坪井道同ニ而一翁殿ニ行、見込之書物差出し
置、但梅仙一旦帰沼致し沙汰を相待可申旨申上置
（3月7日）
朝七字、僕瀬平并ニ矢田堀之僮益蔵を連れ出立、十一字
倉沢ニ而昼飯、其夕七字過沼津内着
（3月17日）
今朝、一昨十五日出之静岡林紀坪良より之御用状来る、
其節ニ、病院は懸川ニ定り候間早々出岡可致候旨也、但
家族は後日引纏候而もよし、依之一人と文周同道ニ而
行、明十八日出立、白戸ニ引合勤番方より先触も帳面も
出し貰ふ
（3月18日）
朝四字過沼津出立、蒲原ニ而昼飯、夕八字ニ静岡着、江
尻宿少し前より微雨
（3月21日）
朝五字静岡出立、島田ニ正午昼飯、夕六字二十五分、懸
川魚町春日や与右衛門方ニ着○山田虎次郎使来る○泰堂
小原尚斎来る
（3月22日）
朝山田虎次郎宅を訪ふ、同僚内藤七太郎来会、依之病院
之事を談す、虎次郎同道ニ而御殿ニ行、明屋二軒并ニ寺
壱か所を見分す、午前かへる○留守中ニ岩崎良庵来る
（3月23日）
午后、山田虎次郎、永谷三蔵同道、道脇村字六間町元戸
塚三節居家跡見分ニ罷越す○夜中、足立貫一小川清斎来
（3月24日）
午前、山田虎次郎来る、病院建立の基礎入用書并順略書
を見る、是左平次英次郎ニ渡すへき云と云、其節種痘仕
法書を虎次郎ニ渡す○青木陽蔵来る○夜中、山村惣三郎
より之書状北川令次持参、今朝静岡より御用状到来、病
院御用取扱被命候ニ付、一両日内ニ懸川ニ出る旨申来る
（3月25日）
朝食後、文周、青木陽蔵、山下巌と共ニ北原川、元大河
内綱之丞陣屋見分として罷越、帰路原川立場ニ而昼飯
（中略）○夕刻、山田虎次郎宅ニ行、書生寮之図を渡し、
陣屋之事、又病院立地元有来り、井戸の涸不涸、新規井

戸二ツ、惣三郎取調被命事、医士格式俸金高、并今度病院地面内ニ其広狭ニ応し、御役宅立地坪割之書付相渡し置○夜中雨
（3月26日）
日暮山ニ行、虎次郎ニ面会、原川陣屋之図間とり引直し之図壱枚□宿院之略図壱枚相渡ス、但二枚共写し之上かへす筈
（3月27日）
午后、山村惣三郎来着、同人申渡之大意、林梅仙懸川出張中、同様御用取扱候様被命○夕刻、山村同道ニ而山田ニ行、夜五ツ時ニかへる
（3月29日）
夕刻、山田虎次郎、左平次、英次郎之趣法立之書持来る、但尚懸引相談之上者、静岡ニ可申送□□候ニ付、明三十日出立之積り、山村も同様
（3月30日）
朝四字ニ起る、五字出立、夕六字静岡着
（4月1日）
早朝一翁殿ニ逢、懸川之模様話候処、主意相違之旨申被聞候ニ付、御主意を改而伺候処、左之通り
一病院はすへて上之御入用ニ而、御取建ニ相成候事
一薬剤、器械、書籍其他、一切入用ものすへて上之御入用ニ而有之候事
一病院御取建ニ相成り候へ者、遠州地内ニ於て寄篤之者も可有之候、左候へ者、献納物等致し候節者、御受納ニも相成候と申丈之事ニ候へ者、病院御取建之事ニ付、左平治、英次郎等ニ一切関係致し候ニ不及候
右之通被申聞候間、即日虎次郎、惣三郎ニ申遣候、早々病院取建ニ相成り候様懸合申候
右之通ニ候へとも、総て上之御入用なら者、懸川ことき悪地ニ御取建被成候よりは、むしろ善地を御撰被成候方かと奉存候旨、勘太郎を以て御殿まて申上候処、いつれ此度御供ニ而、遠州一順被致候ニ付、順見之上ニ致被申候、依之一と先帰沼致し可申となる○今日坪井帰る
（4月2日）

今朝五ツ時、三位様遠州御順見として御出駕、紀御見送りニ出る
（4月4日）
朝静岡出立、倉沢昼飯、夕七ツ時頃、吉原駅扇や泊り
（4月5日）
朝吉原出立、十字帰宅○藤沢より浅野の届着荷類、田村英斎行、末次繁男行書状届之
（4月8日）
夕刻格堂来る○みそ壱樽を静岡ニ送る
（4月16日）
今朝静岡ニ書状并ニ紀四郎夏羽織地を飛脚やより出、午后文周より書状来る、別紙之通り申来る

元小十人歩兵差図役並
小林文周

其身一代御藩籍ニ御差加へ被成下三等勤番組被　命、御扶持方三人扶持被下候、尤向後勤功ニ寄り而者、永世御藩籍入被　命候
右之通平太殿被達候間、此段申渡す
（4月24日）
今日者　三位様沼津御着、但御管轄地御廻覧として、廿日静岡御立、紀も御供○廿四日早朝、綾雄殿より達書来る

御用之儀有之候間、御着前ニ御本陣ニ罷出可被居候
右奉畏候之請書を出たす○御本陣ニ罷出候処、三位様御昼後御書付

林洞海

右之者、今般奏任官江御登庸相成候間、至急上京可被申付候也

四月十三日　　弁官

静岡藩知事殿

今度依　召東京江罷越候儀、大儀ニ候入念可申もの也
（4月27日）
暁二字半起出、四字出門、六字前八分三島ニ来り、六字三島出立、十一字箱根の油屋某ニ而昼飯
（5月1日）
赤松桐原ニ行○夕刻伊東赤松来る

（5月2日）
藩邸ニ届ニ出る届書并ニ改名書、共ニ朝倉藤十郎ニ渡す、公用方ニ届る○大槻拙童、堀越、三沢、伊東、唐からしやを訪ふ○榎本の老母朝来る、云今日箱館残り之人々皆板橋より着、依之出邸之節、綱三郎、六三郎、榎本勇之助、小杉雅之進等之事を朝倉藤十郎ニ尋ぬ分明ならす、依之夕刻又書簡ニ而尋遣す
（5月4日）
○午后東校ニ出る○夜中ニ静岡行、沼津行之書状認る
（5月7日）
○はしめて東校ニ出勤、二字半ニかへる
（5月10日）
午后松本ニ行き一泊、山東一郎、林正十郎ニ面会
（5月11日）
朝松本より帰る、静岡より八日附書状来る○午后赤松ニ行、赤松云、集議院御用懸ニなると○堀田政次郎ニ会
（5月12日）
朝、東、溟作楽戸痴鶯、近松平要を訪ふ○午后、川上万之丞と山下浅草地散歩○大博士大丞と拙老在勤中、取扱之心得を尋ぬ、云吏務も兼候事勿論之事□上坂之上岩佐と相談之事
（5月15日）
東校出勤○山本少貞　甚蔵来る○柳下容斎之伜貞橘来る○章達之伜章斎ニ面会致し度旨伝言す
（5月16日）
一綱三郎より返書来る、云横浜三十九番亜国医へボンに従学、右之通願出ス○荒井賢蔵、五月十二日神奈川ニ而病死候段申来る○夕、赤松内田ニ行書画をミる、葛氏之黒山水王石谷之染□山水等也
（5月18日）
朝高階大典医宅ニ行き、九段ニ至り招魂社の景場を一見し、青木大典医之宅ニ行き、昼前かへる○夕刻伊東ニ行き一泊
（5月19日）
朝九一に行写真、夫レより東校ニ出勤
（6月1日）

払暁東京出発、正午神奈川さんくり堂ニ来り、同地昼飯、主人と同船、横浜ニ来り伝一郎荷物駕付而程ケ谷ニ泊す

（6月4日）

朝三字小田原出立、十字箱根、十二字山中ニ而昼飯、夕四字沼津ニ帰宅

（6月12日）

朝十字頃より城中矢櫓失火〇川村半、鈴木与兵衛、田村英斎方ニ行

第六章　旧幕臣洋学系知識人の茶園開拓

はじめに

本章は、維新後静岡に移住した洋学系の旧幕臣の動向について、茶園の開拓・経営という具体的な事実を通じて明らかにするものである。維新後の旧幕臣の思想・行動については、その敗者の立場からのアイデンティティーの確立に注目し、市民社会成立への影響を重視する思想史的論究がなされている(1)。筆者も同様の視点を持つものであるが、それらの指摘をより確かなものとするには、多方面からさらに詳細な事実を積み上げることが必要であるとの立場から本章を用意した。これまであまり使用されたことのなかった史料にもとづき、具体的な事例を提示してみたい。その作業から見えてくる結論については最後に言及することになろう。

使用した主な史料は、赤松則良《のりよし》関係文書(国立国会図書館所蔵)中の日記・書簡、林洞海《どうかい》「茶農漫録」(沼津市明治史料館所蔵)である。赤松・林とも洋学系の旧幕臣として名前・経歴が知られ、関連する文献も少なくないが、今回使用した史料と、それが伝える静岡での茶園開拓の事実は、あまり言及されてこなかった。それは彼らの経歴上取るに足らないことと判断されたからかもしれない。また、静岡県の茶業史上においても彼らの事績はほとんど位置づけられておらず、地域産業史の面でも見落とされていたといえる。しかし、当該の一連の史料からは、分野を越えて、明治を生きた旧幕臣のある一面がよく見えるのである。以下、史料に即して述べるとともに、若干の考察を加えていきたい。

旧幕臣の遠江国での茶園開拓に関しては、中条景昭ら新番組による牧之原でのそれがよく知られており、武骨な剣客たちが刀を鍬や鋤に持ち替え開墾に従事したという事実は、維新の敗北者となった静岡藩・徳川家家臣団の悲哀を表す情景として定番となっている。俸禄を支給できないほど膨大な人数の旧旗本・御家人を抱え、七〇万石に押し込められた静岡藩にとって、家臣たちに自給自足を促すことは必然であった。さらに藩という後ろ楯を失った明治四年(一八七一)の廃藩以後も、政府の授産政策の下、士着・帰農した士族は開墾事業を続けた。

ところが、それとは全く別の発想と動機により、茶園開拓を試みた旧幕臣がいた。それが赤松・林らの洋学系知識人である。名前と明治二年時点での役職名を示せば、以下の通りである。赤松則良(大三郎、一八四一～一九二〇、沼津兵学校一等教授)、林洞海(梅仙、一八一三～九五、沼津病院重立取扱)、渡部温(一郎、一八三七～九八、沼津兵学校一等教授並)、藤沢次謙(長太郎、一八三五～八一、少参事・軍事掛)、矢田堀鴻(帰六、一八二九～八七、権少参事・軍事掛)。

いずれも旧幕時代に蘭学・洋学を学び、静岡藩では沼津兵学校・沼津病院に勤務していた人々である。彼らは知識や人脈、そして財力をフルに活かし、移住地である駿河・遠江での新生活を切り開こうとしたのである。それは、藩にとって必要とされなかった多くの無禄移住者、すなわち無役の藩士らとは全く違う立場からする行動である。いわば失業者対策として藩の配慮の下、荒蕪地に集団的に入植した者たちと、気の合う少数の仲間が資金を出し合い自主的に開墾を計画した赤松らの事例とは、同じ旧幕臣とはいえ、その意味するところには雲泥の差があった。

一　赤松則良日記・書簡が伝える茶園開拓

そもそも、赤松らが茶園の開拓を思い立ったのは、明治二年（一八六九）夏頃であったと思われる。赤松の日記中、明治二年六月一五日、石津村（現焼津市）寄留の親戚宮崎（泰道）を訪ね、「茶園開拓之義」を相談、適当な地所を捜すため遠州にまで足を伸ばし、岩井原を見分、一九日に静岡にもどるまで見付宿（現磐田市）に滞在したという記述がある。この時、赤松は岩井原を適地であると決定したようである。(2)

また、同年夏、当時沼津兵学校教授として赤松と同僚であった渡部温は、兵学校資業生大川通久に対し、教授連中が共同して愛鷹山の「芝地」を拝借して開墾し、「茶并ニ桑抔植付」しようという目論見があると伝えている。渡部は大川の父が農業や職人の扱いに通じていることを知り、是非仲間に加わってほしいと頼んだようだ。現在のような状況下では、無駄に金銭を費やすよりも、このようなことに資金をつぎ込むことが、「国益」につながるのであると、渡部は述べたという。(3)渡部発言は駿河国駿東郡の愛鷹山（現沼津市）での開墾についてであるが、時期的にいっても赤松の計画と同じであった可能性が高い。場所探しが別々に進められていた可能性もあるが、兵学校教授の有志が共同で取り組むという開墾計画としては、同一のものだったと思われる。結果的に愛鷹山は採用されず、遠州に決まったのであろう。

ちなみに、赤松が「遠州見付に近い磐田原の払下げを受け、移住士族のため開墾に着手させようと」、「叔父宮崎鷹之進泰道共々見付へ移ることにした」のは明治元年段階であり、兵学校の教授に招かれたため移住地を沼津に変更したのだとする文献(4)があるが、残された文書資料から判断する限り、彼が見付在での開墾と定住を思い立ったのは、翌二年になってからと考えたほうがよさそうである。

赤松らの計画が、「移住士族のため」という目的だったとするならば、決して私的な行為だったとはいえないが、後述する通り、実際は、将来にわたる自らの経済的基盤づくりの一貫として、個人的に開墾計画を進めたというのが本当らしい。もちろん、窮乏する藩財政を幾分でも救い、「国益」の一端にもなるという動機も存在したとは思うが、あくまで藩の政策とは一線を画した、個人資産を運用しての自発的行動であった。

さて、赤松は遠州から沼津への帰路も適地を物色していたらしく、興津(現静岡市)辺を見分したが「別段着眼之地所」も見当たらず、先に相談した通り、見付宿の手前三ケ野村の東方にかかる山手の原に決定したいので、四〇〇か五〇〇両で土地を買い取り、日雇いの百姓を使って開発を始めたい、ついては同地に引き移り「万事御配慮」を願いたいと、七月一九日付で叔父宮崎泰道に書簡を送った。(5) この書簡には、「塩製之一条も元来大金必用之上、利分之処掟と前見無之義ニ付、先ツ差当り取掛り可申訳ニ者不相成」云々ともあり、製塩事業も計画しようとしていたことがうかがえる。また、開墾地決定について「土着之一条」という言い方をしているが、これは叔父宮崎氏の土着を意味しているとも受け取れるが、赤松自身にも土着の意図があったと解釈すべきかもしれない。

新知識を携えオランダ留学から帰国したばかりの赤松であるが、あえて世に出ることなく田舎に引っ込もうという気持ちが強かったと想像できる。沼津兵学校で教鞭をとることとすら、土着するまでのモラトリアムだったといえる。兵学校は、すでに掟書も整えられ、最初の資業生採用試験も行われ、運営は軌道に乗り始めていた。赤松は叔父に準備を依頼し、やがて沼津を離れ自らも開墾地に土着するつもりだったと思われる。

八月五日、赤松は宮崎を沼津に呼び寄せ、「見附之在岩井村三ケ野」の開拓を決定した旨を伝えた。宮崎は、中泉奉行前島密(来助)宛の依頼書と金五〇両を渡され、七日に沼津を発った。九月五日には再び宮崎が沼津の赤松を訪れ、先月中泉奉行前島密・同添奉行淵辺徳蔵に相談し岩井原を見分し、入会秣場約二万八八〇〇坪の開拓について故障がないことを確認、さらにその地に添った御林跡約四万三二〇〇坪の拝領についても願い出ることにしたことを伝えた。願いが許可されれば宮崎は直ちに見付在に移住、開拓の指図をするつもりとのこと。宮崎の話を受け赤松は、近く静岡へ出向く服部綾雄(常純、静岡藩権大参事・軍事掛)に以下のような藩庁宛願書を託すことにした。

謹而奉願候、遠州見附在岩井村御林跡先達焼失之跡凡三万五千坪拝領仕度奉存候、右御許容相成候ハ、近村之農民を雇ひ其等一手を以て開発いたし七ケ年之後功成等有之候様相成候ハ、其地相応之諸税可相納候、開拓之義ニ付而者開業方前島密江委細相談可仕候、依之前書之地所被下置候様仕度、此段奉願候、以上

巳九月

赤松大三郎印(6)

一一月四日には、静岡(たぶん藩庁担当者)から赤松宛に書簡が届き、岩井村には御林は存在しないはずであり、開拓希望地がどの場所を指しているのか不明確なので、再調査の上願書を提出し直せとのことだった(7)。同月一六日付の宮崎宛書簡(8)で赤松は、その一件について藩庁があまりうるさいことを言うので「少々勘気ニさわり申候」と書き、腹を立てたことがわかる。宮崎には、願い出た岩井村の土地が元御林の秣場であることに間違いなく、また「綾雄殿泉之殿より篤と御含有之事」なので、いずれ許可されるであろうから、同地へ引き移ったならば早々に「拝領願中」の傍示杭を立てて開発に取り掛かればよいと指示している。沼津兵学校一等教授たる自分の願い出であり、服部綾雄・織田泉之(ともに権大参事)といった藩の重役の後ろ楯もあり、不許可となるはずもないだろうと、強気であった。

翌一二月一九日付の赤松書簡(9)では、にわかに政府による上京命令に応じなければならなくなったため、遠州での実地見分をしている暇がないが、「例之御申越し有之候地所」を買い整えたいので、すべてを委任するのでよろしく頼むと宮崎に宛てている。必要な金子は持参するつもりであったが、上京の都合があるため沼津まで取りに来てほしい

表１　赤松則良・林洞海ら所有の遠州開拓地

場　　所	所有者	管理人	開始年	面積
山名郡岩井村岩井原（西原）	赤松則良	宮崎泰道	明治３年	約14町歩、うち９町歩開墾
豊田郡向笠新屋村（元御林）	赤松則良	宮崎泰道	明治３年	
豊田郡向笠新屋村（元御林）	林洞海	宮崎泰道	明治４年	約２町歩、うち１町歩開墾
磐田郡見付宿元天神・原木坂	林洞海	近藤峯松・宮崎泰道	明治３年	約４町歩開墾
磐田郡見付宿元天神・原木坂	山村惣三郎	近藤峯松	明治３年	約３町歩開墾
豊田郡大久保村安井谷	共有（赤松則良・林洞海・渡部温・藤沢次謙・矢田堀鴻）	三橋浪平・三橋盛宥（監察宮崎泰道）	明治３年	87町４反６畝13歩、うち約10町歩開墾

「四十九番　見附の製茶改正記」（「茶農漫録　巻三」所収）等より作成。従って開墾面積はその時点でのもの。

とのことだった。この書簡では、買収する土地の樹木を伐採するかどうかについて、「後来宅地之都合ニも宜し」いのでそのままにしておいてもよいと述べているが、やはり赤松には自身が遠州に住むつもりがあったように受け取れる。沼津兵学校の仕事と明治政府の勧誘との板挟みになりながら、本人はそのどちらでもない自分の道を思い描いていたのであろう。

明けて明治三年一月二日、沼津の赤松を遠州から宮崎が訪れ、田地購入金として二五〇両が手渡された。結局赤松の上京は延びていたので、二人は対面できたようだ。九日に宮崎は帰るが、それまで赤松宅で預かっていた宮崎の荷物は、見付宿での住居が定まったので船回しにして送ることにした。

二月四日、赤松に対し静岡の藩庁を通じて政府弁官よりの命令が達せられた。沼津から静岡へ出頭し知藩事に拝謁した後、一八日には片山雄八郎とともに遠州へ向かい、翌日見付に着いた。二〇日に大久保村の御林を見分の上、受け取った。また宮崎の案内で岩井村開拓地を見分、すでに二町歩ほど掘り返している状況を確認した。二二日に帰路に着くまで、中泉の淵辺徳蔵・山村惣三郎らの宅を訪問している(10)。

赤松はこの時点で、単独での岩井村開墾地の進捗状況を確認するとともに、複数の仲間とともに開墾に取り組むことになった大久保村の用地の受け取りを完了したのである。同行した片山雄八郎は、沼津駐在の軍事俗務方頭取、すなわち兵学校管理部門の幹部であり、開拓仲間の一員であったらしい[11]。大久保村御林の開拓仲間にどのような人々が加わっていたのか、その全氏名はわからないが、阿部潜・江原素六・矢田堀鴻の三人に宛てた三年二月二日付の藤沢次謙書簡に、「大久保村開拓連中名面至極人数程能様ニ被改申候様[12]」とあり、決して多くない人数にまとまったらしいことがわかる。当然、阿部・江原・矢田堀も仲間だったと思われ、この計画が軍事掛幹部と兵学校教授陣という沼津在住グループによって進められたこともうかがえる。

三月に入ると赤松は上京し兵部省出仕（兼集議院御用掛）を命じられた。ちなみに遠州での開拓仲間に加わっていたと思われる林洞海も、沼津病院重立取扱（副院長）を辞し五月に上京、大学中博士に任じられている。東京では、兵部省以外の希望の勤務先をめぐり、大学か民部省かといったやりとりが、大久保利通らとの間で続いた。しかし、赤松は遠州での開拓事業を断念するつもりはなく予定通りに進めようとした。六月、いったん沼津にもどり、遠州から宮崎を呼び寄せた。事前に東京から送った手紙[13]では、「其後御無音相過候得共、其地之事件心頭ニ不懸ニ者無之、何分寸暇なく真平御免」と、開拓のことが気にかからないわけではないが上京のため忙殺されてしまっていることを謝っている。宮崎へは、「荷物等片付方并遠州地江廻し方」を依頼しており、沼津の荷物を東京と遠州とに分けて送ろうとしていたことがわかる。すなわち赤松は、政府の徴命に応じ上京はするものの、今後の自分の本拠地を遠州に定めていたようだ。

六月二三日、前日に兵学校頭取西周らに暇乞いをすませた赤松は、家族を引き連れ沼津を出立、二七日に東京に到着した。七月には民部権少丞に任命され、九月には兵部省に転じ兵学大教授兼制度御用掛を拝命した。彼の新知識を買って出仕をもちかけてくる政府の姿勢は丁重であり、赤松にとっても決して悪いものではなかったのだろう。しかし、その頃宮崎に送った書簡では、「兎角朝廷には無能の役人のミ」、「帰藩或は帰農の方優れり奉存候」と述べ、帰藩・帰農の意志があることを示すとともに、「大久保原之義、静岡に於而如何、藤沢津田江御談判相成候哉、大坂表林洞海より頻に心配候趣申越し候(14)」云々と、大久保村開拓の進捗状況について指示することを忘れていない。政府出仕後大阪に勤務していた林も、赤松同様、開拓のことを心配していたらしい。文中の藤沢は次謙、津田は真道であろう。津田は沼津グループではなく静岡在勤だったが、ともにオランダに留学した関係から、開拓仲間に誘われていたのかもしれない。いずれにせよ、依然として赤松の遠州移住希望は消えていなかったようだ。沼津兵学校で同僚だった杉亨二は、九月民部省出仕を願いにより御免となり、帰藩していた。赤松にも出仕を固辞する可能性はあったといえる。

一〇月一三日付の書簡(15)では、「朝夕とも寸暇なく困苦罷在候」と兵部省での多忙ぶりを報告する一方、沼津宅の片付けについて礼を述べている。また、先日横浜で一三〇〇両の金を落手したが、そのような大金は「野生手元ニ有之候而は全く握りつふし」になるだけなので、「田地ニ而も買置候方上策と奉存候」と、土地購入の動機に触れ、開拓資金としてとりあえず二五〇両を送ると伝えた。つまり、赤松はオランダ留学中に蓄えた大金の運用先に遠州での開墾を思い立ったのである。仲間との開拓地に選んだ「安井谷」（安井谷は大久保村の字）の件は、大阪の林洞海もたびたび文通で言ってきているので尽力を頼むと書いている。また、「岩井原開拓之模様評判よろしく喜悦候」と、捗っている単独開墾地についての礼も書き添え、さらに新たな購入地として「城山」という場所二七〇〇坪を検討しているので図面を送ってほしいと頼んだ。また、上京した津田真道（真一郎）が来宅したので、厚く礼を申し置いたとのことであり、岩井原開墾にあたってなにがしかの協力を得たらしいことがわかる。「何卒岩井安井両所とも成効之ほと」

を願うと、宮崎に対しては全面委任である。一六日にはさらに金札三〇〇両を送っている。(16)

林洞海が「壱弐丁歩程買入」を希望し「何卒御周旋奉願度」と言ってきているので、山村(惣三郎)と相談してやってほしいと伝えたのは、一一月五日付の書簡。(17)また、林が「大久保安井谷開拓之義」について、「惣持ニいたし候得は当分宜敷様相見候得共、後年茶出来茶製ニ相掛り候節、又々他人ニ依頼して十分の利益有之間敷、今より銘々持地所配分致し置」くほうがよいのではないかという意見であるのに対し、それももっとものように思われるので、自分としてもよく考え直してみる、とも伝えている。つまり安井谷開拓地は、共有にするよりも個人所有に分けておいたほうが将来のため都合がよいのではないか、という意見が出てきたのである。なお、同じ書簡で赤松は、茶の「蒔附方」について、「株」にして植えるよりも「一柵」にして植えるほうが、肥料をやったり雑草取りをしたり茶摘をする上でも効率的であるので、そのように取り計らってほしいと宮崎に伝えている。茶樹を島状に植えるよりも一列に植えるということであろう。このことは「宇治ニ住居いたし候功者之者」から聞いたという。

赤松は、すでに入手した土地で開拓を進める一方、さらに新たな土地購入も続けている。一二月に入ると、一四〇両で売りに出ていた「見附宿之北裏弐三町も入候処ニ而松林五町歩」について手を打つことを指示した。(18)また、「幕府之貨幣」(弐分判)で支払うことや、「何れもドルラルニ而所持いたし」ているので相場がよくなったら金札に取り替えたいとか、(19)忙しくて横浜まで行けないので金札への引替えができないが、両替次第送金するといった旨を伝えている。手元には二分金は二〇〇両、二朱金は七〇両ほどがあるので、現地で引替えができるのならばそれで送ってもよいとのこと。(20)彼の資金が旧幕時の留学中に蓄えたものであったことがわかる。

明治四年正月一四日には、宮崎から「開拓地願済相成候由」との書簡が届く。(21)前年一二月二八日付の書簡で「御林地の方も御骨折を以て近々御受取ニ可相成運ニ至り、満悦之義ニ御座候」と述べていることであろうか。藩庁からの払地許可を意味しているのであろう。

六月に入ると、宮崎に「百五十金」を送金した。月給一五〇円をもらっているものの東京暮らしは出費が多く、「存外沼津ニ罷在候節の割合ニ者参り兼」ると家計のことをこぼすとともに、「多忙ニ且うるさく何分安心致し候暇無之、加るに存寄も貫徹不致、甚不本意ニ付、今度は断然免官相願候積ニ御座候間、不遠静岡江移住再応教官と相成可申候」(22)と最近の心境を伝えている。政府の役人生活は多忙で、自分の意見も通らないことが多いので、今度こそ免官を願い出て、静岡へもどり学校教官に再任したいというのである。赤松は六月二日兵部少丞に任命されたばかりであった。

四年七月の廃藩置県を受け、赤松は、八月一三日付の宮崎宛書簡(23)に「弥土着之者相増、地所払底ニ可相成候」と書いた。藩の廃止により土着士族が増え、土地が不足するであろうという予測である。そして、岩井原開拓地の北方にある見付宿持林が伐採されると風除けに差し障りが出るので、「幅厚弐三十間位之処見計置、買取候様致し度」と、相変わらず土地の新規購入に熱心である。翌八月一四日付の書簡(24)では、「性質正直」で確かな請人のある「奴僕」を雇い入れたいので、人選の上、送ってほしいと依頼した。「御地之者ニ候ハ、免職帰省之節、都合宜敷」と、自分が免官になって見付へ移住した時の都合を考えての雇用であった。

京都にいる舅の林洞海から赤松に九月七日付の書簡(25)が届く。届けられた明細書から、遠州茶園の「生立」が良好であることがわかり、「珍重」であると記されていたほか、山村惣三郎に託した分の林の茶園は赤松のそれには及ばないこと、しかし譲られた土地の開拓にも取り掛かりたいので世話人について見込みがあれば知らせてほしいとあった。また、「寄合開拓之方も追々盛ニ相成り候由、難有事ニ御座候」ともあった。個人持ちと共有の茶園・開拓地とも、林が赤松に頼るところが大きかったことがわかる。一方で、しきりに静岡への帰郷を急いでいるようだが、「茶園之方は十分之御世話人有之、御自身御出無之共御安心」なので、「積年御苦学も国家之為ニ御苦学之事御座候へ者、節かへられ今壱度御出勤御奉公被成度」と、赤松の政府出仕を慰留している。オランダで苦学した優秀な娘婿を静岡の田舎に引っ込ませるよりも、国家のために中央で存分に働かせたいというのが林の希望であった。「西周も大丞ニ出候由ニ付御相談可然と奉存候」と、前月に兵部大丞となったばかりの西周にもよく相談するようにと、アドバイスも忘れない。

林は、同じ九月七日付の息子紀（研海）宛書簡(26)では、自分は中典医として二七〇石の官録をもらっているが、小侍医に格下げされ官録も二〇〇石に引き下げられる見込みなので、「余程ケんやく致し不申候而者、遠州之茶園も開け不申候間、大ニ心配仕候」と記しており、経済的に遠州での茶園開拓に期待していたことが大きいことがわかる。静岡藩で静岡病院頭の任にあった紀は、政府の徴命により上京、陸軍一等軍医正となっていた。

九月、赤松は依然として免官を希望しており、六月に提出した辞表が受理されず何の沙汰もないことに対し、「此景色ニ而は免職も少々捗取不申と奉存候(27)」と宮崎に伝えている。しかし同月二八日付の書簡(28)では、赤松に心境の変化が現れたことがわかる。兵部省は、文部省・大蔵省・工部省といった他省に赤松を奪われることを警戒し、簡単には免官を許さないらしく、こうなっては「都合宜敷候得者出勤可致心組ニ此程考へ直し申候」と、病気を理由に欠勤していた兵部省への出勤再開の意志を示したのである。当時赤松邸には、静岡から上京した林紀一家が同居していた。官途に就くべく静岡から続々と上京してくる旧幕臣の姿が、下野の意志を翻させたのであろうか。なお、同じ書簡には、林洞海へ二町歩譲地のこと、岩井原開墾入用金のこと、安井谷伐木願済の件、城山の林・土手の件など、遠州の開拓地に関する細かな指示もなされている。

また、林洞海へ譲ることにした二町歩については、一〇月一〇日付の書簡(29)で、開墾の世話を宮崎に依頼したいとの林の希望を伝え、引き受けてくれる場合には「御骨折料」をどれくらいに設定すればよいか、遠慮なく示してほしいと宮崎に伝えている。

一一月、相変わらず赤松は月二〇〇両の給料をもらいながら「引籠」を続けており、自宅で「塾生ニ教授、其余暇は翻訳物など致し」て暮らしていた。翻訳したのは、藍の製法、蠟燭の製法、卵の人工孵化法などであり、「後来之産業ニ助」とするのが目的であり、特に相当な利潤が見込める藍については「目論見度存居候」と伝えている。洋書を読みながら、遠州の所有地での栽培を夢見ていたのである。一方では、ヨーロッパでの軍艦建造計画があり、自分にも欧州派遣の内談があり、引き受けるべきか「勘考中」であるとしている。また、同じ書簡には、茶園は「長蒔附」にするとの方針、一町歩あたりの茶種蒔付経費の見積り、肥料蔵建築経費のことなど、いつも通り開拓に関する指示も細かい(30)。

一二月二五日付の書簡(31)には、林洞海の購入地として見付宿南方の今之浦の田地が候補に上げられていたことに対し、その地名からいっても「古へ沼地」であり、「霖雨之年ニ者極めて水災之場所」になることが予想されるので、やめたほうがよいと指示している。また、廃藩置県にともなう中泉役所の存続を気に掛けていたらしい宮崎に対し、当分は存置されるのではないかと伝えた。藩制時代の勤番組之頭は区長となり、士農商すべてを管轄することになるといったことにも言及している。自身の近況としては、文部省から中博士、大蔵省から租税頭もしくは土木頭への就任依頼が来ているが、兵部省はなかなか自分を手離そうとしない、しかし、土木頭か文部の教官が「僕の望む処」なので、いずれはどちらかを拝命したい、来年三月頃までには決着がつくと思うので、三年間程は勤務し、「見込通り不参候へは帰農の積り、又充分見込通りニ参り候へは、拾弐三年も相勤候積ニ御座候」と、将来の展望を述べている。後年海軍中将となる赤松であるが、この時点ではまったく軍人を希望していなかったことがわかる。「見込通り」にいくかいかないかとは、自分の意志を政府の中でどれだけ貫けるかということを意味しているのであろう。末尾には、「茶摘之義、来年は其侭ニ据置、酉年より茶製ニ取掛り相成候様致し度候」と、再来年(明治六年)からの製茶開始を指示している。

明治五年二月二日付の書簡(32)で、赤松は宮崎に対し、来年春に始まる茶摘に備え霜除に注意を促すとともに、「黒須村七之助」(赤松の母の弟、武蔵国入間郡黒須村の繁田武平満義)とともに「宇治辺迄相越茶園見分可致様」に勧めている。他に、卵の人工孵化法を知らせ、東京では近頃「鶏卵盛ニ相用ひ候様」になっているので、「遠地抔ニ而盛に生育、東京江輸出致し候ハヽ、余程利潤之事と奉存候」と、養鶏も勧めている。また、海外出張が決定するようであれば二年間は日本を留守にするので、その間の相談もしておきたいと、東京見物かたがた来訪を促した。続いて二月一一日付の書簡(33)で、洋行の日程が四月頃に決まりそうなので三月一〇日頃に遠州を出立し上京してほしいと伝えた。宮崎は言われた通り、三月二二日に上京した(34)。しかし、この年赤松の洋行は実現せず、ウィーンの万国博覧会へ派遣されるのは翌六年のことだった。

赤松が宮崎に対し、オランダから取り寄せた染め草、メーカラップ(あかね)の種を送るので「岩井野江植付相成度」と頼んだのは、五年七月一〇日付の書簡(35)である。余暇を使って製法を調べ書き送るとしている。城ケ崎の地所買い取りについても言及されている。また、宮崎が暑さ避けのため申し出ていたらしい岩井茶園中に休息所を建築することを承認している。天皇の巡幸からの還御、「魯国公子」の着京などで「繁劇」な、東京での仕事ぶりも伝えている。

母と黒須村七之助らが二三、四日頃東京を出立し、箱根・沼津・静岡・江尻を経て遠州を「見物かてら」訪問するとの予定を知らせ、メーカラップの種を荷造りして送ると申し送ったのは、八月一一日付の書簡(36)である。林の開拓地用として三河屋から受け取った茶種の品質が悪かったことなども触れている。洪水被害がもたらす米価騰貴についても言及し、「農家ニ者定而難義と奉存候」と、農村の生活を心配している。

九月一七日付の書簡[37]は、七月から始まった地券交付を受け、赤松らしい念の入った指示を出している。従来の「年貢畑永」などは全廃されるので、「成ル丈徳米年貢ニ拘わらす地坪の多キ方を買入候方、利益ニ可有之」云々と、今後の土地購入方針にも大きな変化が生じることに注意を促した。また、これまでの拝借地も低価格で払下げされるはずなので、岩井原・安井谷についても布告があり次第早々に払下げ願いを提出するように、との指示もある。「御払下ケ相成候ハ、全く所持之地面と相成、自来之都合至極宜敷存候」と、払下げによって開拓地が完全な所有地となることに期待している。同じ書簡では、メーカラップの種を船便で送ったこと、その植付け時期は来年三月上旬であることなど、さらに遠州訪問中の母をよろしく頼むとも伝えた。

二　林洞海「茶農漫録」にみる茶園経営

さて、以上は主に赤松則良が宮崎泰道に宛てた書簡を中心に見てきたが、明治六年（一八七三）以降の、実際に製茶が開始されてからのようすは、林洞海が書き残した「茶農漫録」[38]のほうから明らかになる。今度は林の側から見ていこう。「茶農漫録」は、その名の通り、林が遠州の茶園開拓に関する記録を残すため書き始めた雑記帳である。林は、茶農・茶農老人と名乗り[39]、茶園経営者であることを自らの雅号にも用いた。

林が茶園開拓を始めようとしたのは沼津病院重立取扱在職中であったが、実際に事業が本格化するのは、政府に出仕し、大阪医学校長や皇太后宮附権大典医などとして大阪・京都に赴任した後であった。従って最初は自ら現地で何かをしたわけではなく、文通によって赤松や宮崎らと連絡を取り合い、事業に出資し、関与したのである。東京に移ってからも、遠州や赤松との間で頻繁にやりとりされた書簡が、原文書ではなく写しとして「茶農漫録」に記録されることとなった。また、書簡の写し以外にも、茶園開拓に関し自身の行動や考えを記した記事も記載された。

それら茶園開拓に関する記事の総数は、一四七件に達する。また、直接遠州での茶園開拓に関するものではないが、茶業一般に関する記事（他県関係の新聞記事の抜書など）も一二〇件におよぶ。ここではそのすべてを紹介するのは無理なので、主な記事に依拠しながらその後の茶園経営の経過をたどることとする。

最初大阪や京都に在勤し、遠州から遠く離れていた林であったが、開拓のことは相当気に掛けていたらしい。明治四年一一月一四日には、京都在安井村の中沼俊六という茶農家を訪ね、近隣に「及ふ者なし」という三町余の見事な茶園を見学、その栽培法を質問し、「茶園培養概略」を写し取っている。(40)

「茶農漫録」所載の赤松からの手紙で最も古い時期のものは、四年一一月二三日付(41)である。林個人の所有地開拓につき、宮崎泰道が隣接する赤松所有地と同様に開拓の世話を引き受けることを承諾した旨を伝えたものである。新開の茶園は「株蒔付」ではなく「長蒔」にすること、世話人として新たな百姓を移住させても彼らは「無産之徒」であり、「自身の生活も難成行」ほどで「却而厄介と相成候のミ」なので、新規募集は行わずこれまでの五、六軒に限ること、などが伝えられた。

なぜか明治五年の記事はなく、次の関連記事は、林が東京転任後の明治六年以降のものになる。この年から茶の収穫が開始される。五月一二日に東京の林に届いた九日付の青山宙平書簡(42)には、「御茶園も弥々摘始め」云々、「当年者不時の寒気ニ而大に芽痛ミ等有之、凡五割方も不作ニ御座候処、御開墾地は存外痛ミなく大慶仕候」とあり、好運にも寒気の被害を受けることなく多量の生葉を収穫できそうだとある。また、初収穫を記念して園主宅に一駄を直接運搬することになったようだ。なお、差出人の青山宙平（一八一八〜一九一〇）は、後に大区区長や郡長などを歴任するが、本来は磐田郡中泉町で郷宿を業とした有力商人であり、(43) 林と山村惣三郎の個人持ち茶園の茶売買について、息子の徹とともに面倒をみていたらしい。

五月一三日付で青山宛に発した林の返書(44)からは、「初摘」が生葉一五〇貫にもなることを喜ぶようすがうかがえる。

七月下旬、青山が上京し林・山村と面談した。その際、林所有の茶園に置いていた百姓源右衛門が退去するので代人の人選と雇用方法のこと、「茶製場」の建築は京都の中沼俊六の図に倣って工夫すること、世話人近藤峯松の園内住居と手当金のことなどが青山に依頼された。(45) 遠州に帰った青山からは八月一九日付で書簡(46)が届き、山名郡中島村の夫婦子供三人暮らしの百姓を雇うこと、茶製場の建物は新築せずに旧陣屋の長屋を買い取り移築することなどを伝えてきた。

九月二六日、藤沢次謙が林に宛てた書簡(47)には、共有開拓地の地券が近く下付される見通しであることに対し、「此一事相済候へ者真ニ万全」であると安堵しながらも、名義が個々バラバラになっては公平ではないので、いずれ連名に書き換えなければならないと述べている。

一〇月二五日、林のもとに、肥やしや草取りの手間代といった春以来の費用を記した「茶園培養入費之記」が、宮崎泰道より届けられた。添えられた書簡には、林の茶園では成長が極めて良好で、「今年之第一等ニ生立、誠ニ張合宜敷」と、うれしい知らせが記されていた。茶の販売を担当している前島岐一や青山宙平といった地元の商人も茶園を見分し、「此分ニ而者必す良苑ニ相成可申」と述べたとのこと。(48)

赤松がメーカラップや藍の栽培、養鶏などに目を付けていたことは先に述べたが、林も茶以外の産物を検討していたようだ。明治七年四月に藤沢次謙に送った書簡(49)において、「近年之紙価尤沸騰ニ付、楮田も大ニ利ニ相成候由」とのことで、大久保村の開拓地に是非とも楮を植えたいと提案した。「楮は瘠地を嫌らはす、且茶と違候而植付之翌年より直ニ金ニ相成り培養もいらす、苅取は旧暦の十月末ニ御座候間、茶業ニさしつかひ不申」というのがその理由であった。「御妙案と奉存候」と、藤沢からは同月三〇日付で楮栽培に賛成する旨の返事が届いた。

六月二日付の林宛宮崎書簡(50)では、今年が初摘にあたる茶園について、茶摘人を雇うと「雑談放歌ニ心を被奪」、「木之強弱を論せす新芽之分悉皆摘取」してしまい、来年以降の茶樹に障りがあるので、今年は摘み取りを行わないと報告している。また、モグラの害が多いのを嘆くとともに、先頃紅茶製造法を習ったが、「善良の質を害し候様思ハれ」、「洋人の好と者乍申香気甚悪敷」、「感服之製法と者存不申」と述べている。現地責任者である宮崎は、赤松や林に指示されるだけでなく、彼なりの考えでも動いていたらしい。

六月九日付および一二日付で藤沢に宛てた宮崎泰道・三橋浪平の書簡(51)には、茶摘や製茶の状況報告とともに、暑中休暇の来駕を促している。かつての「鹿狸之巣穴」が広大な茶畑に変じ、道路も手入れしているので、「当節者人力車も自在ニ通行」できるというのが誘い文句であった。次いで、六月一〇日に県庁からの達しにより地券係のもとへ出頭したところ、安井谷開墾地・赤松開墾地とも、地代価上納には及ばず、地券を交付するという意向が示されたことを報じ、ようやく「御安心之事ニ而誠ニ大慶」であると「御社中様」へ伝えてほしいと述べている。開拓地の所有権が認められ、地券が交付されるか否かが大きな不安として残っていたのである。また、以前指示された楮の植付けについては、「急束之儀ニ者参り不申」、「万端拝眉御相談」したいと、早急には無理であると猶予を願っている。遠州からの二通の書簡を受け藤沢は、時間がかかり心配していた地券下付がようやく確定したことで、「年来之志願相達し、永世活路之基礎も相立候姿ニ而、真ニ大慶」、「券状落手候上者、一日賀盃ヲ酌申度」と、喜びの気持ちを林に伝えた。

宮崎から林へは直接、地代価上納なしでの地券交付確定の知らせが六月一六日付で届いてる。[52]同書状では、他に「向笠下原御林跡地」の地券名義についても触れられている。林が赤松から譲渡された土地であるが、同地は地元では前々から権利関係が入り組んでおり、混乱が生じる恐れがあるので、ひとまず赤松名義で地券を受け取るということにしたらしい。

一一月一七日付の藤沢宛宮崎・三橋書簡[53]が伝えるところでは、下付された大久保村字安井谷開墾地の地券は、五名の共有者に各三枚ずつ、全一五枚だった。なお、その間、共有者のうち矢田堀鴻が脱退したらしく、公務出張のついでに遠州の開墾地に立ち寄った渡部温は、地券を五名から四名の名義に書き換えること、また一名一紙ではなく、四名連記で一紙にするように、訂正を求めたようだ。この地券書換問題は、明治八年六月二八日に四名連名による新地券が交付され落着する。[54]

一二月六日付の宮崎書簡[55]は、尾州の商人から楮苗を購入すること、今年は良否を見定め来年盛大に取り掛かるつもりであることなどを伝えている。それを受け、翌明治八年一月九日付の宮崎・三橋宛林・藤沢書簡[56]では、「同社会議之上一決之廉」として、茶を凌駕する輸出利益を見込み、楮苗六万本の植付け方針を示した。何といっても「開拓培養モ茶ノ如く精ならす、手数も弐三年を経れは多分之収納可有之」という効率の良さを見込んでの目論見であった。

林は藤沢に対し、「社中一同」も「遠州両人」も楮栽培には不案内なので、着手する前に、遠州山間部にいる栽培者からの聞き取りや、九州の知人からの情報などを参考にすべきだと伝えている。[57]さらに一月一六日には知人の長野県飯山町在住の士族石田彰に書簡[58]を送り、苗木の仕立て方、選び方、植付けの方法、一反歩あたりの植付け株数等々、楮栽培の具体的方法の教示を依頼した。自分たち「東京人」の社中三名はもとより不案内なので、「製紙の名所」に住んでいる貴兄に質問した、もし自身が返答できなければ心得のある士族・農家に聞いてもらいたい、それなりの「骨折料」は支払いたいとのことだった。林は翌一七日、同じ質問を知人小林重賢（文周）にも托している。[59] 陸軍軍医の小林は、林の門人（私塾存誠斎社中の塾生）[60]、沼津病院時代の部下であり、さらには小倉出身の同郷人だったため、九州での楮栽培法の調査を依頼したのである。小林からは、「私郷里を三里離れ」た「豊前河内村辺」のようすを詳細にまとめた二一箇条にわたる返答書が届いたようだ。[61]

一月二二日付にて、宮崎・三橋から藤沢・林に対し、見付滞在中の名古屋の商人に楮苗買入れの談判を行ったこと、栽培法についても教示を受けた旨が伝えられた。[62] 見付宿の北方四、五里の地域では昔から楮を栽培していたが、八、九年前から茶の栽培に切り替えてしまった者が多い、しかし、楮の取扱いに熟達した者がいるので差し支えはないと、東京の二人を安心させている。

一月三〇日と三一日付で藤沢および「開拓御社中」宛に宮崎・三橋からの楮苗購入・植付の見積り書が送られた。[63] 苗木は合計二万七五〇〇本で九八円五〇銭、植付手数料と苗木代を合わせると一町歩あたり九〇円六〇銭とされた。宮崎の添書には、「大ニ低価ニ而」苗木を購入できたこと、過日から仮植を始めたこと、「両名」（宮崎・三橋浪平）は多忙なため「茶楮両全を得候事難」しいので、楮専任の世話方として別に三橋盛宥を委任してはどうかといったことが記されていた。盛宥は茶園のほうも手伝っており、また、壮年でもあり、「別而勉強も有之、且又其地元住居」ということで、適任者とされたようだ。盛宥は浪平の息子である。[64]

二月二八日付の開拓御社中宛宮崎・三橋書簡[65]では、遠州では二股村辺に製紙を行っている者がいるが、「水性不適当」のため「粗製紙」しかできず、楮皮は美濃商人が買い取り、「全隣国の利益」となってしまっていること、「駿州は水清冷」なので製紙も「近々上製」になり、「静岡士族之内ニ者紙製功者も出来」ているらしいこと、今年は一町歩に一万一、二千本程度の苗木植付けを行い、両三年後には「楮皮苗木両様」の収穫を目論んでいることなどを伝えている。

しかし、実際には楮苗の植付けははかどらなかったらしい。三月一五日付の林宛宮崎書簡(66)では、「荒蕪地ニ而容易ニ出来不申」、予定した春中に六万本の苗を植えるのは無理であり、年内に間に合わせるということで許してほしいと述べている。九月一一日付で三橋盛宥が赤松に宛てた書簡(67)では、苗木四万本の代金一四〇円、植付入費六〇円、都合二〇〇円を送ってほしいと依頼している。また、一一月二三日には「尾州津島辺近在井堀矢合両村」の苗場から二万五〇〇〇本を買い付けたことなどが赤松に報告されており(68)、その後、主任者盛宥によって植付けが進められたことがわかる。

こうして、茶と楮の栽培については実際に着手されたのであるが、新たな産物の探求はさらに続いていたらしい。八年四月二五日、小田原から赤松が林に送った書簡(69)には、同地で足柄県令柏木忠俊に会って雑談した際、話が開拓のことにおよび、伊豆諸島の椿の種を取り寄せることを依頼したとある。

さて、肝心の茶のほうであるが、明治八年、アメリカへの輸出がもちかけられる。一月二三日付でニューヨークの佐藤百太郎が山村惣三郎に宛てた手紙(70)が発端であろう。佐藤百太郎(一八五三～一九一〇)は佐倉順天堂の二代目塾主佐藤尚中の子で、慶応三年(一八六七)に渡米し貿易に携わっていた(71)。林洞海は佐藤尚中の義兄、山村惣三郎は義弟であり、百太郎にとっては伯(叔)父にあたる。「日本より米国ニ参る茶は、皆横浜の異人之手ニ而再ひ釜ニはゐり、香を強くして后、米国ニ輸り候也」、「日本茶商人は皆横浜の異人ニ売り候事なれ者、自然と茶価高直ニなり、横浜異人ニむたな利を得られ候」、「横浜異人の手をへす私迄送りニ相成候へ者、今までの外国人の利者、製茶家并ニ茶商ニ落可申」といったことが記されていた。すなわち横浜の外国商人の手を経ず直輸出することを勧めているのである。そしてアメリカで現在売られている日本茶の見本を送るので、林洞海はじめ茶を生産している親類・知己の者に実益を説き、見本のような茶の製造を検討してほしいと頼んでいる。

赤松則良の親類（母の実家）である武州黒須村の繁田武兵衛が三月一四日付で林に送った書簡[72]からは、佐藤百太郎が送ってきた見本が繁田に送られ、同地の製茶有志によって試製が検討されたことがわかる。繁田は、「中途ニ而異人ニ利をしめられ候儀ハ残念」と述べ、仲間とともに「茶製買入会社」の設立を計画しており、赤松にも会社規約案を送付したという。繁田武平（武兵衛・満義、一八四五～一九二〇）は、埼玉県入間郡黒須村（現入間市）の豪農で、名主・戸長・県会議員などを歴任、幕末期より茶業に取り組んできた人である[73]。この年七月、茶の直輸出を目的に近隣の二九名の有志とともに狭山会社を設立、自ら社長となった。もちろん、同社の茶をアメリカで販売したのは佐藤百太郎である[74]。

繁田が同郷の諸井与八らとともに東京の赤松を訪ね、「狭山会社ノ事」を談じたのは四月七日のことだった。同月二八日から五月六日まで、赤松は見付に滞在した[75]。見付では茶園のようすを見分するとともに、佐藤から送られた茶の見本を宮崎らに渡したらしい。赤松から受け取った見本に対し、宮崎は、「実ニ大洋を渡り而も名茶は名茶ニ而、米人之好む所之巧者ニ者恐入候」と林に述べている[76]。

林洞海自身も輸出用の製茶には即座に関心を示し、行動した。ちょうど一時帰国していた佐藤百太郎とともに、一一月一〇日から一四日にかけ狭山を視察したのである。同行者は他に百太郎の弟銕[77]。出発は一〇時頃、東京四番町の自宅から「手馬」と馬車を乗り継ぎ、所沢を経て黒須村の繁田武平宅に着いたのは午後四時だった。繁田武平は、「其村の戸長にて家も富栄へ、狭山の一郷にては家も人も指を折て数ふるものにて有ケる」との評判だった。同村の諸井与八・水村喜右衛門、小谷田村の増田勘右衛門（いずれも狭山会社の発起人）が来て茶のことを話した。林が、遠州にある自分と山村の茶園で来年春、狭山方式の製茶を行いたいとの意向を洩らしたところ、賛同を得ることができた。焙炉師など職人派遣にともなう旅費・滞在費、道具の運送費などの見積りも得られた。

翌一一日は小谷田村増田勘右衛門方の焙炉場を見学、同村の増田三平の発明にかかる三平蒸籠や、水汲みの労を省くため地面に埋めた桶などに注目している(78)。一二日は、林が思い付いた三平蒸籠の改造案を増田に示した後、入間川河畔の水車を視察、夜半には百太郎との面談にやって来た熊谷県官吏を繁田家に迎えた。一三日、天保三年(一八三二)建立の重闢茶場碑を見て、増田三平の茶園や「狭山茶の本場」ともいうべき坊村の茶畑を視察、土質分析のため二か所の土を採取した。東京にもどったのは一四日午後三時頃だった(79)。なお、持ち帰った二か所の土は、翌年春に「須佐埡児氏農家舎密の法」によって分析を行い、図表にしている(80)。

一方、宮崎・三橋浪平が藤沢に送った八年七月二日付の書簡(81)には、「当国者皇国中茶樹多き事第壱等ニ居候様ニ国人申居候、且此両三年味方原金谷相良辺ニ植付候小茶園無数ニ候間、五六年之後当国繁昌可致と奉存候、既ニ当年者当国より出候製茶金高百七八拾万円ニ至り可申との概算ニ有之候」と記されており、この頃、遠州全体で製茶ブームが起こっていたことがわかる。また、林に「当地御遊覧ゆるゆる御来車」を誘った一一月二八日付の宮崎書簡(82)からは、「皇国産之第一等生糸蚕紙は大ニ声価を失ひ桑畑ニ尽力之者気之毒ニ御座候、第二等なる茶ニ至り而者いまた少しも景気を不失益々盛大」云々とあり、景気の良さに自信たっぷりのようすがうかがえる。来春の来駕の際には「年来之功者」であるという「黒須之人」を同伴するよう林に依頼したのは、一二月七日付の宮崎書簡(83)である。もちろん狭山の製茶法導入の話は、事前に林・赤松の側からもちかけられたのであろう。

そして、明治九年三月三〇日、ちょうど官を辞し暇になった林は、遠州を訪れ、自分の茶園の景況を確認するとともに、「園長」ら(宮崎・三橋らのこと)に狭山製茶法の導入を説いた。しかし園長らは「心竊ニ服せす、遠州茶の紅色を帯るは土質によることなり、宇治の法を以て製してすら其色を変せす、況や田舎の一法、恐らくは徒ニ費用をつひやすのミ」と考えていた。すなわち、現場の人々は、遠州茶の色が悪いのは、土質に原因があるのであって、製法を変えてみても無駄であると思っていたのである。かねてからの打ち合わせ通り、狭山会社から一三名の製茶師が見付に到着したのは四月二五日のことだった。

二八日には林の個人持ちの茶園（場所は見付宿字原木坂）で製茶の実演を開始した。それを見に集まった人々の中では「誹謗百出」した。しかし、見付宿の酒造家で林らの茶の販売に関わっていた前島岐一（屋号松風屋）は、「其製法の簡便ニして入費少く而して製し出す所の茶は、皆真緑ニして一点の紅色を帯ひさる」という結果に驚嘆、感心してやまなかった。三日目にはこうして製した茶を半斤ずつ壺に入れ、林厚徳浜松県令と石黒参事に贈り、「全県の製法を改正せん」との希望を伝えることにした。前島は、「一昨七年の暮より八年の春に及んて金融の壅塞甚敷、駅の内外皆人色なかりしも、茶葉漸く出るに及んて金銀の出入大ニ融通して僅に其究迫をまぬかれしは、全く茶葉の徳によることにて、其元を尋ぬれ者君等の徳なり」と、林らの手になる茶業が地域経済に与えた効果の大きさを賞賛した。林は、その賛辞は自分には当たらないとしながらも、さすがに嬉しかったのであろう、「土人中能く此言をなす者あるは亦歓喜ニ堪へさるなり」と、東京にもどった後の五月八日、「茶農漫録」に記している。(84)

勧業政策を推進する立場にあった浜松県としても、林からの狭山製茶法の導入意見は渡りに船だったのであろう。県庁内では見本に送られた狭山製法の茶が「品位隔絶」であることに驚き、県令も「感賞」したという。早速、福永大属と三方原開墾の責任者気賀林（一八一〇～八三）らが林の茶園に派遣され、狭山製茶師のうち両三名に三方原まで来てもらい実演してほしいとの交渉がなされた。林は東京へ帰った後だったので、宮崎が対応、その求めに応じることにした。

赤松・林・山村の諸氏が狭山方式の製茶法導入を図ったのは、決して「一人一箇の利益」のためではなく、「当管下一般之茶製造之利不利を察し品位を一変し、貿易上本然を得せしめんとの為」にしていることなので、県庁の依頼に応じるのは当然であるというのが、宮崎の返答だった。狭山から来ていた小林定右衛門・須田源右衛門らに相談したところ、よろこんで三方原に赴くとのことだったので、見付での一〇日間の予定を八日間に変更し、五月五日に三方原に出発、八日まで同地で製造を行うことにした(85)。

三方原でも狭山の製茶師たちは大活躍だったようで、三橋浪平・盛宥父子が林に宛てた手紙(86)には「狭山製人も此度は県公之依頼を受け大天狗之様子」云々と報じている。

その後も、遠州から狭山へ伝習生を派遣するなど、先進地狭山とのつながりは続いた。房吉という者が狭山に製茶伝習に派遣されたようで、もどった後、早速研修の成果を実演して見せ、八日間で一〇〇斤ほど製し、仕上がりは「随分上製」だったとのこと。三橋盛宥も、以前伝習を受けた上、さらに房吉に質問しながら自ら試み、かなり上達したらしい。従って、安井谷共同茶園の製茶については盛宥が担当できるので、房吉のほうは林・山村茶園に専属的に従事させても大丈夫である旨が浪平から林に伝えられている(87)。「追々遠地の茶狭山の右ニ出る事疑ひ無を信し申候(88)」という宮崎の言葉には、今後への自信があふれている。宮崎の自信は、やがて周辺の「園持」や「茶商有志」を結集し、横浜への運送などを行う「盤田社」という結社の設立を構想するまでに発展したようだ(89)。

翌明治一〇年にも狭山会社からの製茶師招聘が計画されたようで、二月一四日付の狭山会社宛宮崎依頼状、および一五日付の林・山村宛宮崎書簡(90)には、四月二七日から五月一〇日までの一四日間の予定で職人二五名を招き、「御両家」(林・山村茶園)、「旭野」(赤松の茶園か)、「安井谷」(共同茶園)の三か所で実施、房吉他地元の四、五名が伝習を志願する予定であるとされていた。また、狭山の製茶職人を派遣する際には、同地で生産される「二タ子縞木綿」を持参して遠州で販売させれば「往返之路費位」は稼げ、経費を節約できるのではないかといった提案が繁田から林に示されている(91)。

ニューヨークにもどった佐藤百太郎から、九年七月二三日付の書簡(92)が八月二七日に林・山村のもとに届いた。それには、「盤田園」すなわち遠州の茶園から送った茶が無事届いたこと、その品質は「至極宜敷」、「当国ニ参候茶ニ比候得者、中等の極上ニ当り候位」、「相場は大抵卸し日本金ニ直し六拾銭、百二十匁位」であることなどが記されていた。同書簡中の、「已後如此き品計り参候へ者、金モウケニなります」、「私も無事日々勉強仕居候、商売は実ニ不景気、別而私の如き無資本の商は困ります、今少しつゝけるナケしんほうして見ます」という一節は口語体であり、アメリカ暮らしが長い百太郎ならではの文章表現なのだろう。

一〇月二二日付の百太郎からの次の書簡(93)が林・山村宛に届いたのは一二月七日。今回送られてきた「磐田園製茶三箱」を売捌いたので、運賃・手数料を差し引いた代金を為替にて送るとの内容だった。「葉色葉の形者火加減共至て上出来ニ御座候、已後此様ニ御作り御廻し被相成候へ者、多少利益可有之候、品位も此度之分ハ至而極上ニ而、是より下落ニ相成候へ者相場宜敷無之、引続き利益を得るに者、余計ニ茶園を増すよりは其働きを以て製法ニ注意致候方勘定ニ可有之」とも記されており、今後は茶園を広げるよりも現在の高品位を維持していくほうが利益につながるとアドバイスしている。文末は、「小生当地着後、フロントストリート九十七番ニ開店仕り居、右場所者茶商人集り居り候処ニ而、問屋卸シ店計りニ御座候間、小売は致不申候、狭山茶も火入加減の悪敷為ニ相場の下落ニ者引合兼申候」と結ばれており、百太郎が茶を専門に扱う商人街に店を構え、遠州だけでなく狭山茶も引き受けていたようすがうかがえる。アメリカでの成功を夢見る百太郎はまだ二〇歳を越えたばかりであったが、日本の親類・知己との間では、互いに期待するところが大きかったのである(94)。

ところで、狭山製茶法の導入やアメリカへの輸出といった出来事は、赤松・林らの茶園が軌道に乗り始めたことを意味しているが、ほぼ時を同じくして茶園の維持体制そのものについても大きな変化があった。九年五月末、林・赤松・藤沢・渡部が東京で集会、その席上、林は、遠州での視察結果を報告した。良好な茶園のようすに「一同大歓ひ、所得金をも見るへき時節近附候故、社中之勢大ニ盛ニ御座候」と、林は東京の園主たちの喜びぶりを宮崎に報じている。また、「起業之節」に作成した「条約書」は、その後の「社員多く脱社」、「今は只四人」のみという現状と合わなくなっているので、改正の必要があるという意見が出され、赤松が新条約案の起草を担当することになった。それにともない、資金・帳簿の管理や一年一度の現地見廻りを「年番」で担当することも決められ、今年四月から一年間は林が年番とされた。さらに三橋父子には茶・楮畑開拓起業以降の支出明細帳の作成が依頼されている(95)。

安井谷の四名共同茶園に関しては、主管者は三橋浪平・盛宥父子であり、宮崎泰道は相談に乗る程度であったというが、条約改正にともない改めて「監事」の兼任を委嘱されたようで、これまでの努力に感謝して四名から贈られた「夥多之賜物」に対する礼とともに、これからも「永久繁昌」を期していきたいと決意のほどを、七月五日付の書簡で林に伝えている(96)。

なお、実際に安井谷共有茶園の条約改正が行われたのは、一二月だった。まず一〇月、赤松作成の草案を赤松邸において六名（赤松・林・藤沢・渡部・宮崎・三橋浪平）が審議し、一一月四日には再度協議した。二回目の会議は林邸で行われ、洞海の息子林紀も加わった。こうして六通の新条約書が清書され、各人が一通ずつ保管することになった(97)。明治九年一二月付で作成された新条約は、「静岡県下遠江国豊田郡大久保村内字安井谷地所共有ノ約定」と題され、全一五条から成っていた。八七町四反六畝一三歩の山林・開墾切開地を、組合四名で分割することなく「永代共有」することと、年番は書類を預かり、金銭出納など一切の事務を担当し、年一回の見廻りを行うこと、三月三一日で諸勘定の精算を行うこと、四月の第二日曜日に会議を開き年番の交代をすること（順番は明治九年林、一〇年渡部、一一年赤松、一二年藤沢とする）といった内容である。[98]

また、明治一〇年三月には、「園長并監察心得」全八条が制定された。園長は三橋浪平、監察とは宮崎泰道のことである。三月三一日までにその年度の精算表を東京の年番に送ること、「予算年費金」は二人立会いのもと前島岐一に預けること、収入金は詳細に統計表に記入すること、新規着手の事業については必ず二人が相談すること、年給は三橋は純益金の一割、宮崎は二分五厘とすることなどがその主な内容である。[99] また、「年費予算表」「年費総計表」「収入金総計表」「受払計算表」「製茶諸費受払計算表」「製茶高報告表」「製茶売払計算表」「純益計算表」「製茶純益計算表」という九種類の表の作成が求められ、その書式が示された。[100]

こうして、共有茶園の経営体制が整備される一方、思わぬほころびが表れ始めた。明治一〇年九月二〇日、藤沢次謙は安井谷共有地のうち自分の分にあたる二一町八反六畝五三歩を五〇〇円で他の三人に売り渡し、組合を脱退したのである。[101] 藤沢は元老院少書記官として一〇〇円の給料を得る立場にいながら、なぜか負債に苦しみ、大鳥圭介を通じて勝海舟に援助を求めるなど、この頃非常に経済的に窮乏していた。そして同年一〇月には官も辞し、以後放浪の生活を続けることになる。[102]

藤沢の姪今泉みねは、「御維新後、をじは静岡で茶畑を買ひました。恐らくあそこの茶畑はをじが最初でございませう。いろんな人が大ぜいで組んでやつたらしいのですけれど、何しろ生活にはなれないので下手ですし、その中には正直な人ばかりもありませんから、人のいゝものは負でございます。をじはこの茶畑で大分困つた様でした。元老院を引いてからも、借家だけれど大きなおうちにはひつて絵ばかり画いてゐました。何をしてもたべる事には困らないやうな才をもつてゐましたが、何しろ子供は大勢なうへにその茶畑の借金が大へんでしたから、楽ではございませんでした」[103] と述べているが、他の三人とは違い何故藤沢だけが負債を負ったのかの説明にはなっていない。

表２　明治12年度安井谷共有茶園収支表

収支	項　　目	金　　額
収入	収穫茶葉4,656貫840匁代金	463円63銭７厘
	秋芽摘揚諸懸引除現金	23円50銭
	収入合計	487円13銭７厘
支出	耕夫1,484人雇賃	192円92銭
	耕婦975人雇賃	73円
	小糠91俵	45円50銭
	醤油糟43俵	10円75銭
	石灰25俵	4円16銭6厘
	本肥451荷	22円55銭
	雑費	3円
	12年度租税	20円80銭３厘
	12年度地方税・協議費	6円11銭４厘
	手数料(三橋浪平への)	25円
	諸費用合計	403円80銭３厘
	園主３人の収入	75円
	支出合計	478円80銭３厘
差引	差引残金	8円33銭４厘８毛

「第七壱番　三橋浪平氏安井谷明治十二年度勘定帳」(「茶農漫録　巻六」所収)より作成。
明治12年度は12年4月1日から13年3月31日である。

赤松の日記[104]には、九月中旬、藤沢より「負債ノタメ近々身代限処分出願之筈ニ付、安井谷共有ノ地ハ兼テ用立タル金額五百円ニテ譲渡シタル格ニ致し度」という相談があり、また将来身代が立ち直った際には再び入社させてほしいという希望が示され、いずれも了承したことが記されている。藤沢は、遠州茶園で失敗したというよりも、他で作った負債が原因で開拓地を手放したのである。

さて、明治一一年以降の経過を抜き出せば、一一年林・山村個人所有の茶園の管理について近藤峯松が「七分三分の割合」で契約更新したらしいこと[105]、同年三橋の家宅・浴場・馬屋・厠・製茶場・井戸などの修築について共有組合に対し出金請求がなされたこと[106]、一二年楮圃に茶種を蒔付けるなど、楮を茶へ切り替える動きが始まったらしいこと、[107] 一三年「磐田園」茶園の報告を山村鑑太郎（惣三郎の子鑑一のことか）が林宛に送っていることから、[108] 山村家が遠州に移住したらしいこと、一四年二月九日安井谷で山火事が発生、茶畑に被害が及んだこと、[109] 一五年「傭銭摘銭」昂騰のため安井谷茶園を第三者に「貸与」「貸付」するという案が三橋から出されていること、[110] 等々である。参考のため明治一二年度の安井谷共有茶園の収支表（表2）を掲げておこう。

明治一四年の山火事被害についてはよほど悔しかったのであろう、林は翌一五年三月二日付で、「予遠江国見附駅北裏の在二十町許の地ニ一山林を有す、其広大凡八十余町歩（中略）明治三年此山一両輩の所有ニ帰するの時は、山上渓間の諸木皆伐り尽して禿山なりしを、尓後養殖して山林となしたり、然るに昨辛巳の秋野火山麓ニ発る、其日烈風忽ち山上の松林ニ延焼して八町許を焼けり（中略）嗚呼十余年培養の労一朝殆んと烏有ニ属し、其焼地をして再ひ継植をなすも亦十数年の労と費ニよらされは復た用をなし難し」云々と記している。[111]

以後、「茶農漫録」に記される遠州の茶園に関する記事は減少し、明治一九年の安井谷茶園の産高・売上金報告を[112]最後に見えなくなる。「茶農漫録」自体は林洞海が亡くなる明治二八年まで書き続けられたのであるが、何故か茶園の記事は途中で消えてしまうのである。

共有茶園や赤松・林・山村らの個人茶園がいつまで存続したのか、その結末は不明である。明治一五年頃から茶園の貸付けが始まっているが、以後、直営方式から小作経営に切り替えられていったのではないだろうか。

ニューヨークの佐藤百太郎と製茶直売契約を結んでいた[113]埼玉県の狭山会社は、未回収金の増大や相場の下落が原因で破綻、百太郎の店「米国日本用達社（サトー・アンド・カンパニー）」も明治一二年には倒産状態になり、狭山会社に対しては五七四三円もの負債をつくっていた。[114] しかし、狭山会社や佐藤百太郎の苦境が遠州の茶園経営に影響を与えたことを示す史料は見当たらない。

関係者のうち、藤沢次謙は明治一四年、林洞海は二八年、渡部温は三一年にそれぞれ没している。現地責任者だった宮崎泰道が亡くなったのは明治二四年。赤松則良は二五年五一歳で予備役編入、三二年東京から見付へ移住、以後大正九年(一九二〇)七九歳で亡くなるまで同地で隠棲生活を送った。赤松家は則良没後も見付に居を構え、地域の有力者であり続けた。一方の林・渡部・山村の諸家は、その後土地を他人に譲渡するなどして、茶園経営ひいては遠州とは疎遠になっていったのではないかと推測する。

おわりに

以上、赤松・林らによる遠州茶園経営の経過を追ってみたが、そこから垣間見えた特徴の中から、以下の諸点について注目したい。①藩や政府の支援を受けない私的経済活動であったこと、②洋学知識・洋行経験や地縁血縁を存分に活かしていること、③東京での官吏生活と同時進行であったことである。

①については、当初の段階では静岡藩から土地拝領・払下げの許可を得ており、決して藩の支援がなかったとは言えないが、資金的にはすべて自腹であった。廃藩後も同様であり、静岡・浜松県内では牧之原・三方原の開拓(遠江)、江原素六の愛鷹山牧畜・製茶(駿東郡)、石井謙次郎の朝比奈山茶園開拓(志太郡)、荒井信敬の弥太井原茶園開拓(遠江)など、同時期に進められた、いわゆる士族授産事業とは質的に違うものだった。多くが失敗し、悲壮なイメージが残ったからこそ、士族授産事業は、後世にまで語り継がれる自己犠牲の「美談」や「偉人」を生み出したといえる。

それに対し、赤松・林らの茶園開拓は静岡県茶業史の上でも全く位置づけられることがなかった(115)。それは、近隣の士族集団（掛川勤番組など）とはほとんど接点を持つことなく、従って公共への奉仕という側面が少なく、単なる私的な営利活動と見なされたからかもしれない。また、大きな組織・集団ではなく少人数による、それも本人が東京で本務を持ち、現地で事業に従事したわけではない、といった点にも原因が求められよう。ただし、本章が明らかにしたように、赤松・林らの事業にも、狭山方式の製茶法を導入するなど、遠州地域の産業に対する貢献が間違いなくあったのである。

②は、そもそも赤松・林・藤沢・渡部・矢田堀といった開拓グループの顔ぶれ自体がそのことを示している。この沼津兵学校の輪に加え、山村惣三郎・佐藤百太郎らを含めた佐倉順天堂佐藤家を中心とする姻戚、さらには赤松の母方の親類繁田武平ら狭山郷の人々といった、二重三重のネットワークが形成されていたのである。赤松の異母兄吉沢源次郎（資敬）は、静岡藩士だった明治三年（一八七〇）二月から一二月にかけ、新政府に対し鉱山・通商・開墾・植茶税・酒造醤油税など勧業に関わる建白を三度にわたって行っており[116]、弟と同様に国家の産業振興を強く意識した人物だったことがうかがえる。沼津・佐倉の人脈が洋学者集団であったことは、開拓や茶園経営の諸場面でも十分に作用した。

また、なんといっても赤松はオランダ留学から帰朝したばかりであり、彼の地での見聞が参考にされたことは疑う余地がないだろう[117]。赤松のメーカラップ・藍の栽培や養鶏の計画などは明らかにヨーロッパでの知見にもとづいたものだったろう。沼津・駿東郡で江原素六が行った牧畜は、赤松が留学から持ち帰った牧牛書を参考にしたと言われており[118]、その影響は他地域にまでおよんだことになる。

林が、茶や楮の栽培法について各地から情報を取り寄せていること、狭山の茶畑の土質を化学的に分析したこと、三平蒸籠の改良を自ら考案したことなどはすでに触れた。他にも林は、三橋浪平が持参した茶の害虫二種をスケッチ

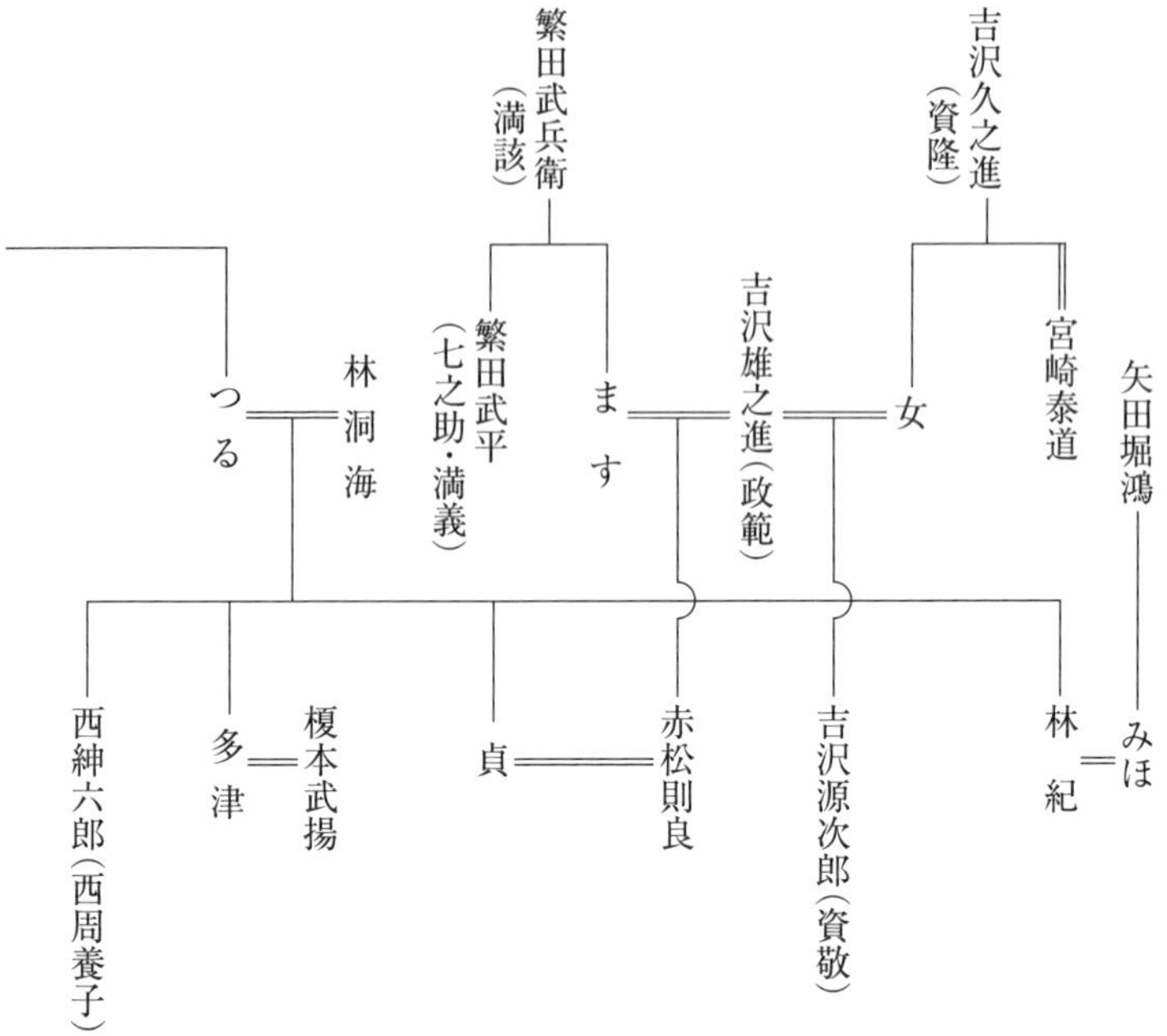

開拓をめぐる関係人物略系図

し、「博覧会場の虫学家某」に見せたり(119)、焙炉の改良策や茶に付く毛虫に関して狭山の増田三平と文通したり(120)といった具合で、茶業に対する技術的・学問的関心が旺盛であった。林は旧幕時代には二丸製薬所を掌るなど薬学の専門家であり、もともと本草学的関心が高く、「時日を徒費することなく出ては後園に菜菓を培養し入りては清窓の下筆巻を放たす浄机の上常に随録の稿堆をなせり」といった晩年を過ごしていたという(121)。明治二一年には両国で開かれた多識会（博物知識交換会）の第一回会合に参加、伊藤圭介・田中芳男ら旧幕以来の博物学者グループの一端に名を連ねている(122)。

一方、赤松も、隠退後は三〇〇〇坪の屋敷内に三〇〇坪の芝生や一〇〇坪の花壇を整備し、「四季の果物には事欠かぬぐらい」の果樹を植えていたといい(123)、植物好きは林と同様であり、ヨーロッパ貴族を連想させるような田園生活を謳歌したようだ。残された赤松の蔵書には茶に関する農書も少なくない(124)。

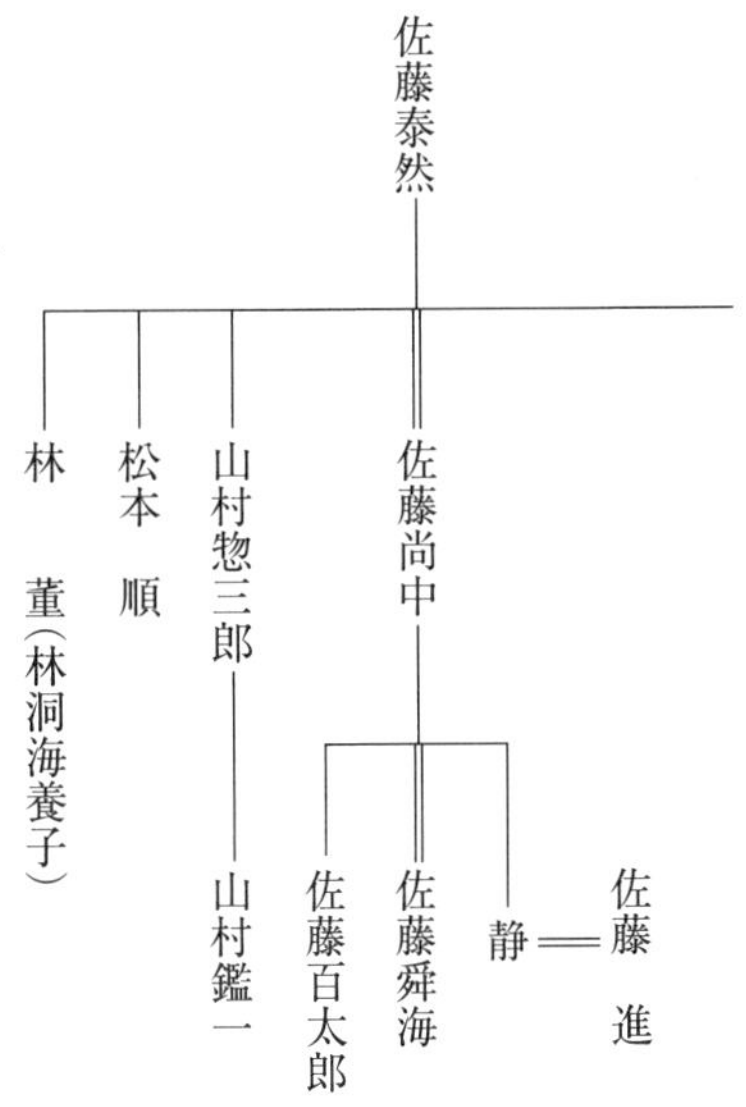

遠州茶園

藤沢・渡部・山村については不明だが、少なくとも赤松・林の二人は、洋学者らしい関心と意見を持って、楽しみながら開拓・茶園経営に取り組んだのである。もちろん資産がかかっているので、決して他人任せではなく真剣だった。

③は①②とも大いに重なる。維新後、あるいは廃藩後の旧幕臣には、新政府に出仕するか否かという大きな岐路があった。有為の幕臣のうち、政府に入った者は軍人・官僚・学者・技術者・教員などとして近代国家建設の役割を果たし、そうでない者は在野で実業家・ジャーナリスト・宗教家・文学者・芸術家などとして近代市民社会の担い手となったというとらえ方は間違いではない。ただし、二種類の集団に真っ二つに分かれたというのは事実ではない。一人の人間が二つの顔を同時に持っていたり、時を経て別の顔に変わっていった人物もいる。いや、むしろそうした人間のほうが普通だったのではないか。

林は茶園開拓の発端について、「拙老沼津在往之時、再ひ都下ニ出つへき期モ非るへしと思ひ居り候ニ付、駿遠之内ニ而可然地もあら者、開拓して永住之基本を定めたしと思ひ候[125]」、「明治元年、余等居を駿州ニ移してより永住の策をはかり、茶園を作るの地を得んと欲し[126]」と記しており、その時点では永住の地と収入の確保を求めて始めた事業だったことがわかる。しかし、幕府瓦解によって一旦は喪失したかに思えた、自分の能力に対する自信とエリート意識とが、政府の誘いを拒否してまで田舎に埋もれるには早すぎると判断したのだろう、結果として宮仕えをしながらのサイドビジネスとなった。

赤松は、戊辰時に榎本脱走艦隊に参加しようとしたり、静岡育英会の会長や同方会の賛成員をつとめるなど、徳川家への忠義心や旧幕臣としての同朋意識は決して小さくなかったが、遠州茶園開拓をめぐる言動からは、旧主や旧身分集団への特別な心情は見て取れない。かといって明治政府に全身全霊を捧げるといった姿勢もない。高齢の林が早く退官したのは当然のこととして、赤松の場合も、明治四年の手紙に十二、三年勤めたら引退したいと書いていたように、東京に未練を残すことなくあっさりと現役を退き早々に見付に引っ込んだ(127)。海軍中将・男爵に昇り、海軍造船の功労者として名を残したのであるから、公務には全力を傾注したのであろうが、茶園開拓の経過からは個人の生活を重視するドライな意識が浮き彫りになっている。

身分制的束縛や封建的道徳・知識体系を洋学の習得や西洋体験によっていち早く脱していた赤松や林は、狭山製茶法導入に際してさえ「国家に尽さゝるの一端にして国民の義務を尽さゝるなり(128)」と述べているように、国家や社会における自らの役割を十分に認識しながらも、一方では、したたかな個人意識を獲得していたのではないか。洋学者には世事に無頓着な学問一辺倒の人間がいた反面、理財の才に長けビジネス界に進出した者も少なくなかった。本章に登場した人物でも、渡部温は東京製綱・東京瓦斯・横浜船渠など諸会社の社長・重役をつとめるなど、教育界から実業界に転身している(129)。

知識を元手に富と名誉を獲得しつつ、なおかつ旧主への恩情や旧身分集団への帰属意識を失うことがなかった彼らの姿は、新旧時代を生き抜き絶妙のバランス感覚を身に付けた人間像を示している。それは近世的人間類型から一歩先に抜け出した近代的個人だったのかもしれない。

註

（1）五十嵐暁郎「旧幕臣の明治維新」（『岩波講座日本通史』第16巻近代1、一九九四年、岩波書店、のち同氏『明治維新の思想』、一九九六年、世織書房に収録）、山口昌男『「敗者」の精神史』（一九九五年、岩波書店）など。
（2）「赤松則良日記（明治元年から十年）」（国立国会図書館憲政資料室所蔵・赤松則良関係文書二一）。
（3）以上、愛鷹山開墾に関する渡部の発言は、大川梅翁宛大川通久書簡（沼津市明治史料館所蔵）による。同書簡は、拙稿「生徒の手紙が語る沼津兵学校のあとさき」（田村貞雄編『徳川慶喜と幕臣たち』、一九九八年、静岡新聞社）、一一二頁に引用。
（4）宮崎尭・色部義明「あとがき」（赤松範一校注『赤松則良半生談』、一九七七年、平凡社・東洋文庫）、二二八頁。
（5）宮崎鷹之進宛赤松大三郎書簡・明治二年七月一九日（国立国会図書館憲政資料室所蔵・赤松則良関係文書三一―三〇）。以下、赤松則良関係文書は赤松文書と略す。
（6）前掲「赤松則良日記」。
（7）以上、八月五日以降の経過は、前掲「赤松則良日記」より。
（8）宮崎志津世宛赤松大三郎書簡・明治二年一一月一六日（赤松文書三一―三一）。
（9）宮崎志津世宛赤松大三郎書簡・明治二年一二月一九日（赤松文書三一―二三）。
（10）前掲「赤松則良日記」。山村惣三郎は、明治三年時点の「静岡御役人附」では中泉郡方役所在勤の郡方であった（『静岡県史　資料編16近現代一』、一九八九年、静岡県、一一五頁）。淵辺徳蔵は文久の遣欧使節に加わった経歴を持ち、静岡藩では中泉添奉行や権少参事・中泉最寄郡方をつとめた。見付裏の五町歩程の「払地」について宮崎泰道に知らせた書簡が残されており（一月二二日付、赤松文書九三）、赤松の土地購入に斡旋の労をとっていたことがうかがえる。

(11) 明治三年閏一〇月二八日、片山は、赤松が開墾地に希望した「向笠原下原村御林跡之儀」について、同地が勤番組之頭が受け取るべき土地であったことに対し、「長太郎殿」(たぶん藤沢次謙のこと)が引き渡しを建白するので、現地の山田虎次郎(掛川勤番組之頭)と調整をはかってもらいたいとの書簡を宮崎志津世宛に送っている(赤松文書九四)。
(12) 沼津市明治史料館所蔵・江原素六関係文書E―a―五三九。『江原素六旧蔵明治大正名士書簡集』(一九八六年、沼津市明治史料館編・刊)、一一頁に翻刻・掲載。
(13) 宮崎志津世宛赤松大三郎書簡・明治三年六月一〇日(赤松文書三―一二)。
(14) 宮崎志津世宛赤松大三郎書簡・明治三年九月一二日(赤松文書三―一〇)。
(15) 宮崎志津世宛赤松大三郎書簡・明治三年一〇月一三日(赤松文書三―一六)。
(16) 宮崎志津世宛赤松大三郎書簡・明治三年一〇月一六日(赤松文書三―一五)。
(17) 宮崎志津世宛赤松大三郎書簡・明治三年一一月五日(赤松文書三―一四)。
(18) 宮崎志津世宛赤松大三郎書簡・明治三年一二月二日(赤松文書三―二〇)。
(19) 宮崎志津世宛赤松大三郎書簡・明治三年一二月一八日(赤松文書三―一三)。
(20) 宮崎志津世宛赤松大三郎書簡・明治三年一二月二八日(赤松文書三―一一)。
(21) 前掲「赤松則良日記」。
(22) 宮崎志津世宛赤松大三郎書簡・明治四年六月七日(赤松文書三―三五)。
(23) 宮崎志津世宛赤松大三郎書簡・明治四年八月一三日(赤松文書三―三)。
(24) 宮崎宛赤松書簡・明治四年八月一四日(赤松文書三―三六)。
(25) 赤松大三郎宛林洞海書簡・明治四年九月七日(赤松文書六―五)。

(26) 林紀宛林洞海書簡・明治四年九月七日（赤松文書六―二）。
(27) 宮崎宛赤松書簡・明治四年九月一四日（赤松文書三―一八）。
(28) 宮崎宛赤松大三郎書簡・明治四年九月二八日（赤松文書三―二）。
(29) 宮崎志津世宛赤松大三郎書簡・明治四年一〇月一〇日（赤松文書三―一九）。
(30) 宮崎志津世宛赤松大三郎書簡・明治四年一一月五日（赤松文書三―七）。
(31) 宮崎志津世宛赤松大三郎書簡・明治四年一二月二五日（赤松文書三―八）。
(32) 宮崎志津世宛赤松大三郎書簡・明治五年二月二日（赤松文書三―二九）。なお、黒須村七之助（武平満義）を赤松の「伯父」とする史料もあるが（日蘭学会編『続幕末和蘭留学関係史料集成』、一九八四年、雄松堂書店、四六一頁）、武平満義の子武平（翠軒）が赤松の母を「私の伯母なる満寿子」（『入間市史調査集録 第4号 翠軒自伝 上』、一九八五年、入間市史編さん室、二八頁）と言っており、彼女の生年を文政元年としていることからも（同書三八頁）、「叔父」とするのが正しい。七之助が武平満義の幼名であることは、繁田良一氏のご教示による。入間市の繁田家墓地には、赤松の父吉沢雄之進が寄進した石灯籠（嘉永四年）、赤松の兄吉沢資敬（源次郎）が撰文した繁田武兵衛満該（ますの父、明治三年七九歳没）の墓石、赤松氏・心静院殿積善貞操大姉（赤松の母吉沢ますのこと、明治一一年二月一二日没）の墓石などがある。
(33) 宮崎志津世宛赤松大三郎書簡・明治五年二月一一日（赤松文書三―三二）。
(34) 前掲「赤松則良日記」。
(35) 宮崎泰道宛赤松則良書簡・明治五年七月一〇日（赤松文書三―一七）。
(36) 宮崎泰道宛赤松則良書簡・明治五年八月一一日（赤松文書三―四）。
(37) 宮崎泰道宛赤松則良書簡・明治五年九月一七日（赤松文書三―三三）。

(38)「茶農漫録」(全七〇冊、および「茶農旧記」、沼津市明治史料館所蔵)は、明治四年から二八年(一八九五)にいたる林洞海の雑記帳である。茶園経営の記録は最初の一〇冊程度に集中しており、その後は雑誌記事の抜書きなど、種々雑多な内容である。ちなみに、過去において「茶農漫録」は、村上一郎『蘭医佐藤泰然』(一九四一年、房総郷土研究会)の引用文献一覧(四頁)にあげられ、「故林若吉氏蔵」となっているが、全面的な利用がなされたことはなかったのではないかと思われる。なお、「茶農漫録」の全貌については、拙稿「林洞海筆「茶農漫録」の総目次と紹介」(『沼津市博物館紀要』二八、二〇〇四年、沼津市歴史民俗資料館・沼津市明治史料館)。

(39)前掲村上『蘭医佐藤泰然』、一九三頁。

(40)「三番　中沼俊六之茶説」(「茶農漫録　巻一」所収)。なお、「茶農漫録」収載の記事は、各巻の巻頭目次に記された表題と本文中の表題とが一致しない場合があるが、本章では目次の表題を示し、(　)内に所収巻数を示す。

(41)「四番　赤松則良より東京より来状写」(巻一)。

(42)「八番　青山宙平書状之写　洞海より同人江答書」(巻一)。

(43)青山宙平の履歴については、『中泉町史』(一九二三年、静岡県磐田郡中泉町梅原村組合役場、一九八五年復刻、遠州文化センター)や静岡県編『静岡県徳行録』(一九四一年、静岡県)。

(44)「八番　青山宙平書状之写　洞海より同人江答書」(巻一)。

(45)「十弐番　青山宙平帰国之節書附ニ而相託す書状之写」(巻一)。

(46)「十三番　同人帰国之上ニ而送り来る書状之写」(巻一)。

(47)「十五番　地券一件ニ付三橋浪平面会藤沢添書之写」(巻一)。

(48)「十八番　癸酉十月宮崎泰道書状勘定之写」(巻一)。

(49)「二十九番　甲戌四月藤沢次謙ニ与へて楮田開墾を談する書之写并藤沢より返書之写」(巻一)。
(50)「卅九番　甲戌六月六日宮崎泰道来る書状之写」(巻一)。
(51)「四十番　同年三橋宮崎両氏より藤沢ニ来る書状之写并ニ右之書ニ添来る藤沢之書状之写」(巻一)。
(52)「壱番　開拓地々券下賜ニ付宮崎泰道より来書之写」(巻二)。
(53)「十九番　三橋宮崎より藤沢ニ送書状并地券書之写」(巻二)。
(54)「拾八番　同地券書請取ニ付報告之写」(巻三)。
(55)「廿一番　宮崎泰道来書之写　楮苗之事を云」(巻二)。
(56)「卅一番　楮田開拓之儀を次謙洞海より遠州江申遣書面之写」(巻二)。
(57)「卅二番　同前ニ付藤沢次謙ニ答る之書」(巻一)。
(58)「卅五番　石田彰に与へて楮木栽培之法を尋る之書」(巻二)。
(59)「卅七番　小林重賢ニ托して楮木栽培之法を尋るケ条書」(巻二)。
(60)『佐倉順天堂社中姓名録』(一九九二年、佐倉市教育委員会)、四頁。
(61)「五六番　小林重賢之楮田問合之返書」、「六九番　楮田ニ付小林重賢より覚書之写」(巻二)。
(62)「四二番　次謙洞海より浪平泰道ニ楮田開墾ニ付遣したる書面の再返書写」(巻二)。
(63)「四八番　楮田開拓懸りニ付三橋宮崎より藤沢ニ来る書面之写」(巻二)。
(64)三橋盛宥は、明治一七年(一八八四)時点では警部兼監獄本署御用係として静岡県の官吏となっていた(『静岡県史　資料編17近現代二』、一九九〇年、静岡県、六二二頁)。
(65)「六十番　楮田開発ニ付三橋宮崎より次謙に来る書状并積書之写」(巻二)。

(66)「六四番　乙亥三月十七日宮崎泰道之書并昨戌年勘定書之写」(巻二)。
(67)「拾六番　楮田開拓ニ付三橋盛宥より赤松則良ニ来る書」(巻三)。
(68)「卅弐番　安井谷楮田開拓金請取書面之写」(巻三)。
(69)「七四番　椿実の事ニ付赤松則良小田原より送る書」(巻二)。
(70)「六壱番　佐藤百太郎米国より輸出茶之事ニ付父ニ送る書」(巻二)。
(71)『順天堂史』上巻(一九八〇年、学校法人順天堂)、八三五～八三七頁。
(72)「六五番　繁田武兵衛より返書之写」(巻二)。
(73)「繁田武平満義」(『埼玉県大百科事典』第四巻、一九七五年、埼玉新聞社)。繁田家と赤松則良との親戚付き合いについては、前掲『入間市史調査集録　第4号　翠軒自伝　上』から詳しくわかる。狭山会社設立の発端も、明治初年に赤松と榎本武揚が新婚披露のため繁田家を訪れた際、「アメリカへ茶を輸出しては何うだ」と力説したことにあるという(同書三九頁)。
(74)「狭山会社」(『埼玉県大百科事典』第二巻、一九七四年、同前)。
(75)前掲「赤松則良日記」。
(76)「弐番　宮崎泰道より生茶売払ニ付来書写同摘茶之記并培養開拓之記」(巻三)。
(77)佐藤百太郎の弟錥とは、佐藤家の系図『藤のゆかり』(一九三四年、林喜太郎他)によると、大野伝兵衛(幼名哲次郎)のことかと思われる。大野は千葉県東金の資産家だった養父の跡を継ぎ、東嘉園を経営し製茶輸出に取り組んだ(前掲『順天堂史』上巻、八三五頁)。
(78)増田三平と三平蒸籠については、『入間市史　通史編』(一九九四年、入間市)、七二五頁に写真・図がある。

(79) 以上、林洞海の狭山視察行については、「廿九番　狭山観茶日記」(巻三)。
(80) 「四十四番　須佐埅児農学舎密ノ法ニ拠テ狭山茶圃土質分析表」(巻三)。
(81) 「拾八番　同地券書請取ニ付報告之写」(巻三)。
(82) 「卅三番　宮崎泰道より来書之写」(巻三)。
(83) 「卅六番　宮崎泰道より金子受取之来書」(巻三)。
(84) 以上、狭山製茶師の遠州訪問と実演については、「四十九番　見附の製茶改正記」(巻三)。
(85) 以上、狭山製茶師の三方原派遣については、「壱番　狭山茶製人ヲ三方ケ原ニ遣スコトニ付泰道ヨリノ来書」(巻四)。
(86) 「十番　子五月廿七日三橋浪平父子より来書之写」(巻四)。
(87) 以上、房吉の狭山派遣とその成果については、「廿番　安井谷一件ニ付送り金之宮崎返書之写」、「廿二番　狭山流茶製伝習人之事ニ付三橋浪平来状之写」(巻四)。
(88) 「廿番　安井谷一件ニ付送り金之宮崎返書之写」(巻四)。
(89) 「五十六番　宮崎泰道より赤松ニ茶製人の事ニ付来状写」(巻四)。なお、明治九年に組織された「磐田社」については、茶の販路拡張のため横浜に委員を派遣するなどの活動を行ったことが、社長に就任した見付町の神官出身の実業家大久保忠利の履歴からうかがえる(高室梅雪『静岡県現住者人物一覧』、一八九七年、一〇六～一一〇頁)。
(90) 「四七番　宮崎より製茶人の事ニ付来書并狭山行書状写」(巻四)。
(91) 宮崎宛山村惣三(郎)書簡・明治一〇年二月一一日(赤松文書一〇〇)。
(92) 「廿七番　米国佐藤百太郎より来状之写」(巻四)。
(93) 「卅六番　米国佐藤百太郎より来状但送りたる盤田園茶説」(巻四)。

(94)　明治八年に一時帰国した佐藤百太郎は、日本の茶・絹・陶器・漆器などをアメリカで販売する商店をニューヨークに開いたことを宣伝する広告を配布するとともに、内務省勧業寮の河瀬秀治、群馬県令楫取素彦、前橋製糸所創設者の速水賢曹、福沢諭吉らにアメリカへの商業実習生の派遣を説いたりしたという（阪田安雄『明治日米貿易事始　直輸の志士・新井領一郎とその時代』、一九九六年、東京堂出版、一〇五～一〇八頁）。なお、百太郎は明治六年一二月にも一時帰国しているが（『東京日日新聞』明治七年二月一七日、宮地正人監修『国際人事典　幕末・維新』一九九一年、毎日コミュニケーションズ所収）、その時にはまだ遠州茶輸出の働きかけをした形跡はない。

(95)　以上、九年五月の東京での四人集会については、「十壱番　五月卅一日三橋父子江返書之写」（巻四）。

(96)　「廿番　安井谷一件ニ付送り金之宮崎返書之写」（巻四）。

(97)　「卅三番　安井谷共有茶園之条約改正ニ付会議」（巻四）。

(98)　「四八番　安井谷共有茶園改正新条約之写」（巻四）。なお、「赤松則良日記」の明治十年四月十五日条には、「遠州安井谷共有地ノ約定ノ義ニツキ林洞海宅ニ会ス、而テ約定成ル」とあり、最終的な条文決定は翌年に及んだのかもしれない。

(99)　「四九番　安井谷共有茶園々長并監察心得書写」（巻四）。

(100)　「五十番　安井谷共有茶園計算表之写」（巻四）。

(101)　「廿四番　遠州大久保安井谷開拓地藤沢所有分を組合三人ニ譲受」（巻五）。

(102)　安西愈『勝海舟の参謀　藤沢志摩守』（一九七四年、新人物往来社）、一九二～一九三頁。

(103)　今泉みね『名ごりのゆめ』（一九四一年、一九四二年三刷、長崎書店）、一二四頁。

(104)　前掲「赤松則良日記」。

(105)「三十番　青山徴帰国後来状之写」(巻五)。
(106)「五三番　三橋浪平より赤松江来状の写」(巻五)。
(107)「第七壱番　三橋浪平氏安井谷明治十二年度勘定帳」(巻六)。
(108)「第廿四番　磐田園山村鑑太郎預り分茶園報告」(巻七)。「第三十番　宮崎泰道同七月十二日来状写」(巻七)にも「山村当地御住居之事故」云々とある。
(109)「第七三番　安井谷山火報告」(巻七)。
(110)「第七七番　三橋持安井谷茶園摘葉記」(巻十)、「第十一番　三橋浪平より茶畑貸付の件来書写并図」(巻十一)。
(111)「第二十番　山林火災を諭す」(巻十)。
(112)「第二十番　安井谷茶苑十九年度報告略記」(巻二十八)。
(113)「明治九年二月　狭山会社及びニューヨーク佐藤百太郎商店製茶直売条約書」(『狭山市史　近代資料編』一九八八年、狭山市、一四三～一四五頁)。原文書は埼玉県立文書館所蔵・埼玉県行政文書であり、同じ史料は『入間市史　近代史料編1』(一九八八年、入間市、一〇二～一〇四頁)にも掲載されている。
(114)前掲阪田『明治日米貿易事始』、一一八～一二〇頁、三六九頁。なお、旧佐倉藩の士族が結成した製茶会社同協社に対しても、八〇〇円の負債が生じていた。
(115)『静岡県茶業史』(一九二六年、静岡県茶業組合連合会議所)には、茶業功労者として中条景昭・大草高重・石井謙次郎・内田忠正・落合正中ら旧幕臣の事績が紹介され、積信社を設立し直輸出に先駆的に取り組んだ江原素六、内務省・農商務省官吏として紅茶普及に貢献した多田元吉らの功績も記載されているが、赤松・林の名はどこにも登場しない。なお、『図説磐田市史』(一九九五年、磐田市)には「赤松則良と磐田原開墾」という項目が設けられ赤松や林による開拓事業が紹介されているが（七三〜七四頁）、『磐田市史　通史編下巻　近現代』（一九九四年、磐田市、九四〜九五頁）と『磐田市史　史料編3　近現代』（一九九四年、三五四頁、五五四〜五五六頁）の叙述や収録史料はわずかで、その扱いは小さい。

(116) 内田修道編『明治建白書集成』第一巻（二〇〇〇年、筑摩書房）、三七二〜三七三頁、四三三〜四三六頁、四五〇〜四五四頁。

(117) なお、赤松はオランダで海軍の造船技術を学んだほか、「工学博士フハンデルマーテに就いて土木・水利・建築等の学科を兼修した」（前掲『赤松則良半生談』、一九七頁）というが、静岡藩では沼津兵学校教授以外に水利路程掛に就任、吉原湊の波除、内房山の石炭採掘、万野原用水の場所を見分するなど（前掲「赤松則良日記」）、その知識を活かそうとした形跡がある。それは、政府出仕後も軍事よりも民政の仕事を志望した点につながっているようだ。

(118) 結城礼一郎『江原素六先生伝』（一九二三年、逸話一一頁「赤松大三郎の牧牛秘書」）、同『旧幕新撰組の結城無二三』（一九七六年、中央公論社・中公新書、八九頁）。

(119) 「三十番　茶虫二種の図説　三橋浪平持来る」（巻四）、「卅五番　大蓑衣虫羽化の図并説」（巻五）。

(120) 「壱番　鉄焙炉并茶虫之事ニ付増田三平より来状之写」（巻五）。

(121) 林洞海「存誠斎雑録鈔二」（『同方会報告』七、一八九八年、三九頁、復刻合本第一巻）。

(122) 田中義信『田中芳男十話・田中芳男経歴談』（二〇〇〇年、田中芳男を知る会）、四二頁。なお、「茶農漫録」には、田中芳男からの直接・間接の情報が多数収録されており、二人の交遊の深さ、ひいては林の博物学的関心の高さを示している。

(123) 前掲「あとがき」（『赤松則良半生談』）、二三五頁。なお、赤松が見付に建設した洋風の住居については、財団法人文

化財建造物保存技術協会編『赤松家　門・塀・土蔵　保存修理工事報告書』（一九九七年、磐田市）。

(124)『磐田市立図書館　赤松文庫目録』（一九七一年、同館）によると、残された赤松家の旧蔵書約三三〇〇冊中には産業関係書が少なくなく、『製茶新説』（明治六年）、『茶務僉載』（明治一〇年）、『紅茶説』（明治一一年）、『勧農叢書　栽茶説』（明治一六～一七年）といった茶の関連書もある。

(125)「卅五番　石田彰に与へて楮木栽培之法を尋る之書」（巻二）。

(126)「四十九番　見附の製茶改正記」（巻三）。

(127)赤松の突如の予備役編入の背後には、薩摩閥（海相仁礼景範）による報復人事との説もある（伊東圭一郎『東海三州の人物』、一九一四年、静岡民友新聞社、一四～一八頁）。

(128)「四十九番　見附の製茶改正記」（巻三）。

(129)渡部が社長をつとめた、明治二〇年（一八八七）創立の東京製綱会社は、山田昌邦（支配人、もと沼津兵学校教授方手伝）が発起したものであるが、渋沢栄一・益田孝といった旧幕臣出身の先輩実業家の支援を得つつ、渡部と赤松則良の二人が強力なバックアップをしたものだった（『東京製綱株式会社七十年史』、一九五七年、『東京製綱百年史』、一九八九年）。なお、現役の海軍高官である赤松の場合、ロープ製造を行う民間企業の育成を裏面から支援したものであり、薩長土肥に独占された官界に背を向け、その他の多様な活動分野のひとつとして実業の世界に乗り出していったとする評価（片桐芳男「幕末明治の洋学者・渡部温（一郎）覚え書（3）」『愛知教育大学研究報告』三四（教育科学）、一九八五年、四一頁）はあてはまらない。ただし、後年赤松の息子範一が同社の重役・社長をつとめたという事実は、渡部のように実業家への転身ができなかった父親の身代わりになったかのように思える。

第七章　東京府の私塾・私学にみる静岡藩出身者の教育活動

はじめに

沼津兵学校・静岡学問所とその人材に象徴されるごとく、旧幕府が蓄積した知的遺産は維新後一旦、静岡藩に引き継がれた後、やがて中央へもどされ、明治政府の内外において広く活用されたことはよく知られている。旧幕臣・静岡藩士たちがたどった江戸―静岡(沼津)―東京という軌跡は、単に生活の場の変化を示しているだけでなく、教育による自己確立の過程でもある。明治期以降に作成された履歴書にはそのことが誇らしげに明記される(1)。特に廃藩後、教育に携わる道を選んだ者にとって、かつて自分が学問・教育の先進地である静岡や沼津で教え学んだという事実は、国家レベルでの学校制度の整備が始まったばかりの当時において、提出先である雇用主や官庁に対しても自信をもってアピールできる履歴となったようだ。そのことをよく示すのが、本章で活用する明治前期における東京府の教育関係史料である。

本章は、『東京教育史資料大系』(全一〇巻、一九七一～七四年刊、東京都立教育研究所)に掲載された、明治五年から十年代前半までの時期を中心とした東京府の私塾・学校の各種関係書類(開学願書・家塾開業願・開学明細調等)から、静岡藩出身者(静岡移住旧幕臣)の履歴を拾い出し、静岡藩時代とその前後にかけての教育者、あるいは被教育者としての動向を検討するものである(2)。

なお、利用した史料は、府庁提出用に雛形にもとづき作成されたもので、たとえば以下のようなものである。

私学開業願之件

静岡県士族神津道太郎

右私学開業致度旨別紙之通り願出候間御聞届相成可然哉之案取調相伺候也但文部省へハ類願取束年末ニ差出方可取計事

案

私学開業聞届候事

年号　月　日　　　　　　長官

一　私学位置　第二大区七小区麻布新網町一丁目二十四番地私宅

葆光舎ト唱フ

一　洋算測量教授　　静岡県士族　神津道太郎

明治九年十一月三十歳二ヶ月

明治二年九月小学試業合格ニ付沼津出張陸軍兵学寮資業生拝　命代数幾何学測地術卒業同五年五月東京兵学寮合併ニ付帰京同年十月病気ニ付退寮其後高等代数学微分学積分学陸軍士官学校教官榎本長裕ニ従ヒ修業同六年ヨリ沼津集成学校教師相成同七年一月ヨリ府下慶応義塾医学所数学教師相成同九年四月ヨリ東京鎮台歩兵第一連隊江出頭士官江算術測量教授罷在候

一　学科　平算　代数学　幾何学　測量学　微分学　積分学

一　教則　午前八時ヨリ同十一時迄夜学午後六時ヨリ同九時迄毎週日曜日并大祭日休課
一　塾則　入舎金　通学生　金三拾銭
　　　　寄宿生　　　金弐円
　　　　月俸　　　　金弐円五拾銭
　　　　月謝　平等　金二十五銭
　　　　代数学　　　金五拾銭
　　　　幾何学　測量学　金七拾五銭
　　　　微分学　積分学　金壱円
右之通開業仕度、此段奉願候也
　明治九年十一月十七日　　　　　右神津道太郎㊞
　　　　　　　　　　　右区戸長　浦口善養㊞
東京府知事　楠本正隆殿(3)

これらの原史料は東京都公文書館に保存されているものである。人名など、明らかに誤りが推測される個所があり、本来、原本にあたって確認すべき点も少なくない。また、掲載されたものがすべてではないようでもあり、恣意的な省略箇所も目に付く。が、とりあえず今回は活字化された『東京教育史資料大系』を利用することにとどめた。

とはいえ、この材料からは、静岡藩で受けた教育を活かして東京で教育活動に従事した旧幕臣が、人的にも相当な数量にのぼったことが改めてよくわかる。特に、官立の学校ではない私立学校や私塾に勤めた者、あるいはそれを経営した者が非常に多かったことに注目したい。また、従来知られていた沼津兵学校や静岡学問所の教授・生徒のリストにはない人物の存在が見出されたほか、既知の人物に関しても、従来知られていなかった動向が新たに判明し、豊富な新事実を確認できた。結果、それら個人の履歴の集積から全体的な傾向や特徴といったものをすくい取ることが可能となった。

以下、拾い上げた個別人物の履歴をもとに作成した一覧表を見ながら、幾つかの問題について述べていく。

一　東京で学校・私塾を開いた沼津兵学校職員たち

表1は、『東京教育史資料大系』（以下『大系』と略す）から拾った、東京で私塾や学校を開業した沼津兵学校・同附属小学校・沼津病院・静岡藩軍事掛の教授・職員たちである。

兵学校の教授職に限っても五〇名以上いた関係人物のうち、この表にあるのはわずか七名である。しかし、実際に塾や学校を開いたり、個人的に自宅で教育活動を行ったのは、決してこれだけではなかったはずである。たとえば、上京後すぐに育英舎という私塾を開いた西周はここには登場していない。他にも多くの人物が、官立の学校や官庁等に勤務するかたわら、個人的教育活動を行った事実については、後掲の表4を説明する際に触れることになる。

さて表1である。沼津での教育の実績や教職員の多さからすれば、もっと多くの人物がリストアップされてもよさそうなものであるが、わずか七名である。このことは、逆に言えば、沼津兵学校の教授・職員の多くは政府に出仕し官員となったため、あえて個人事業主として私塾・学校経営をする者が少なかったということを示している。

では、表中の人物のほうは官庁に勤めなかったのかというと、決してそうではなく、彼らもほとんどが官吏としての経験があるか、現に官庁勤めをしている者、後にする者である。開学願書提出当時、渡部温は紙幣寮七等出仕、中村六三郎は文部省十等出仕、桂川甫策は正院八等出仕の職にあったし、川口嘉は会計検査院に奉職していた[4]。また、宍戸鎰は明治八年(一八七五)当時は内務省駅逓寮十四等出仕だったし、須藤時一郎は後に大蔵省に勤務することになる。つまり、塾・学校経営は副業、あるいは一時的な仕事だったといえる。

ところで、私学・私塾等の開学願書には、教師の履歴以外に、学校の位置、費用、教師給料、学科、教則などが記載されている。学科については当然、その教師の専門分野が反映されており、旧幕・静岡藩時代以来の習得・教授科目が、継承されたことがわかる。たとえば、沼津兵学校では化学方をつとめた桂川甫策(沼津病院医師でもある)は、化学の専門学校である開物学舎を開いたし、兵学校で英語を教えた渡部温はイギリス人教師を雇って自宅に英語専門

表1　東京府で学校・私塾等を経営した沼津兵学校教授・軍事掛職員・病院医師

氏名	年齢	名称(届出年)	授業科目	履歴	沼津での役職
石川東崖	明治9年47歳	自勉舎(明治9年)・静修館(明治16年)	皇学・漢学	天保8～10年小田切為行に師事、明治2～8年集成舎一等訓導	沼津兵学校附属小学校教授
桂川甫策	明治6年34歳	開物学舎(明治6年)	英学・化学	安政元年正月～5年杉田玄端、慶応3年4～12月ガラタマに師事	沼津病院医師
川口嘉		有真楼書院(明治30年)	筆道		軍事俗務方頭取
宍戸鎰		宍戸学校(明治10年)	皇国学・漢学	嘉永6年林図書頭に師事、郵便三菱商船学校教員	万野原学校所教授
須藤時一郎		共立学舎(明治5年)			軍事掛附属
中村六三郎	明治6年33歳	(中村六三郎塾)(明治6年)	皇学漢学洋算	明治元年伴鉄太郎、赤松則良に師事、明治3年大学南校	沼津兵学校測量方
渡部温		(渡部温塾)(明治6年)	(英語学)		沼津兵学校一等教授

『東京教育史資料大系』より作成。

の学校を開いた。沼津兵学校附属小学校や万野原学校所で素読を教えた石川東崖や宍戸鎰は漢学主体の塾を開いている。なお、川口嘉は沼津では事務方だったため、公務として教育に従事することはなかったが、有真楼という書道の私塾を開いており、東京に行ってからもそれを継続したということらしい(5)。

教則には、「入塾之儀ハ士農工商可為勝手候事」（開物学舎）、「学徒等級之儀ハ三ヶ月毎ニ試業致し学力之優劣に依て変替可致事」（渡部温塾）といった文言があり、身分を度外視した能力主義が採られていたことがわかるが、それは沼津兵学校出身者の専売特許ではなく、当時すでに一般的なことであったろう。

二　東京の学校・私塾で教えた沼津兵学校の生徒たち

表2は、『大系』から拾った沼津兵学校資業生・生徒および同附属小学校生徒たちで、私塾・私立学校を経営するか、それに勤務した者の一覧である。一部、公立小学校に勤務した者も含む。

表2　東京府の学校・私塾等で教えた沼津兵学校・同附属小学校生徒

	氏名	族籍	年齢（届出年）	勤務先	授業科目	沼津での履歴	沼津での習得科目
①	西尾政典	東士	明治8年22歳	日章私黌	洋算英学漢学	（沼津兵学校での履歴記載なし）	
②	石居至凝	静士	（明治20年）	徳育館		（沼津兵学校での履歴記載なし）	
③	千種顕信	静士	明治6年33歳	（千種顕信塾）	仏学・数学	明治元年10月～4年正月沼津学校	仏学・数学等
③	長谷部長民	静士	明治6年25歳	（板倉勝任塾）	数学	明治2年5月～5年2月沼津兵学寮	
③	大平俊章	静士	明治8年25歳	（大平俊章塾）	洋算他	明治元年11月～5年2月沼津兵学寮	仏学洋算漢学罫画

③	小野沢敬之	神士	明治9年25歳	小野沢学校	皇英算漢	明治元年10月沼津兵学校、2年5月資業生、4年11月免	英学・漢学・洋算数
③	芳賀忠隆	東士	明治6年25歳	仰観舎	洋算	明治2年正月沼津駅於兵学校	
④	関近義	東士	弘化2年生	育英学舎・女子師範予備学校		(沼津兵学校での履歴記載なし)	
④	市川芳徹		明治6年27歳	訓蒙学舎	数学	明治2年駿州兵学校江入寮	
④	石橋絢彦	静士	明治6年21歳	荀新館	数学・英学	明治2年正月沼津小学校、同9月同学校に入る	
④	伊藤重固	静士	明治6年20歳	大済学社	(英仏洋算)	明治元年8月~5年5月沼津兵学校	
④	佐竹万三	東平	明治7年24歳	共同社	英語・数学	明治2年7(正)月~3年6月沼津兵学校、7月出京	英語・数学
④	永井当昌	静士	明治7年27歳	旭義塾	数学	明治2年2~5月沼津於兵学寮	
④	岡敬孝	静士	明治6年28歳	(岡敬孝塾)	支那学英学筆算	明治2年正月~5年5月沼津兵学校	支那学英学筆算
④	高橋成則	静士	明治6年26歳	(高橋成則塾)	洋算・英学	慶応4年10月~5年2月沼津兵学寮	支那学英学算術
④	神津道太郎	静士	明治9年30歳	葆光舎	洋算・測量	明治2年9月~5年5月沼津出張兵学寮資業生	代数幾何測地
④	大岡忠良	静士	明治10年32歳	友学舎	洋算	明治元年11月~3年12月静岡藩兵学校、3年12月~4年8月名古屋藩兵学校教官	仏算漢洋画等
⑥	浜田晴高	静士	明治5年21歳	攻玉塾・鳩切塾・浜田学校	数学・測量	明治3(2)年5(1)月~4年10(9)月沼津表兵学校、(明治3年1月~4年8月)沼津兵学校	
⑥	本多次郎	静士	明治6年23歳	育幼義塾	(英仏和漢数)	明治元年10沼津小学校、3年9月兵学校資業生	洋算
⑥	川住義謙	静士	明治13年32歳	三師学舎	(皇漢算等)	明治2年2月沼津皇学校	漢学・洋算

⑥	松岡馨	静士		速成朝鮮語学校	朝鮮語	（沼津兵学校での履歴記載なし）	
⑦	武藤孝長	静士	明治6年25歳	鳩切塾	数学	明治3年3月～4年10月沼津兵学寮	
⑦	松山温徳	静士	明治7年21歳	（松山温徳塾）	読書習字算術	明治2年7月沼津小学校、4年3月～5年5月沼津出張兵学寮	漢籍英学算術
⑦	高田尚賢		（明治17年）	東京仏語学校		（沼津兵学校での履歴記載なし）	
⑦	宮川保全	静士	（明治12年）	女子師範予備学校	雇	（沼津兵学校での履歴記載なし）	
⑧	堀江当三	静士	明治11年25歳	暢進舎	洋算	明治2年1月～5年5月沼津小学兵学両校	算英漢洋画
⑨	水野勝興	静士	明治8年18歳	（大平俊章塾）	（洋算他）	明治元年11月～6年10月沼津学校	漢学洋算他
○	水原嘉与吉	静士	明治7年21歳	市ケ谷学校・区内学校	（読書等）	明治3年（10月）～4年9月沼津兵学校（静岡県学校）	数学
○	近藤義立	静士	明治5年28歳	報国学社・開通舎	（英漢数等）	明治2年9（10）月～4年2（正）月沼津陸軍兵学寮	皇漢英数
	長坂正孝	静士	明治6年23歳	訓蒙学舎	数学	明治元年10月沼津於学校起業	
	山本利渉	静士	明治10年20歳	駒本学校	（公立小学）	明治3年3月～5年10月沼津学校	支那学数学
	和田正幾		（明治14年）	東京英学校		（沼津兵学校附属小学校での履歴記載なし）	
	渡辺政吉	静士	明治10年21歳	駒本学校	（公立小学）	明治3年1月～4年7月沼津学校、3年7月～5年3月同所陸軍兵学寮寄宿生	支那学数学
	田村恒寿	静士	明治5年20歳	報国学社・紅梅学校・神田学校	（英数皇等・公立小学）	明治元年10（12）月～2年9月沼津陸軍兵学寮	支那学洋算
	鈴木重成	東士	明治6年22歳	訓蒙学舎分校	洋算	明治元年10月～6年沼津学校	洋算
	久保晟士	東士	明治5年20歳	報国学社	（英漢皇等）	明治元年10月～4年5月沼津小学校	

静光義建	静平	（明治7年）	共同社	数学	明治2年2月駿州沼津学校	数学
中川忠明	静士	明治6年39歳	（中川忠明塾）	独逸学・筆算	明治2年正月沼津学校	英学・筆算
今泉幸次郎	静士	明治8年18歳	敬愛学校・会輔学校	算術	明治4年正月～6年3月沼津小学校	洋算
佐々木彦三郎	静士	明治9年18歳	小林学校	（英仏数等）	明治3年4月～6年5月沼津学校	数学
山口琢磨	浜士	明治7年28歳	（山口琢磨塾）・大森学校・貴船学校	読書・習字・筆算	明治2年2月～3年10月沼津小学校	洋算礼体操
原田義質	静士	明治7年20歳	南海学校	（公立小学）	明治5年3月沼津学校	算術
藤井閑	静士	明治8年20歳	城南学校	（公立小学）	明治2年沼津小学校	漢学・洋算
小林義季	静士	嘉永寅生	蓋筅舎	英数記簿法等	明治2年3月～6年3月沼津駅学校	漢・数・英・習字
神谷保正	静士	明治12年26歳	蛍雪校	数漢英	明治3年3月～5年8月沼津小学校、8年2月～9年9月同中学校	数学・漢学
阿部俊快	静士	明治13年36歳	育蒙学舎	読書算術習字	明治2年6月～3年6月沼津学校	算術
中山認当	静士	明治6年24歳	（田村俊正塾）	（英学・数学）	明治4年2月～11月万野原学校	

『東京教育史資料大系』より作成。○内の数字は、第何期の資業生であるのかを示す。数字なしの○は、生徒・俗務生徒。年齢は勤務する学校・塾の設立届時のもの。勤務先のうち傍線があるものは、本人が経営するもの。履歴欄の記載は、原史料の記述をできるだけ生かした。史料に履歴が記載されていなくても、沼津兵学校出身であることが明白な者についても載せた。族籍は、静士・静平（静岡県士族・静岡県平民）のように省略し、東は東京府、神は神奈川県、浜は浜松県を表す。

表中の氏名の前に付した○内の数字は、第何期の資業生であるのかを示している。なお、それ以外にも資業生が含まれているかもしれないが、各種史料・文献等から改名前後の名前が確定し、個人が特定されている者のみを資業生とした。資業生は全部で二一八名いたことがわかっているので、そのうちの二七名、すなわち約一二パーセントの人物が私塾・学校で教鞭をとったということになる。なお、本表にはなく、表4だけに登場する資業生一〇名を加えると、その比率は約一七パーセントとなる。さらに、表2にも表4にもない資業生で、私塾・学校で教えたことがわかっている佐々木慎思郎（第一期）[6]、原田信民（第三期）[7]らの存在もあるので、実際はもっと高い比率になるだろう。

さて、資業生といえば沼津兵学校に学んだ者の中でも最も優秀な、「選ばれた者」たちである。当然、廃校後は政府にそのまま出仕する機会が優先的に与えられたし、実際にそうした者も多かったはずである。ところが、この表にみるかぎり、相当な数の元資業生が私塾・私立学校での教育に携わっているのである。自らの能力に自信を持つ上、旧幕臣として政府に仕えることをいさぎよしとしなかったからだという解釈も成り立つが、このことは、先にも述べた通り、官職に就く前の一時的な職業選択だった可能性が高い。官職にありながらアルバイトとして従事していた人物は本表からは確認できなかったが、当然それもあるかもしれない。明治一二年（一八七九）や一四年の官員録から、本表の人名のうち、長谷部長民・伊藤重固・市川芳徹・堀江当三・佐竹万三・永井当昌らについては、その後中央官庁に奉職したことが確認できた。また、武藤孝長は静岡県にもどり師範学校や中学校の教師となったし[8]、石橋絢彦は工部大学校に進学している。

とはいえ、宮川保全[9]や石井至凝[10]のように公職を退いた後、本格的に私立学校・私塾経営に乗り出した者の存在もあり、決して全員が生涯を通じての官吏志望だったわけではない。岡敬孝のように塾経営から新聞記者に転じ、常に在野で活動した者もある。つまり、ある時期において私立学校・私塾に在職していたからといって、必ずしも在野にあることにこだわったとはいえないし、逆に全員がその境遇を抜け出し官吏になることを目指していたとも言い切れない。宮川や石井のように、後年になり何らかの理想をつかんだり、現状に幻滅して民間教育に飛び込んだと思われる事例もある。

ところで、表2中、資業生以外の二一名は、「静岡御役人附」に俗務生徒・生徒として記載されている者（氏名の前に〇を付した者）と、今回この履歴書から沼津兵学校および同附属小学校で学んだことが新たに判明した者である。[11] 沼津兵学校に学んだ者の氏名は、資業生に及第した者のみしか当時の原史料に記録されておらず、後世の史書で紹介された者についても実際に存在したといわれる数百名のうちの判明分にすぎない。今回、改めて従来知られていた者以外にも多くの一般生徒が存在したことが確認された。なお、現在知られている資業生の氏名一覧も、後に当事者の記憶に頼って作成されたものであるため脱漏もあるらしく、[12] この二一名の中にも実際資業生だった者があるかもしれない。単に「沼津兵学校で修業した」という記載からは、資業生になったのかならなかったのかは判断できないのである。なお、表中の二七名の資業生とその他の二一名とは、平均年齢が二歳ほどしか違わない。しかし、二一名のほうには公立小学校勤務者が多く、一方の資業生側は私塾・私学（中等教育レベル）を志向する傾向にあったといえるかもしれない。

履歴には、沼津兵学校での学歴を記す者がほとんどであり、在学の事実がありながらそれを記載しない者はわずかである（西尾政典・関近義ら）。沼津での学歴は各人にとって欠かせないものだったようだ。その履歴からは、兵学校での修業期間や習得科目などがわかる。「沼津兵学校」という固有名詞も定着していなかったようで、各人によって「沼津兵学寮」「沼津学校」「静岡藩兵学校」「駿州兵学校」など、多様な呼称が使われている。兵学校附属小学校については単に「沼津小学校」と記される場合がほとんどである。

学んだ教科については、数学、すなわち洋算や英語（英学）・フランス語（仏学）が挙げられているのは当然のことであるが、中には「洋画」「罫画」や「体操」についても記載されている点は注目に値する。このようなところにも同時代の他にはない沼津兵学校の教育の特長が強調されているといえる。

当然、沼津で習得した学業の成果が勤務先の学校・塾において発揮されたわけであり、担当した授業科目の欄からは、数学（洋算）・測量・英語・仏学などが多く見て取れる。それはそのまま、その学校・塾の性格を示しており、明治ヒトケタから十年代にかけての洋学ブームの中で雨後の竹の子のように生まれたものの一部だったことがうかがえる。沼津兵学校出身者は、慶応義塾・大学南校・同人社・共立学舎・攻玉塾などと同様、それらの需要に応えられるうってつけの人材だったといえる。

ただし、攻玉塾のようなある程度の規模をもった所に雇われた時は別にして、自身が校主・塾主になった場合、食うための一時凌ぎの経営であったためか、そもそも資金が不足していたからか、いずれも自宅を教室にした小規模な塾がほとんどで、生徒の数も教師の数も少なかった。たとえば、岡敬孝の塾生は八名にすぎない[13]。

誰がどの私塾・学校に勤めたかということは、個人的な人脈によるところが大きかったと思われる[14]。大平俊章経営の私塾は、兵学校の後輩水野勝興を教師に迎えた、沼津以来の仲間二人によるものだった。武藤孝長・浜田晴高という沼津兵学校出身者二名が勤めた鳩切塾は、旧和歌山藩主徳川茂承邸内に置かれたものであり、旧幕以来のつながりを推測させる。浜田晴高が一時つとめた攻玉塾は、塾主近藤真琴が幕府軍艦操練所出身の旧鳥羽藩士であり、旧知の間柄だったのかもしれない[15]。その一方、千種顕信が塾長をつとめた私塾は、教師六名中、静岡県士族は二人だけで、残りは他県士族という、いわば混成部隊であった。上京・遊学熱の中、東京で成功した者が、まだ静岡にいる後輩を呼び寄せるといったケースもあったであろう。この時期の私塾・学校は、古い人脈はもとより、新しい交流を生かしながら、教員集めや経営を行っていたといえる[16]。

なお、表中には示せなかったが、各人の履歴からは、沼津以前・沼津以後の学歴や職歴を知ることができ、彼らがいかなる過程の中で沼津兵学校を通過していったのかがわかる。

何人かについて例示すれば以下のようになる。

［沼津以前の勉学］
西尾政典　安政6年～開成所書記辻士草に漢学を学ぶ。文久元年～慶応元年開成所教授職渡部温に英学修業。
大平俊章　安政4年～万延元年佐伯藩庄原文記に漢学を学ぶ。文久2年～慶応元年奥村季五郎に漢学を学ぶ。
水野勝興　文久3年～慶応3年矢村愛太郎に漢学を学ぶ。
大岡忠良　嘉永6年～文久3年杉原平助に漢学を学ぶ。慶応元年～同3年森川義則に洋算を学ぶ。
小野沢敬之　文久元年～慶応3年横浜脩文館で漢学を学び、その後松村吉太郎に従学。
［沼津以後の勉学］
石橋絢彦　明治4年～岸俊雄に従学。
武藤孝長　明治5年～6年近藤真琴方で学ぶ。
浜田晴高　明治5年～攻玉塾で学ぶ。
永井当昌　明治6年～横浜で米人デビソンに修学。
佐竹万三　明治5年～箕作共学社へ通学、進文学社で英人ライヲンから英学を学ぶ。6年～工部省勧工寮で英人フアーマンより英学・数学伝習。
［沼津以後の職歴］
関　近義　明治9年～12年東京女子師範学校教員。
川住義謙　明治8年熊谷県暢発学校十等教員。
大岡忠良　明治5年～宇都宮兵営数学課教員、7年陸軍省十等出仕数学教官。
沼津以前の勉学では、年齢的な面で当時の初等教育の順序からして漢学を学んだことを記している者がほとんどである。もちろん、だからといって沼津兵学校ではじめて英学や洋算に接した者ばかりだったとはいえない。資業生のうちの何名かは開成所で学んだり教えたりした経歴をもっていたし、師匠に就いて学んだことが判明している人物もいる。沼津以前に洋学修業の経験があったか否かについては、各人の年齢や家庭環境等に左右されたと思われる。また、千種顕信のように開成所で学んだ経歴をもちながら[17]、沼津以前の学習については何も記していない者も少なくないが、あえて省略した場合もあっただろうし、実際、本格的な修学は沼津が初めてだった者もいるだろう。

沼津以後の修学からは、中途で終わってしまった兵学校での学習を継続し、より高いレベルに到達するためにも、さらなる勉学に励んだことがうかがえる。資業生のうち最後まで残留した六三名は陸軍教導団に編入されたが、それ以外の者たちは各自が自分で進学先や就職先を探し求めた。沼津で身に付けた洋算の能力を高めるためには、近藤真琴の攻玉塾や岸俊雄の荀新館などに入塾したであろうし、英語のさらなる上達を目指すためには外国人に師事した者もいたであろう。上京後も引き続き沼津兵学校時代の旧師に師事した者については、表4のところで触れることになる。

沼津を離れた後の職歴については、いずれも在職期間が短く、十分に満足できるものではなかったことが推測される。しかし、就職は必ずしも勉学の終了を意味しなかった。たとえば、島田三郎(第四期資業生)や田口卯吉(第六期)は大蔵省翻訳局に奉職し[18]、志村貞鋧(第四期)や成瀬隆蔵(第七期)は工部省灯台寮修技校に入ったが[19]、いずれもそこで英学等を修学しており、いまだ仕事よりも知識・技能の習得を望んでいたことがわかる[20]。教師として私塾や学校をいくつも渡り歩いた者も、行く先々で新たな同僚たちに出会い新しい知識や情報を仕入れていったはずである。

三　東京での静岡学問所・静岡藩小学校出身者の動向

次に表3によりながら、静岡学問所や静岡藩小学校（沼津を除く）の教授・生徒の出身者のうち、東京府下の私立学校（一部公立を含む）や私塾で教えた者について、検討してみたい。

表3　東京府の学校・私塾等で教えた静岡学問所・静岡藩小学校出身者

氏名	族籍	年齢	勤務先	授業科目	静岡での履歴
秋山政篤	浜士	明治5年27歳	勧学義塾・（栗林政行塾）	英学変則	青森県士族、文久3年開成所、明治2年正月静岡学校英学五等教授
秋山義邦	静士	（明治9年）	鹿鳴学社	（算英等）	明治2年5月～5年2月旧藩の学校に就き国学支那学数学を修行
飯田幸水	静士	明治7年22歳	修斉社	英学	明治2年2月～4年2月本県学校にて修業
飯田武雄	静士	明治9年17歳	北川学校	英学・洋算	明治3年5月～5年静岡学校で修行
生島閑	静士	（明治8年）	（古川正雄塾）・耕教学舎	漢学	明治3年静岡学校にて仏学教授、6年足柄県謹申学舎で教える
石川正身		（明治13年）	責善学舎	漢学	昌平黌、明治3年9月静岡藩漢学私塾開業、4年8月静岡藩学校教授方
石場高美	静士	明治8年29歳	木毛川学校	（公立小学）	明治元年9月長信順に大学校にて支那学、8年東京開成学校にて大島文に学ぶ
逸見久五郎	浜士	（明治9年）	誠之学校	（公立小学）	明治3年1月掛川小学校で算術修業
今村忠成	静士	（明治6年）	三益舎	（普通学）	明治元年8月～2年静岡県学校で英学修行
入江増忍	静士	明治6年28歳	（入江増忍塾）	洋算	明治3年10月静岡県於学校、4年9月同校教授方手伝、四等教授田沢昌永に師事

大熊貞固	静士	明治8年25歳	戸田学校	(公立小学)	海軍所、明治3年2月相良学校で筆算、4年2月筆算助教
大島文	静士	明治9年40歳	一而已精舎・女学校		静岡県学校三等教授、明治8年開成学校教員、12年9月死去につき閉塾
大須賀臣	静士	明治8年23歳	平川学校	(公立小学)	明治3年5月～7年8月静岡県学校にて洋算
太田嘉猷	静士	(明治10年)	脩文舎	漢学	明治3年静岡藩小学校教授方、7年浜松県小学校訓導
大平止	静士	明治9年27歳	有朋学舎・共学社	(漢英数独)	明治2年2月～4年12月掛川旧学校で漢学英学研究
大村将英	東士	明治9年40歳	大村学校	読書習字算	大砲組、明治2年8月～5年3月浜松小学校世話心得助
岡寿考	静士	明治5年35歳	乾々堂	図学・化学等	明治4年3月於駿州表幼稺之教授
筧正文	浜士	明治6年27歳	育養社	洋算	海軍所、明治3年7月横須賀学校洋算世話掛、4年3月浜松学校洋算世話心得
加藤恒太郎	静士	明治12年27歳	量平黌・緑川黌	数学	明治4年9月21日静岡学校世話心得他へ入門
加藤鐵太郎	静士	明治10年20歳	啓蒙数理学校	算術	明治3～4年静岡学校にて修業
金谷昭	浜士	明治8年19歳	秉彝学舎	英学	明治5年1月～6年2月クラークに、6年4～12月同人社中村正直に師事
河目俊宗	静士	明治8年25歳	戸田学校	(公立小学)	明治元年静岡学校で支那学修業、6年印旛県小学校に奉職
北川恒太郎	東士	明治9年17歳	北川学校	英学・洋算	明治4年4月～6年浜松小学校で算術修行
北村季林	静士	明治10年47歳	向南学校	皇漢和算等	明治3年静岡にて同所学校教員
木村熊二	東士	明治18年40歳	道友学校・明治女学校	英学	(静岡学問所での履歴記載なし)
小島守気	静士	明治6年21歳	(小島守気塾)	英学	明治元年11月～5年5月静岡県学校にて研究
小林良武	浜士	明治9年37歳	小林学校	(漢英仏等)	明治元年5月～4年9月近藤熊太郎に筆学、4年10月～6年3月掛川学校助教官
小宮山弘道	浜士	明治6年21歳	新氏義塾	英学	明治元年11月～3年7月静岡学校にて、大学南校にて修業
近藤用久	浜士	明治6年34歳	(近藤用久塾)	洋算	明治3年12月横須賀修業所世話掛手伝、4年2月教授方並格助、3月教授方中村鑑一郎に師事

斎藤敬義	東士	明治11年24歳	旭義塾	数学	明治2年2月～5年12月掛川旧藩立学校で修業
坂鉉	静士	安政元年生	山上学舎	英数漢	明治5年10月静岡英学校にて英数、5年10月同人社にて修業
塩島高徳	静士	明治6年18歳	(山本久照塾)・大済学社・博文社	仏学	明治元年11(10)月～5年9(8)月静岡学校で仏学修業
茂野衛	静士	明治8年22歳	茂野学校・茂野夜学校・弘学舎	英学・習字	明治5年4～8月静岡学校英学助教官、5年10月クラークに師事・正則教諭
島田弟丸	静士	明治8年20歳	乙亥学社・基督教会共立牧羔小学	英学・算術	明治3年5月静岡県学校でクラークに師事、同12月同学校教授役
清水徳馨	千士	(明治11年)	明倫義塾	漢書算	明治3年静岡藩寄宿寮で漢学修業
下山管参郎	浜士	明治9年26歳	扶桑舎	(英数漢)	明治2年7月～4年1月静岡県学校で、10月～7年4月共立学舎で修業
杉浦忠昌	静士	明治11年24歳	三省舎	和算・洋算	明治3年10月～5年9月駿河国旧徳川藩小学校、同人社分校で研究
鈴木道隆	静士	(明治13年)	篤行学校	(数漢英)	明治3年9月クラアクに師事、5年静岡英学校教授方、7年同人社で修業
鈴木吉哉	浜士	明治9年28歳	山下学校	(私立小学)	明治3年1月～5年6月浜松県管下川崎学校に学ぶ
瀬戸正義	静士	明治10年20歳	琢玉舎	漢学・英学	明治2年8月～4年7月徳川藩立学校にて英学、4年7月～6年10月県公立学校にて
武井頼功	東士	明治12年25歳	量平黌	数学	明治3年8月静岡学校桜井当道・田沢昌永・中村惟昌に、5年8月クラークに師事
竹内居易	静士	明治10年34歳	竹内学校	私立小学	明治3～4年静岡藩小学校漢学教授方
竹尾忠男	静士	(明治11年)	貧学校	(漢英仏)	(静岡学問所での履歴記載なし)
立野龍吉	奈士	明治6年20歳	如蘭社	英学	奈良県士族、明治4年3～12月静岡県学校に従学
田中敬義	東士	明治12年27歳	清香学舎	(私立小学)	明治3年11月～5年12月静岡城内学校寄宿で漢数を修業
田中忠景	静士	(明治13年)	養成学舎	(私立小学)	明治2年1月静岡県学校で漢籍を学ぶ

田中弘義		（明治6年）	訓蒙学舎	仏学教頭	（静岡学問所での履歴記載なし）
玉井由典	静士	（明治6年）	（玉井由典塾）	数学	明治3年10月~5年8月静岡県於学校数学修業、教授方並
田原徹	静士	明治7年30歳	協有社・得明塾	（英数）	静岡学校で修業、明治6年3月~7年4月静岡県小学校教授
所嘉満	静士	明治6年20歳	（鈴木重郎塾）・小林学校・賛化学舎	（漢英算）	明治4年10月~5年静岡学校で修業、5年4~8月静岡学校英学教官、5年10月~6年8月クラーク付となる
豊島住作	静士	明治6年26歳	同人社	支那学	明治3年4月静岡県で小学校教授方
長坂辰	静士	明治6年18歳	新氏義塾	英学	明治4年2月~5年8月静岡学校で修業
中島尚友	静士	明治5年35歳	（中島尚友塾）	独逸学	明治5年3~9月静岡県学校世話心得
中村謙	東平	明治12年39歳	包荒学舎	漢学	明治元年10月~4年9月静岡藩漢学校教授
中村惟昌	静士	明治12年47歳	量平黌	数学	明治2年4月静岡学校で筆算修業、9月2日静岡県小学校教授、5年7月2日五等教授
中邨臺	静士	（明治6年）	明新学舎	英学	明治2年正月~5年9月静岡県学校で修業
中村正直	静士	（明治12年）	同人社女学校	英漢学	（静岡学問所での履歴記載なし）
那須俊秀	東士	安政元年生	静修学舎・静修学校	和算・洋算	明治元年3月~5年5月静岡藩学校にて洋算研究、2年3月小学校に入る
行川一男	静士	明治6年27歳	共研舎・親国学舎	英学・算	明治元年9月静岡県学校、4年9月クラアークに師事、4年5月~5年5月静岡県学校教授方並
西山義行	静士	明治8年18歳	敬愛学校・会輔学校・立志舎	英学	明治4年2~11月静岡学校で乙骨太郎乙に、同月~6年9月クラークに、7年4~10月マクドナードに師事
早川義之	静士	明治10年24歳	至誠堂純粋舎	洋算	明治3年1月掛川学校で洋算修業
原沢盛善	静士	明治7年21歳	龍樹堂・原沢学校	読書習字算	明治2年7月~5年12月静岡学校寄宿所にて修業
伴徳政	静士	明治6年22歳	（小島守気塾）・周徳社	数学	明治3年1月~4年1月静岡県学校で数学物理学化学研究、3~8月同校数学方教授
平川豊貫	浜士	明治6年27歳	（平川豊貫塾）	（英数）	明治3年4月~5年3月浜松学校で修業

藤山経正	東士	明治12年49歳	広成舎	漢学	明治3年7月～5年4月静岡藩浜松小学校教授方
古郡長嘉	東士	明治13年25歳	幼童教授・幼童夜学舎		明治4年3月～6年12月掛川学校にて支那学・洋算・筆道修業
喰代豹蔵	浜士	明治6年30歳	常盤学校・青砥学校	（公立小学）	明治3年4月23日相良小学校教授方
細井修正	静士	明治14年23歳	福音学校	（私立小学）	明治3年9月～6年5月田中学校にて普通学、7年4月～10年11月同人社で修業
堀義郎	浜士	明治5年22歳	（鳴門義民塾）・嚶鳴学舎	数学	明治2年8月～5年正月静岡県学校で修業
益頭尚志		明治6年19歳	訓蒙学舎	仏学	（静岡学問所での履歴記載なし）
松浦信臣	静士	明治6年33歳	第六中学区第一番小学	（公立小学）	明治元年9月田沢昌永に洋算、3年8月掛川小学校教授、5年7月静岡県小学校
宮崎駿児	静士	明治6年21歳	江北書院・一而已精舎・私立英語学校・女学校	（英数）	明治2年11月～6年6月静岡学校で英学、5年1月静岡学校生徒取締、6年10月教授
宮野経茂	浜士	明治9年15歳	山下学校	（私立小学）	明治4年10月～6年4月川崎学校で数学を修業
村田知機	静士	明治8年23歳	高泉学校	（公立小学）	明治3年1月～6年4月静岡藩学校漢学教授方原近知に、4年1月～6年4月同数学教授方太田広徳に師事
村松一	静士	明治9年27歳	自成学舎	（和漢英数）	（静岡学問所での履歴記載なし）
望月綱	静士	（明治10年）	時習学舎	皇学・漢学	明治4年静岡学校皇学漢学一等教授、6年正院、12年12月死去につき閉塾
山本久照	東士	明治6年24歳	（山本久照塾）	英学	明治2年10月～4年9月静岡学校で修業
横地儁吉郎	福士	明治6年24歳	有斐学舎	独乙学	福岡県士族、明治4年2月～5年8月静岡県洋学校で独乙学を修業
吉田霽江	静士	明治6年22歳	共輔学社	英学	明治4年9月～5年8月静岡学校で英学、9月クラークに師事

吉田信和	静士	明治11年26歳	集義舎	皇学・漢学	明治3年2月12日（静岡）学校教員、6年江尻小学校訓導
吉田重威	静士	明治10年21歳	暢和学校	（私立小学）	明治2年12月～7年10月浜松県小学校で漢学修業
若林包正	静士	（明治15年）	日章学舎	文学専門	（静岡学問所での履歴記載なし）

『東京教育史資料大系』より作成。年齢は勤務する学校・塾の設立届時のもの。学校・塾名の傍線は、本人が単独経営者の場合。履歴欄の記載は、原史料の記述をできるだけ生かした。史料に履歴が記載されていなくても、静岡学問所出身であることが明白な者についても載せた。配列は氏名の五十音順とした。授業科目のうち、個人担当が不明の場合は、（　）内に学校・塾全体の科目を示した。

ここでいう静岡藩小学校とは、静岡・清水・小島・田中・掛川・相良・横須賀・中泉・浜松・新居・上ノ原の藩内各所に設けられた小学校（小学所・学校所・修業所・初学所などとも称す）のことである。なお、沼津兵学校の管轄に属した駿東郡・富士郡下の四小学校（沼津・沢田・厚原・万野原）については、表2に入れたため本表には含まない。また、静岡学問所に付設され、廃藩後もしばらく存続した米人E・W・クラークによる伝習所についてはここに含めた。

全部で八二名をリストアップした。教授・生徒を区分けせず、五十音順で配列したためわかりにくいが、うち三七名が教授職に就任したと判断できる者である。三七名のうち、静岡藩の職員録である「静岡御役人附」（明治三年刊）に名前が掲載されているのは、中村正直以下七名ほどにすぎない。静岡学問所や静岡藩小学校では、生徒の中から教授に抜擢される場合が頻繁にあったようで、本表からもそのことがうかがえる。従って、ある一時点での名簿にすぎない「静岡御役人附」には、変化していく教授陣の全構成を掲載することは不可能だったということになる。教授と生徒とがはっきり区別されていた沼津兵学校とは違う点であり、表3に登場する人物の多くがこれまであまり知られていない理由であろう。

さらに生徒については、沼津兵学校と違って、全くといってよいほど名簿が存在しないので、本表から新たに判明した人物が多い。

従って教授・生徒であった者の人数が確定できないため、ここに登場する東京での教育従事者がどれだけの比率で輩出したのかははっきり言えない。沼津兵学校との比較も容易ではない。ただし、授業科目の面からは、英学・洋算の多さなど共通点も大きい反面、沼津兵学校にはなかった独乙学（ドイツ語）を教える者の存在など、それなりの特徴が表れている。また、八二名中一〇名ほどが漢学系の専門家だったことがわかり、表1と表2を合わせた沼津兵学校の五四名中漢学系は三名にすぎなかったことと比べると、明らかにその比重が高い。英学・数学と漢学とを両方教えている者まで含めれば、もっと高い比率になる。洋算・英仏語一辺倒だった沼津兵学校に比べ、静岡学問所・静岡藩小学校出身者は漢学分野で教育に従事した者が少なくなかったのである。

英学系人物の履歴には、E・W・クラークに師事したことを記す者が少なくなく、九名に達する。うち一名は、引き続きマクドナルドにも学んでいる。外国人教師のもとで勉強したことは、履歴に箔をつけることになったのであろう。クラークは政府に対して教育の地方分権を説いたことでも知られるが[21]、その弟子たちの多くは静岡を捨てたことになる。

なお、静岡藩小学校のうち、勤務・就学校が明記されている人物は、掛川が七名、浜松が四名、相良が二名、横須賀が二名、田中が一名である（うち一名ダブり）。さらに浜松県管下の川崎学校で学んだ者が二名いるが、遠江国榛原郡川崎町（現榛原町）に従来知られていなかった藩立の学校があったのかもしれない。残りは、静岡学問所およびその幼年組（静岡小学所）ということになるが、単に「駿河国旧徳川藩小学校」「静岡県学校」「旧藩の学校」などと記されている場合は、判然としない[22]。

四　門人の履歴にみる沼津兵学校関係人物の教育活動

さて、次に、表4と表5である。これは、東京府の私塾・学校の開学願書等に記載された教師本人ではなく、その履歴中に登場する彼らの師匠たちの名前である。履歴には教師たちが誰に就いて学問を修めたのかが記されている場合がある。従って、旧幕時代から静岡藩時代を経て、廃藩以降をも含む時期が記載範囲となったこれらの履歴書からは、彼らのその間の師弟関係について知ることができるのである。表4は沼津兵学校の教授・生徒ら、表5は静岡学問所出身者とその他静岡移住旧幕臣を一覧にした。

まず、表4についてみてみよう。四一名の沼津兵学校関係人物が、五〇数名の教師たちの学問の師として履歴に記載されている。たとえば、東京府で荀新館という私塾の教師をつとめた大沼親光は、慶応四年(一八六八)正月、京都で西周に師事した経歴を持つということである。洋学者として西がすでに幕末において門人を教えていたことは周知の事実であろう。

表4　門人の履歴にあらわれた沼津兵学校関係人物の教育活動

氏名(沼津時代の役職)	門人(族籍等)	教授時期	教授科目	典拠
藤沢次謙(少参事・軍事掛)	中島尚友(静岡県士族)	安政2年8月～3年正月	和蘭学科	1（中島尚友塾）
同右	関貞(新潟県士族)	元治元年2月～慶応3年8月	洋算	3　琢磨学校
片山雄八郎(軍事俗務方頭取)	古谷立命(東京府士族)	嘉永6年～	皇学	3　亀戸学校
西周(兵学校頭取)	大沼親光(青森県士族)	慶応戊辰正月(於京都)		1　荀新館

塚本明毅(兵学校一等教授)	大坪正慎(石川県士族)	文久3年正月〜		1　大坪正慎塾・在斎館
同右	窪島長利(静岡県士族)	維新後	算術	3　山路学校
赤松則良(兵学校一等教授)	丸山胤孝(福島県士族)	明治5年5月〜7年2月	数学	1・3　同人社分校・博約堂
同右	千種顕信(兵学校資業生)	明治4年2月〜(於東京)		1　(千種顕信塾)
同右	中村六三郎(兵学校測量方)	明治2年〜		1　(中村六三郎塾)
同右	西尾政典(兵学校資業生)	明治2〜4年	英学・洋算	2　日章私黌
伴鉄太郎(兵学校一等教授)	谷戸丈太郎(東京府士族)	明治元年10月〜	洋算	1　育幼義塾
同右	中村六三郎(兵学校測量方)	戊辰		1　(中村六三郎塾)
同右	喰代豹蔵(浜松県士族)	安政3年正月〜	経史科	2　常盤学校・青砥学校
同右	清水徳馨(千葉県士族)		算術	3　明倫義塾
同右	田中忠景(静岡県士族)	安政3年〜	漢学	4　養成学舎
渡部温(兵学校一等教授並)	西尾政典(兵学校資業生)		英学	2　日章私黌
乙骨太郎乙(兵学校二等教授)	田原徹(静岡県士族)	明治3〜4年6月	英学	1・3　協有社・得明塾
同右	小林まさ(省三娘)	明治3年3月〜(於沼津)		1　(星野康斎塾)
同右	下山管参郎(浜松県士族)	明治4年2〜9月		2　扶桑舎
黒田久孝(兵学校三等教授)	丸山胤孝(福島県士族)	明治6年正月〜		1　同人社分校
同右	小室真咲(東京府士族)	明治5年4月〜6年12月	数学	2　小室学校
間宮信行(兵学校三等教授)	丸山光成(東京府平民)	明治4年6月〜5年3月	洋算	2　成立学舎
山内勝明(兵学校三等教授)	竹本正富(東京府士族)	明治5年10月〜	仏学	1　訓蒙学舎分校
神保長致(兵学校三等教授)	柳田弘(静岡県士族)	明治2年9月〜(於沼津)		1　新氏義塾
同右	堀義郎(静岡県士族)	明治5年1月〜		3　嚶鳴学舎
同右	川住義謙(兵学校資業生)	明治11年5月〜	洋算	4　三師学舎
榎本長裕(兵学校三等教授並)	長谷部長民(兵学校資業生)	明治元年10月〜		1　(板倉勝任塾)

同右	神津道太郎(兵学校資業生)		高等代数学他	2　葆光舎
同右	石橋政一(静岡県士族)	明治2年1月〜	筆算高等科	4　精理舎
鈴木源五郎(兵学校三等教授並)	波根直温(東京府士族)	慶応2年1月〜明治元年5月	洋算	3　身正舎
山田昌邦(兵学校教授方手伝)	小林政削(静岡県士族)	明治元年〜		1　訓蒙学舎
同右	丸山光成(東京府平民)	明治2年2月〜4年5月		2・3　成立学舎
同右	西田八郎(東京府平民)	明治2年1月〜5年2月	高等幾何学	2・3　(西田八郎塾)・日進舎分校
川上冬崖(兵学校絵図方)	印藤真楯(東京府平民)	明治5年5月〜10年9月		4　丹青舎
山口知重(兵学校体操方)	梅沢親襲(東京府平民)	明治6年5月〜	洋算	2　稚松学校
同右	梅沢親行(東京府平民)	明治5年10月〜	洋算	2　稚松学校
杉亨二(兵学校員外教授)	石川尋(小田県士族)	安政2年9月〜5年12月	蘭学	2　(石川尋塾)
蓮池新十郎(附属小学校頭取)	平川豊貫(浜松県士族)	文久3年5月〜	英学・洋算	1　(平川豊貫塾)
名和謙次(附属小学校素読教授方)	厚木勝久(静岡県士族)	明治8年3月〜		3　梯道舎
岡田老峰(附属小学校素読教授方)	毛束又太郎(栃木県平民)	慶応2年〜(於日光山学校)		4　牛山塾
関大之(附属小学校算術教授方)	佐々木彦三郎(静岡県士族)	明治6年6月〜7年11月		2　小林学校
宍戸鎰(万野原学校所素読教授方)	立花信直(静岡県士族)	文久元年〜	漢籍	3　立花学校
杉田玄端(沼津病院頭取)	桂川甫策(沼津病院医師)	安政元年正月〜5年		1　開物学舎
三浦煥(沼津病院二等医師)	金谷昭(浜松県士族)	明治3年5月〜4年12月	於陸軍本病院	2　秉彝学舎
西尾政典(兵学校第1期資業生)	原田新次郎(東京府平民)	明治7年8月〜	洋算	2　原田学校
同右	玉江新次郎(東京府平民)	明治6〜7年	算術	2　少年学社
中川将行(兵学校第2期資業生)	黒川味徳(静岡県士族)	明治5年9月〜		2　錦坊学校分校
荒川重平(兵学校第2期資業生)	山口覚(静岡県士族)	明治10年10月〜13年9月	数学	4　弘数舎

大平俊章（兵学校第3期資業生）	伊藤金次良（岩手県平民）	明治3～6年2月	数学	1 （伊藤金次良塾）
同右	久我懋正（東京府士族）	明治8年10月～10年3月		3 数教学舎
千種顕信（兵学校第3期資業生）	村垣素行（東京府士族）	明治3年11月～		2・3 村垣学校・立敬塾
石川春明（兵学校第3期資業生）	田中敬義（東京府士族）	明治6年1～6月	数学	4 清香学舎
大岡忠良（兵学校第4期資業生）	増田一正（新潟県平民）	（於小石川伝通院表通家塾）	代数幾何等	2 有勉社
生島準（兵学校第4期資業生）	堀彭教（兵庫県士族）	明治6年1月～	洋算	1 習成舎
平野録郎（兵学校第4期資業生）	古屋重之（静岡県士族）	明治元年12月～5年11月	数学	2 古屋学校
永井当昌（兵学校第4期資業生）	戸村直衛（東京府農）	明治元年4月～3年10月	英学	2 （戸村直衛塾）
神津道太郎（兵学校第4期資業生）	矢島録太郎（東京府士族）	明治11年5月～	洋算	3 共栄学校
広川久（兵学校第5期資業生）	竹本正富（東京府士族）	明治5年10月～	洋算	1 訓蒙学舎分校
末吉拓郎（兵学校第6期資業生）	厚木勝久（静岡県士族）	明治8年3月～	洋算	3 梯道舎
赤井親善（兵学校第6期資業生）	大脇轍（長野県士族）	明治5年～	洋算	2 鳥森学校
松山温徳（兵学校第7期資業生）	鈴木耕水（平民）	明治7年1月～8年10月	洋算	2・3 （鈴木耕水塾）・鈴木学校
同右	小川元颺（岡山県士族）	明治8年9月～	洋算	3 鈴木学校
堀江当三（兵学校第8期資業生）	藤森温高（東京府士族）	明治5年1月～		3 相長舎

東京府における学校・私塾の教員をつとめた者を一覧にした表1・2とは違い、それら教員（本表では門人）の履歴中に登場する人名を拾って作成した。従って時期は幕末期までさかのぼる者があるほか、表1・2と重複する場合もある。氏名の配列は、明治2年時点沼津での役職によった。典拠は、『東京教育史資料大系』の掲載巻数と門人の勤務先を示す。

表4からは、西以外にも、藤沢次謙・塚本明毅・伴鉄太郎・鈴木源五郎・杉亨二・岡田老峰・杉田玄端らが、幕末段階で教育活動を行ったことがわかる。もちろん、開成所・海軍所・講武所・陸軍所・昌平黌など幕府の教育機関で教えた経歴を持つ者は、これ以外にも多数存在した。しかし、この履歴書の記載の場合、日光奉行所の学問所で教育

を行ったということがはっきりと記された岡田老峰を除けば、幕府の正規教育機関において教えたというよりも、自宅などで私的に指導を行ったということを示している可能性が高いように思われる（一部については個人教授と教育機関での担任とを区別せず記載している可能性も否定できないが）。

明治以降の記載についても同様である。表の修学時期欄が明治元年（一八六八）から四年までの静岡藩時代にあたっているのは、赤松則良・伴鉄太郎・乙骨太郎乙・間宮信行・神保長致・榎本長裕・山田昌邦・平野録郎・永井当昌の九名であるが、それは彼らが沼津兵学校の教授・生徒でありながら、同時に自宅において副業的に、あるいはボランティアで門人を教えていたということを表している。他にも渡部温（一等教授並）や中根淑（三等教授）のように私邸で門人を教えた者がいたことがわかっており、教授たちが学校だけでなく自宅でも門人を教えることは一般的に行われていた(23)。なお、宮地正人氏は、沼津兵学校附属小学校や静岡小学校に学んだ志村力について説明する中で、「小学校で学ぶのと並行して私塾において勉強するシステムが採られ」ていた、「小学校に入学すると共に小学校教授方の私塾において学習する仕組みであった」としている(24)が、制度としてそうなっていたのかどうかは断定できないように思われる。

しかし、明治二年三月、静岡藩では、兵学校の教授が私的に門人を取り立て自宅で教育を行うことについて、「依古（怙）之弊習被引起候義も難計」という理由から、小学校教授の場合は「宅稽古」は五名まで、兵学校教授の場合は三名までに制限した(25)。この「文武之学術」については学校の許可なくしては教育活動を行ってはならないとする方針は、学校＝藩当局が一元的に教育を掌握しようという、近代化政策の一環であった。

表中の修学時期が主として明治五年以降になっているものについては、廃藩上京後の東京における個人的教育活動を示している。赤松・伴が海軍、黒田・神保が陸軍といった具合に、教授陣の多くは官途に就いていたが、公務のかたわら門人を教えたのである。資業生の場合は、表2のところで述べた通り、生活のため一時的に私塾を開いたりした者が多かったと思われるが、中川将行や荒川重平のように海軍に奉職しながら得意の数学を教えた者もいた。そして、その門人の中からさらに東京で教育に従事する者が輩出したことをこの表は示しているのである。沼津兵学校は、直接的にも間接的にも東京の教育界に人材を供給したことになる。

教授科目からは、圧倒的に数学の多さが見て取れる。何度も繰り返してきた通り、沼津兵学校は数学教育界の人材供給源であったこと、そしてそれだけの需要があったことが改めてわかる。

門人に目を向けてみると、全体を通じて静岡県士族や東京府士族、すなわち(旧)幕臣・静岡藩士が多いのは当然として、静岡藩時代をはさみ幕末や廃藩以降の時期には、それ以外の他藩士や平民の存在も注目される。学問を通じての人的交流が、地域や身分を超えて行われていたのである。静岡藩当時においても、兵学校資業生永井当昌のもとに東京府平民戸村直衛が勉学に訪れるという、珍しい光景がみられた。兵学校とその生徒の優秀さは、各地から教えを請う者を呼び寄せたのである。

沼津時代の乙骨太郎乙の門人の中に、小林まさという女性がいた。彼女は元蕃書調所精錬方出役・沼津病院調役組頭小林省三の娘、静岡藩から鹿児島藩へ御貸人として派遣された小林弥三郎(26)の妹であり、表5にあるように兄からも英学を学んだ経歴を持つ。沼津兵学校附属小学校には女子生徒も入学が許されたが、実際にそこで学んだという個人名は一人として判明していない。小林のような家庭環境にあった女性は沼津兵学校附属小学校に学んでいた可能性が高いが、残念ながら本履歴書にそういった記載はない。

五　門人の履歴にみるその他静岡藩士の教育活動

次の表5は、沼津兵学校関係以外の静岡移住旧幕臣（一部については族籍が静岡県・浜松県士族となっていても移住の事実が曖昧な者も含む）が行った教育活動のようすを門人の履歴から拾った一覧である。静岡学問所関係（掛川学校を含む）が二三名、その他が三三名である。

表5　門人の履歴にあらわれた静岡学問所関係他旧幕臣の教育活動

氏名（静岡藩役職・族籍）	門人（族籍等）	教授時期	教授科目	典拠
中村正直（静岡学問所一等教授）	小山内雄五郎（青森県士族）	明治3年11月～4年3月	英学	1　攻玉塾
同右	白石誠九郎（白川県士族）	明治4年2月～		1　時習社
同右	中村臺市（静岡県士族）	明治4年3月～	英学	1　時習社
同右	岩上武作（静岡県士族）	明治2年～		3　英漢学舎
望月万一郎（静岡学問所一等教授）	高麗光現（静岡県士族）	安政元年～明治元年	漢学	2　第三中学区第二番小学
同右	吉田信和（静岡県士族）	明治2年5月～		3　集義舎
同右	清水徳馨（千葉県士族）		漢学	3　明倫義塾
同右	岡田謙太郎（東京府士族）	明治3年～	漢学和学習字	4　時習学舎
外山正一（静岡学問所二等教授）	中村臺市（静岡県士族）	明治2年正月～	英学	1　時習社
同右	宮崎駿児（静岡県士族）	明治2年2月～4年12月		2・3　一而已精舎・私立英語学校
名村五八郎（静岡学問所二等教授）	鈴樹道隆（静岡県士族）	明治2年2月～	変則英学	4　篤行学校
長田銈太郎（静岡学問所二等教授）	手塚正信（静岡県士族）	明治10年1月～	仏学	3　私淑学舎

長谷部甚弥（静岡学問所二等教授）	中従蔵（静岡県士族）	天保10年～	漢学	1（中従蔵塾）
同右	佐々木支陰（東京府士族）	天保14年5月～安政4年11月		1・4　研精学舎・半古書屋
同右	大岡忠時（静岡県士族）	明治2年8月～	漢学	2　高代学校
同右	平野玉城（東京府平民）	弘化3年～安政3年	漢学	2　平野学校
同右	原沢盛善（静岡県士族）	慶応元年～明治2年6月		2　龍樹堂
同右	竹内真友（静岡県士族）	明治2年1月～8年12月	漢学	3　開蒙学舎
同右	藤井元太郎（東京府士族）	慶応3年2月～	漢学	4　三柳学舎
同右	永田逸等（東京府平民）	慶応3年3月～	漢学・珠算	4　三柳学舎
杉徳次郎（静岡学問所三等教授）	所嘉満（静岡県士族）	明治3年3～9月	英学	2・3　小林学校・賛化学舎
岩佐源二（静岡学問所三等教授）	所嘉満（静岡県士族）	明治3年10月～		2・3　小林学校・賛化学舎
浦野鋭翁（静岡学問所三等教授）	瀬戸正義（静岡県士族）	明治元年11月～6年10月		3　琢玉舎
同右	中根平三郎（静岡県士族）	明治2年4月～7年3月	漢学	3　石成学校
同右	磯田柳蔵（東京府士族）	安政3年～文久3年		4　三師学舎
杉浦譲（静岡学問所四等教授）	杉浦久兼（東京府士族）	明治5年4月～9年	漢学	3　久間学校
近藤鎮三（静岡学問所四等教授）	河合友輔（敦賀県士族）	明治元年9月～3年9月	独乙学	1　培達義塾
宮崎立元（静岡学問所四等教授）	大前初（重臣妻・静士）	明治2年3月～5年5月	歴史経書	3　女学校
大島文（静岡学問所四等教授）	小林義季（静岡県士族）	明治10年6月～	漢学	3　蓋筅舎
芹沢潜（静岡学問所四等教授）	内藤良次郎	慶応4年～明治6年1月		1（内藤良次郎塾）
同右	河野通暁（東京府士族）	安政3年～明治5年6月	支那学	2（河野通暁塾）
田沢昌永（静岡学問所四等教授）	入江増忍（静岡県士族）			1（入江増忍塾）
同右	小沢政胤（静岡県士族）	明治4年7月～		1　良籌舎
同右	松浦信臣（静岡県士族）	明治元年9月～3年8月	洋算	2　第六中学区第一番小学
同右	山口覚（静岡県士族）	明治3年4月～4年12月	数学	4　弘教舎

同右	上原昌通（静岡県士族）	明治6年3月～9年8月	洋算	4　愛信舎
曽谷言成（静岡学問所五等教授）	大前初（重臣妻・静士）	明治5年8月～8年10月	経史	3　女学校
深井譲（静岡学問所五等教授）	清水徳馨（千葉県士族）	慶応元年～	漢学	3　明倫義塾
土岐元一郎（静岡学問所五等教授）	那須俊秀（東京府士族）	明治元年12月～		4　静修学校
長滝庄次郎（静岡学問所五等教授）	三橋盛義（神奈川県士族）	慶応2年7月～明治元年8月	漢学	2　北川学校
同右	竹内居易（静岡県士族）			3　竹内学校
桜井捨吉（静岡学校数学教師）	田口思順（静岡県士族）	明治4年4月～5年2月	数学	1　江北書院
同右	中従蔵（静岡県士族）	明治3年2月～	数学	1　中従蔵塾
同右	榛沢昆正（静岡県士族）	明治3年10月～5年6月		2　（榛沢昆正塾）
同右	伴徳政（東京府士族）	明治2年1月～4年12月	数学	3　開蒙学舎
中川忠明（静岡学校和蘭学教授）	中島尚友（静岡県士族）	明治4年10月～5年2月	独乙学	1　（中島尚友塾）
中村鑑一郎（静岡教授方）	近藤用久（浜松県士族）	明治4年3月～		1　（近藤用久塾）
原近知（田中小学校教授方並）	関令徳（静岡県士族）	明治元年3月～3年5月	（習字）	2　静知社
保田久成（掛川学校頭取）	斎藤秀次郎（浜松県士族）	慶応2年6月～明治4年3月		2　新井学校四番分校
同右	早川義之（静岡県士族）			3　至誠堂純粋舎
同右	逸見久五郎（浜松県士族）	明治5年8月～		3　誠之学校
同右	古郡長嘉（東京府士族）	元治元年1月～明治3年10月		4　幼童教授
同右	磯田柳蔵（東京府士族）	明治3～4年	皇漢学	4　三師学舎
西成度（権少参事・刑法掛）	石川尋（小田県士族）	安政5年12月～文久元年12月	英学	2　（石川尋塾）
依田盛克（権少参事）	甲斐荘銓一郎（静岡県士族）	明治2～7年	漢学・和算術	3・4　肇修学校・共成小学

林惟純（開業方物産掛）	秋月胤浩（青森県士族）	明治3年3月～4年4月	漢学	4	博約分校
白野夏雲（十勝詰開業方御用取扱）	白野巳己郎（静岡県士族）	明治3年～		3	拡技黌
小菅智淵（和歌山藩御貸人）	渡辺貢（和歌山県士族）	明治4年2～11月	洋算	2	渡辺学校
関廸教（和歌山藩御貸人）	安達千松（和歌山県士族）	明治5年4～9月	仏書	3	擇善塾
太田資政（福井藩御貸人）	大谷教曹（石川県士族）	明治4年9月～5年5月		3	六徳学舎
小林弥三郎（鹿児島藩御貸人）	小林まさ（省三娘）			1	（星野康斎塾）
追沼新八郎（鳥取藩御貸人か）	喜多村鐵男（島根県士族）	明治3年3月～9年9月	仏蘭西学	3	開稚学校
相原（中助教・静岡県士族・重政か）	中川忠明（静岡県士族）	明治4年6月～	独逸学	1	（中川忠明塾）
新井金作（静岡県士族）	古屋重之（静岡県士族）	明治2年2月～9年2月	英学	2	古屋学校
石井源吾（静岡県士族）	福西良（東京府士族）	明治2年9月～		2	福西学校
加藤景孝（静岡県士族）	波根温直（東京府士族）	明治2年3月～		3	身正舎
北村元（静岡県士族）	甲斐荘銓一郎（浜松県士族）	明治4～7年	洋算術	3	肇修学校
窪田将房（浜松県士族）	堀義郎（静岡県士族）	明治元年9月～	算学	3	嚶鳴学舎
河野四郎（静岡県士族）	臼井義督（静岡県士族）	明治4年4月～（於浜松）	数学	4	夜学開立舎
小宮山昌寿（浜松県士族）	高橋秀雄（東京府平民）			1	弘道学舎
同右	藤本温和（東京府士族）	明治6年12月～		2	赤城学校
同右	大熊貞固（静岡県士族）	明治5年9月～	算術	2	戸田学校
同右	松浦泰行（東京府士族）	明治4年9月～		3	普通学舎
同右	堀江当三（静岡県士族）	明治5年8月～10年12月		3	暢進舎
同右	藤森温高（東京府士族）	明治6年7月～	洋算・測量	3	相長舎
同右	永田直芳（東京府士族）	明治4年3月～7年5月	洋算	3	井上学校
同右	逸見久五郎（浜松県士族）	明治8年2月～		3	誠之学校
近藤熊太郎（浜松県士族）	小林良武（浜松県士族）	明治元年5月～4年9月		2	小林学校

近藤芳憐（浜松県士族）	吉利新兵衛（鹿児島県士族）	明治2年4月～5年3月	数学	2　共学舎
早乙女為房（浜松県士族）	梅若香織（浜松県士族）	明治7年～	西洋算術	2　梅若学校
鈴木権（静岡県士族）	中村致義（静岡県士族）	明治3年正月～		2　幼童学所
鈴木龍六（静岡県士族）	庄島康太郎（佐賀県平民）	明治6年6～11月	洋算	2　（庄島康太郎塾）
同右	村松三之助（東京府平民）	明治11年10月～	漢学・書法	4　海星学校
田中久太郎（浜松在住）	手塚正信（静岡県士族）	明治3年3月～5年9月	習字・漢籍	3　私淑学舎
田中董丘（静岡県士族）	茂野衛（静岡県士族）	明治2年1月～	習字	2　茂野学校
土屋雅春（浜松県士族）	小池恭成（東京府士族）	明治3年5月～6年1月	洋和算	2　小池学校
長山貫（静岡県士族）	山村良顕（静岡県士族）	明治5年12月～9年4月	経史詩文	4　東海学舎
羽田政児（静岡在住）	静光義建（静岡県平民）	明治2年4月～		1　共同舎
平山省斎（静岡県士族）	増田長裕（浜松県士族）	明治元年2月～6年6月	倭学・支那学	2　明化学校
同右	伊沢義方（静岡県士族）	文久2年正月～明治元年6月	筆道	2・3　明化学校・伊沢学校
平野直徳（浜松県士族）	堀口吉徳（浜松県士族）	明治4年2月～7年3月	算術	2　小学堂
間宮昌（浜松県下在住）	木村武政（浜松県士族）	明治2～5年	支那学	2　桃園学校
宮永荘正	伊藤寿郎（静岡県士族）	明治3年12月～5年5月	数学	3　英数学舎
吉川直方（静岡県士族）	藤井閑（静岡県士族）	慶応元年～	漢籍	2　城南学校

表4と同様に作成した。静岡県士族であっても実際に静岡に移住したのかどうかは不明の人物も含む。尺振八など、明らかに静岡移住をしていない人物については除外した。煩瑣になるため明治5年6月上京後に中村正直が開いた同人社の生徒は門人に含めなかった。氏名の配列は静岡学問所教授など静岡時代の役職が判明している者を優先した。

授業科目をみると、静岡学問所関係人物の場合は、表1・2と表3との間にみられた違い以上に、漢学系の比重が高く表れている。望月万一郎・長谷部甚弥・浦野鋭翁・保田久成といった漢学者の教え子の多さが目に付くのである。

表3にも名前がある者、つまり東京府下で私塾・学校を経営した者は、中村正直・望月万一郎（綱）・大島文の三名である（中川忠明は表2にあり）。二三名中、一七名もが静岡藩時代に教育を行っている。その反面、廃藩後東京で教育活動を行ったのは先の三名以外には長田銈太郎・杉浦譲の二名だけであり、当然表3と重複する人名は少なくなるはずである。

「静岡学校数学教師」として履歴書に登場する桜井捨吉（後に当道と改名）は、学校以外でも門人を教えたらしいが、彼は箱館戦争に参加し、(27) 降伏後静岡藩に引き渡され、教師になったと思われる。表中、箱館五稜郭で官軍と戦った者には、他に小宮山昌寿（金蔵）(28)・小菅智淵（辰三郎）・関廸教（広右衛門）・早乙女為房らがいた。小宮山・早乙女は静岡藩では足跡を残していないが、小菅と関の二人は、明治三年（一八七〇）一二月、和歌山藩への御貸人となった。(29) 本表に門人として名前がある和歌山県士族渡辺貢・安達千松は、ともに派遣先の和歌山での教え子だったのであろう。

福井藩への御貸人となった太田資政（源三郎）(30)についても、その教え子は派遣先でのものだった。もう一人、静岡県士族追沼新八郎は、明治三年から鳥取県学校において島根県士族喜多村鐵男に仏蘭西学を教えたというが、これも静岡藩から鳥取藩への御貸人派遣を意味しているのかもしれない。(31)

逆に、留学のため静岡藩を訪れた他藩士の存在もこの表からは見て取れる。中村正直に明治三年から翌年にかけて師事したという青森県士族（弘前藩士）小山内雄五郎、同じく明治四年から師事した白川県士族白石誠九郎、近藤鎮三に明治元年から三年まで師事した敦賀県士族河合友輔、林惟純（三郎）(32)に明治三年から翌年まで師事した青森県士族（旧会津藩士）秋月胤浩らである。弘前藩からは、明治三年から四年にかけて一三名の藩士が静岡に遊学したことがわかっており、小山内はその一人だったようだ。(33) 明治二年から五年まで浜松県士族近藤芳憐の塾で数学を学んだという鹿児島県士族吉利新兵衛の存在は、静岡に来遊した鹿児島藩留学生ではないかと考えられるが、履歴書の文面からでは近藤塾の所在地が静岡藩内なのか東京なのか判断がつかないため、ここでは保留にしておく[34]。なお、表3からは奈良・福岡県の士族にも静岡藩に留学した者がいたことが判明する。

静岡藩時代の個人教授については、「年齢の余りに長ぜしものは、学齢児童と共に日々校堂に上ぼるを恥ぢたる傾向あり、夫れがため学校の教授にして時間後に私宅に於て経史を講授せし方々多く、望月毅軒、新藤熊男、芹沢潜、浦野鋭之進、三浦八郎右衛門、奥村季五郎等の諸氏は多数の子弟士人に自宅教授を為したり、故に静岡へ游学せし他地方の学生も随つて多く明治初年より四五年間は和漢英仏独の諸学及筆算の諸塾は非常の隆盛に至りたる[35]」と回想されており、その事情がうかがえる。

おわりに

以上、本章で確認できたこと、確認できなかったことをまとめてみると以下のようになる。

廃藩後、沼津兵学校・静岡学問所、その他静岡藩小学校からは、上京して私学・私塾の教師・経営者となった者が多数輩出した。公立の小学校や官立の中等・高等教育機関に奉職した者も少なくなかったはずであるが、本章で利用した史料からは、数量的な比較、指向性の違いなど、それとの十分な比較検討はできない。また、同じように教育に従事した者であっても、静岡に残留した者と上京した者との違いについても考慮すべきであろう。たとえば、洋学者が多く上京したのに対して、漢学者には静岡に残留した者が多かったという点について、果たしてどこまで彼らの内面にまで立ち入って説明が可能かといったことである。

東京でこうした教育に従事した者の多くは、時代の要請に応えられるだけの知識、すなわち英学・洋算を静岡時代に身に付けており、それを武器として看板に大きく掲げていた。沼津兵学校と静岡学問所出身者との差異は、必ずしも明確ではないが、沼津は圧倒的に数学・英学の専門家が多く、静岡は英仏独といった洋学系と伝統的な漢学系の両者が存在した。

彼らが何故その職業を選んだのかは一概には言えないが、積極的な選択者と消極的な選択者とが混在していたと考えられる。結果、彼らのすべてが民間での教育活動にその後の生涯を捧げたわけではなく、後になって官途に就く者が少なくなかった。そのため、中村正直の同人社、尺振八・須藤時一郎らの共立学舎が一時多くの生徒を集め栄えた以外は、零細な経営が多く、継続・発展しなかった。慶応義塾のような成功は容易に望めなかったといえる。後の青山学院につながる生島閑（静岡学問所出身）が設立した耕教学舎の存在などもあるが[36]、ここに紹介した私塾・学校の多くは、同じ静岡移住旧幕臣が東京で興した私立学校ではあっても、江原素六の麻布中学校、宮川保全の共立女子職業学校などとは、開学時期や動機、成り立ちには大きな違いがあり、比較の対象にはしにくい。

また、明治前期の東京府で正規な届出にもとづき私学・私塾を経営した者以外に、旧幕時代から静岡藩時代にかけて、そして廃藩後においても、自宅で門弟を教えた人物が多数存在したことが確認できた。そのような個人的な門人取り立ては、住み込みの書生・内弟子などとして形を変えて存続するか、近代的な学校教育に取って代わられ消えゆくかの運命にあったが、洋学系・漢学系を問わず、この時期においてはまだ広範に存在した。

幕末から明治以降も続いた私塾・個人教授の隆盛は、洋学による人材登用が幕府・藩・明治政府によって一貫して行われたことに対する当然の反応であり、個々人の教育に対する旺盛な需要を表している。静岡藩では幕府時代以上に教育を奨励し、能力主義的な人材抜擢を行ったが、一方では、私塾・個人教授を学校（静岡学問所・沼津兵学校）の統制下に置き、東京・横浜等での遊学者や塾開業者へも学問吟味を行うなど[37]、藩士の教育熱を統御し、組織化しようとした。

管理者である藩がなくなると、個々の旧藩士は自由に学習・教育活動を行うことになり、教育への熱情は奔流となって東京へ流れ出た。結果、静岡藩、すなわち旧幕府は、明治前期の東京に民間教育に従事する教師を多数供給することになった。逆に言えば、東京は、職を失い第二の故郷を捨て本来の故郷に戻った旧幕臣に雇用機会を与えた。ただし、その包容力が十分だったのか否か、職業や移動の自由が認められた当時、あえて彼らがそこに残した足跡にはいかなる意味があったのか、また、教育に対する熱望のゆくえが、国家による統制段階においてどうなっていくのかは、さらなる考察を要する。

註

（1）拙稿「沼津兵学校関係人物履歴集成」（『沼津市博物館紀要』二二、一九九八年、沼津市歴史民俗資料館・沼津市明治史料館）など。

（2）同じ原史料を使い、東京における明治初年の学校を分析した近年の先行研究には、神辺靖光『日本における中学校形成史の研究〔明治初期編〕』（一九九三年、多賀出版）、東京都立教育研究所『東京都教育史　通史編一』（一九九四年）などがある。本章で紹介する私塾・学校等の全国史的、あるいは東京の地域教育史上の位置づけについては、それらを参考のこと。なお、家塾・私塾・私学の違い、小学校と中学校（明治一三年以降各種学校）との違いなど、考慮すべき要素もあるが、当時の概念の曖昧さもあり、本章ではあまり区別しなかった。

（3）『東京教育史資料大系』第二巻（一九七一年、東京都立教育研究所）、四四八頁。

（4）川口嘉の履歴については、『同方会誌』三二（一九〇九年、復刻合本第五巻、一九七七年、立体社）。

(5) 前掲註(4)文献には、川口の有真楼について、「官を奉するに及び其余暇を以て書学を教ふ」とある。
(6) 佐々木慎思郎が育英舎の塾頭をつとめたことは、大久保利謙編『西周全集』第二巻(一九六二年、宗高書房)、七六〇頁。
(7) 原田信民が東京青山でセイサン学舎という私塾を開いたことは、大野虎雄『沼津兵学校附属小学校』(一九四三年、私家版)、九四頁。
(8) 武藤孝長の静岡県での履歴については、拙稿「地域史上の沼津兵学校」(『沼津市博物館紀要』一〇、一九八六年)、五九頁。
(9) 宮川保全と共立女子職業学校(現共立女子大学)については、『共立女子学園百年史』(一九八六年)など。
(10) 石井至凝の履歴については、石橋絢彦「沼津兵学校職員伝(二)」(『同方会誌』四七、一九一八年、復刻合本第七巻、一九七八年)。それによると徳育館は、明治二〇年(一八八七)から二七年まで存続したらしい。
(11) なお、正確には、二一名中、山木利渉・和田正幾・中川忠明・近藤義立については既刊の文献で判明、紹介済み。
(12) 石橋絢彦「沼津兵学校沿革(五)」(『同方会誌』四二、一九一六年、復刻合本第七巻、一九七八年)。
(13) 『東京教育史資料大系』第一巻、三三七頁。
(14) 沼津兵学校時代のコネによって特定の学校・地域に人材が集中した事例として、群馬県の数学教員の場合がある。「当時筆算は沼津が一手専売の有様にて、沼津は各地に数学教員を供給してゐた。殊に、群馬県は大得意先にて、我も我もと、相競ひて、高崎、前橋等へ赴きたる」(金城隠士「沼津時代の回顧(九)」『静岡民友新聞』大正二年八月一四日)と言われたほどであり、実際多くの沼津兵学校出身者が同県の小学校教員養成学校暢発学校などで教えたことが確認されている(大竹茂雄「群馬における明治時代初期の数学教師」『群馬文化』二一二、一九八七年、拙稿「学制期諸県に及

んだ静岡藩小学校の影響」『国立歴史民俗博物館研究報告』一六七、二〇一二年)。

(15) 近藤真琴と攻玉塾については、攻玉社編『近藤真琴先生伝』(一九三七年)、『攻玉社百年史』(一九六三年、攻玉社学園)。

(16) この時期の東京の私学については、前掲註(2)書によると、私塾型私学、共同型私学、師弟共同型私学、結社型私学、雇い型私学、特殊な形態の私学といった存在形態があったとされる。

(17) 千種顕信の経歴については、大高吟之助『網代郷土史』(一九七五年、網代郷土史刊行会)、三二〇頁。それによると東京の私塾は、病気により明治一〇年(一八七七)に閉鎖したとあり、以後静岡県へもどり網代小学校等で教えたことがわかる。

(18) 大蔵省翻訳局と島田三郎・田口卯吉らについては、鈴木栄樹「開化政策と翻訳・洋学教育―大蔵省翻訳局と尺振八・共立学舎―」(山本四郎編『近代日本の政党と官僚』、一九九一年、東京創元社)。

(19) 宮地正人『幕末維新期の社会的政治史研究』(一九九九年、岩波書店)、四三六頁、四五五頁。

(20) 中川将行・荒川重平・永峰秀樹の三名は、沼津兵学校資業生から海軍兵学寮の数学教官になったが、最初海軍に誘われる際、「教師でも生徒でも今の処同じようなもの」と言われ、働きながら勉強もできるということに魅力を感じ就職したらしい(永峰秀樹『思出之まゝ』、一九二八年、私家版)。

(21) 飯田宏『静岡県英学史』(一九六七年、講談社)、二七頁。

(22) たとえば石川正身の履歴には、「於静岡藩漢学私塾開業」「静岡藩学校教授方被申付候」とあるが、彼が静岡ではなく沼津に居住し、青善塾という塾を開いていたことは他の文献から明らかであり(『沼津市誌』下巻、一九五八年、沼津市、五二二頁)、静岡藩学校とは沼津兵学校のことを言っている可能性が高い。また、村田知幾は「静岡藩学校」の原近知に学んだとあるが、原は田中小学校の教授だったことがわかっている（藤枝市史編纂委員会編『藤枝市史』下巻、一九七〇年、藤枝市、五八六頁）。

(23) 渡部温は沼津の自宅で西尾政典・大川通久らを（拙稿「生徒の手紙が語る沼津兵学校のあとさき」田村貞雄編『徳川慶喜と幕臣たち』、一九九八年、静岡新聞社）、中根淑は田口卯吉・伊庭想太郎・成瀬隆蔵らを教えたことが知られる（塩島仁吉『鼎軒田口先生伝』、一九一二年、経済雑誌社、成瀬隆蔵「体育の必要」『学之友　号外』、一八九一年、学園会）。また、乙骨太郎乙は、田口卯吉のほか、後の理学博士石川千代松（「老科学者の手記」『石川千代松全集』第四巻、一九三六年、興文社）や岡崎藩士で後の丸善経営者小柳津要人（富沢淑子編『小柳津要人追遠』、一九七八年、私家版）、堀田維禎・吉田丹蔵（拙稿「荒川重平回想録―昭和から振り返る旧幕臣の幕末・明治―」『国立歴史民俗博物館研究報告』一三六、二〇〇七年、二一九頁）らを個人教授したことがわかっている。

(24) 前掲宮地『幕末維新期の社会的政治史研究』、四四三頁。

(25) 拙稿「史料紹介　山木鈴木家文書中の静岡藩御用留―沼津兵学校関係史料を中心に―」（『韮山町史の栞』一四、一九九〇年、韮山町教育委員会）、一〇頁。

(26) 小林弥三郎（匡順、一八三九～九二）は、維新前は開成所句読教授出役で、明治五年（一八七二）から開拓使に奉職し翻訳に従事したことが知られ（北海道立文書館所蔵・開拓使文書）、『西洋野菜そだて草』（明治一二年刊）などの訳書がある。小林省三とその一家については、拙稿「幕末の台場築造と小林省三」（『沼津市明治史料館通信』一三五、二〇一八年）を参照。

(27) 桜井捨吉の名は、箱館脱走者の名簿中に蟠竜艦乗組員としてあり、勝海舟のメモには「算出来」と注記されている（『勝海舟全集』別巻2、一九八二年、勁草書房、五九一頁）。

(28) 小宮山昌寿についても箱館脱走者名簿に工兵隊の頭取としてあり、勝海舟のメモが「算宜しく」と付されている(前掲同書、五八五頁)。文久二年(一八六二)から元治元年(一八六四)まで開成所で学び、明治三年から五年までは兵庫県令神田孝平に従学、陸軍兵学寮八等出仕に在任中の明治六年には東京に新氏義塾という私塾を開き、数学・英学を教えたことが知られるが(『東京教育史資料大系』第一巻、一五六頁)、より詳しい経歴は、静岡県三島市栄町の市営墓地にある墓石に彫られている。

故陸軍工兵少佐正六位勲四等小宮山昌寿之墓

陸軍工兵少佐小宮山君、以第一軍兵站司令官病歿于平壌営中、嘉山郡守洪淳旭建碑頌其徳、君在韓土僅半歳而、能使彼感恩至此者豈無故、而然于君諱昌寿称金蔵王父諱三七父諱三蔵世籍幕府、十三歳入開成所学欧算、此時外国事起、尤急海防乃入講武所学大砲、業成加俸、爾後奔走于戎馬之間、慶応三年進大番格督工兵此歳将軍奉還大政、君乃与同志脱走、明治元年王師東征君卒、工兵数厄、官軍従榎本大鳥諸将航北海、略函館、明年三月官軍来討防戦不利与諸将保五稜郭、四月与諸将出降有命謹慎、三年復籍静岡藩出仕大学尋任少助教、五年出仕兵学寮、六年任工兵大尉叙正七位、十五年任工兵少佐叙従六位勲五等賜双光旭日章、二十四年叙勲四等賜瑞宝章、時已五十日余生長兵問可以少休陳請致職買地伊豆三島営屋舎為終焉之計、二十七年清韓事起属第三師団為第一軍兵站部司令官営元山津経破邑平壌至嘉山已而罹病不起、此為二十八年一月十八日十六日特旨進位一級、叙正六位、追賞金九百円賜、遺族年金三百円、站部韓民感其恩追慕不止建碑頌徳曰、君仕軍有制禁焚掠撫老弱法令整斎義気奮発所在安然不知兵洪淳旭寄書、三島町長三浦氏叙君恩徳曰、始知日本聖明之世有賢明若小宮山君嗟呼此役将校以彪武為彼所摂悚而独君以恩威為彼所追慕其万死効国家其志固庄此也、配田辺氏六男三女、長弘道嗣宗家曰、昌平、直哉、昌彦、寿平昌易、長女登代、天二女適人、銘曰、

旧幕未運　士習愉惰　君学武事　不少自一　竟以武用
一時名播　中年折節　以欧学挙　後擢武官　詩出所貯
満腹韜略　□有次序　瑞宝服章　勲等超五　清韓此役
堂堂王師　君督站部　並行恩威　法令厳粛　路不拾遺
不幸病歿　韓人追慕　嘉山営址　永留頌辞
明治二十九年二月　仙台岡千刃撰
荒野省三書　山田徳広監督
下田喜成鐫

(29) 小菅智淵・関廸教の和歌山藩派遣については、拙著『沼津兵学校の研究』(二〇〇七年、吉川弘文館)、二三五～二三六頁。

(30) 太田資政の福井藩派遣については、大植四郎編『明治過去帳』(一九三五年、私家版、一九七一年、東京美術、四四三頁)にあり。

(31) 鳥取藩への御貸人については、中山謙吉・瀬名鉄太郎・房間虎二郎の三名の名前が知られる(「海舟日記」『勝海舟全集』19、一九七三年、勁草書房)。追沼新八郎は昌平黌に学んだ漢学者島田重禮の兄として知られるが(「昌平学科名録(四)」『江戸』五—一、一九一六年、江戸旧事采訪会)、鳥取藩派遣については不詳。

(32) 林惟純については、前田匡一郎「林惟純(三郎)①~⑨」(『産経新聞』静岡版、一九九八年七月二九日~九月二三日)に詳しい。会津藩からは他にも、後の海軍大将出羽重遠が明治五年までの二年間林のもとに遊学し、内職をしながら学僕になっていたことが知られる(杉本勝二郎編『征清武功鑑』第壱巻第弐編、一八九六年、国乃礎発行社)。

（33）弘前藩から静岡藩への留学生については、坂井達朗「幕末・明治初年の弘前藩と慶応義塾」（『近代日本研究』一〇、一九九四年、慶応義塾福澤研究センター）が、一三名の名前をあげて紹介している。明治三年一一月という留学時期の一致からして、表5の小山内雄五郎は坂井氏論文中の武藤雄五郎と同一人物の可能性が高い。

（34）鹿児島藩からの留学生については、明治二年から翌年にかけ大久保一翁宅に滞在し静岡学問所に通学した最上五郎・種子田清一・寺田（平之進か）らがいたことがわかっている（『勝海舟全集』19、一六七頁、二三四頁など、別巻1、二〇六頁、沼津市明治史料館編『江原素六旧蔵明治大正名士書簡集』、一九八六年、同館、八頁）。員外生として他藩留学生を受け入れた沼津兵学校と違い、静岡学問所のほうはどのような制度にもとづき留学生を迎えたのかは不明である。教授個人に師事する形をとったとも考えられる。

（35）「静岡学校の沿革」（『同方会誌』四五、一九一七年、復刻合本第七巻、一九七八年）。

（36）生島閑と耕教学舎については、『青山学院九十年史』（一九六五年、青山学院）。

（37）静岡藩では明治三年（一八七〇）九月から閏一〇月にかけ、東京・横浜等で修業したり、「指南」を行っている藩士に対して、静岡の学校掛において吟味を行い、業前の次第によって改めて許可を下すとの通達を発している（石橋絢彦「沼津兵学校沿革（三）」『同方会誌』四〇、復刻合本第六巻、一九七八年、『久能山叢書』第五編、一九八一年、久能山東照宮社務所、三九九〜四〇〇頁）。上京遊学熱は、静岡藩時代にすでに始まっていた。

第三部　門人録からみた幕末の砲術・洋学

第八章　浦賀与力香山永孝と高島流砲術門人安達直右衛門

はじめに

ここに翻刻・紹介する史料は、播磨国の安達直右衛門惟煥なる人物が、嘉永元年(一八四八)九月、浦賀奉行配下の与力・砲術家香山永孝《かやまながたか》(通称は又蔵・栄左衛門、号は芳渚、一八二一〜七七)から授けられた「高島流伝授ケ条」、および翌年五月以降、安達が幕臣や三田藩士ら三〇〇名余に同流を伝授したことを示す門人書き上げである。古書店から売り出され、現在は個人が所蔵する。

縦四一センチ、横五八センチという大型の折本一帖に全体が表装されているが、もともと前者は一枚の状もの、後者は折本であり、別個のものだったようである。後者が独立した折本だった時の布製の表紙・裏表紙は、本紙と一体の形で頭尾に表装されている。全体の表装は極めて新しく、近年、古書店もしくは前所蔵者によってなされたと推測される。帙の題箋には古書店(もしくは前所蔵者)が付けたと思われる表題として「高島流砲術免許並門人名寄」と記されているほか、糊付けされず中に挟まれていた題箋にも「安達家文書　高島流砲術免許並門人名寄」とある。

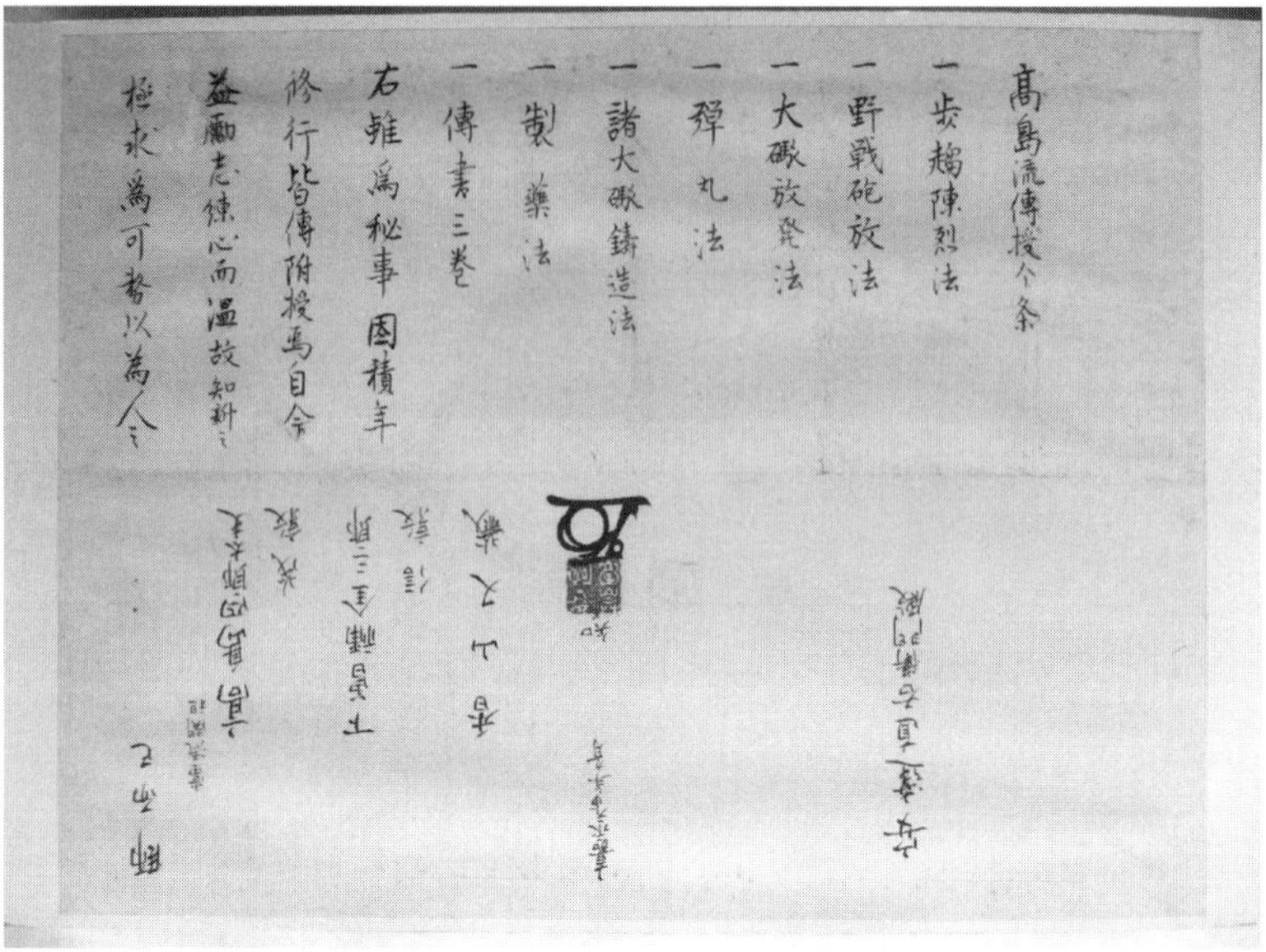
高島流傳授ケ条
一歩騎陣烈法
一野戦砲放法
一大砲放発法
一弾丸法
一諸大砲鋳造法
一製薬法
一傳書三巻
右雖為秘事因積年
修行皆傳附授焉自今
益勵志練心而温故知新之
極永為可替以為人之

写真1

一　香山又蔵と香山栄左衛門

史料の前半、すなわち「高島流伝授ケ条」の発給者は、「香山又蔵知氏」となっている。開祖である高島秋帆（四郎太夫茂敦）、高島から伝授された下曽根信敦（金三郎）の名に続けて香山の名が記される（写真1）。香山は下曽根の門弟であり、高島からすれば孫弟子だったことを意味する。そして香山から伝授されたのが安達だったのである。

史料の後半は、嘉永二年五月、安達が門人らに提示した六か条にわたる注意事項と、諸神に誓約した起請文からなる「示旨」、そして門人らの氏名・入門日を列記した部分である。冒頭に、「高島炮術流系」として、「開祖」高島秋帆、「相承」下曽根信敦、そして「承派」として「浦港　香山栄左衛門永孝」の名がある。文末には、「香山栄左衛門門人　播磨　安達直右衛門惟煥」と記されている（写真2）。

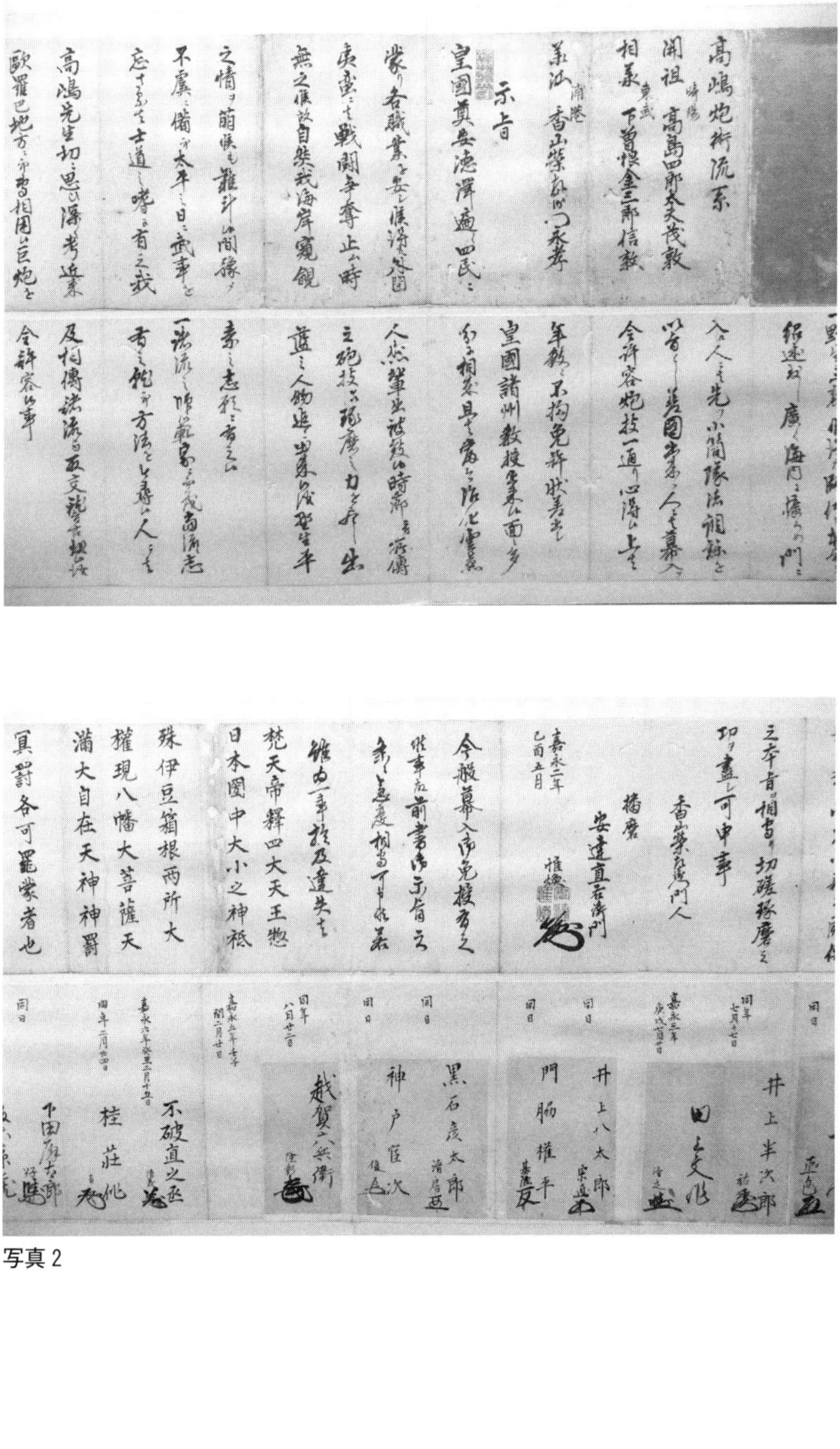

写真 2

以上により、安達の師である香山又蔵と香山栄左衛門は同一人物であるといえる。嘉永元年（一八四八）九月時点で「又蔵」を名乗っていたものが、翌年五月時点では栄左衛門と改名していたのである。既存の人名事典などでは、栄左衛門の前名が又蔵であると明記したものはなかったようである。

実は、又蔵と栄左衛門が同一人物であることは、別の史料からも裏付けられる。嘉永二年閏四月に「香山又蔵」はイギリス船マリナー号来航のため下田出張を命じられたが、(1)翌年正月に前年下田出張に対する褒美の金を下されたのは「香山栄左衛門」だった。(2)

香山栄左衛門は、嘉永六年六月のペリー来航の際、勇敢にも自ら浦賀奉行であると偽ってサスケハナ号に乗り込んだことで知られるが、又蔵と名乗っていた頃、ビッドル来航時（弘化三年〔一八四六〕閏五月）、マリナー号来航時（嘉永二年閏四月）にも同様の働きをしていたのである。

香山の履歴については既刊の人名事典にも収録されているので本章では詳しくは述べないが、ほんの少しだけ補足説明をしておく。

彼が遠江国新居宿（現静岡県湖西市）の紀州藩士刈谷充塞の次男に生まれ、浦賀の与力香山堅兵衛の養子となったのは天保六年（一八三五）のことだった。(3)新居宿にいた紀州藩士とは、定員二名の勤務で、同宿随一の旅籠屋紀ノ国屋に借宅していた七里飛脚（大名飛脚）のことであろう。(4)新居宿の庄屋が「苅谷又七」に宛てた文政九年（一八二六）八月の書簡があることから、(5)香山の実父充塞とは又七のことかもしれない。

浦賀から江戸へ転任した後は、砲術家としての腕前があったからであろう、歩兵差図役頭取などを歴任した。維新後巣鴨に隠棲したとされる一方、明治四年（一八七一）六月には「西洋兵学相談」の依頼を受け、静岡藩士族の立場で尼崎藩へ御貸人として派遣されている。(6)息子永隆（道太郎）も静岡藩に復籍した後、浜松県士族や静岡県士族を称しているので、実際に駿遠に移住したかどうかは別にして、父子ともども徳川の臣籍を離れたわけではなかった。

香山永孝が同僚の中島三郎助とともに下曽根信敦に「砲技」を伝授されたのは、弘化二年（一八四五）二月のことだったとされるが、(7)中島の履歴書には同年一〇月一二日に入門し幕入を許され、翌年一〇月一〇日皆伝を受けたと記される。(8)二月と一〇月というズレがある理由はわからない。そもそも中島の履歴は彼一人の履歴であり、入門、幕入から皆伝まで、香山が中島とまったく同時だったのか否かも不明である。

ただ、義兄弟（妻同士が姉妹）という近しい関係からしても、たぶん二人は入門から皆伝まで同じ足取りをたどったのであろう。だとすれば香山も弘化三年一〇月には皆伝を許されていたことになり、嘉永元年には今度は自身が安達に対し皆伝を授けることが可能だったわけである。中島も安政元年（一八五四）から翌年にかけ長州藩士来原良蔵・桂小五郎（木戸孝允）らを門人として受け入れており、ともに指導者の地位に立っていた。安政三年三月には、老中らが観閲のもと駒場野で実施された下曽根一門の調練において、香山は鼓長をつとめている。(9)また、オランダ通詞堀達之助（徳政）が翻訳し、香山・中島が校閲を担当した「大砲使用説　乾」（安政五年）という稿本が残されていることからも、(10)二人が高島流砲術家として大いに力量を発揮するようになっていったことがわかる。なお、「大砲使用説　乾」の冒頭には、「浦賀騎隊　芳渚香山栄左衛門永孝・木鶏中島三郎助永胤校」とあり、本章紹介史料にも記されている「芳渚」が香山の号だったことが裏付けられる。

二　安達直右衛門と京都の幕臣たち

本来は独立した折本だった安達の門人を書き上げた部分は、人名三〇六名が、その入門年月日（嘉永二年五月八日〜

安政四年閏五月）とともに列記されており、門人帳ともいえるものである。

当初、本史料の作成・所蔵者だった安達直右衛門なる人物については、「播磨」とあるのみであり、姫路・赤穂・明石・龍野といった諸藩の士かもしれないとも考えたが、皆目見当がつかなかった。人名事典などにも掲載されていない。後述するように、三〇六名の門人たちのうち、最初に判明したのが摂津国の三田藩士であったため、全員が同藩士であり、安達も三田藩士ではないかと思った。しかし、その推測は全く違っていた。

安達直右衛門の名は、京都に勤務する幕府役人たちを一覧にした木版の名簿「京都武鑑」の中に見出すことができた(11)。彼は、京都西町奉行浅野長祚（中務少輔・備前守・和泉守・梅堂、一八一六〜八〇）の用人だったのである。安達は用人の筆頭であり、他の三名の用人とともに町奉行の仕事を補佐する立場であった。

旗本としての浅野家は、播磨国加東郡の一一か村（現兵庫県加東市等）に知行所を持ち三五〇〇石を領したが、同郡家原村に置かれた陣屋には、留守居安達文左衛門、家老格安達真右（左）衛門といった名前の家臣がいたとされる。『新修加東郡誌』に掲載された文書の写真を見る限り、「真右衛門」「真左衛門」ではなく「直右衛門」が正しいようであり、そうなると慶応三年（一八六七）八月に家老格を拝命、五〇石四人扶持を給されることとなり、同年死亡したという人物が(12)、砲術家の安達直右衛門その人ということになる。また、同陣屋に勤務した中には、大庄屋から代官となった井上庫八郎や足軽の神戸良次らがおり、門人列記の最初のほうにある井上姓・神戸姓の者たちとの関連を想像させる。

主君である浅野が京都西町奉行に在職したのは、嘉永五年（一八五二）閏二月から安政五年（一八五八）六月までであるが、それ以前は弘化四年（一八四七）五月から浦賀奉行の任にあった。たぶん、安達は浦賀奉行時代にも浅野の用人をつとめていたため、その際に香山と知り合い、高島流砲術を学んだと考えられる。浦賀での浅野には、「旧設砲於平根山、以高岸不便弾射、移之於崖下平地、増置大砲二門而防禦之術悉倣西洋即千代岬砲台是也[13]」といった事績があり、あるいは安達もそれに関わっていたのだろう。従って、本史料の門人列記部分のうち、嘉永三年八月二二日までの一五名は浦賀時代の門人、嘉永六年二月一五日以降の分が京都時代の門人ということになる。

浅野は大老井伊直弼によって左遷され江戸に帰ったが、安達も同行し、たぶん江戸で死去したのであろう。用人として浦賀・京都で同僚だった京極万一郎は、漢学者としての能力が買われ直参に取り立てられ、望月万一郎（綱・毅軒）と名乗り昌平黌に勤務、維新後も明治政府の地誌編纂などに従事したが[14]、安達はその活躍を途中までは知っていただろう。東京に建てられた浅野の墓は、旧領である加東郡の人々の拠金によるものだったが[15]、安達は旧主の死よりもずっと早く、維新の訪れを知ることすらなく死亡していたことになる。

さて、三〇六名の門人たちである。所属を異にする様々な人々が混在して記されていると思われる。人数的に最もまとまっている三田藩士については後回しにし、他の門人たちについて判明した限りを紹介してみたい。

まずは、安達の名が記されていた嘉永・安政期の「京都武鑑」から、多くの幕臣の門人たちを見出すことができた。宮脇小源太は京都西町奉行浅野長祚の取次、中井小膳は御大工頭、小堀勝太郎は禁裏御所方并山城大川筋御普請御用兼帯御代官であった[16]。ちなみに小堀勝太郎の名は、鳥羽・伏見での戦死者中に京都見廻組として記録されているが[17]、同名異人であろうか。何よりも安政三年（一八五六）正月入門の浅野友三郎とは、浅野長祚の息子長熙のことであろう。

不破直之丞・桂荘作・下田扇太郎・飯室源蔵・菊池東三郎・黒田常五郎・奥村治郎太・吉田兵造・浅賀貞之助・草川権之丞・竹尾勇次郎・芝嘉一郎・下田耕助・渡辺尚蔵・野村朔之丞・棚橋伝之助・入江銈次郎・山田甚作・大塚国之助・大橋源吾・近藤金助・小寺仲蔵・棚橋朝之助・本多只一郎・前田邦之丞・三浦得三郎・北村幸太郎・真壁鹿之

助・浅賀和作・中江由之助・山内外一郎・柏原直之助・村田文蔵・木村彦三郎・手島英太郎・熊倉成太郎らは、京都町奉行配下の与力・同心らであり、いずれも東町奉行の配下ではなく、浅野の下で西組に所属した者やその子弟だったことがわかる。(18)ちなみに渡辺尚蔵の父金三郎は、安政の大獄に際し与力として志士の捕縛にあたったことから、報復の天誅を受け殺害されたことで知られる。

中には、安政三年（一八五六）正月入門の中江由之助のように、慶応期、京都で西周が開いた洋学塾の塾生になった者もおり、(19)砲術以外の分野でも洋学への志向が続いた例である。

京都西町奉行配下の与力・同心は、文政・天保期に高槻藩士の荻野流砲術師若林雲八郎に師事し、桂川筋で稽古を行うなど、以前から和流砲術を導入していたことがわかっている。(20)安達への入門もその流れの上にあった。

また、西町奉行浅野と東町奉行岡部豊常（備後守）は、嘉永七年（一八五四）二月に配下の与力・同心らのうち「西洋砲術」を心掛け、大砲を鋳立てて所持している者もあるので、今後ますます力を入れるとともに、役所の「非常御備」のため「御手当筒」を拵え置きたいといった上申を連名で提出するなど、(21)「外寇異変」に対する京都警衛の体制強化を模索していた。安達による京都での砲術指導は、まさにその時期にあたっていたのである。

なお、与力竹尾勇次郎・柏原直之助の二人は、元治・慶応期に京都・大坂間の関門として築造された楠葉台場の修築御用をつとめたことから褒美を下されているが、(22)たぶんその際には、砲術の技能を活かしたというよりも事務的な仕事に従事しただけであろう。

「京都武鑑」には掲載されていないが、その他の京都在勤の幕臣たちの名も拾い出すことができる。嘉永六年（一八五三）一〇月二四日入門の中川万次郎（万治郎）、同年一一月二八日入門の金原嘉伝次・丹羽紀五郎・内藤音三郎・須賀井発之丞らは、いずれも二条城門番与力などとして京都に勤務した幕臣であり、慶応二年（一八六六）には京都見廻組に編入されたという履歴が共通している。(23) 内藤・須賀井は安政五年（一八五八）に「西洋銃陣操練世話役」、中川は慶応二年に「砲術世話心得」に任命されている点からも、安達門下として記された者たちと同一人物であると比定される。

また、土肥伝吾（伝吉？）・広瀬真蔵・砂川督太郎・山田順八郎については、維新後に新政府に所属替えし、平安隊・警固方といった警備隊に編入された旧幕臣たちの中にその名を見出すことができ、(24) 彼らも京都在住の者たちだったことが裏付けられる。

さらに集団的に入門している京都在勤の一団が、先に名前が出てきた代官小堀勝太郎配下の手代たちである。小堀の後に続く、山口改作・布施越之助・中村麦右衛門・浜恕一郎・佐藤仲之進・高橋郡次・塚原半蔵・湯口益太郎・曽我豊次（治）郎・高田吉左衛門・横山彦五郎・山口耕平・西村吉次郎・松浦善三郎・石井孝太郎・武島准之助・篠田才五郎・清水郡三郎・武富健之助・穂積嘉作・坂根丈之助・乾元蔵・一柳真三郎らの名前は、幕府代官とその部下たちの名簿「県令集覧」（嘉永七年・安政五年分）から見つけ出すことができた。(25) 小堀の名が彼らの名前より一段高く記されているのは、代官所内での上下関係を反映させたためであろう。また、浅田幸次郎・室秀蔵・好川省三の三名は、勝太郎を改名した代官小堀数馬（正明）の配下として文久元年（一八六一）と同三年分の「県令集覧」に見出せる。(26)

京都在勤の幕臣には、他にも京都所司代・禁裏附・二条御門番頭・二条在番の下にそれぞれ配された与力・同心らがいた。(27) 照合すべき嘉永・安政期の名簿を見出せていないため、やむを得ず宝暦期の二条城門番之頭配下の与力・同心の氏名を安達門下の人名と突き合わせてみたところ、丹羽・渡辺・鈴木・小倉・藤田・佐治・村田・岡山・藤井・柘植・井上・林・田辺・土肥・中島・小原・山本・山崎・原田・永野・宮川といった姓が一致していた。与力・同心の多くが世襲だったことからすると、姓の一致は彼らの入門を裏付けているのかもしれない。嘉永六年（一八五三）一

○月二四日入門の山崎佐次兵衛・田辺大輔の名は、そのものズバリ、天保一五年（一八四四）版の「京都武鑑」に二条御門番頭松下孫十郎組同心として掲載されているので間違いない(28)。

安政二年（一八五五）八月一〇日入門の細井恒賢と安政三年正月入門の沢田重之の名は、明治九年（一八七六）刊行の『官員録』に「キヤウト」（京都）を貫属とする京都府十五等出仕・中属として見出すことができ、同じ安達門下で府庁職員としても名前を並べる曽我祐之・石井修行・高橋賢恭・砂川政明・須賀井正馨らと同様(29)、京都在勤の旧幕臣だったことが推定される。

以下は幕臣以外で気付いた者である。

嘉永二年（一八四九）五月一三日に入門している安達賢造惟□（諱の一字が花押を兼ねているらしい）は、その名からすると直右衛門の親族ではないかと思われる。

嘉永六年八月二九日入門の加集英太郎勝任は、同じ「加集英太郎」の名が、江川英敏が主宰した江戸芝新銭座大小砲習練場の門人の中に龍野藩士として記されていることから(30)、同名異人でなければ、彼は龍野藩士である。江川門下の龍野藩士には加集と同日入門、同日免許の水谷姓の者がおり、名前の判読違いの可能性があり、加集のすぐ後ろに記された安達門下の水谷才止助と同一人物かもしれない。

嘉永六年五月二一日に入門している竹内東白（武八郎・秀明・季趾・賁、一八一九〜六四）は、下総国香取郡新里村（現千葉県香取市）の農民の子で、弘化二年（一八四五）頃に坪井信道、同三年一〇月に緒方洪庵、嘉永元年五月に広瀬元恭に入門して蘭学を学び、京都で医業を営むかたわら、『泰西王氏銃譜』（嘉永六年）、『洋外礮具全図』（安政二年）、『皇国火攻神弩図説』（安政五年）といった訳著を出版した兵学家でもあった(31)。

三　三田藩への影響

三田藩士についても、個々の人名を他の文献等と照らし合わせることで、一部の人物については素性が判明した。まず、「藤谷七左衛門組」「九鬼治部右衛門組」「天岡半左衛門組」といった一団は、組親である藤谷七左衛門善房・九鬼治部右衛門隆有・天岡半左衛門基則が自身も門人となっている上、三人とも間違いなく三田藩士であることから(32)、総勢一〇七名の組子たちが同藩士であることは間違いないだろう。なお天岡半左衛門は、明治三年（一八七〇）時点で少参事だった人物、もしくはその父親であろう。

他にも三田藩士であることが明らかなのは以下の人物である。

嘉永三年（一八五〇）八月二二日に入門した越賀六兵衛隆彰は、岩根寛三郎とともに三田藩における西洋軍制の権威者だったとされる(33)。息子の範三は、家老九鬼求馬隆継の婿養子となり九鬼隆範（一八三五〜一九〇八）と名乗り、勝海舟の神戸海軍塾で学び、維新後は工部省の鉄道技師となった(34)。

嘉永七年二月二一日入門の九鬼兵庫隆元は、複数いた三田藩家老の一人であり、維新後は大参事をつとめた人（もしくはその父）と思われる。同日入門した丹羽達三郎行寛は、安政期に同藩の郡奉行をつとめた人物であろう(35)。

また、嘉永七年（一八五四）六月入門の白洲文五郎吉明（?〜一八五六）は、息子退蔵（吉温、一八二九〜九一）とともに三田藩の藩校造士館の教授をつとめた人物。維新後、退蔵は三田藩大参事・兵庫県会議員・横浜正金銀行頭取・大蔵省御用掛などを歴任した(36)。退蔵の子文平（一八六九〜一九三五）はハーバード大学卒で実業家、そして文平の子が吉田茂の側近として知られた白洲次郎（一九〇二〜八五）である。

また、小寺・佐治・藤田・前田・降屋・沢野といった姓は三田藩士にあるようであり[37]、可能性がある。

おわりに

筆者は以前、嘉永から慶応期にいたる沼津藩の砲術入門帳を紹介したことがあった[38]。その入門帳には、下曽根と並ぶ高島秋帆門下である江川坦庵に師事した数名の先駆的な藩士を皮切りに、次の段階では彼らを指導者として藩をあげて高島流砲術を受容し、さらなる全面的な軍制改革につなげた人々が名を連ねていた。本章で紹介した史料に登場した三田藩士たちも、それに類するものといえる。洋式軍制の導入は、師匠に門人が入門するという伝統的な形式をとって開始されたのである。

三田藩では、安政元年(一八五四)三月一日に藩主九鬼精隆が、同三年二月一〇日に藩士今村勝之進が、万延元年(一八六〇)一一月八日に藩士岩根忠四郎が江川門下に入門するなど[39]、下曽根—香山—安達とは別系統の高島流砲術修業が開始されたほか、安政七年からは白洲退蔵が主導し、藩内の甲冑を売却して新式銃を整備するなど、思い切った兵制改革が実施された[40]。維新後に京都で行われた操練の際には、スナイドル銃を携え揃いの戎服を着た三田藩兵は参加諸藩の中でもひときわ目立っていたという[41]。先進的な軍備を整えるに至った原点には、本史料で紹介した高島流砲術の導入があったのであろう。

また、京都では少なからぬ人数の京都町奉行配下の与力・同心や京都代官配下の手代たちが安達に師事した。安達が主人である浅野長祚とともに京都を去った安政五年六月、奇しくも幕府は、京都在勤の諸組与力・同心たちに砲術を指導させるべく、江川門下の講武所砲術教示方岩島源八郎、世話心得松山忠左衛門、太鼓打方斎藤留蔵(後に森田姓)らを京都に派遣している。(42)幕府内でも既存の吏員を洋式の軍事組織へと再編しようとする動きが加速していくのであり、安達の働きはその露払いになったといえる。

下曽根ルートの高島流砲術の研究は、土佐藩に伝来した史料の発見によって一気に進んだが、(43)香山永孝から安達直右衛門へという流れと広がりを示す本史料は、さらにその裾野の一端を垣間見せてくれたといえる。

註

(1) 下田市史編纂委員会編『下田市史　資料編三　幕末開港　上』(一九九〇年、下田市教育委員会)、一三三頁。
(2) 同前書、一四〇頁。安達の史料とも前後関係に矛盾はなく、改名時期は嘉永二年閏四月から五月の間だったと考えられる。諱についても知氏から永孝に変えたのであろう。
(3) 神谷大介『幕末期軍事技術の基盤形成』(二〇一三年、岩田書院)、四七頁。
(4) 新居町史編さん委員会編『新居町史』第五巻(一九八三年、新居町)、一〇六五頁。
(5) 藤村潤一郎「紀州七里飛脚について」(『創価大学人文論集』二、一九九〇年)、一五七頁。
(6) 拙著『沼津兵学校の研究』(二〇〇七年、吉川弘文館)、一七〇〜一七一頁。
(7) 梶輝行「下曽根信敦と高島流砲術」(洋学史研究会年報『洋学』一、一九九三年、八坂書房)、一二八頁。
(8) 中島義生編『中島三郎助文書』(一九九六年、私家版)、二五頁。
(9) 勝部真長他編『勝海舟全集15　陸軍歴史Ⅰ』(一九七六年、勁草書房)、一二六頁。
(10) 国立歴史民俗博物館所蔵、拙稿「桂小五郎と砲術」(『歴博』一七七、二〇一三年、国立歴史民俗博物館、五頁)に写真掲載。

(11) 京都市歴史資料館編『京都武鑑』上(二〇〇三年、同館)、五九〜七七頁、嘉永五年版から安政五年版まで。
(12) 加東郡誌編纂委員会編『新修加東郡誌』(一九七四年、加東郡教育委員会)、二二八頁、四〇三頁。
(13) 「先考梅堂君墓表」(『加東郡誌』、一九二三年、加東郡教育会)、九〇〇頁。
(14) 望月万一郎については、拙著『静岡学問所』(二〇一〇年、静岡新聞社)など。
(15) 浅野弘『開国の周辺―幕臣浅野長祚の生涯―』(一九七八年、私家版)、三四頁。
(16) 前掲『京都武鑑』上、六一頁、六三頁など。
(17) 『戊辰東軍戦死者碑建設結了報告』(一八九九年)、一六頁。
(18) 前掲『京都武鑑』上、六一〜八〇頁(嘉永六年から安政六年分)、『京都武鑑』下(二〇一四年、同前)、三〜五頁(万延二年分)。
(19) 拙稿「西周の門人録」(『栃木史学』二一、二〇〇七年、國學院大學栃木短期大学史学会)、七一頁、本書第九章。
(20) 歴史資料課「京都町奉行所関係資料集　五　仲ケ間月番帳抜書」(『資料館紀要』四一、二〇一三年、京都府立総合資料館)、一〇〇〜一〇二頁、一〇六〜一〇七頁。
(21) 『内閣文庫所蔵史籍叢刊　第12巻　朝野纂聞・浅野梅堂雑記』(一九八一年、汲古書院)、四六一〜四六二頁。
(22) 枚方市立中央図書館市史資料室編『楠葉台場跡(史料編)』(二〇一〇年、枚方市教育委員会他)、二六六頁。
(23) 『江戸幕臣人名事典』第二巻(一九八九年、新人物往来社)、八八〜八九頁、二五三頁、第三巻(一九九〇年)、一二九頁、一四八頁、一九五〜一九六頁。ただし諱までは掲載されていない。中川万次郎・内藤音次郎・須賀井発之進は、元治元年(一八六四)、将軍家茂に従い上洛した心形刀流の剣客伊庭八郎と親交を結んだことでも知られる(「伊庭八郎西征日記　其二終」『江戸』六―三、一九一七年、江戸旧事采訪会、五月五日条など)。

(24)　渡邉忠司「王政復古期の京都警固体制」(『鷹陵史学』四〇、二〇一四年、鷹陵史学会)、一五八頁、一六〇頁。
(25)　村上直・荒川秀俊編『江戸幕府代官史料―県令集覧―』(一九七五年、吉川弘文館)、二二一～二四五頁。
(26)　同前、三二〇頁、三三六頁。
(27)　渡邉忠司「近世京都における与力・同心体制の確立」(『佛教大学歴史学部論集』二、二〇一二年)、一一五頁。
(28)　前掲『京都武鑑』上、四一頁。
(29)　西村隼太郎編『官員録』(一八七六年、西村組出版局)。
(30)　仲田正之『江川英竜門人名簿・諸藩別門人名簿』(二〇一二年、私家版)、二六頁。
(31)　那智惇斎「勤王の兵学者竹内東白先生」(『房総郷土研究』四―一、一九三七年、一九八二年復刻『新訂房総郷土研究』所収、青史社)、高木卯之助「竹内東白先生事蹟」(『房総郷土研究』五―三、一九三八年)、芝哲夫「適塾門下生に関する調査報告(13)」(『適塾』二六、一九九三年、適塾記念会)。
(32)　『三田藩家老九鬼家文書目録』第一集(二〇一一年、三田市)、『三田藩家老九鬼家文書詳細目録』第一集(二〇一二年、同市)などによる。
(33)　『三百藩家臣人名事典』第五巻(一九八八年、新人物往来社)、二七七頁。
(34)　前掲『三田藩家老九鬼家文書目録』第一集、『三田藩家老九鬼家文書詳細目録』第一集などより。
(35)　三村昌司「公議人の存在形態と公議所における「議論」―三田藩を事例に―」(『歴史学研究』八四二、二〇〇八年)、四〇頁。
(36)　大植四郎編『明治過去帳』(一九七一年、東京美術)、三三六頁、有馬郡誌編纂管理者編『有馬郡誌』上巻(一九二九年、一九七四年復刻、中央印刷株式会社出版部)、七九二～七九八頁、前掲『三百藩家臣人名事典』第五巻、二七九～

二八〇頁。

(37) 洋学者川村幸民の三田在住時代の門人名簿(武内博『日本洋学人名事典』、一九九四年、柏書房、五〇八～五一〇頁)との突き合わせによる。

(38) 拙稿「沼津藩の砲術稽古入門姓名録」(『沼津市博物館紀要』三七、二〇一三年、沼津市歴史民俗資料館・沼津市明治史料館)。

(39) 前掲『江川英竜門人名簿・諸藩別門人名簿』、三三頁。なお、嘉永七年(一八五四)に藩主九鬼隆徳とその近習らが江川坦庵門下の友平栄に入門したとする文献もある(前掲『三百藩家臣人名事典』第五巻、二七七頁)。

(40) 三田市史編纂委員会編『三田市史』下巻(一九六四年、三田市)、六七一頁。

(41) 村上俊吉『回顧』(一九一二年、警醒社書店)、四七頁。

(42) 江川文庫所蔵「京都表砲術教示出役御用留」。また、京都所司代本多忠民(任期は安政四～五年)配下の与力・全五八名の名簿には、江川太郎左衛門門弟五名、江川門下の与力山田省三郎門弟七名、同じく江川門下の山口達右衛門門弟二名、同心・全九八名の名簿には山田門弟二三名、山口門弟二名が含まれることが記されており(伊豆の国市柏木家文書「本多美濃守組与力名前帳」「本多美濃守組同心名前帳」)、江川を通じた京都での高島流砲術の普及ぶりがうかがえる。

(43) 坂本保富『幕末洋学教育史研究』(二〇〇四年、高知市民図書館)。

史料　高島流砲術免許並門人名寄

高島流伝授ケ条
一歩趨陣烈法
一野戦砲放法
一大礟放発法
一弾丸法
一諸大礟鋳造法
一製薬法
一伝書三巻
右雖為秘事因積年修行皆伝附授焉、自今益励志練心而温故知新之極求為可務、以為人之師而已

当流開祖
高島四郎太夫
茂敦
下曽彌金三郎
信敦

香山又蔵
嘉永元申年九月　知氏[印](花押)
安達直右衛門殿

高島炮術流系
開祖　崎陽　高島四郎太夫茂敦
相承　東武　下曽根金三郎信敦
承派　浦港　香山栄左衛門永孝

示旨
[印]
皇国奠安徳沢遍く四民ニ蒙り、各職業を安シ候得共、外国夷蛮ニ者戦闘争奪止ム時無之候故、自然我海岸窺覘之情ヲ萌候も難計候間、予メ不虞ニ備而太平之日ニ武事を忘さる者士道之嗜に有之、我高嶋先生切ニ思ひ深く考、近来欧羅巴地方ニ而専相用候巨炮を被取寄、多年之手錬

を以機法蘊奥ヲ発揮被致、当流を被開候事ニ而、水陸戦闘防禦第一之神器、震天撼地之技催堅陥鋭之要不可過之候

一芳渚香山先生絶人之材を以夙ニ此技ニ熟され、嘗以謂らく、当今之世魁材桀智之人物ニ有之候共小勢ニ而、我沿海諸国之防禦者力之及ふ所ニあらす、平凡庸品人たり共、国々多人数稽古相励精錬之場ニ至り候得者、万一之節何く之地方ニおゐても御用立候儀可有之と、厚教授有之候事ニ候

一野生未熟ニ候得共、師伝之本旨ヲ紹述致し、広く海内に拡ろめ門ニ入ル人ニ者、先ツ小筒隊法調錬を以旨とし差図出来候人ニ者、幕入ヲ全許容、炮技一通り心得候上者、年数ニ不拘免許状差出シ、　皇国諸州教授出来候面々多分に相成、且者当今治化雲蒸人烝輩出被致候時節ニ付、所伝之砲技ヲ以琢磨之力を尽し、出藍之人物追々出来候儀、野生平素之志願ニ有之候

一諸流之師範家ニ而も、当流ニ志有之就而、方法を被尋候人ニ者及相伝、諸流と取交稽古致候儀、全許容候事

一当流精凝之神技、他流之秘事と取交相用候事者、全許容候得共、是を他流伝来之秘事抔と附会詭説を申陳候事者、流恩ヲ忘却いたし士道ニ有之間敷儀ニ付、屹と全禁止候事

一諸流各妙所秘事有之候事故、決而誹謗致間敷事

一他之人者勿論、親子兄弟又者同門之間ニ而も、幕内之秘事を以幕外之人ニ洩候事、決而不相成候事

右之条々慎思明弁之上、師伝之本旨ヲ相守り、切磋琢磨之功ヲ尽シ可申事

香山栄左衛門門人

播磨

安達直右衛門

惟煥［印］（花押）

嘉永二年

己酉五月

今般幕入御免授有之候事故、前書御示旨之条々急度相守可申候、若雖為一事於及違失者、梵天帝釈四大天王、惣日本圀中大小之神祇、殊伊豆箱根両所大権現、八幡大菩薩、天満大自在天神、神罰冥罰各可罹蒙者也

仍誓約如件

嘉永二年丁酉五月八日　井上丹治祐(花押)
同日　宮脇小源太忠(花押)
同日　三浦牧五郎維寿(花押)
同日　初田集作知義(花押)
同日　片岡数平政友(花押)
同年五月十三日　安達賢造惟(花押)
同年七月二日　中川藤兵衛苗嘉(花押)
同日　岡田庄右衛門正包(花押)
同年七月十七日　井上半次郎祐(花押)
嘉永三年庚戌七月廿日　田上文作清定(花押)
同日　井上八太郎宗道(花押)
同日　門脇権平基隆(花押)
同日　黒石彦太郎清房(花押)
同日　神戸宦次俊(花押)
同年八月廿二日　越賀六兵衛隆彰(花押)
嘉永五年壬子閏二月廿日

嘉永六年癸丑二月十五日　不破直之丞清義(花押)
同年二月廿四日　桂荘作有(花押)
同日　下田扇太郎好(花押)
同日　飯室源蔵昌芳(花押)
同日　熊倉道之助恵(花押)
同日　不破三子七清禮
同日　菊池東三郎賀時(花押)
同日　黒田常五郎尚寛(花押)
同年四月十四日　奥村次郎太明理(花押)
同日　吉田兵造幸(花押)
同日　浅賀貞之助忠道(花押)
同日　草川権之丞長之(花押)
同日　竹尾勇次郎惟時(花押)
同日　芝嘉一郎惟忠(花押)
同年八月廿九日　加集英太郎勝任(花押)
同日　水谷止才助祇徳(花押)
同日　長谷寅之助好明(花押)
同年九月十四日　岡林太郎良顕(花押)

同日　柳川与右衛門貞透（花押）
同年九月廿二日　下田耕助好文（花押）
同年九月廿五日　渡辺尚蔵昌雄（花押）
同年十月八日　野村朔之丞光（花押）
同年同月廿三日　小泉泰吉郎道教（花押）
同年同月廿四日　中川万次郎重興（花押）
同年同月同日　山崎佐次兵衛豊章（花押）
同年同月同日　小原万五郎寿行（花押）
同年同月同日　土肥伝吾好禮（花押）
同年同月同日　宮川衡吉為利（花押）
同年同月同日　田辺大輔直好（花押）
同年同月廿六日　棚橋伝之助朝昶（花押）
同年同月廿六日　入江銓次郎有政（花押）
同年四月十四日　山田甚作重敬（花押）
同年四月十四日　大塚国之助長成（花押）
同年五月廿一日　竹内東白賁（花押）
同年十一月廿八日　金原嘉伝次伊治（花押）
同年同月廿八日　丹羽紀五郎氏美（花押）

同年同月同日　内藤音三郎興利（花押）
同年同月廿八日　大橋源吾剛茂（花押）
同年同月廿八日　近藤金助秀和（花押）
同年同月廿八日　小寺仲蔵昌蔵（花押）
同年同月廿九日　広瀬真蔵知之（花押）
同年十月廿九日　三宅新次郎平義質（花押）
同年十一月朔日　砂川督太郎政明（花押）
同年同月朔日　棚橋朝之助朝三（花押）
同年十一月三日　佐治喜間太為親（花押）
同年十一月三日　村田勝太郎勝喬（花押）
同年十一月三日　岡山源之助安（花押）
同年十一月三日　須賀井発之丞正馨（花押）
同年十一月三日　藤田久之助忠禄（花押）
同年十一月三日　鈴木守之助尚軌（花押）
同年十一月三日　岡山広吉安邦（花押）
同年十一月三日　永野作次郎重義（花押）
同年十一月三日　林泰治郎和楽（花押）
同年十一月四日　奥守衛義尚（花押）

同年十一月四日　筒井信太郎季孝（花押）
同年十一月六日　本多只一郎忠徳（花押）
同年十一月六日　前田邦之丞忠胤（花押）
同年十一月六日　木村立太郎信好（花押）
同年十一月六日　三浦得三郎明功（花押）
同年十一月七日　山本林之助則古（花押）
同年七月　川田公佐惟祥（花押）
同年十二月朔　荘郁粂太郎守之（花押）
嘉永七寅年正月八日　山本武正雄（花押）
同年同月廿一日　水谷蔵太重脩（花押）
同年同月廿九日　下間民部之頼世（花押）
同年同月同日　安富甚十郎茂直（花押）
同年同月同日　松井武吉郎元長（花押）
同年二月十七日　降屋平太郎隆盛（花押）
降屋辰四郎盛一（花押）
嘉永七寅二月十七日　柳川数弥兼美（花押）
同年二月廿一日　九鬼兵庫隆元（花押）
同年同月日　丹羽達三郎行寛（花押）

同年同月日　河合十輔美雅（花押）
同年同月日　河合角衛宜継（花押）
同年同月日　湯浅和三郎敷古（花押）
同年同月日　湯浅猛之丞敷景（花押）
同年同月廿三日　藤井牧太郎正道（花押）
同年同月日　原田猪三郎義則（花押）
同年二月廿七日　真野恒太郎宣和（花押）
同年三月十八日　中島平吉寿治（花押）
同年三月廿一日　大関加久次郎宗正（花押）
同年三月廿一日　芝辻常太郎富弘（花押）
同年同月廿八日　小原逸次郎正敏（花押）
同年四月十二日　鈴木金次郎重次（花押）
同年八月六日　織田兵庫介信養（花押）
同年同月十五日　星合与市利晃（花押）
同年同月朔日　芝幸三郎忠雄（花押）
嘉永七年六月十九日　大高予左衛門重忠（花押）
同年九月廿六日　山崎清次郎正静（花押）
同年十月十三日　小倉大八郎盛恭（花押）

安政二年正月　松野鋠之助
同年同月　篠原直太郎弘善（花押）
同年同月　鬼沢鎗吾
同年八月三日　槇田慎輔敏（花押）
嘉永七寅六月　佐治伍左衛門源政一（花押）
同　藤谷七左衛門善房（花押）
沢野衛守藤原応長（花押）
嘉永七寅六月十九日　九鬼治部右衛門隆有（花押）
嘉永七寅六月　藤谷治五郎藤原善道（花押）
嘉永七年甲寅六月　白洲文五郎吉明（花押）
同　天岡半左衛門基則（花押）
嘉永七寅年六月十九日　九鬼半之助藤原正次（花押）
安政二卯年八月十日　柘植堅十郎武樹（花押）
同　山田善次郎親須（花押）
同　高梨儀助和貴（花押）
同　並河啓太郎武則（花押）
同　細井國之助長貴（花押）
同　柘植平造則静（花押）

同　井上幸三郎氏秀（花押）
同　原田禎之助祐之（花押）
同　中島角太郎寿輝（花押）
同　細井吉次郎恒賢（花押）

藤谷七左衛門組
山本永左衛門
福田猪左衛門
寺本文左衛門
福井宅左衛門
西田常助
山田熊蔵
山本六助
山田彦三郎
福井豊太郎
宅原繁蔵
小寺欣三郎
足立伊三郎
岡村熊次郎

吉田保次郎
中島巴之助
小寺辰之助
熊本常蔵
安田茂太夫
中畑多蔵
仲田常治
若林久太郎
田口富蔵
石田勝三郎
西脇儀右衛門
東浦儀右衛門
前中利七
奥本平蔵
石田惣右衛門
今西重兵衛
宮崎伝兵衛
畑嘉兵衛

野村惣次郎
菊本文次郎
九鬼治部右衛門組
梶田平次郎
森本清太夫
田中弥之助
桜井市右衛門
曽谷吉右衛門
白井甚五郎
村沢吉蔵
三輪彦左衛門
上野謙吾
足立久兵衛
藤田清七
宮崎作次
稲尾岩次
真来十右衛門
岡村市郎兵衛

谷田馬次郎
真来芳次
藤瀧吉次郎
片山嘉太夫
稲尾平兵衛
堀江次郎八
小西保平
梶田浅次郎
村田弥三郎
寺本惣右衛門
畑中喜三右衛門
大前辰五郎
大西常右衛門
高尾嘉左衛門
前川佐兵衛
谷口吉蔵
中川熊次郎
中西幸右衛門

塩川安次郎
天岡半左衛門組
宅原伝左衛門
泉田源三郎
中山佐之七
月岡伝蔵
山田駒吉
藤田三平
向井文治
植田藤次郎
吉田銀蔵
山本佐平次
足立与吉
岡村新三郎
山口喜惣右衛門
山田忠治
森本喜十郎
坂本修三郎

吉田藤八
前中利左衛門
寺本瀧之助
朝日重次郎
杉山八郎兵衛
今杜権右衛門
小谷源兵衛
野寺栄蔵
小田中太郎右衛門
山添源右衛門
畑中忠左衛門
大矢藤助
藪内豊蔵
豊岡善七
嘉永七寅六月日　新田喜三次
同　植田利吉
椎村倉次郎
中村重之丞

藤田鉄治
岩倉新兵衛
岡本良三郎
森川熊次郎
越賀菊四郎
森川権左衛門
安政二年卯三月　秋月泰輔種則（花押）
同年十月　麻生左京正幸（花押）
同年十二月二日　中井小膳正路（花押）
安政三辰年正月　清水幸次郎信発（花押）
同年同月　島田直右衛門在方（花押）
同年同月　野村重太郎直方（花押）
同年同月　小堀勝太郎正明（花押）
同年同月　山口改作教（花押）
同年同月　布施越之助善行（花押）
同年同月　中村麦右衛門孝行（花押）
同年同月　浜恕一郎恒久（花押）
同年同月　佐藤仲之進好（花押）

同年同月　高橋郡次賢恭（花押）
同年同月　塚原半蔵広春（花押）
同年同月　湯口益太郎光邦（花押）
同年同月　曽我豊治郎祐之（花押）
同年同月　高田吉左衛門敬徳（花押）
同年同月　横山彦五郎広孝（花押）
同年同月　好川省三景行（花押）
同年同月　林左右橘相愛（花押）
同年同月　沢田才次郎重之（花押）
同年同月　山口耕平直徳（花押）
同年同月　西村吉次郎直敬（花押）
同年同月　松浦善三郎愛之（花押）
同年同月　石井孝太郎脩行（花押）
同年同月　武島准之助茂敦（花押）
同年同月　森甚平義行（花押）
同年同月　篠田才五郎良直（花押）
同年同月　三上徳三郎安之（花押）
同年同月　北村幸太郎幸（花押）

同年同月　真壁鹿之助嘉純（花押）
同年同月　浅賀和作由生（花押）
同年同月　中江由之助正直（花押）
同年同月　渡辺庄三郎永類（花押）
同年同月　山内外一郎嘉貞（花押）
同年同月　柏原直之助増恒（花押）
同年同月　村田文蔵隆迪（花押）
同年同月　平川省造親義（花押）
同年同月　木村彦三郎李務（花押）
同年同月　清水郡三郎儀（花押）
同年二月　武富健之助直（花押）
同年同月　六島庸吉元長（花押）
同年同月　浅野友三郎㊞
同年三月　中川友蔵
同年三月　土肥吉郎清安（花押）
同年三月　山田順八郎昌則（花押）
同年七月　玉井千之助応聰（花押）
安政四年巳二月十七日　羽入虎太郎方光（花押）

同年同月十八日　米本直馬政治恒（花押）
同年五月十一日　穂積嘉作重久（花押）
同　坂根丈之助善応（花押）
同　乾元蔵宣文（花押）
同　中原重郎助高永（花押）
同　村田修助真矢（花押）
同　人見熊八郎義尚（花押）
同　浅田幸次郎篤敬（花押）
同　井上孫四郎政樹（花押）
同年閏五月　手島英太郎正廉（花押）
同年同月　勝田左源太泰（花押）
同年同月　一柳真三郎直義（花押）
同　大村幸三郎義和（花押）
同　室秀蔵
同　山下孫一
同　坂根宗之助
同　林田作之助
同　高田鉄之助

同　武富藤太郎
同　穂積一三郎
同　浅田阿曽吉
同　布施福弥
同　中川忠三郎
同年同月　熊倉成太郎敏（花押）

第九章　西周の門人録

はじめに

本章では、西周の門人録を翻刻・紹介するとともに、そこに記された人名から読み取れる諸点について述べることとする。

蘭学・洋学の研究上、個別の人物(師弟とも)を調査するためにも、さらには門人の量的把握をするためにも、門人帳・門人録の調査は基礎的かつ重要なものである。国立歴史民俗博物館が行った共同研究「地域蘭学の総合的研究」(一九九九～二〇〇一年度)では、改めてその重要性が指摘され[1]、二〇〇六年からは同館ホームページ上で「地域蘭学者門人帳人名データベース」が公開されるに至った。それにより、四〇以上の師匠・学塾に学んだ一万人余の門人がデータ化された。

しかし、門人帳の残存状況が反映されたためか、もしくは蘭学時代を第一義的に考え、英学・仏学以降はあえて落とすという方針だったためであろうか、同館データベースに収められた内容は、圧倒的に医師と医学門人が多く、それ以外の分野に関わる洋学門人は、大村益次郎・佐久間象山の砲術、慶応義塾など、種類としてはわずかである。しかし、英学以降が圧倒的多数を占める福沢諭吉の慶応義塾入塾者が収録されたのであれば、本章が取り上げる西周の門人たちが収められていけないはずはない。

一方、西周研究の側には、以下のような事情がある。既刊の『西周全集』全四巻（大久保利謙編、宗高書房、一九六〇～八一年）には、現在からすれば収録すべきであると思われる史料が収録されていない事例が少なくない。日記についても一部が翻刻・掲載されたにすぎず、全集に洩れた分については、研究者による地道な翻刻作業が続けられている。(2) 本章で紹介する門人録についても同様であり、本来であれば西の事績を理解する上で欠かせない重要な史料として全集に収められるべきものであった。

右に述べたように、洋学研究全般のためにも、さらに西周研究の進展のためにも、門人録の紹介は必要であると考え、わずかな追加データにすぎないが、本章でその翻刻を紹介する次第である。

一　門人録の概要

西の門人名簿が収録されているのは、国立国会図書館憲政資料室所蔵・西周文書（資料番号一一三）「津和野人名」という表題が記された薄茶色の小型の横帳である。全九八丁のうち、後半分以上は未記載である。内容は、「故郷津和野」「浪華遊学ヨリ岡山遊学」「東遊中島塾手塚塾」「京都大坂維新初年」「京師ニ在ル頃入門ノ人」「沼津ニテ」という構成になっており、その時々に交遊関係を持った人物の名前が、青色の罫紙に西自身の筆跡で列記されており、決して表題にある津和野関係のみの名簿ではない。

この名簿は、明治一八年（一八八五）から一九年（一八八六）頃に成立したと考えられている。(3) すなわち、西が後年になって、過去を回想し、自身と関係のあった人物を思い出し、書き上げたものである。京都時代の門人に関しても、その後の改名や履歴・消息などが注記されている。典拠というべき当時の原資料が何か別にあったのかもしれないが、自叙伝である「西家譜略」には、京都時代の塾生について「今皆其姓名ヲモ忘レタリ」(4)と記したように、記憶だけを頼りに思い出して記録した可能性が高い。

なお、西周文書の中には、同様の人名録が他にも存在する。「交際人名簿」（明治一九年頃、資料番号一一四）、「明治十八年間　以呂波別人名録」（資料番号一一五）である。しかし、それらには門人録に該当するものは含まれていない。

表は、門人録に記された人物について、所属・出身別に集計したものである。わずか四丁余の紙数の中に、全一一五名の名前が記載されているが、うち一名（大久保鉡太郎）はダブっているので、実際には一一四名である。全一一四名のうち、二七名は所属・出身が明記されていない者である。所属・出身が判明している中では、会津藩が二五名と最多である。次いで福井藩が一二名、備中松山藩が一〇名と続く。藩の数としては、一一藩である。

幕臣とその家臣は、合わせても一二名、新選組や長崎通訳官を含めても一五名と決して多くない。ただし、所属・出身が記載されていない者のうち、六名は幕臣だったことが判明しており、さらに加算することができる。すべてを確認することはできないが、所属・出身未記載の者のほとんどは幕臣なのかもしれない。

京都時代の西周の門人
所属・出身別集計

所属・出身地	人数
会津藩	25
福井藩	12
備中松山藩	10
津藩	8
幕臣	7
旗本家来	6
京都人	4
桑名藩	3
仙台藩	2
福知山藩	2
新選組	2
越前大野藩	1
龍野藩	1
高松藩	1
佐土原藩	1
水戸人	1
作州？	1
未記載	27
計	114

藩に属さない者、すなわち単に「京都」などと出身地・現住地が記された数名の中には、百姓・町人や浪人がいたと思われる。とはいえ、門人の多くが武士身分の者たちだったことになる。

京都時代の西の動向に関しては、すでに

先学の研究(5)もあるので繰り返さないが、そもそも京都での私塾は、慶応二年(一八六六)一二月以降に仮寓先とした御池通烏帽子屋、次いで三年二月転居した四条大宮西入(現京都市中京区錦大宮町)の更雀寺に開かれたものであり、さらに同年秋には三条の京都東町奉行所組屋敷内の与力の家に移転している。その年一二月将軍徳川慶喜の大坂退去に同行するまで、場所を三回変えながら一年近く続いたということになる。

開塾の端緒は、開成所出身の旧友、大御番格大砲差図役頭取勤方木村宗三(6)が徳川昭武のパリ万国博覧会派遣に随行することとなったため、彼に師事していた英学生徒の後継指導を西が頼まれたことにある。ちなみに、渡仏後の木村は、昭武の付添いから留学生に転じ、慶応四年(一八六八)五月に帰国、(7)徳川家の駿河移封同行予定者名簿に大砲差図役頭取として名前があるものの、(8)箱館の榎本軍に加わったといい、(9)後に兵部省や陸軍省の七等出仕となり、明治八年(一八七五)五月の免官までつとめた。(10)赤坂区学務委員や赤坂区区会議員をつとめ、明治二一年(一八八八)には暁星中学校の設立者となり、(11)『小供らの読むべき理学の問答』(明治九年)、『婚姻新論　初篇』(同一一年)などの訳書を残した。

木村宗三の門人を引き継いだ西周塾は、特に更雀寺に移ってからは新たな生徒も続々と加わり、五〇〇名に達する勢いだった。塾生には、住み込みと通学の二種があり、内容は英語・フランス語・ドイツ語の初歩を教える程度だった。三条組屋敷内の時には、住み込みの書生三〇名が、門長屋・玄関・客間にあふれるような有様だった。五〇〇名も集まったという塾生のうち、門人録に名前が挙げられたのは四分の一以下だったことになる。やはり全員の氏名を網羅した記録は残らなかったのだろう。

さて、史料の翻刻を紹介する前に、個々の門人について知りうる限りの事柄を述べておくことにしたい。

二　幕臣以外の門人

まずは、諸藩の多い順に。諸藩の中では最多の門人を送り込んだ会津藩は、言わずと知れたことながら、京都守護職松平容保に随従する家臣が多数滞在しており、その中から洋学への学習意欲を有した者が西の門を叩いたということであろう。

会津藩の門人を見て気が付く点は、鳥羽・伏見や会津戦争で戦死している者が多いことである。草刈行衛（鳥羽・伏見で負傷後江戸にて一九歳没）、佐瀬房太（彦八倅、慶応四年〔一八六八〕八月城にて二〇歳没）、柴謙助（四月下野にて二五歳没）、高橋啓四郎（鳥羽・伏見で負傷後江戸にて二四歳没）、田原助作（瑛馬弟、六月白河にて二三歳没）、辻仁助（臨時右衛門次男、八月会津城内にて一七歳没）、中野豊之助（八月会津若松にて没）、村岡滝三郎（友之進弟、鳥羽・伏見にて負傷後江戸にて二八歳没）、山寺彦作（権八倅、六月二四歳没）といった人々である[12]。同藩が戊辰の戦乱で受けた被害の大きさを示している。柴謙助（謙介・志計留）は、東海散士こと柴四朗、会津藩の悲劇を描いた『ある明治人の記録』の主人公として知られる陸軍大将柴五郎の兄である。

会津戦争以前にすでに、土工兵二〇〇人を率い大島圭介の脱走軍に参加した安倍井寿太郎（土工兵差図役）[13]、同じく大鳥軍に加わった小池周吾[14]のような血気盛んな人物もいる。安倍井の詳しい履歴は不明であるが、工兵という特殊な兵科を専門とした点で、洋学の素養が深かったのではないかと想像される。

慶応三年一〇月二〇日、京都の西塾では、周の妾である米という女性のことが原因で塾生三八名が退塾するという騒ぎが起こったが、山本覚馬の仲裁もあり何とか収まったようだ[15]。会津藩の洋学者である山本は、後に新島襄とともにに同志社創立者の一人となり、西の著作『百一新論』(明治六年刊)に序文を付し自身の蔵版として刊行した。西と山本は訳稿をやりとりするなど、ごく親しい間柄であった[16]。山本も京都で洋学塾を開いており、生徒同士の交流もあったと考えられる。

後年の履歴がわかる会津藩出身の門人としては、大沼親光がいる。門人録には姓のみで名前が落ちているが、前述の「交際人名簿」には「旧会　大沼親光」と明記されており、彼のことであることは間違いないだろう。

　　青森県士族　大沼親光　酉二十七歳
　慶応戊辰正月於京師西周助ニ従明治庚午四月千村五郎ニ従ヒ同壬申八月ヨリ岸俊雄ニ従学[17]

これは、明治六年(一八七三)東京府に提出された私塾荀新館の開業願に記された教師の履歴書部分である。門人録の西の加筆にもあるように、彼は数学教師になったようだ。『幾何類題集』(明治一六年刊、岸俊雄編、東生書舗)という校閲を担当した書籍もある。

次は福井藩である。福井主水こと酒井孫四郎(一八三九～六九)は、一六〇〇石を食んだ同藩の家老である。戊辰戦争に従軍し戦功をあげたが、海外渡航を目指す途次、海難により死亡した。京都では福井主水の変名を使い各種情報を探った。西以外にも「木村赤松等の泰西学者」に就いた。帰藩するにあたって西から送られた漢詩、親しく交際した同門の福住省吾といっしょに撮影した写真などがあったという[18]。

永見裕(一八三九～一九〇二)は、明治二年九月沼津兵学校に留学、翌年には、上京した西の後を追い東京で西が開いた私塾育英舎に入り、京都時代に引き続き西に師事した人物。沼津・東京へ遊学した藩士たちを引率・管理する立場にあり、維新を挟み福井藩と西とを結び付けたキーパーソンである。後には西の女婿となる。永見については幾つかの文献[19]で紹介がなされているので、ここでは繰り返さない。なお、彼の履歴書[20]では、京都で西に就学したのは慶応二年（一八六六）六月から四年正月までとされている。しかし、西が江戸から京都に着いたのは慶応二年九月であり、大久保利謙氏も指摘しているように、この記述は間違いではないかと思われる。

半井元瑞（澄、一八四七〜九八）は福井藩医であり、幕府の医官松本順（良順）に入門したほか、他にボードウィン・ハラタマ・フルベッキらにも師事した。維新後には大学東校勤務を経て京都府立療病院長などをつとめた。(21) 医師は他藩の門人にも何人かいるが、彼らが西塾に期待したものは、あくまで医学のためなのか、それとも医学以外での関心なのだろうか。

佐々木栄は、文久四年（一八六四）兵庫へ航海術修業に赴き、慶応二年（一八六六）六月には英学・航海術修業のため藩外へ遊学したという人物。(22) 明治三年（一八七〇）時点で二六歳。梯文造（文蔵）は、明治四年大阪修業を願い出、後に高知県に採用されたといった履歴が知られる。(23)

備中松山藩に関して判明したのは次の二名。磯村速見は、慶応元年（一八六五）江川太郎左衛門門下で高島流砲術の目録を許されたほか、(24) 明治初年高梁藩（備中松山藩が改称）時代には嚮導の役職にあったことが知られる。(25) 塩田虎雄（虎尾）は、万延元年（一八六〇）四月一三日江川太郎左衛門に入門、文久二年（一八六二）四月皆伝を許された人物であり、(26) 明治初年の高梁藩では武助教の地位にあった。(27) 塩田は新島襄のアメリカ密航を助けた人物としても知られる。(28) 磯村・塩田とも砲術・兵学を学んだ人物だった。

次は津藩。履歴がわかる人物はいない。戸波捨郎は、前述の別史料、「交際人名簿」および「明治十八年間　以呂波別人名録」に、「旧門　津　戸波親信」「戸波親信　旧門京都伊勢津人」などと記されているので、親信と改名したのであろう。西夫人升子の日記に、慶応三年（一八六七）一二月九日王政復古のクーデターにより慌ただしく京都を退去するに際し、まだ残っていた門人「藤堂藩士鈴木と佐藤二人」に書籍や周が西洋から持ち帰った品物を大きな木の箱に入れ預けたとある。その二人とは門人録にある鈴木脇次郎・佐藤一雄のことかもしれない。荷物はその後どうなったのだろうか。

桑名藩は三名しか名前があがっていないが、京都所司代をつとめる藩主に従い多くの藩士が京都に詰めていたわけであり、実際には他にも門人になった者がいたのではないだろうか。

名前があがったうち、小山正武（馬場良亮、一八四九～一九二四）は、更雀寺に移る前の烏帽子屋仮寓時代から西のもとで学んでいた古参の門人であり、更雀寺移転後には「生徒授読ノ事」を任せられた。(29) 森鷗外「西周伝」には、小山と福住のことを「木村の徒」(30) としており、西に師事する前は木村宗三の門弟だったとされている。西塾では「専ら英学を修め」たという。鳥羽・伏見戦争に参戦して一指を失い、その後も同藩の立見尚文らとともに関東・北陸で脱走抗戦を続けた。帰藩後は藩校で教え、明治三年には鹿児島藩に視察に赴き、廃藩後は外務省の洋語学校に一時学んだ後、県や内務省・大蔵省の官吏をつとめた。晩年はクリスチャンとなっている。(31)『基督信徒之生活』（明治三八年、教文館）、『基督教天啓論』（同四〇年、教文館）などの訳書がある。森鷗外著「西周伝」の校閲・補正者の一人でもあった。

中山源十郎は、文久元年（一八六一）の分限帳では八〇石を食み、御馬廻をつとめた。戊辰時の軍制では、御供方に属し御小姓軍監退切勤の地位にあった。(32) 町田鎌五郎は、戊辰時の記録には致人隊の軍監助勤をつとめていたが、九月二〇日「羽州於寒ケ江討死松浦秀八剣」(33) とあり、奥羽で戦死したことがわかる。

仙台藩の門人は、猪狩幸之助・庄子幸太夫の二名。藩校養賢堂に学び、戊辰戦争では目付として従軍、維新後区戸長を歴任、宮城郡七ケ浜村長をつとめ、東北地方での嚆矢となる海水浴場の整備を行った事績などが知られる猪狩章（諱之知、明治三九年六九歳没）という人物がいるが、その長男は猪狩幸之助（大正四年四五歳没）といった。(34) 幸之助が襲名だとすれば、西の門人だったのは、年齢的に父の章である可能性が高い。

福知山藩の門人二名のうち、仙石登は、「朽木藩士千石君十六才」として西夫人升子の日記に登場し、戊辰時夫とは別行動で江戸へ脱出することになった彼女に途中まで同道を申し出た心優しい少年である。西本人も「恩あり」と記している。

越前大野藩は服部寛一(寛一郎)。まとまった履歴は以下の通り。

服部寛一郎

安政三辰年正月十一日徒士格坊主勤、同二月三日使徒士勤、同三月八日列座物書兼勤、同四巳年四月廿五日列座物書兼勤免許、文久二戌年正月十一日供小姓格御取立、同十月六日供小姓並次席宛行並御料理之間詰指控、慶応二寅年正月十一日帰座、明治三庚午年十月朔日御賞典之内拾石終身、内半高永世、但従于朝廷之下賜(35)

他にも彼の名前は箱館戦争に新政府軍として出兵した同藩の諸記録に頻出する。(36)それらからは、彼が三番隊に属し、伍長・弾薬方・斥候頭取などをつとめたこと、明治三年時点では二八歳、弟慎去吉は医師だったことなどがわかる。

彼はその後、寛一郎を寛一と改名したようだが、沼津兵学校の頭取となった西のもとへも遊学している。(37)戦争で中断した勉学を再び始めようとしたのであろう。ただし、沼津滞在時期やその後の経歴は不明。

服部寛一は京都時代、西がオランダのフィセリングに学んだ際の性法(自然法)授業ノートの翻訳を書き写していたらしく、後、自分の訳稿を失くしてしまった西にそれを贈ったというエピソードを持つ。(38)

龍野藩と高松藩の各一名については、その履歴を知ることができない。

佐土原藩の一名は、門人録の末尾にある福住三(省吾)である。ただし、彼は伊勢出身ともあり、同藩との関係はよくわからない。更雀寺に移る前の烏帽子屋仮寓時代から西のもとで学んでおり[39]、更雀寺移転後には塾頭を任せられた[40]。門人録にも記された通り、その後長く消息不明だったが、明治二一年（一八八八）ひょっこり西の前に現れたことが、西日記から判明する。「福住三来ル、久振ニテ、永々談話、去ル、十三年後、亜米利加ボストンにて商売を業となし居之由」（二一年五月二四日）、「福住参来ル、一旦薩州へ帰リ、再ヒ横浜より米国へ趨く由、暇乞シテ帰レリ」（六月七日[41]）、「福住三来る、憲法典之土産あり、晩餐を供す」（二二年二月一九日[42]）というのがその記事である。

京都人は四名。「京師人」「京師処士」などとあるが、素性は不明。一人は寺侍か。

水戸人は松原弥太郎なる人物一名。なぜか水戸藩ではなく、単に「水戸」とあるが、原市之進の親類なので、藩士かもしれない。同じ人名録の「京都大坂維新初年」の部分には、原市之進の説明として「監察ニテ甥ノ松原弥太郎ヲ嘱せり　原市之進　維新前死」とある。

作州人？は一名。経歴不詳。

三　幕臣

幕臣であることが明記されたのは六名である。

まずは村垣与三郎。万延元年（一八六〇）遣米使節副使をつとめた村垣範正（与三郎・淡路守）の長男正容（号は毅亭、一八三八～八六）のことであろう。正容は安政期から河田興（八之助・廸斎）・熙父子に漢学を学んだほか、慶応二年（一八六六）九月二一日河田英之助といっしょに慶応義塾に入門した事実が知られる[43]。その時「十八九歳」。維新後は駿河に移住し、上京してからは民部省史生・内務中録などをつとめた[44]。明治一〇年に東京で立敬塾という私塾を開き、狩野友信に西洋画学、弟村垣素行に数学を担当させ、自らは漢学を教えた(45)。

河田英之助は、河田熙（相模守）の弟で、慶応三年九月から牧山耕平に、明治元年九月からアメリカ人タムソンに従学したほか、明治二年から四年までアメリカに留学、帰国後は正容の立敬塾でも英学を教えた河田烝（一〇年時点で二五歳）のこと。河田の妹純子は村垣正容の妻になっているので(46)、二人は義兄弟の間柄となる。村垣も河田も欧米渡航経験者の子弟であり、洋学を学ぶ動機には共通点があった。

室賀無二三（本史料では無二蔵）は、幕末には大目付などを歴任、鳥羽・伏見の責任者として朝譴を蒙り、その後、静岡藩主徳川家達付の家令をつとめた室賀竹堂（正容・伊予守・甲斐守）の嗣子。本史料では「松平豊前守弟」となっているが、別の文献では間部下総守の「養方叔父」とされ、慶応三年二月に室賀の養子になっている(47)。明治二年六月晦日、一五歳の時、慶応義塾に入門した事実が知られる(48)。その時、住所は遠州城東郡門屋村（現静岡県御前崎市）となっており、静岡藩では旧知行所に居住していたようだ。明治五年時点では相良勤番組から横浜に自費留学していた(49)。竹堂は明治七年遠州見付に明治学校と名付けた私学を設立しイギリス人教師を招いたが(50)、息子ともども洋学への関心が深かったのだろう。

水原嘉与橘（嘉与吉）については、以下の経歴がわかる。

静岡県貫属士族

助教師　水原嘉與吉

戊年三月二十一年八ケ月

慶応元乙丑年正月ヨリ明治元戊辰年三月マテ四年間旧幕臣鈴木鐵太郎江従学漢学修業同年三月ヨリ同四辛未年九月マテ四年間沼津兵学校ニ於テ数学修業同年十月出京明治六癸酉年三第三大区六小区幼童学所数学教師被相雇同

年五月ヨリ東京府講習所江罷出同九月講習相済申候(51)

明治七年時点での履歴書である。西に入門したことは記されていないが、沼津兵学校に進んだことからも京都以来の西との関係が見て取れる。この履歴以外にも、慶応三年奥詰銃隊、四年書院組差図役並、明治三年時点で沼津兵学校「生徒」(資業生ではない暫定的なもの)だったことなどが知られる。(52)

人見寧(勝太郎、一八四三～一九二二)は、剣客伊庭八郎とともに遊撃隊を率いて箱根戦争から箱館戦争を戦った人物、あるいは茨城県令をつとめた人物として知られる。もともと京都町奉行配下の同心の子として京都で生まれ育った人だった。ただし、彼の履歴書(53)には西の門人となったことは記されていない。

長崎通訳官は佐藤麟太郎。幕府の通詞だったので、幕臣に含めてよいであろう。彼の履歴は、以下の引用のように知られている。

幕末明治初期の官吏。天保十年長崎に生る。名は元狩。少壮、書を勝木某及び春元谷に、漢学を長谷川東洲に学び、安政年間博多の亀井塾に学んだが幾もなく長崎に帰り、東洲の慈鴉山館に入つた。当時、福地源一郎も亦同塾にあつた。英語伝習所の設立せらるるに及びこれに入つて学び、文久二年英語通詞を命ぜられた。人となり気節あり夙に志を京都に運び、薩長藩諸士とも往来した。慶応三年、徳川慶喜二條城内に英語学校を新設するや麟太郎召されて教授に任ぜらる。明治元年徴士を命ぜられ、太政官外国館判事となり、明治六年京都府大属に転じ、勧業課長と学務課長を兼ねた。この時、ドイツ人レーマンと謀つて梅津製紙場を起し、またフランス人チュリーと議して西陣織及び粟田焼の改良を計りこれが輸出の途を開いた。明治九年フィラデルフィヤに万国大博覧会開催さるるや、政府は麟太郎を事務官長に任じ同地に派遣したが、同年四月横浜を発し、途中病を得て桑港に歿した。年三十八。同地メンニック墓地に葬る。(長崎人物伝)(54)

右の説明中、徳川慶喜が二条城内に開いた英語学校とは、西周が慶喜に対して行った個人教授のことであり、佐藤はその助手をつとめたということであろうか。右に引用した人名辞典の典拠である『長崎県人物伝』(55)のほうにも同様の記述しかなく、西周に師事したことも記されていない。彼の名は、元治元年(一八六四)一二月長崎奉行がロシア提督宛にロシア語の伝習を依頼した通詞六名の中にも見受けられる。(56)なお、長崎ではなく大村の出身とする文献もある。(57)もともとは寛永期より一二代続く、鹿皮目利という役職を世襲した地役人の家柄だったらしい。(58)

旗本の家来は六名いる。主人は、川勝美作守(広運、文久三年陸軍奉行並、慶応三年若年寄並)、松平大隅守(信敏、文久三年大坂町奉行)、服部筑前守(常純、長崎奉行・陸軍奉行並・海軍奉行等を歴任)、荒井筑後守(助太郎・省吾、一橋慶喜附御小姓頭取)ら、在京で比較的開明性を持った官吏であったと考えられる。服部は更雀寺の隣に寄宿していたため、家臣が西塾に通うには便利だったであろう。本人たちのうち、素性が判明するのは稲次貞造のみである。丹波国氷上郡梶原村(現兵庫県丹波市)の人で、慶応二年四月一九日、京都で蘭学塾時習堂を開いていた広瀬元恭に入門した事実がある。(59)

幕臣に準じる者として新選組の隊士二名がいる。村上清(清士)は、肥後熊本の出身、元治二年(一八六五)新選組に加入、伍長から諸士調役・監察に進んだが、鳥羽・伏見の戦争で負傷し、退却した大坂城内で自刃した。(60)司馬良策(良作)は、仙台出身で天保一二年(一八四一)生まれ、慶応元年(一八六五)四月江戸で入隊、三年三月頃に離隊したらしい。西の門人録にも「仙台人カ」とあるので出身地は一致する。新選組の文学師範頭をつとめ、洋行を志し隊を離れた斯波雄蔵なる隊士と同一人物であったとも言われる。(61)

表では新選組には含めず、会津藩のほうに入れた門人に山浦鉄四郎(一八四四～七九)がいる。会津藩士山浦鉄右衛門の四男で、藩主に従い上洛、一時新選組に在隊した。長兄・三兄を会津戦争で失い、次兄とともに斗南に移住、後年は蒲生誠一郎と改名し函館に住んだ(62)。そもそも、西周の塾生の中には撃剣に熱心な者がおり、よく新選組屯所へ行き試合をしていたため、互いに交流があった。その両方に属したことになる新選組時代の山浦は、藤堂平助と特に懇意だったという。ちなみに、先に紹介した桑名藩士の門人小山正武は、散歩の途中、油小路の血闘で倒れた藤堂平助ら伊東甲子太郎一派の死体を見たという目撃談(63)を後年残しており、新選組研究では貴重な証言となっている。

所属・出身が未記載の者のうち、以下の人物については各種文献から幕臣であることが判明している。

山本五郎は、一橋慶喜の御小姓を、そして静岡藩では慶喜付の一等家従をつとめた山本四郎(充迪)の子(弟?)であり、後に新政府に出仕し内務省勧商局五等属・農商務省博覧会掛少書記官、農商務省工務局四等技師などを歴任した(64)。『金工万国博覧会報告』(明治二〇年、農商務省)、『意匠説』(明治二三年、織染研究会)などの著作がある。

大久保錦太郎は、慶応元年(一八六五)歩兵差図役として「御進発」のお供に加わったことが知られる(65)。

古川洪道は、蘭方医坪井信道・信良に師事し、慶応二年七月二九日に歩兵屯所付医師に就任した人物である(66)。村上英俊門下でフランス語も学んだ(67)。慶応期には国学者平田銕胤の家に医師として出入りしていた事実もある(68)。明治元年一二月時点では東京におり(69)、静岡には移住しなかったようだ。

中江由之助(由之輔)は、慶応三年(一八六七)時点で見廻組肝煎であった(70)。維新後は駿河に移住し、明治元年一二月時点では陸軍生育方三番頬肝煎だった(71)。

三木軍司は、榎本武揚脱走軍の一員となり、一連隊頭取(歩兵頭並とも)として箱館五稜郭で戦った人物(72)。号は盛華、天保二年(一八三一)三月、父東陽の子として江戸駿河台に生まれた。剣術を伊庭軍兵衛に、漢学を内山幸之助、書道を桜井久二郎、砲術を江川太郎左衛門・友平栄、馬術を所太市に学んだほか、フランス軍人ブリューネらに練兵などを仕込まれた。箱館で降伏した後は大垣藩に預けられ、藩主からその才を愛され、「藩立武学校教授頭取及学校改正用掛兼軍事少参事」に任命され、明治四年九月までつとめた。東京に帰ってからは医学を志して松本順に師事し、明治九年には日本橋で本邦初となる電気治療の医院を開業した。なお、西周の門下では「仏学」を学んだとされる。(73)

間宮昌(昌三郎)は、慶応二年時点で遊撃隊に属し、維新後浜松に移住、静岡藩士のため浜松城内に設けられた「御家人学問所」教師となり、廃藩後は浜松高町で漢文を教える私塾を開いたほか、浜松学校(第二大学区第十一番中学区第一番小学校)校長、浜名郡書記などをつとめた。(74)

おわりに

以上、個々の人物について紹介してみた。幕末の京都で西周の門下に集まった多様な顔ぶれを見てみると、明治初年に続く洋学ブームがすでに維新を控えたこの段階で起こっていたことがわかる。ただし、政変の過程で勉学を中断した者、さらには命を落とした者すらいた。運の良い者、意欲のある者は、沼津兵学校や育英舎に入るなど、その後も西を慕って従学した。「皆々英仏独之単語位ニ而未夕高諭ニ当るに足り不申候」(75)と江戸に書き送ったように、西にとっては物足りない、あまり気の進まない京都での私塾であったが、そこに学んだ個々の人物にしてみれば、新時代を生き抜く力をつかむ好機となった場合もあったであろう。

西塾の教育内容、教育方法など、その実態は不明だが、門人録には名前が掲載されていないものの慶応三年一〇月に入門したことが明らかな安芸国出身の吉田顕三の自伝には、以下の記述がある。「余は彼の開成学校の出版にかゝる、英学単語篇より学び始む。一日塾長の室に至り、陳列せる原書を見るに、其数々十部あり。就中一大書冊あり、最も余の心を牽けり。余その名を問へば、字書(ウエブスター氏)なりと云ひ、価を問へば、六七十両なりと云へり」。(76)開成所刊行の『英吉利単語篇』から学習を開始したこと、塾長西の部屋にはウェブスターの大辞書など、原書がズラリと並んでいたことなど、ほんの僅かながらその情景を垣間見ることができる。数少ない洋行帰りの先生は、洋学を志す青年にとって輝くばかりの存在であったろう。

註

(1) 青木歳幸「地域蘭学研究の視点と方法」(『江戸時代の日本とオランダ　日蘭交流四〇〇年記念シンポジウム報告』、二〇〇〇年、洋学史学会)、同「地域蘭学の構想と展開」(『国立歴史民俗博物館研究報告』一一六、二〇〇四年)。
(2) 川崎勝「『西周日記』―明治二十年一月～六月―」(『南山経済研究』一四―三、二〇〇〇年)以降、同氏による翻刻が同誌に連載。
(3) 川崎勝「『西周日記』―明治二十年七月～十二月―」(『南山経済研究』一五―二、二〇〇〇年)、二九一頁。
(4) 大久保利謙編『西周全集』第三巻(一九六六年、宗高書房)、七五九頁。
(5) 蓮沼啓介『西周に於ける哲学の成立』(一九八七年、有斐閣)、二五～三二頁。
(6) 木村宗三は、火消役木村太郎兵衛の養子で、安政四年六月部屋住から蕃書調所句読教授出役、一一月同教授手伝並となった(国立国会図書館憲政資料室所蔵・勝海舟文書「御支配明細帳」)。
(7) 倉沢剛『幕末教育史の研究』二(一九八四年、吉川弘文館)、六二六頁、六三〇頁。
(8)「駿河表召連候家来姓名」(国立公文書館所蔵)。
(9) 宮地正人監修『徳川昭武幕末滞欧日記』(一九九七年、松戸市戸定歴史館)、一八〇頁。

(10)「大日記　太政官　五月日　陸軍第一局」(防衛省防衛研究所所蔵)。
(11)『都市紀要二十四　東京の中等教育　三』(一九七五年、東京都)、五五頁。同書によれば、天保二年(一八三一)一二月二四日の生まれであることがわかる。
(12)明田鉄男編『幕末維新全殉難者名鑑』全四巻(一九八六年、新人物往来社)、「明治戊辰殉難名簿」(後掲復刻版『会津戊辰戦史』所載)。
(13)山川健次郎監修『会津戊辰戦史』(一九三三年、会津戊辰戦史編纂会、二〇〇三年復刻、マツノ書店)、二二七頁、二三二頁、三六八頁。
(14)同前書、二三八頁。
(15)川崎勝「『西升子日記』—幕末維新期の女性の日記—」(『南山経済研究』一四—一・二、一九九九年)、四三一〜四三二頁。川嶋保良『西周夫人升子の日記』(二〇〇一年、青蛙房)、一二〇〜一二一頁。川嶋著によれば、この騒動は、西の正妻升子が江戸からやって来たにも拘わらず、居すわり続ける師の妾に対し生徒たちが反発したものだった。
(16)前掲『西周全集』第一巻(一九六〇年)、六三四頁、前掲蓮沼著、二四頁。
(17)『東京教育史資料大系』第一巻(一九七一年、東京都立教育研究所)、七一頁。
(18)福田源三郎『越前人物志』上巻(一九一〇年、玉雪堂)、六四七〜六五五頁。
(19)大久保利謙「永見裕と西周」(『伝記』六—一二、一九三九年)、同「松平春嶽と永見裕」(『伝記』七—一、一九四〇年)、『西周全集』第四巻(一九八一年、宗高書房)、五九五〜六〇二頁。
(20)拙稿「沼津兵学校関係人物履歴集成　その二」(『沼津市博物館紀要』二七、二〇〇三年、沼津市歴史民俗資料館・沼津市明治史料館)。

(21) 鈴木要吾『蘭学全盛時代と蘭疇の生涯』(一九三三年、東京医事新誌局、一九九四年復刻、大空社)、二八三頁、「半井澄氏略歴」(『医談』五五、一八九九年、復刻合本Ⅱ、一九八六年、雄松堂出版)、三七〜三八頁。
(22) 熊澤恵里子「幕末維新期福井藩における国内遊学の実態」(日本史攷究会編『時と文化―日本史攷究の視座』、二〇〇〇年、総合出版社歴研)、二〇八頁。
(23) 熊澤恵里子「幕末維新期の福井藩政改革と藩校」(『福井県文書館研究紀要』一、二〇〇四年)、五一頁。
(24) 大原美芳『江川坦庵の砲術』(一九八七年、私家版)、一三七頁。
(25) 高梁市史編纂委員会編『高梁市史』(一九七九年、高梁市)、八二二頁。
(26) 前掲大原『江川坦庵の砲術』、一二六頁。
(27) 前掲『高梁市史』、八二二頁。
(28) 福士成豊「新島の国外脱出に関係ある二人の人物について　塩田虎尾」(『新島研究』四九、一九七七年)。
(29) 『西周全集』第三巻、七五八〜七五九頁。
(30) 『鷗外歴史文学集』第一巻(二〇〇一年、岩波書店)、七七頁。
(31) 加太邦憲『自歴譜』(一九八二年、岩波文庫)、二八四〜二八七頁。
(32) 『桑名藩史料集成』(一九九〇年、桑名市教員委員会)、三八二頁、二六〇頁。
(33) 同前『桑名藩史料集成』、二六六頁。
(34) 菊田定郷『仙台人名大辞書』(一九三三年、仙台人名大辞書刊行会)、五一頁。
(35) 大野市史編さん委員会編『大野市史　第四巻　藩政史料編一』(一九八三年、大野市役所)、一〇七九頁。
(36) 『奥越史料』一(一九七〇年、大野市教育委員会)、七四頁、坂田玉子「箱館戦争史料」(『奥越史料』九、一九八〇年）、五一頁、永見繁雄「越前大野藩士有村栄蔵（静江）の箱館戦争実記」（『奥越史料』二八、一九九九年）、一二頁、坂田玉子「箱館戦争従軍記録史料」（『奥越史料』二九、二〇〇〇年）、八六頁、一二三頁、一三五頁、『大野市史　第五巻　藩政史料編二』（一九八四年）、一〇四六頁、一〇六一頁、一一一六頁、一一一八頁。

(37) 石橋絢彦「沼津兵学校沿革（五）」（『同方会誌』四二、一九一六年、復刻合本第七巻、一九七八年、立体社）に、「慶応二年中西頭取が京都の私塾に入学したる服部寛一も少時来学す」とある。なお、服部を福井藩士であるとした沼津市明治史料館『沼津兵学校』（一九八六年）、同『沼津兵学校の群像』（一九九四年）などは誤りである。

(38) 前掲「西周伝」（『鷗外歴史文学集』第一巻）、一〇六頁。

(39) 前掲『西周全集』第三巻、七五八頁。

(40) 前掲『西周全集』第三巻、七五九頁。

(41) 川崎勝「『西周日記』—明治二十一年一月〜六月—」（『南山経済研究』一五—三、二〇〇一年）。

(42) 川崎勝「『西周日記』—明治二十二年一月〜六月—」（『南山経済研究』一六—二、二〇〇一年）。

(43) 『慶応義塾入社帳』第一巻（一九八六年、慶応義塾）、八一頁、一七八頁。

(44) 磯ケ谷紫江『大東京名家墳墓考』（一九四三年、後苑荘）、三九頁。

(45) 『東京教育史資料大系』第三巻（一九七二年、東京都立教育研究所）、二四一頁。

(46) 『木村熊二・鐙子往復書簡』（一九九三年、東京女子大学比較文化研究所）、一九頁。

(47) 『新訂増補国史大系52　続徳川実紀　第五篇』（一九六七年、吉川弘文館）、一五四頁。

(48) 前掲『慶応義塾入社帳』第一巻、二六七頁。

(49) 静岡県史料刊行会編『明治初期静岡県史料』第四巻（一九七〇年、静岡県立中央図書館）、四三九頁。

(50)　飯田宏『静岡県英学史』(一九六七年、講談社)、一四三〜一四四頁。
(51)　『東京教育史資料大系』第二巻(一九七一年、東京都立教育研究所)、七五六頁。
(52)　前田匡一郎『駿遠へ移住した徳川家臣団』第四編(二〇〇〇年、私家版)、前掲「駿河表召連候家来姓名」、『静岡御役人附』(明治三年)。
(53)　青木昭解説『人見寧履歴書』(一九六七年、農業史内部資料第一八号、茨城県農業史編さん会)、原本は人見寧則氏所蔵。なお、本章の元論考が参照され、桐山千佳『人見寧履歴書―遊撃隊・人見勝太郎の生涯―』(二〇一四年、私家版、一〇二〜一〇三頁)では、人見が西周に入門したことが紹介された。
(54)　『日本人名大事典』第三巻(一九三七年、一九七九年復刻、平凡社)、一五〇頁。
(55)　長崎県教育会編『長崎県人物伝』(一九一九年、一九七三年復刻、臨川書店)、七三一頁。
(56)　倉沢剛『幕末教育史の研究』一(一九八三年、吉川弘文館)、五五八頁。
(57)　手塚晃・国立教育会館編『幕末明治海外渡航者総覧　第一巻　人物情報編』(一九九二年、柏書房)、四二八頁。
(58)　『慶応元年明細分限帳』(一九八五年、長崎歴史文化協会)、五一頁。
(59)　京都府医師会編『京都の医学史　資料篇』(一九八〇年、思文閣出版)、四〇九頁。
(60)　新人物往来社編『新選組大人名事典(下)』(二〇〇一年、同社)、二一六頁、古賀茂作・鈴木亨編著『新撰組全隊士録』(二〇〇三年、講談社)、三八三頁。
(61)　同前『新選組大人名事典(上)』、二六四〜二六五頁、『新撰組全隊士録』、二〇四頁。
(62)　前掲『新選組大人名事典(下)』、二四三頁、伊藤哲也「新選組に入隊した山浦鉄四郎」(『新選組研究最前線』下、一九九八年、新人物往来社)。

(63)「史談速記録第百四輯」(明治三四年四月、史談会編『史談会速記録』合本一七、一九七二年復刻、原書房)。
(64)『静岡県史　資料編16近現代一』(一九八九年、静岡県)、一三二頁、前掲前田『駿遠へ移住した徳川家臣団』第四編、三七七頁。
(65)渡辺一郎編『徳川幕府大名旗本役職武鑑』四(一九六七年、柏書房)、六一八頁。
(66)深瀬泰旦「歩兵屯所の医師たち―『医学所御用留』から―」(『日本医史学雑誌』三一―三、一九八五年)、七九頁。慶応三年九月二三日付坪井信良書簡には、「古川洪堂ト申ハ、当時歩兵屯所付医師也。先代卜拙生ト之弟子ニ付念之入候京土産数品、相贈申候」とある(宮地正人編『幕末維新風雲通信録』、一九七八年、東京大学出版会、三〇五頁)。
(67)富田仁『仏蘭西学のあけぼの―仏学事始とその背景―』(一九七五年、カルチャー出版社)、二〇九頁。
(68)『国立歴史民俗博物館研究報告』一二八(二〇〇六年)、三四一頁、三七七頁。
(69)平田銕胤の「気吹舎日記」明治元年一二月五日条に「古川洪道紹介ニて、八丁堀代官屋敷安藤玄昌へ転薬」とある(『国立歴史民俗博物館研究報告』一二八、三七七頁)。また、慶応四年八月二四日二四歳の時、慶応義塾に入社した、下総生まれ、八丁堀在住の「古川洪斎」(『慶応義塾入社帳』第一巻、二一七頁)が同一人物だとすれば、主人欄が空白になっていることから、徳川家を去ったことが裏付けられる。
(70)菊地明『京都見廻組史録』(二〇〇五年、新人物往来社)、一三一頁。
(71)拙著『沼津兵学校の研究』(二〇〇七年、吉川弘文館)、一〇四頁。
(72)田中彰・紺野哲也「史料紹介　蝦夷事情乗風日誌」(田中彰『北海道と明治維新』所収、二〇〇〇年、北海道大学図書刊行会)、「遊撃隊起終録　附戊辰戦争参加義士人名録」(市立函館図書館所蔵)。
(73)近藤修之助編『明治医家列伝』第三編(一八九二年、編者刊)、ロノ一七五～一七九頁。

(74)　前田匡一郎『駿遠へ移住した徳川家臣団』第三編(一九九七年、私家版)、四五三頁、『浜松市史』(一九二六年、浜松市役所、一九七四年復刻、名著出版)、五五二頁、五六四頁、五六九頁。
(75)　慶応三年四月七日付津田真道宛西周書簡(前掲『西周全集』第三巻、六六二頁)。
(76)　前掲『西周全集』第三巻、八五〇〜八五一頁。

史料　西周門人録

京師ニ在ル頃入門ノ人

越前藩　久島良吉
水戸　松原弥太郎

原市之進頼ニテ洋書ヲ読メリ

備中松山藩　日高英太郎
桑名藩　町田鎌五郎
桑名藩　中山源十郎
会津藩　稲垣五平
福井藩　永見熊市

後裕ト改ム、余カ義女ノ夫

会津藩　山寺彦作
会津藩　倉地鉄三郎

会津藩　辻二助
酒井勝太郎
佐藤三郎

御勘定松平大隅守内

田代護太郎
瀬尾瀧雄
宮田簡蔵
山本五郎

御小姓山本四郎弟、今農商務省技術師タリ

御庭番　村垣与三郎
会津藩　佐瀬房太
会津藩　一瀬一郎

会津藩　山浦鐵四郎

会津藩　星野常之進

会津藩　大沼

後東京ニ出テ算術ヲ学ヒ、十九年師範学校ニ逢フ其教員タリ

大久保銂太郎

京師人　吉田彀

伊賀藤堂　津田養順

深井孝八郎

半左衛門ノ児ナラン八九才ノ人アリト覚ユ

白井金太郎

越前大野藩　服部寛一郎

此人東京ニテモ屢来レリ、今ハ久ク見ス

会津藩　杉田秀之助

阿部静斎

備中松山藩　磯村速見

越前藩医　半井元瑞

越前藩　本庄勝三郎

服部筑前守綾雄殿内　前川申成

同前　横山霞

会津藩　安部井寿太郎

越前藩　牧野繁右衛門

同前　谷島喜太郎

室賀無二蔵

室賀甲斐守養子、松平豊前守弟、惜哉維新後者放埒遂死スル由

奥詰銃隊　水原嘉与橘

会津藩　田原助作

会津藩　村岡瀧三郎

会津藩　小池周吾

会津藩　外島助之進

会津藩　赤羽鉄太郎

会津藩　柴謙介

此人余ニ親炙シテ能ク覚フ、伏見ノ役ニ手ニ負傷スト聞ク、後□□ヲ知ラス

志計留

会津藩　高橋啓四郎

会津藩御小姓　金子忠之進

会津藩　中野豊助

丹波福知山　朽木藩　吉沢金吾

此人石川氏を戦場ニ送リ　同上　朽木藩　仙石登
甚恩あり、後一旦文通す
其後は知らす
龍野藩　満田省斎
備中松山藩　中山清之介
酒井孫四郎ノ初メノ変名ナラン、越前藩　福井主水
孫四郎ハ後東京ニ来リ会ス、後
帰時船沈テ歿ス
越前藩　佐々木栄
越前藩　永瀬雄助
会津藩　神田小四郎
川勝美作守内　古市昇之進
会津藩　有竹小太郎
福井藩　東左膳
伊勢藤堂藩カ　葛原雅楽
会津藩　草苅行衛
此人後茨城県令トナリ中村屋　御武具役　人見勝太郎
会宴ニテ一度相逢フ
会津藩　横山謙介

新選組　村上清
此人元仙台人カ　新選組　司馬良策
河勝美作守内　稲次貞造
此人後沼津行之時マテ附　荒井筑後守内　今村富三郎
属シテ来レリ、沼津ニテ
別レテ後之を知らす
京師処士　野村甚兵衛
京師処士　吉田福太郎
此人ハ石川良信ノ所へ学僕ニ　越前ノ人　梯文造
遣シ、　後軍医ニテ東京ニ来
リ一両度訪ヒ来レリ、後死去
セリト聞ク
菊池某
竹村千之介
青山忠太郎
奥詰銃隊ニ□□カ　大久保日向守
古川洪道
仙台藩　猪狩幸之助
仙台藩　庄子幸太夫

杉山弘枝
中江由之助
平川鐵蔵
松岡精蔵
柴田七十郎
大久保鉀太郎
津藩　鈴木脇次郎
津藩　須知鍵次郎
津藩　佐藤一雄　此人後開拓使ノ書記官ニ昇進セリ、一度相逢中村楼ニテ
津藩　村井金七郎
津藩　須知信次郎
津藩　戸波捨郎　此人後開拓仮学校ニ入り、小吏トナレリ、明治後両度来リ訪ヘリ
作州　豊福春造
菊池為之助
讃岐高松藩　小笹宗節
会津藩　八々村寛治

長谷川主税
三木軍司
備中松山藩　板倉千代太郎　家老ノ子息カ
備中松山藩　木村秀雄
備中松山藩　田那村八雄
備中松山藩　野村常太郎
備中松山藩　毛利八弥
青木忠之助
北村孝八郎
間宮昌三郎
松田松之助
松田平三郎
笹井鎌次郎
西本願寺末寺下河原賞永寺　南海柳太郎
河野勝左衛門
越前福井藩　水野文斎　此人明治後東京ニ住シ農商務省ニ奉仕ス、為ニ序文ヲ書シ事アリ

此人維新後京都府ノ佐官と　長崎通訳官　佐藤麟太郎
なり米利堅行ヲナシ後ニ歿
スと聞ク、余カ門ニテハ仏
語ヲ学ヒタリ

此人沼津ニ在シ時訪ヒ来ル　備中松山藩　塩田虎雄

此東京ニテ、東京師範学校　備中松山藩　鈴木量平
七等書記タリ

今小山正武ト改名ス、大蔵省主　桑名藩　馬場良亮
税官、嘗テ高知県大書記官マテ
昇進セリ

生国伊勢カ江戸ノ育ト見ユ、後　後　三

佐土原藩ヲ冒シ鹿児島県ト称ス、　福住省吾
十六七年ヨリ行ク所ヲ知ラス、
二十年四月紐育ヨリ帰ルトテ来
ル、再ヒ米行ス

結　語

本書では、幕末維新期における洋学の役割について、受容者としての幕臣（維新後は旧幕臣）に注目することでその一端を明らかにした。第一部と第二部の間のみならず、各章の中においても維新前後の変遷が示されている場合もあり、特に明治維新をはさみ、幕府時代と静岡藩時代とに分けて、その連続と断絶とを合わせ考えることで、その間の変化と進化・深化とを鮮明にできるように心掛けた。

幕臣の中の洋学者（他人を教えることができた者）、あるいはその範疇を少し広く設定し、純粋な「洋学者」とまでは言えないものの、洋学者や洋学機関に「洋学を学んだ者」「洋学学習者」には、以下のような類型があったと考えられる。なお本書の各章では取り上げなかった者についても、広義の洋学者として含めた。

一　幕臣洋学者の類型

1　陪臣・浪人・農商などから取り立てられた洋学者

蕃書調所・開成所の教授、西洋医学所の医師、陸海軍や外国方の翻訳担当などに迎えられ、やがて正式な幕臣として召し抱えられることになった洋学者には、諸藩出身の士や、もとをただせば百姓・町人身分の者が少なくなかった。一般的に、洋学の習得に自らの未来を託すのは、身分・家禄が低くとも意欲・能力が高い者たちだったからである。幕府による諸分野での洋学導入は、にわかに採用された諸藩士を主要な担い手として開始されたといえる。箕作阮甫(津山藩)・川本幸民(薩摩藩、本来は三田藩)・市川兼恭(福井藩)・入江文郎(松江藩)・津田真道(津山藩)・西周(佐倉藩、本来は津和野藩)・高畠五郎(徳島藩)・加藤弘之(出石藩)・林洞海(小倉藩)・坪井信良(福井藩)・福沢諭吉(中津藩)・大鳥圭介(尼崎藩)・武田成章(大洲藩)・小野友五郎(笠間藩)らに代表される人々である。

越後国の農民の子に生まれた前島密は、以前から洋学を学んでいたが、御家人株を買って幕臣の身分を得た後に開成所数学教授に就いた。前記の人々とはルートが違うが、能力によって身分を引き上げられた点は同じだった。

彼らこそ、幕末の洋学者にもっともふさわしい存在であり、明六社のメンバーとなり、また明治政府の官吏や学者になるなど、維新後の文明開化を主導する役割を担った。

2 長崎通詞の出身者

長崎に住み世襲でオランダ通詞をつとめた家に生まれた堀達之助・森山多吉郎(栄之助)・名村元度(五八郎)・西成度(吉十郎)・石橋政方(助十郎)・立石得十郎らは、幕末にはオランダ語から英語まで、その守備範囲を広げた。長崎の唐通詞の家に生まれた何礼之・太田資政(源三郎)らも英語を習得し、登用された。その結果、本来は士分ではなかった彼らの中から、正式な幕臣の身分を手に入れる者も現れ、長崎から江戸へと進出し、蕃書調所や外国方などを活動の場とするに至った。多くが本務とは別に、私塾を開き門人を教えた。また後には、箱館でフランス人カションからフランス語を習得し外国方に通弁として採用された立嘉度(広作)・塩田三郎らのごとき、長崎を出自とする者たちとはまったく違う専門家も生み出された(1)。彼らの存在は、後述する類型「12 外交事務に携わる過程で語学を習得した者」と密接に結び付いていた。

3　西洋医学を学んだ医師・馬医

幕府に仕えた医師や馬医は基本的に世襲であり、医学・馬医学を学ぶことは家業であった。特に蘭学自体が医学から始まったことから、一般的には医師は蘭学・洋学の主要な担い手となったはずである。しかし、漢方医が大多数を占めた幕府医官の中で、蘭方医は弱小勢力だった。そのような中でも桂川甫周とその一族は幕府に仕える蘭方医として、少なからぬ足跡を残した。そして、大槻俊斎・伊東玄朴・林洞海・緒方洪庵・坪井信良・戸塚文海ら、陪臣から登用された蘭方医たちも次々と加わり、漢方医たちとの勢力地図は塗り替えられていった。長崎でオランダ人医師ポンペに師事し、医学所頭取に任命された松本順は、家代々の漢方から転じた例である。

幕府に仕えた馬医の中にも、勝海舟を教えた都甲斧太郎のような先駆的な蘭学者や、一橋徳川家に仕えた菊池宗太夫(東水)のように蘭書で治療法を学び『解馬新書』(嘉永五年)を著した馬医がいた。開成所で洋書を読み、フランス騎兵大尉デシャルムに師事したほか、江戸市在の馬医たちを結集しようとした深谷周三らのごとく[2]、フランス陸軍導入の流れから本格的に西洋獣医学を学ぶ馬医が誕生した。

なお、桂川家に生まれ、高禄の旗本の養子となった藤沢次謙は、高島流砲術や洋画を学ぶなど、「蘭癖」旗本となった。また桂川家の周囲には、同家をサロンのようにして集まった洋学者グループとして、柳河春三・宇都宮三郎・神田孝平ら開成所関係者がいた。

4　諸藩の洋学者に師事した者

勝海舟が幕臣としては蘭学を学んだ先駆的な存在だったことは間違いなく、その師は福岡藩士永井青崖らであった。諸藩の洋学者に入門する幕臣は、その後の世代も続いた。赤松則良は坪井信良の塾に入門して蘭学を学び、やがて蕃書調所句読教授出役に採用された(3)。火消与力甚左衛門の子で、赤松と坪井塾で同門だった設楽九皐(莞爾、一九一二年七八歳没)も同時に句読教授出役に任命されており、後に赤松とともに第三期生として長崎海軍伝習所に派遣されることとなった(4)。

江原素六や石井至凝は、佐久間象山門下の松代藩士蟻川直方(賢之助)や鳥羽藩士近藤真琴に師事し、蘭学・数学を修業した。江原が二人に師事したのは、講武所砲術世話心得に任命されたのと同じ文久元年(一八六一)からである(5)。石井の師事も、講武所砲術教授方出役への就任と同じ元治元年(一八六四)であり、また英学を柳沢信太に学んだのは慶応元年(一八六五)からなので(6)、私塾で学んだことが立身のきっかけになった赤松・設楽らとは、たぶん順序が逆であった。江原も石井も幕府陸軍士官になっており、私塾で学びつつそれを本務に活かすことが目的だったのかもしれない。

5　蕃書調所・開成所やその教授に学んだ者

先に出てきた赤松則良のように、幕臣の中には、少ないながらも早い時期から蘭学・洋学を学んでいた先駆者がおり、彼らは蕃書調所発足時には、陪臣出身の教授陣の末席に位置する助手的な立場として早速採用されることとなった。そして彼らの力もあって、さらなる洋学学習者が拡大再生産されていくことになる。この流れこそ、幕臣の中では正統的な洋学者といってよいだろう。

たとえば、持筒組与力だった榎本長裕は、慶応二年(一八六六)八月に同組が廃止されたため、一一月から開成所で数学を学ぶこととなり、翌年九月には数学教授手伝並出役に採用された(7)。

蕃書調所・開成所そのもので学ぶというよりも、教授に個人的に入門し、その私宅において従学する例も少なくなかった。たとえば古屋佐久左衛門は、安政六年（一八五九）七月から蕃書調所教授職手伝小野寺丹元（仙台藩士）に「魯細西学」を学んでいるが、(8)蕃書調所に入ったというよりも、小野寺の私的門人になったことを意味しているのであろう。

豊前国の農民の出で後に政治家となった大井憲太郎は、慶応元年（一八六五）、旗本新庄右近将監の若党になって開成所に通学し、フランス語や化学を修め、やがて舎密局の世話心得に任命されたという。(9)また、塚原周造は下総国結城郡の農民の子だったにもかかわらず、親戚にあたる幕臣寺田氏の姓を名乗り、開成所で英学を学び、やがて世話心得や助教授に抜擢されたように、(10)様々な抜け道によって開成所の門戸は身分的にも広く開放されていたことがうかがえる。

蕃書調所・開成所では、生徒を教育するだけでなく、先輩や優れた同輩に私的に師事することで、教師同士が学び合い、高め合っていた。蕃書調所英学教授手伝並出役箕作麟祥はまだ十代の少年だったにもかかわらず、すっかり英語をマスターした秀才だったため、乙骨太郎乙・堀越愛国・箕作奎吾・渡部温・鈴木唯一・高島茂徳・薗鑑・河津祐之・大島貞益・山岡二郎・藤倉見達ら、年長の先輩・同僚たちを自宅で教えたという。(11)

6　昌平黌の出身者

「3　西洋医学を学んだ医師・馬医」に登場した蘭方医桂川家のサロンには、儒者でありながら率先して蘭学・英学を受容した成島柳北も含まれた。(12)

同様に、後述する中村正直など、洋学者の顔を併せ持つことになった漢学者は成島以外にもいた。さらに広範囲を見渡せば、昌平黌学問吟味に及第した前歴を持つ者、つまり漢学の秀才たちの中には、長崎海軍伝習所に学んだ矢田堀鴻・永持亨次郎・木下利義（伊沢謹吾）・塚本明毅・伴鉄太郎・内田正雄・田辺太一・山崎衡（高松力蔵）、蕃書調所で物産学を学んだ塚原昌義（武田昌次）、開成所化学教授出役になった石橋俊勝（竹原平次郎）、同翻訳筆記方出役になった山本淑儀、横浜語学所で学んだ神保長致、洋学に通じ外国方に勤務した水品楽太郎（梅処）、軍艦操練所やフランス陸軍伝習を経て工兵士官となった小菅智淵、静岡藩の沼津兵学校では漢学を教えつつ英学・数学を学んだ名和謙次など、洋学分野へ踏み出した者が少なくなかった。江連堯則は蘭学者某の塾に通学したため林大学頭から破門され、学問所取締方頭取を失職したとの逸話を残している(13)。表1は、歴代の学問吟味及第者のうち、洋学を学び教えた者、もしくは洋学関係機関に事務方として関与した経歴を持つ者を一覧にしたものである。

そもそも漢学こそがあらゆる武士たちの素養だった当時、ほとんどの洋学者が漢学を前提にしていたともいえる。従って、漢学の最高学府は洋学とも深く結びついていたのである。実際、蕃書調所発足時、頭取になった古賀謹一郎らが考えた人選では、先に名前が出た中村・田辺・木下・塚原らが、昌平黌から異動させる可能性のある「洋学ニ帰住」した者として挙げられていたとされる(14)。

洋学者たちの周囲には、古賀も含め開明派に属する昌平黌出身の吏僚たちが広がっていたといえ、外国事情を世間に知らしめるべく、『地理全志』（安政五年）・『瀛環表』（安政六年）といった漢文訳洋書を自ら翻刻・刊行した岩瀬忠震のような存在すらあった(15)。昌平黌のエリートは党派性を持ったグループを形成し、自身が洋学を学んだか否かは別にして海防掛や外国方などとして幕末外交の担い手となり(16)、洋学や洋学者といった存在のすぐ近くに位置することとなった。

昌平黌に学んだ後、洋学を志し、万延元年（一八六〇）八月に蕃書調所教授方手伝並出役に登用された宮原木石（寿三

表 1　昌平黌学問吟味の受験者から輩出した洋学者

吟味実施年	甲科及第	乙科及第	丙科及第	落　第
天保14年(1843)	栗本鋤雲(仏人カション門人)	永持亨次郎(長崎海軍伝習所)		
弘化 5 年(1848)	田辺太一(沼津兵学校) ※妻木頼矩(蕃書調所)	矢田堀鴻(長崎海軍伝習所)　田辺孫次郎(講武所)　※木村芥舟(長崎海軍伝習所)		
嘉永 6 年(1853)	塚本明毅(長崎海軍伝習所)	木下利義(長崎海軍伝習所)　伴鉄太郎(同前)　武田昌次(蕃書調所)　中村正直(イギリス留学) 江連堯則(蘭学者某塾・開成所)　※設楽貞晋(開成所)　※依田盛克(開成所) ※宮田正之(軍艦操練所)		
安政 3 年(1856)	山崎衡(長崎海軍伝習所) ※宮本小一(軍艦操練所)	内田正雄(長崎海軍伝習所)　小菅智淵(蕃書調所)　植村千之助(同前)　※木平譲(静岡学問所)		
安政 6 年(1859)	※長信順(開成所)	水品楽太郎(桂川家出入り)　神保長致(横浜語学所)　石橋俊勝(開成所)　宍戸鎰(同前)		
文久 2 年(1862)	山本淑儀(開成所)	揖斐章(フランス陸軍伝習)　飯島虚心(騎兵差図役)　相原安次郎(軍艦操練所) 片山直人(沼津兵学校)　名和謙次(同前)　木寺籌太郎(開成所)		
元治 2 年(1865)		大井鎌吉(英学者) 生駒藤之(講武所・海軍所・開成所) 小方金三郎(開成所)	根岸定静(沼津兵学校)　長野甚太郎(フランス陸軍伝習) 中山興(横浜語学所) 竹内平次郎(開成所)	田付直男(沼津兵学校)　山下宣彪(同前)　後藤達三(開成所)

「昌平学科名録」其一～其五・補正(『江戸』第 3 巻第 4 綴～第 5 巻第 3 綴、1916～17年、江戸旧事采訪会)より作成。氏名の後の(　)は洋学の主な学習・教育機会。洋学の学習・教育歴等は各種文献による。※は教師・生徒ではなく事務官として関与した者。外国奉行とその配下は含めず。

郎)は、その後は兵庫奉行支配調役などを経て御儒者に任じられ、静岡藩でも漢学担当の静岡学問所二等教授を拝命した[17]。洋学者から漢学者にもどってしまった珍しい例であるが、公務とは別に私的な立場では洋学を続けていたようである。

7 趣味として洋画・博物学などを学んだ者

第一部で取り上げた中で、武田昌次(塚原昌義)と伊藤林洞は決して低くない家格・地位にあった旗本である。もともとは趣味的な動機で洋学を学び始めたと思われ、いわば「殿様芸」が嵩じ、結果としてそれを職務に活かすようになった例であり、成り上がりを目指した者たちとは違った。島津斉彬・黒田長溥・鍋島直正らのごとき「蘭癖大名」に対し、彼らは「蘭癖旗本」ともいうべき存在である。医学・算学・暦算学・軍事科学とともに、本草学は幕府や藩など公的権力の奨励を受けた「公学」の地位を獲得していったとされるが[18]、それを学ぶ動機には私的な嗜好が左右した側面もあったのである。

同様の存在は少なくなく、たとえば、二七〇〇石取の高家で陸軍奉行・海軍奉行を歴任しながら、物産学(本草学・博物学)に造詣が深かった織田賢司(信愛・対馬守・宮内大輔)とその子信徳(数馬)はその典型である。信徳は幕末に外国人から剝製の技術を習得したほか、同時に写真術も身に付けたといい[19]、維新後は博覧会事務局などに奉職、『集容動物目録及解説』(明治三六年、第五回内国勧業博覧会余興動物園)、『第五回内国勧業博覧会紀念　余興動物園集容動物図』(同年)などの著作もあった。賢司の実弟で蕃書調所教授手伝並出役をつとめた津田房之助[20]、同じく開成所器械御用出役をつとめた津田時之助らも同じ志向を持っていたらしい。文久二年(一八六二)頃、洋書調所の製煉方手伝に任命された「高家の織田氏の次男津田某」[21]というのも房之助か時之助のどちらかであろう。

8　高島流砲術を学んだ先駆的な砲術家

高島秋帆とその門弟である江川坦庵・下曽根信敦、そして江川・下曽根門下で高島流砲術を学んだ幕臣たちのうち、初期の門弟たちについては、後に陸軍と海軍に分かれ、それぞれの士官・軍政家となっていったのみならず、鋳砲や火薬製造、測量、製図、造船、機関といった独自の分野を切り拓いた者も輩出した。

肥田浜五郎・松岡盤吉・山田熊蔵・八田公道ら、代官手代として江川の配下だった者たちが、やがて直参に取り立てられ幕府陸海軍の士官に昇っていったことは別稿で論じたことがある(22)。

海防の担い手である浦賀奉行とその配下が西洋式砲術の導入に熱心だったことは、第八章でも述べたところである。後に浦賀奉行組与力から代官にまで立身した小笠原甫三郎は、下曽根門下だったほか、高野長英の門弟奥村喜三郎・内田弥太郎に師事したこともあり、嘉永六年(一八五三)高畠眉山らと江戸で私塾集成館を開き、数学・測量を教えた(23)。

やはり下曽根門下であると同時に、高島秋帆の直門でもあったと考えられる旗本に小野金蔵(金三郎、後に昌升と改名か)がいる。彼は、奥医師の三男だったらしく、講武所砲術教授方出役をつとめ、陸軍所では大砲の図面を作成することを専門に担当、維新後は沼津兵学校絵図方となっている(24)。

三〇〇俵取で御小姓組に属し、安政三年(一八五六)蕃書読方世話を命じられ、翌年句読教授出役になった人物に畠山義従(邦之丞・邦之助・主税・與、一八七六年没)がいる。彼の履歴書には、「嘉永七甲寅年正月江川太郎左衛門江入門仕、病死ニ付安政二乙卯年六月九日倅太郎左衛門門弟ニ罷成、安政三丙辰年正月廿六日免許請申候(25)」とあり、蘭学修業とほぼ同時に高島流砲術を学んでいたこと、あるいは砲術修業が蘭学への導入路だったことがうかがえる。

このような事例からも、当初、まだ砲術と蘭学（洋学）一般は未分化であり、砲術家は諸学・諸術の淵叢になったといえる。

9 海軍士官になる過程で科学・語学を習得した者

幕府海軍の担い手となったのは、長崎海軍伝習所においてオランダ人士官から指導を受けた一群と、江戸にもどった彼らが教える側にまわって開設された軍艦操練所（海軍所）で学んだ幕臣たちである。海軍士官である彼らは、蒸気船という機械の塊を動かし、大洋を航海しなければならない存在であったことから、理工系の知識・技能の習得が陸軍士官以上に厳しく求められ、オランダ語や英語を通じての科学の学習者でもあった。太政官・内務省で改暦や地誌編纂に従事した塚本明毅、中央気象台長になった荒井郁之助など、海軍出身者でありながら、維新後は別分野の官僚・技術者などに転じた例があったことは、海軍士官が立派な洋学者でもあったことをよく示している。

荒井郁之助の場合は、軍艦操練所に入る前に、洋式砲術（高島流か）を長崎出身の藤井重作に師事し、また箕作阮甫の門に入り蘭学を学ぶなど[26]、決して海軍だけが洋学への入り口ではなかった。先述した赤松則良もそうであったが、複数の入り口があることは決して珍しくなかったのである。

小普請組の岩間正久（久之助・久之丞、一九一九年没）は、安政六年（一八五九）正月に「御軍艦操練稽古」を命じられた後、文久元年（一八六一）一二月には「蕃書調所仏蘭西学句読教授出役」となり、同三年には海陸軍兵書取調方出役を兼ねるなど[27]、フランス語を専門とした。これは彼が、安政六年一二月、たまたま蕃書調所でフランス語を学ぶべき者の選に入ったためであり[28]、実技中心の海軍伝習が座学である洋学修業へと直結したわけではないだろう。

10　陸軍士官になる過程で科学・語学を習得した者

同じ陸軍士官となった者でも、初期の砲術家が長い経歴の末に陸軍士官にたどり着いたといった例は、ここでは除く。海軍の士官育成からは少し遅れるが、文久の軍制改革によって陸軍の近代化も本格化し、続々とそれにふさわしい士官が生み出されていく。幕府が招聘したフランス軍事顧問団による大規模な三兵伝習は慶応二年（一八六六）に始まり、歩兵・砲兵・騎兵の部隊がさらに強化される。兵卒や下士官はひとまず置くとしても、フランス語や諸学科の学習を課せられた士官たちが洋学学習者であったことは間違いない。特に士官候補生として選抜された横浜語学所の生徒たちがそうであり、その中からは、静岡学問所や大学南校で教えた田中弘義、化粧品製造を手掛けた伊東栄、イタリアのヴェネツィア商業高等学校で日本語教師をつとめた緒方惟直ら[29]、維新後に多様な分野で足跡を残すことになる人材が輩出した。維新後に静岡藩が設立した沼津兵学校も、陸軍士官の養成を通じて洋学（英仏語や洋算など）の習得者を生み出したという意味では、横浜語学所と同じである。

11　製鉄所で技術教育を受けた者

9の海軍士官、10の陸軍士官コースから派生したグループともいえるが、幕府が設置した長崎製鉄所や横須賀製鉄所において技師としての教育を受けた者がいた。横須賀製鉄所の技術伝習生としてフランス人技師ヴェルニーらから教育を受けた者として、田中弘義・山高左太夫・河合捨吉ら一〇名ほどである[30]。長崎の地役人だった池辺龍右衛門は長崎造船所を担当する製鉄所掛などを、同じく本木昌造も飽ノ浦製鉄所御用掛をつとめるなど、横須賀でのように正規の教育を受けたわけではないが、オランダ人ハルデスら外国人技師の近くで仕事をする中で技術上の知見を得たと思われる[31]。なお、池辺龍右衛門の家は代々、唐人番触頭という役職をつとめたが、慶応三年（一八六七）の地役人制度改革により長崎奉行組同心になっていたはずである。[32] 彼らは純粋な武官や事務官とは違うという意味でグループを分けてみた。技術伝習には、上記のような士分の者以外に職人が参加していたが、彼らは幕臣ではないし、「洋学者」の範疇にも入らないので、ここには含めていない。

12 外交事務に携わる過程で語学を習得した者

幕府の外国方（外国奉行の配下）では、外交を担当する部署として外国語習得者が必要不可欠だった。既存の長崎出身のオランダ通詞を補うべく、新たな人材育成がはかられたわけであり、「2 長崎通詞の出身者」とはごく近い関係にある。

森山多吉郎に師事した者として福地桜痴・尺振八・沼間守一・須藤時一郎・富永冬樹・津田仙らが知られる。西成度に師事したのは、尺のほか、益田孝・矢野二郎らである。福地・尺・津田は外国方に勤務したが、他の者は皆、後に幕府陸軍の士官に転じている。高島茂徳は西に英語を学んだ後、外国奉行支配通弁出役に登用されたが、最終的には陸軍士官となった。

文久二年（一八六二）に蕃書調所英学句読教授出役に抜擢された渡部温は、安政期、下田奉行支配調役並だった父とともに下田に在勤し、同支配書物助をつとめた関係から、長崎出身の通詞（森山多吉郎・立石得十郎らか）から英語の手ほどきを受けたものと想像される。昌平黌の儒者だった中村正直は、幕府イギリス留学生として派遣され、同地で英語を学んだことから、英学者としての顔を兼ね備えることとなった。下田奉行も留学生も、広い意味では幕府の外交部門、外交政策の一環にあったのであり、渡部・中村のような存在が生み出されたのはその成果であった。

なお、オランダ・ロシア・イギリス・フランスへ派遣された幕府留学生については、開成所・陸軍・海軍・医学所といった諸部局から選抜され編成されたものであり、留学したことで洋学を習得したというよりも、多くがすでに洋学者であったことが留学の前提となっているということから、ここではあえて独立したグループとはみなさないこととした。

二　「洋学者の時代」と幕臣

以上、洋学を教え、学んだ幕臣たちについて、一二のタイプに分けて述べてきた。これは、あくまでも考え方の目安である。これらの類型にはすっきりと当てはまらない人物もいるであろうし、一人の人物が複数の類型にまたがり、時期により性格を変えていった例などもあるだろう。狭義の「洋学者」といえる者は限られるが、その周囲には「洋学学習者」（学ぶだけで自らが教える能力はない）、さらには「洋学への理解者」（洋学知識や西洋事情に通じた漢学者など）といった存在が広がっており、各タイプではその濃淡に違いがあると同時に、それらが混然一体となっていた場合もある。そもそも学者・軍人は未分離であるばかりか、武官と文官、行政官と教師でさえ明確には分かれていなかったのが幕府の官僚制であり、近世の身分制における武士である。むしろ、これら未分離の状態からそれぞれが独立し、組織内での職域と社会的な地位を確立していったのが維新後に本格的に展開した近代であった(33)。

表2は、開成所（蕃書調所）に勤務した者たちについて、維新後の動向の違いによって区分したものである。

表2　蕃書調所・開成所に勤務・就学した前歴を持つ静岡藩士・旧幕臣

（1）「駿河表召連候家来姓名」に載っている人物

氏　名	蕃書調所時代	開成所時代	駿河表召連候家来姓名	静岡藩時代
宮原木石(寿三郎)	教授方手伝並出役		教授方	静岡学問所二等教授
西尾錦之助(登)		頭取	洋学用取扱	軍事掛附属
長田銈太郎(銈之助)		頭取	同右	静岡学問所二等教授
山内金左衛門		組頭	同調役組頭	
山口判平(半平)		調役改方	同調役	
石野錠次郎		調方出役	同調役方出役	
杉田玄端	教授方		同洋学教師	沼津病院頭取
杉亨二	教授方	教授職並	同右	静岡学問所二等格学問御用取扱→沼津兵学校員外教授
渡部温(一郎)	英学句読教授	教授職並出役	同右(渡辺一雪?)	沼津兵学校一等教授並
東条英庵(礼蔵)		教授職	同右	静岡学問所二等格学問御用取扱
杉山親(三八・安親)	教授方手伝並	教授手伝出役	同右	静岡学問所三等教授
堀越愛国(英之助・五郎乙)		教授手伝出役	同右	静岡学問所二等教授
前田又四郎	画学教授	画学教授出役	同右	
榊綽(令輔・令一)	活字方	活字御用	同右	静岡学問所三等教授格→沼津兵学校三等教授並
阿部潜(邦之助)	蘭学句読教授		陸軍頭	少参事・軍事掛
大築尚志(保太郎)	教授方		陸軍用取扱	沼津兵学校一等教授
市川兼恭(斎宮)	教授方	教授職	同右	
酒井清(鳥居八十五郎)		英学世話心得	同右	

薗鑑(鑑三郎)	英学世話心得		同右	沼津兵学校三等教授→静岡学問所二等教授
乙骨太郎乙	筆記方	教授手伝並出役	同右	沼津兵学校二等教授→静岡学問所一等教授
西成度(吉十郎)		奉行支配組頭勤方	同右(学校附属)	使番→目付→小島添奉行→権少参事・刑法掛→権大属・庶務掛
杉田玄端	教授方		同右	(重複)
浅井道博(六之助)		取締役	大砲差図役頭取	沼津兵学校二等教授
高島茂徳(四郎兵衛)	英学句読教授		大砲差図役頭取	沼津兵学校三等教授
小林省三(祐三)	精煉方		大砲差図役頭取	沼津病院調役組頭
木村宗三	教授方		大砲差図役頭取	(箱館戦争参加)
瀬名義利(糟谷富五郎)		蘭学句読教授出役	大砲差図役	沼津兵学校資業生
柏原(陶山)淳平	蘭学句読教授・書籍調		大砲嚮導役	沼津兵学校火工方
石橋好一(鎗次郎)	英学句読教授	教授手伝並出役	小筒組差図役並	沼津兵学校三等教授
伊熊醇一(醇一郎)		英学生徒	小筒組差図役並	沼津兵学校生徒
深谷周三		生徒→フランス語世話役	馬医取締	沼津病院附馬医
渡辺金三(忻三・朝夷金蔵)	英学句読教授		軍艦役見習三等	(箱館戦争参加)
河田熙(貫之助)		頭取	大目付	少参事・学校掛
加藤弘之(弘蔵)	教授方	教授職並	同右	大目付・御用人格
津田真道(真一郎)	教授方	教授職	同右	静岡学問所頭→少参事・学校掛
前島密(来助・来輔)		翻訳筆記方出役	留守居並	中泉奉行→開業方物産掛
宇都宮三郎(鉱之進)	精煉方	教授方出役	使番目付介	御目附
中島仰山(鍬次郎・船橋)		絵図調出役	奥詰	二等家従

※小野弥一（弥七郎）		教授職並出役		二等家従
※川上冬崖（万之丞）	画学教授	画学教授方出役		沼津兵学校絵図方
※箕作奎吾		教授手伝並出役		
※中浜万次郎		詰		
※外山正一（捨八）	英学世話心得	教授手伝出役		静岡学問所二等格学問御用取扱→一等教授
※田中弘義（周太郎）		奉行支配定役並肝煎		静岡学問所二等格学問御用取扱
※桂川甫策		教授方出役		沼津兵学校化学方→沼津病院三等医師
※飯高平五郎（吉正）		仏学句読教授出役		（箱館戦争参加）
※相原重政（松波升次郎）		教授手伝並出役		静岡学問所四等教授
※近藤鎮三		奉行支配通弁御用出役		静岡学問所四等教授

「駿河表召連候家来姓名」は慶応4年7月新政府に提出された移住予定者名簿。
※は慶応4年8月「旧開成所教授職等駿府移住方に付伺」（『静岡県史　資料編16近現代一』所収）の人名。

（2）「駿河表召連候家来姓名」に載らなかった人物

氏名	蕃書調所時代	開成所時代	出身藩	静岡藩時代
西周（周助）	教授方	教授職	津和野藩	沼津兵学校頭取
川本清一（清次郎）		英学教授方出役	三田藩	沼津兵学校一等教授
伴鉄太郎		取締役		沼津兵学校一等教授
榎本長裕（徳次郎）		数学教授手伝並出役		沼津兵学校三等教授並
山本淑儀（誉五郎）		筆記方・蘭学教授手伝出役		沼津兵学校三等教授並
杉浦赤城（清介・磯吉）	書物御用			静岡学問所四等教授→沼津兵学校三等教授並

鈴木重固（源五郎）	蘭学世話心得	教授手伝並出役・数学教授手伝出役		沼津兵学校教授方手伝
鈴木成虎（吾一）	筆記方	調方出役		沼津兵学校教授方手伝
松井甲太郎	書物御用出役	書物方		沼津兵学校書記方
宍戸鎰（鎰太郎）	書籍調	筆記方		万野原学校所素読教授方
石橋俊勝（八郎・竹原平次郎）		化学教授出役		沼津病院精煉方
成沢知行（甚平）		英学世話心得→三等教授手伝並出役		沼津兵学校資業生
長岡元吉（紀三郎）		仏学世話心得		沼津兵学校生徒
白戸隆盛（兼吉郎・石介・砂）	句読教授出役			沼津勤番組之頭
田村初太郎		英学世話心得		静岡学問所四等教授
秋山政篤（銈三郎）		蘭学教授手伝出役		静岡学問所五等教授
春田直温（与八郎）	英学世話心得	教授手伝並出役		静岡学問所五等教授
杉徳次郎		英学世話心得		静岡学問所四等→三等教授
長信順（六三郎）		翻訳筆記方出役		静岡学問所四等→三等教授
桜井豊（豊次郎）		英学三等教授		静岡学問所五等教授
日下寿（寿之助）	蘭学句読教授			静岡学問所五等教授
江目金太郎（元長）		仏学世話心得		静岡学問所五等教授
目賀田種太郎		生徒		静岡学問所五等教授
中川忠明（鼎之助）	句読教授出役	取締役		静岡学問所和蘭学・独逸学教授
設楽九皐（莞爾）	句読教授出役・教授方手伝並			静岡移住
伴徳政（林太郎）		生徒		静岡学問所数学教授方
江連堯則（真三郎）		奉行		静岡小学校頭取

坪井信良	出役教授手伝			静岡病院頭並・俗務重立取扱
鶴田清次(清次郎)		調役・物産学		静岡病院御薬園掛
遠藤政徳(辰三郎・皠山)		画学世話心得		新居三等勤番組
伊藤利見(陪之助・林洞)		画学並出役		駿東郡竹原村移住
×三田葆光(伊衛門・喜六)		奉行支配組頭		静岡学問所三等教授
×杉浦譲(愛蔵)		奉行支配組頭勤方		静岡学問所四等教授
×渋沢栄一(篤太夫)		奉行支配調役		勘定組頭
×小田切鋼一郎(菱湾)		奉行支配調役並		静岡学問所三等教授
×久保田忠次郎		奉行支配調役		静岡病院組頭
×橋本昌五郎		奉行支配定役並		静岡病院調役

×は慶応4年閏4月開成所に移管された旧外国方に所属していた者。

(3) 明治新政府の開成学校に出仕した人物

氏名	蕃書調所時代	開成所時代	出身藩	明治新政府の開成学校
川勝広道(近江)		総奉行		開成所頭取
神田孝平	数学教授	教授職並	佐倉藩	開成所御用掛
箕作麟祥(貞一郎)	教授手伝並出役	教授見習	津山藩	開成所御用掛
田中芳男	物産教授	物産学教授出役	旗本千村氏家臣	開成所御用掛
何礼之(礼之助)		教授職		開成所御用掛
柳河春三		教授職→頭取	名古屋藩	開成所頭取・翻訳校正係
宇都宮三郎(義綱)	精煉方	教授方出役	和歌山藩	出仕
入江文郎(観寮)	教授方	教授職並	松江藩	二等教授
箕作秋坪?	教授方		津山藩	同右

※田中弘義（周太郎）		（横浜語学所生徒）		同右
鈴木唯一（暢・広瀬）		教授手伝並当分介		同右
中浜万次郎		詰	高知藩	同右
佐原純一（純吉）		数学教授出役	福山藩	三等教授
荒井宗懿（貞介・大鳥貞次郎）		（横浜語学所生徒）	佐倉藩	同右
若山儀一（緒方正）		英学教授手伝並出役		同右
酒井清（鳥居八十五郎）		英学世話心得		同右
田中録之助	＊教授方堀達之助門人			同右
大築尚正（彦五郎）		独逸学世話心得	佐倉藩	教授試補
小沢清次郎（田中清）		蘭学世話心得		同右
田中次郎（柳田二郎）		（ロシア留学生）		同右
市川森三郎（盛三郎・昌盛）		英学世話心得	福井藩	同右
大工原麿太				同右
山田静三郎		数学教授手伝並出役		同右
辻新次（理之助）	生徒	化学教授手伝出役	松本藩	同右
江原義次（鉦次郎）		（横浜語学所生徒）		同右→三等教授
後藤謙吉				同右
※吉沢忠則（吉田安太郎・吉沢詳一郎）		句読教授出役		大学少得業生
篠田隆興		独乙学教授手伝並		大学南校少得業生
中島文平				書記
水谷竹四郎				同右
深谷六平		調役下役元〆当分介		同右

開成所時代の（　）は、開成所以外に所属した場合。※静岡藩に籍を置いた者。

表3　静岡藩の幹部に占める洋学者・海外渡航経験者

静岡藩での役職	氏　名	洋学・海外渡航の前歴
大参事	平岡道弘(丹治)	
権大参事・藩庁掛	浅野氏祐(次郎八)	
権大参事・軍事掛・学校掛	服部常純(綾雄)	
権大参事・会計掛	河野通和(左門・九郎)	高島流砲術修業、歩兵奉行
権大参事・郡政掛	織田信重(泉之)	
権大参事・刑法掛	富永寛恒(雄造)	講武所教授方出役
権大参事・公用掛・監正掛	戸川安愛(平太)	
権大参事・藩政補翼	山岡鉄舟(鉄太郎)	
権大参事・藩政補翼・御家令	大久保一翁	
権大参事・公用掛・公議人	妻木頼矩(多宮・務)	
少参事・藩庁掛	松平信敏(勘太郎)	
少参事・藩庁掛・学校掛	津田真道(真一郎)	箕作阮甫・伊東玄朴・佐久間象山に従学、開成所教授手伝並出役、オランダ留学
権少参事・藩庁掛	杉浦勝雅(八郎五郎)	
少参事・軍事掛	藤沢次謙(長太郎)	高島流砲術修業
少参事・軍事掛	江原素六	講武所砲術教授方、蟻川直方塾生徒、近藤真琴塾生徒
少参事・軍事掛	阿部潜(邦之助)	蕃書調所句読教授出役
権少参事・軍事掛	矢田堀鴻(帰六)	長崎海軍伝習所生徒、軍艦操練所教授方頭取
少参事・会計掛	小栗尚三	
少参事・会計掛	平岡準(四郎)	
権少参事・会計掛	宮田正之(文吉)	
権少参事・会計掛	小沢金五郎	
権少参事・郡政掛	相原安次郎	海軍操練所生徒
権少参事・郡政掛・各所諸届向取扱	中村一鶚(勘作)	
権少参事・郡政掛・宿駅掛	深山宇平太	
権少参事・郡政掛・静岡最寄	小林壮(庄次郎)	
権少参事・郡政掛・島田最寄	男谷忠友(勝三郎)	
権少参事・郡政掛・掛川最寄	多田銃三郎	
少参事・郡政掛・中泉最寄	岩田緑堂(通徳)	
権少参事・郡政掛・中泉最寄	淵辺游萍(徳蔵)	文久遣欧使節で渡欧
権少参事・郡政掛・浜松最寄	高力晴江(主計)	
権少参事・郡政掛・赤坂最寄	依田盛克(素一)	
権少参事・郡政掛・沼津最寄	石川潮叟(周二)	

権少参事・水利路程掛	川上綏之(服次郎)	
権少参事・水利路程掛	佐々倉桐太郎	長崎海軍伝習所生徒、咸臨丸渡米
権少参事・水利路程掛	福岡久(久右衛門)	長崎海軍伝習所生徒
権少参事・水利路程掛	根立盧水(助七郎)	
権少参事・水利路程掛	松岡万	
少参事・刑法掛	大久保樫軒(忠恕)	
少参事・刑法掛	中台信太郎	
権少参事・刑法掛	宮重丹下(更休)	
権少参事・刑法掛	西成度(吉十郎)	長崎英語伝習所頭取、文久遣欧使節で渡欧
少参事・監正掛	朝倉景寛(藤十郎)	
少参事・監正掛	山高信離(慎八郎)	横浜語学所生徒、パリ万博で渡欧
権少参事・監正掛	牧野成行(田三)	
権少参事・監正掛	石川渡	
権少参事・監正掛	今堀登代太郎	
少参事・学校掛	向山黄村	パリ万博で渡欧
少参事・学校掛	河田熙(貫之助)	文久遣欧使節で渡欧

『静岡御役人附』(1870年)等より作成。

　新政府に出仕した者、帰農・帰商した者、田安・一橋家に転属した者、出身藩に帰藩・復籍した者[34]、脱走・抗戦を続けた者などもいたが、圧倒的に多くが、維新後は静岡移住を選択したことがわかる。そして、静岡学問所や沼津兵学校が静岡藩における彼らの就職先となった。俸禄が減り、勤務・生活する場所が変っても、洋学者としての職務は継続されたのである。

　恵まれた経費や施設を失い、豊富な備品などを江戸(東京)に残してこざるをえなかったため、静岡や沼津では、研究機関としての機能が弱体化したのは事実である。否応なく研究よりも教育機関としての機能のほうが優先されたといった側面はあったであろう。しかし、個々の翻訳・著述といった活動は続けられ、その成果の一部は、中村正直『西国立志編』や塚本明毅『筆算訓蒙』を代表格に、廃藩に前後して刊行された。

　継続された仕事があった一方、幕府瓦解は旧幕臣洋学者の地位自体に大きな変化をもたらした。

　表3は、静岡藩の行政職に就いた者たちについて、旧

幕時代に洋学を学んだ前歴があるか否か、欧米渡航の経験があるか否かを明示したものである。

長崎のオランダ通詞出身で、幕末には低い地位に甘んじていたにもかかわらず、静岡藩において使番・目付・小島添奉行・権少参事（刑法掛）・権大属（庶務掛）を歴任することとなった西成度（吉十郎）は、その典型例である。語学の能力を土台に、維新後、その地位を大きく飛躍させた存在といえる。

もう一人。幕末、砲術・航海術・英学などの習得を足掛かりに、越後国の百姓の子から幕臣の身分を手に入れた前島密は、一洋学者にとどまることで満足せず、政治・行政分野での仕事に就くことを熱望していたという[35]。静岡藩で中泉奉行や開業方物産掛の地位を得たことは、その念願が成就した姿だった。

幕末、西周は幕府に代わる政権構想「議題草案」を将軍慶喜に提案したことがあったし、津田真道も幕府を中心とする憲法草案「日本国総制度・関東制度」を起草した。鳥羽・伏見敗戦後、新政府軍の「東征」に対しいかに対応するかを議論するとともに、徳川政権の新体制確立を目指して、江戸で開かれた開成所会議や公議所・西丸大広間会議は、彼ら開成所の洋学者グループによって主導されたものだった[36]。すでに一部の洋学者は積極的に政治・行政に関わろうとしていたのである。静岡藩時代になると、西と津田はそれぞれ沼津兵学校と静岡学問所を主宰したため、学事に専念したとも見られる。しかし、西が構想した「徳川家沼津学校追加掟書」（明治二年四月）は、既設の兵学科の他に文学科を新設することで、藩の文官養成を意図した、一種の総合大学設立計画であり、政治・行政分野への関与を見通したものにほかならなかった。

静岡藩における洋学知識の利用は、水利・土木や産業・経済分野でも見られた[37]。水利路程掛という部局には、幹部に旧幕府海軍の出身者が配属され、新たな技術の応用が目指されたし、沼津兵学校をめぐる人物たちの間では西洋式の牧畜が計画された形跡もあった上[38]、廃藩後には士族授産の一環として実際に開始されている。洋学者ではないが、渡航による西洋視察で獲得した知識を活用したという点では、勘定組頭渋沢栄一による静岡商法会所の設立（明治二年正月）なども同様の事例に含めうるだろう。もちろん、本書の第六章で取り上げた茶園開拓もその範疇に含まれる。

そもそも鳥羽・伏見以後の戊辰戦争の展開が、それまで政治から距離を置いていた幕府の洋学者たちをして、一気に政治化させたという現象もあった。すなわち、慶応四年（一八六八）正月中旬、江戸小川町の開成所を会場に、「官軍」東征に対しどのように対応するかを議論した会議がその舞台だった。会議運営の中心になった神田孝平・渡部温・柳河春三・林欽次ら開成所勤務の洋学者たちは、多くが主戦論を唱えた。同月下旬には開成所教授職津田真道、同教授職並加藤弘之が目付に登用され、新たに「公議所」と呼ばれる旧幕臣・諸藩士から庶民までを加えた衆議機関が設置された。西周も公議所御用取扱に任じられ、洋学者の政治的進出が顕著となった。柳河・渡部らが『中外新聞』を発行して佐幕論を主張するなど、洋学者による政治運動は他の形でも展開した。

政治から疎外された洋学者は「筆執る翻訳の職人」に過ぎなかったと、福沢諭吉は自伝の中で自虐的に述べたが、数学の知識を買われ陪臣から幕臣となり、海軍士官を経て勘定奉行にまで立身を果たした小野友五郎のような存在は、洋学をバックグラウンドとするテクノクラートがすでに旧幕時代に登場していたことを意味する。(39) 維新後にはさらにその傾向に拍車がかかった。藩政の主導権を握ったとまではいかないにしても、静岡藩における洋学者の政治・行政分野への進出は、それらの流れが途絶えることなく、拡大したものだった。そしてまた、廃藩後に明治政府内で彼らが果たすことになった使命を先取りしていたともいえる。

洋学者は、幕府から静岡藩、静岡藩から明治政府へと、活動の場を変えるたびにその地位を着々と高め、自らが担うべき役割の幅を広げていったのである。分立的な封建体制の中で文化的にも他から超越する地位を築いた徳川幕府は、維新後にはその地位を喪失しながらも静岡藩というまとまりを維持しつつ、洋学者たちを雲散霧消させることなく、小規模ながらも教育・医療分野などでの制度化を試行するなど、洋学を背景とする政策の実施や人材の活用・再生産を行い続けたことがその要因であった。「洋学者の時代」は明治五年（一八七二）までであり、その後、明治二〇年代に「帝国大学の時代」が始まるまでの期間は、お雇い外国人と現業官庁の役人たちによって担われた過渡期であったとされるが、(40)維新・廃藩をはさみ幕府や静岡藩の教育機関や明治政府が設立した諸学校において教え学んだ旧幕臣の一群は、「洋学者の時代」に育てられ、「帝国大学の時代」にも一部関与したという意味からも、その過渡期では質量ともに最も存在感を発揮した存在だったといえる。

註

（1）彼ら幕府の通詞たちについては、木村直樹『〈通訳〉たちの幕末維新』（二〇一二年、吉川弘文館）がある。
（2）日本獣医学人名事典編纂委員会編『日本獣医学人名事典』（二〇〇七年、日本獣医史学会）、一二八～一二九頁、深谷周三「獣医の古説」（『陸軍獣医志叢』一二、一八九〇年）。
（3）赤松範一編注『赤松則良半生談』（一九七七年、平凡社）、一三～二一頁。
（4）同前、二〇頁。
（5）拙稿「沼津兵学校関係人物履歴集成　その六」（『沼津市博物館紀要』三六、二〇一二年、沼津市歴史民俗資料館・沼津市明治史料館）、三六頁。
（6）拙稿「沼津兵学校関係人物履歴集成　その八」（『沼津市博物館紀要』四二、二〇一八年、同前）、三四頁。
（7）拙稿「沼津兵学校関係人物履歴集成」（『沼津市博物館紀要』二二、一九九八年、同前）、一三頁。
（8）高松卯喜路『幕将古屋佐久左衛門（兄）・幕医高松凌雲（弟）伝』（一九八〇年、私家版）、一三頁。

（9）平野義太郎『大井憲太郎』（一九六五年、一九八八年新装、吉川弘文館）、一三頁。
（10）『塚原夢舟翁』（一九二五年、塚原周造氏海事関係五十年記念祝賀会委員）、六頁。
（11）大槻文彦『箕作麟祥君伝』（一九〇七年、丸善株式会社）、二七～三一頁、一八四～一八六頁。
（12）乾照夫『成島柳北研究』（二〇〇三年、ぺりかん社）、六八～七五頁。
（13）「鳥の跡（一九）」（『江戸』一〇―二下、一九二一年、江戸旧事采訪会）、五八頁。
（14）真壁仁『徳川後期の学問と政治』（二〇〇七年、名古屋大学出版会）、四三四頁。
（15）小野寺龍太『岩瀬忠震』（二〇一八年、ミネルヴァ書房）、二九三頁。
（16）この点に関しては、奈良勝司『明治維新と世界認識体系』（二〇一〇年、有志舎）など。ただし、政策面での実行力に着目した奈良著では、外交を担った「条約派」有司層と称される昌平黌エリートに対し、その下で実務を担当しただけの洋学者たちに対する評価は低い（同著、一七八頁）。
（17）桑原伸介「幕末一洋学者の手紙　1～7」（『みすず』三〇六～三一五、一九八六～八七年、みすず書房）。
（18）吉田忠「江戸時代の科学思想―科学知識の継受―」（『日本思想史講座3近世』、二〇一二年、ぺりかん社）、三一八頁。
（19）織田一磨『武蔵野の記録』（一九四四年、武蔵野郷土史刊行会）、六〇頁。
（20）房之助は「横文字を読みしを以て当時幕府に於て洋書に関する写字生として五人扶持を与へ」られ、後に分家して三〇〇石取となっていたが、彰義隊に加盟し、勇戦の後に屠腹した（山崎有信『彰義隊戦史』、一九一〇年、隆文館、二〇〇八年復刻、マツノ書店、二二九～二三〇頁）。
（21）交詢社編『宇都宮氏経歴談』（一九四二年増補、汲古会）、五九頁。
（22）拙稿「韮山代官手代の直参化と維新期の対応」（『静岡県近代史研究』四〇、二〇一五年、静岡県近代史研究会）。

(23)　石崎康子「幕臣小笠原甫三郎の生涯」（横浜開港資料館・横浜近世史研究会編『19世紀の世界と横浜』、一九九三年、山川出版社）、一八〇頁、一八六頁。
(24)　拙稿「高島流砲術家小野金蔵」（『沼津市明治史料館通信』一一六、二〇一四年、沼津市明治史料館）。
(25)　「御番入諸書付案文」（畠山雄三郎氏所蔵）。
(26)　福永恭助『海将荒井郁之助』（一九四三年、森北書店）、一七四頁、一八一頁。
(27)　「西村氏系譜草稿」（西村正雄氏所蔵）。
(28)　富田仁『仏蘭西学のあけぼの』（一九七五年、カルチャー出版社）、一九四頁。
(29)　緒方については、石井元章『明治期のイタリア留学』（二〇一七年、吉川弘文館）。
(30)　富田仁・西堀昭『横須賀製鉄所の人びと』（一九八三年、有隣堂）、一四四～一四五頁、倉沢剛『幕末教育史の研究』二（一九八四年、吉川弘文館）、二九〇～二九九頁。
(31)　楠本寿一『長崎製鉄所』（一九九二年、中央公論社）、一二三～一二六頁、一三二～一三八頁。
(32)　長崎地役人の制度改革については、戸森麻依子「長崎地役人」（森下徹編『身分的周縁と近世社会7　武士の周縁に生きる』、二〇〇七年、吉川弘文館）。
(33)　陸軍士官の専門職・官僚としての生成を身分制軍隊から徴兵制軍隊への移行過程に位置づけた研究に、大江洋代『明治期日本の陸軍―官僚制と国民軍の形成―』（二〇一八年、東京大学出版会）がある。
(34)　幕府に奉職した陪臣出身者のうち、維新後に出身藩に帰藩・復籍した例は、拙著『幕臣たちは明治維新をどう生きたのか』（二〇一六年、洋泉社、四八～五〇頁）において列挙しておいた。
(35)　『鴻爪痕　前島密伝』（一九五五年、一九二〇年初版、前島会）、四二頁。

（36）開成所会議と公議所・西丸大広間会議については、杉本史子『近世政治空間論—裁き・公・「日本」—』（二〇一八年、東京大学出版会）。
（37）拙稿「近世・近代移行期の治水行政と土木官僚—静岡藩水利路程掛とその周辺—」（『国立歴史民俗博物館研究報告』二〇三、二〇一六年）、同「明治初年の治水と技術官僚—静岡藩水利路程掛を中心に—」（『資料が語る災害の記録と記憶』、二〇一九年、朝倉書店）。
（38）拙稿「沼津兵学校の思想的前提—公議・建白・勧業—」（『沼津市博物館紀要』三九、二〇一五年）、三一～三三頁。
（39）藤井哲博『咸臨丸航海長小野友五郎の生涯』（一九八五年、中央公論社）。
（40）杉本勲編『大系日本史叢書19　科学史』（一九六七年、山川出版社）、三七一頁。

あとがき

本書の各章は、以下に列記した初出論考から構成した。大幅に書き改めたものはないが、何らかの加筆・修正はほどこしている。

緒　言　新稿

第一章　「幕臣博物学者鶴田清次とその資料」（『国立歴史民俗博物館研究報告』一八三、二〇一四年、国立歴史民俗博物館）

第二章　「塚原昌義と武田昌次―物産学を学びアメリカへ亡命した旗本―」（『洋学』二二、二〇一五年、洋学史学会）

第三章　「開成所画学局の絵師伊藤林洞」（『沼津市博物館紀要』三九、二〇一五年、沼津市歴史民俗資料館・沼津市明治史料館）

第四章　「弘前藩士が記録した静岡学問所の教育」（『静岡県近代史研究』三七、二〇一二年、静岡県近代史研究会）

第五章　「静岡藩の医療と医学教育―林洞海「慶応戊辰駿行日記」の紹介を兼ねて―」（『国立歴史民俗博物館研究報告』一五三、二〇〇九年、国立歴史民俗博物館）

第六章　「旧幕臣洋学系知識人の茶園開拓―赤松則良・林洞海文書から―」（『国立歴史民俗博物館研究報告』一〇八、二〇〇三年、国立歴史民俗博物館）

第七章　「東京府の私塾・私学にみる静岡藩出身者の教育活動」
（『静岡県近代史研究』二七、二〇〇一年、静岡県近代史研究会）
第八章　「浦賀与力香山永孝と高島流砲術門人安達直右衛門」　新稿
第九章　「西周の門人録」（『栃木史学』二一、二〇〇七年、國學院大學栃木短期大学史学会）
結　語　新稿

学位論文でもある、既刊の拙著『沼津兵学校の研究』（二〇〇七年、吉川弘文館）は、静岡藩の洋学の一部についてまとめたものといえる。それに対し本書は、幕臣・旧幕臣を主題とする点に違いはないものの、静岡藩より前の時期、すなわち幕府時代の洋学と、前著からは外れた静岡藩時代の洋学に関する諸テーマから構成した。まだ取り上げられていないテーマや人物は少なくないが、少なくとも対象とする時期や人物の範囲において、前著と合わせることで、幕末維新期の幕臣・旧幕臣と洋学との関わりを俯瞰できるようになったはずである。

本書に収めた論考は、国立歴史民俗博物館に着任してから執筆したものばかりである。前の勤務先である沼津市明治史料館では、沼津兵学校に特化した調査・研究・資料収集を行っていたが、国立歴史民俗博物館に勤務するようになったことで視野が広がり、静岡藩全体、さらには旧幕臣全般へといった具合に、少しずつではあるが守備範囲を広げることができた。自分にとって基礎とすべき「足元」が沼津であることに変わりはないが、今後も対象やテーマに多様性を持たせつつ、研究を深めていきたい。

本書の刊行については、極めて厳しい出版界の状況下にあってもお引き受けいただいた岩田書院 岩田博氏のお世話になった。記して心よりの感謝を申し上げる次第である。

人名索引

か行

は行

ま行

や行

わ行

著者紹介

樋口 雄彦（ひぐち・たけひこ）

1961年生
静岡大学人文学部卒業。沼津市明治史料館学芸員を経て、
現在は、国立歴史民俗博物館・総合研究大学院大学教授　博士（文学、大阪大学）

主な著書
『旧幕臣の明治維新　沼津兵学校とその群像』（2005年、吉川弘文館）、『沼津兵学校の研究』（2007年、吉川弘文館）、『静岡学問所』（2010年、静岡新聞社）、『海軍諜報員になった旧幕臣―海軍少将安原金次自伝―』（2011年、芙蓉書房出版）、『第十六代徳川家達　その後の徳川家と近代日本』（2012年、祥伝社）、『敗者の日本史17　箱館戦争と榎本武揚』（2012年、吉川弘文館）、『人をあるく　勝海舟と江戸東京』（2014年、吉川弘文館）、『幕臣たちは明治維新をどう生きたのか』（2016年、洋泉社）、『シリーズ藩物語　沼津藩』（2016年、現代書館）、『幕末の農兵』（2017年、現代書館）、『見る読む静岡藩ヒストリー』（2017年、静岡新聞社）

幕末維新期の洋学と幕臣　　近代史研究叢書23

2019年（令和元年）8月　第1刷　300部発行　　定価［本体8800円＋税］

著　者　樋口 雄彦

発行所　有限会社岩田書院　代表：岩田　博　　http://www.iwata-shoin.co.jp
〒157-0062 東京都世田谷区南烏山4-25-6-103　電話03-3326-3757　FAX03-3326-6788

組版・印刷・製本：ぷりんてぃあ第二

ISBN978-4-86602-079-2　C3321　¥8800E

コピーOK